46440

FRAGMENTS
LITTÉRAIRES

OUVRAGES DE M. V. COUSIN.

Cours de philosophie, de 1815 à 1820.	5 vol.
Cours de philosophie, de 1828 et 1829, 2ᵉ édit.	3 vol.
Leçons sur la philosophie de Kant.	1 vol.
Des Pensées de Pascal.	1 vol.
Fragments philosophiques, 3ᵉ édition.	2 vol.
Manuel de l'Histoire de la philosophie, traduit de l'allemand de Tennemann, 2ᵉ édit.	2 vol.
OEuvres philosophiques de M. de Biran.	4 vol.
OEuvres de Descartes.	11 vol.
OEuvres de Platon.	13 vol.
OEuvres de Proclus.	6 vol.
De la Métaphysique d'Aristote.	1 vol.

Ouvrages de M. Cousin, sur l'Instruction publique.

De l'Instruction publique dans quelques parties de l'Allemagne et particulièrement en Prusse, 3ᵉ édit. . . .	2 vol.
De l'Instruction publique en Hollande.	1 vol.
Recueil des principaux actes du ministre de l'Instruction publique, pendant l'année 1840.	1 vol.

Imprimerie Ducessois, 55 quai des Augustins.

FRAGMENTS
LITTÉRAIRES

PAR

M. V. COUSIN,

PAIR DE FRANCE, MEMBRE DE L'ACADÉMIE FRANÇAISE.

PARIS
DIDIER, LIBRAIRE-ÉDITEUR,
QUAI DES AUGUSTINS, 35.

1845

DISCOURS

DE RÉCEPTION A L'ACADÉMIE FRANÇAISE.

M. Cousin, ayant été élu par l'Académie Française à la place vacante par la mort de M. Fourier, y est venu prendre séance le 5 mai 1831, et a prononcé le discours qui suit :

Messieurs,

Si quelqu'un s'étonnait de voir aujourd'hui, à l'Académie Française, un métaphysicien succéder à un géomètre, je lui montrerais la statue que vous avez élevée dans cette enceinte au père de la géométrie et de la métaphysique moderne[1].

Les lettres tendent la main à toutes les sciences qui honorent la raison humaine; et vous ne demandez aux plus abstraites elles-mêmes, pour les accueillir parmi vous, que de savoir parler votre langue. Pourquoi donc la philosophie serait-elle ici une étrangère?

Non, messieurs, il y a des liens étroits entre la

[1] La statue de Descartes.

philosophie et la littérature. Toutes deux travaillent sur le même fonds, la nature humaine : l'une la peint, l'autre essaie d'en rendre compte. Souvent elles ont échangé d'heureux services. Plus d'une fois les lettres ont prêté leur voix à la philosophie ; elles ont accrédité, répandu, popularisé la vérité parmi les hommes ; et quelquefois aussi la philosophie reconnaissante a apporté à la littérature des beautés inconnues. N'est-ce pas au génie même de la métaphysique que les lettres antiques doivent ces pages inspirées où la grâce d'Aristophane le dispute à la sublimité d'Orphée et le dithyrambe à la dialectique? C'est Aristote, c'est sa concision élégante qui a donné le modèle du style didactique. Et dans l'Europe moderne, parmi nous, messieurs, celui dont l'image est ici présente, et qui a créé une seconde fois la géométrie et la philosophie, n'est-il pas aussi un des fondateurs de notre langue? Cherchez dans Rabelais et dans Montaigne cette précision sévère, cette dignité dans la simplicité, ce caractère mâle et élevé que prend tout à coup la prose française dans le discours *sur la Méthode*. Quand on lit Descartes, on croit entendre le grand Corneille parlant en prose. Écoutez Malebranche : n'est-ce pas Fénélon lui-même avec tout le charme et la mélodie de sa parole? Sans doute Condillac ne s'offre point à l'imagination avec les attributs éminents de ses deux illustres devanciers; il n'a ni l'énergie du premier, ni l'éclat du second; mais on ne peut lui refuser cette simplicité de bon goût, cette lucidité constante, cette finesse ingénieuse sans affectation, cette dignité tempérée, qui sont aussi des qualités supérieures. Mais, qu'ai-je besoin d'aller chercher si loin des preuves de l'heureuse alliance de la littérature et de la philosophie? N'aperçois-je pas dans vos rangs deux philosophes célèbres, ailleurs divisés peut-être, ici rapprochés et réunis par l'amour et le talent des lettres? Tous deux appelés à occuper un jour un rang élevé dans l'histoire de la philosophie, dans cette histoire où il y a place pour tous les systèmes, pour tous les hommes de génie qui ont aimé et servi à leur manière la cause sacrée de la raison humaine; l'un[1], disciple original de Condillac, qui semble avoir épuisé le système entier de l'école qu'il représente par l'étendue et la hardiesse des conséquences que sa pénétration en a tirées, et dont l'honneur est de n'avoir guère laissé à ceux qui viennent après lui que l'alternative de le suivre comme à la trace ou de l'abandonner pour être nouveaux; écrivain singulièrement remarquable par cette clarté suprême qui à elle seule est déjà un don si rare, et qui en suppose tant d'autres; l'autre[2], messieurs, qui appar-

[1] M. De Tracy.
[2] M. Royer-Collard.

tient à l'école de Descartes et le premier parmi nous l'a réhabilitée en la rappelant à la sévérité de sa propre méthode ; puissant orateur qu'une raison inflexible, secondée d'une imagination qui s'ignore, conduit involontairement et par sa rigueur même aux plus heureux effets de style, pittoresque, brillant, ingénieux comme malgré lui-même, parlant naturellement la langue des grands maîtres du dix-septième siècle, parce qu'il a vécu dans leur commerce intime, et qu'il est en quelque sorte de leur famille.

Comment arriver jusqu'à moi après vous avoir rappelé tous ces glorieux modèles de la science philosophique et de l'art d'écrire? Mais je ne me suis point considéré, messieurs ; je n'ai pensé qu'à la philosophie, et j'ai cédé devant vous à mon plus cher et plus habituel sentiment, la foi à la dignité de la philosophie et le culte des grands hommes qui l'ont servie par la double puissance de la pensée et de la parole. Ce sentiment m'a conduit de bonne heure dans une carrière difficile ; il m'a soutenu dans plus d'une épreuve ; qu'il me protége aujourd'hui, messieurs, et me soit un titre à votre indulgence !

Qui m'eût dit, en effet, que jamais je viendrais m'asseoir à cette place qu'occupait naguère avec tant d'éclat le savant célèbre dont la perte irréparable est un deuil pour l'Institut tout entier, pour la France et pour l'Europe ? Lui aussi avait voué sa vie à des études qui ne conduisent point ordinairement à l'Académie Française; et c'est là malheureusement la seule ressemblance qui soit entre nous ; mais la gloire, qui est de toutes les académies, le désignait à vos suffrages dans les hautes régions de l'analyse mathématique ; et l'homme de goût, l'homme excellent avait aisément introduit parmi vous le grand géomètre. Les titres de M. Fourier à l'admiration du monde savant trouveront ailleurs un digne interprète : il m'appartient à peine de vous les rappeler.

La science qui a pour objet les grands phénomènes de la nature doit sa naissance et ses progrès à trois causes, l'observation, le calcul et le temps. C'est l'observation dirigée par la méthode qui recueille, amasse, éprouve les matériaux de la science ; mais pour que la science se forme, il faut que le calcul s'ajoute à l'observation, le calcul, puissance merveilleuse qui métamorphose tout ce qu'elle touche, néglige dans les faits observés les détails arbitraires, fruits de circonstances passagères et indifférentes, pour en retenir seulement les éléments nécessaires qu'elle dégage, met en lumière et exprime alors, dans leur simplicité et leur abstraction, en formules générales sur lesquelles elle opère avec confiance, et dont elle tire des résultats aussi généraux que leurs principes, c'est-à-dire des lois, c'est-à-dire la science. Une fois sortie du berceau de l'expérience, et lancée dans le monde par la main du calcul, la science marche, et s'avance avec le temps de conquête en conquête jusqu'au terme qui lui est assigné. Ce terme est une loi si générale qu'elle épuise l'expérience et n'admet aucune autre loi plus générale qu'elle-même. Mais les siècles, en poursuivant ce terme, le reculent sans cesse et le chassent pour ainsi dire devant eux. Dans ce grand mouvement, chaque progrès de la science, chaque généralisation nouvelle est l'ouvrage de quelque homme de génie qui y attache son nom en caractères impérissables. La suite de ces grands noms est l'histoire même de la science. Ordinairement, messieurs, il faut bien des siècles, bien des hommes de génie pour porter une science à quelque perfection. Voyez celle du mouvement : combien de temps ne lui a-t-il pas fallu pour arriver à un certain nombre de lois générales? Appuyé sur deux mille ans de travaux accumulés, Képler n'avait pu s'élever plus haut : il a fallu un siècle entier, le renouvellement de la géométrie et Newton pour généraliser les lois de Képler, et il a fallu un siècle encore et Laplace pour généraliser en quelque sorte la loi de Newton, en l'étendant à tous les corps célestes et à tous les temps. Voici maintenant un autre phénomène, presque aussi universel que le mouvement, qui accompagne partout la lumière et pénètre dans des régions où la lumière ne peut le suivre, qui se joue à la fois dans les champs illimités de l'espace et se mêle à tout sous nos yeux, qui produit la vie universelle à tous ses degrés et sous toutes ses formes, remplit et anime l'univers comme le mouvement le mesure. Chose admirable! ce phénomène était à peine étudié, il y a un demi-siècle; et quand Laplace achevait la *Mécanique céleste*, à peine quelques observateurs en avaient fait le sujet d'expériences ingénieuses, qui, même entre les mains les plus habiles, n'avaient pu rendre ce qu'elles ne renfermaient pas, des lois générales, une théorie, une science. Parmi tous les grands géomètres et les grands physiciens qui, d'un bout de l'Europe à l'autre, se disputaient alors les secrets de la nature, pas un n'avait su appliquer le calcul à ce phénomène. Il semble donc qu'il lui faudra bien du temps, selon la marche ordinaire de l'esprit humain, pour donner naissance à une science digne de s'asseoir parmi celles qui font l'orgueil de notre siècle. Non, messieurs, il n'en sera point ainsi. Un homme paraît tout à coup, qui fait à lui seul plus d'observations que tous ses devanciers ensemble et traverse le premier âge de la science, celui de l'expérience, et qui, non-seulement commence le second âge de la science, celui de l'application du calcul à l'expérience, mais, dérobant à l'avenir ses perfectionnements, développe, agrandit, assure la science qu'il a fondée, et en tire, avec les applications les plus ingénieuses et les plus utiles au commerce de la vie, les lumières les plus inattendues et les plus vastes sur le système général du monde. Ce phénomène si important et si longtemps négligé, devenu tout à coup la matière d'une théorie complète, d'une science très-avancée, c'est, messieurs, le phénomène de la chaleur ; et M. Fourier est l'homme auquel le dix-neuvième siècle doit cette science nouvelle.

Sans chercher à vous donner ici la moindre idée de la théorie de la chaleur, il me suffira de vous rappeler que la grandeur de ses résultats n'a pas été plus contestée que leur certitude, et qu'au jugement de l'Europe savante, la nouveauté de l'analyse sur laquelle ils reposent est égale à sa perfection. M. Fourier se présente donc avec le signe évident du vrai génie : il est inventeur. Supposez l'histoire la plus abrégée des sciences physiques et mathématiques où il n'y aurait place que pour les plus grandes découvertes, la théorie mathématique de la chaleur soutiendrait le nom de M. Fourier parmi le petit nombre de noms illustres qui surnageraient dans une pareille histoire. M. Fourier y serait à côté de ses deux grands contemporains, Lagrange et Laplace. Lagrange, messieurs, est comme le dieu de l'analyse ; il réunit en lui l'invention, la fécondité, la simplicité, la facilité, j'allais dire la grâce. Les beaux calculs s'échappent de son esprit comme les beaux vers de la bouche d'Homère. Mais des hauteurs où il règne, il abaisse à peine ses regards sur la nature. Laplace, au contraire, n'emploie guère l'analyse que pour arriver à la découverte ou à la démonstration de quelque loi naturelle : il appartient à l'école de Newton et de Galilée, comme Lagrange à celle d'Euler et de Leibnitz. S'il n'a pas découvert le système du monde, il a su trouver, dans les conditions même de son existence, le secret de son éternelle durée. Avec moins de grandeur, M. Fourier a plus d'originalité peut-être ; car il n'a pas seulement perfectionné une science, il en a inventé une, et en même temps il l'a presque achevée. Et il n'avait pas devant lui plusieurs générations d'hommes supérieurs, Newton à leur tête : il est en quelque sorte le Newton de cette importante partie du système du monde.

Ne serait-il pas naturel de croire que l'auteur d'aussi grands travaux n'a pu les accomplir qu'à l'aide des circonstances les plus heureuses, dans le sein d'une paix profonde, et en leur consacrant, sans distraction et sans réserve, tous les jours d'une longue vie ? Un étranger qui se trouverait dans cette enceinte serait fort étonné d'apprendre que le rival de Lagrange et de Laplace a consumé ses meilleures années dans les orages de la vie politique ou dans les affaires; que la fortune l'a jeté à travers les scènes les plus mémorables de la révolution et de l'empire; et que sa vie en elle-même, et sans les découvertes qui rendent son nom immortel, est encore une des destinées les plus intéressantes, les plus remplies et les plus utiles de notre âge.

Élevé à l'école militaire d'Auxerre que dirigeait l'ordre savant et éclairé auquel la France doit une partie de sa gloire littéraire[1], sans fortune et sans ambition, passionné de bonne heure pour les mathématiques, plein de reconnaissance pour les maîtres qui avaient formé son enfance et lui montraient parmi eux un avenir indépendant et tranquille, peu s'en fallut que M. Fourier ne se fît aussi Bénédictin; et sans les événements qui survinrent, très-probablement sa paisible destinée se serait écoulée dans une modeste cellule, il n'eût jamais eu d'autre théâtre que l'école de sa ville natale, et ses courses dans le monde se seraient bornées à quelques voyages d'Auxerre à Paris, pour communiquer à l'Académie des sciences des mémoires d'algèbre. Mais la révolution française en décida autrement, et renversa tout le plan de sa

---

[1] Les Bénédictins de la congrégation de Saint-Maur.

vie. M. Fourier salua la révolution avec espérance ; il l'embrassa avec amour, lorsqu'elle était noble et pure ; et quand plus tard, condamnée, pour se défendre, à une dévorante énergie, elle devint coupable et malheureuse, il ne crut pas devoir l'abandonner dans ses mauvais jours, et il la servit encore, non pas dans ses fautes, mais dans ses périls : il a l'honneur de l'avoir traversée sans tache et de ne l'avoir jamais trahie. Son patriotisme lui fit accepter d'honorables fonctions que sa probité courageuse tourna bientôt contre lui-même; et, dénoncé, emprisonné, condamné à mort, le jeune géomètre eut bien de la peine à échapper au sort de Lavoisier. La tempête un peu apaisée, nous le retrouvons sur les bancs de l'École normale et dans la chaire de l'École polytechnique. Sa première et et studieuse carrière semblait se rouvrir pour lui. C'était encore une illusion. Un autre géomètre, un peu plus ambitieux, le vainqueur d'Arcole, sentant que son heure n'était pas venue en France et qu'il manquait un homme à l'Orient, entreprit de lui donner cet homme, de recommencer le rôle d'Alexandre en attendant celui de César, et de réaliser les vues de Leibnitz sur l'Égypte. Il ne s'agissait pas seulement de soumettre cette belle contrée à la domination française ; il fallait la conquérir à la civilisation de l'Europe. Le membre de l'Institut, général en chef de l'armée d'Égypte, fit donc appel à la science, et la science s'élança à sa voix, aussi aventureuse et aussi confiante que l'armée. Voilà M. Fourier enlevé de nouveau à ses études chéries. Qui ne sait les prodiges de l'expédition d'Égypte? Le Kaire à peine soumis, l'Institut d'Égypte fut fondé sur le modèle de l'Institut de France. M. Fourier en était le secrétaire perpétuel. Son esprit vaste et flexible embrassait et animait tous les travaux. Là il s'entretenait d'analyse avec Monge, de géodésie et de mécanique avec Andréossy et Girard, de physique et de chimie avec Malus et Berthollet; ou bien il discutait avec Denon et les antiquaires improvisés de l'expédition l'âge obscur des mystérieux édifices de Dendérah et d'Esné, qu'ils avaient visités ensemble. Mais ces nobles loisirs s'évanouirent bientôt. Le général Bonaparte vit son étoile pâlir à Saint-Jean-d'Acre et repasser d'Orient en Europe; il la suivit. Les circonstances rengagèrent une seconde fois M. Fourier dans les affaires. Kléber lui donna toute sa confiance, et le secrétaire de l'Institut devint à la fois le ministre de la justice, le ministre de l'intérieur et quelquefois même le ministre des relations extérieures de l'Égypte française. Les habitants, les savants, l'armée, le respectaient et le chérissaient à l'envi; et quand les désastres s'accumulèrent sur cette vaillante colonie, quand le poignard frappa Kléber le même jour où Desaix tombait à

Marengo, ce fut M. Fourier que la douleur commune voulut avoir pour interprète; noble mission, douloureux discours, où, malgré la résolution de l'orateur de soutenir les courages, la tristesse de ses paroles semblait avouer que les funérailles des vainqueurs d'Héliopolis et de Sédiman étaient celles de l'expédition elle-même. Quelle scène, messieurs! Représentez-vous à six cents lieues de la patrie, sur les bords du Nil, au pied des Pyramides, en face du désert, l'armée française réduite à une poignée de braves, ramenée des extrémités de l'Égypte, cernée en quelque sorte autour du cercueil de ses deux meilleurs capitaines, et associant involontairement à ces deux grandes ombres celles de tant de braves qui les avaient précédés. Aujourd'hui même, à la distance de trente années, en lisant les deux touchants discours prononcés par M. Fourier, on ne peut se défendre des mêmes sentiments qui l'agitaient ainsi que l'armée entière, et de sentiments bien plus pénibles encore, quand on se demande où sont aujourd'hui tous ceux qui mêlaient alors leurs larmes à la voix de M. Fourier. Combien d'entre eux ne sont pas sortis de l'Égypte et dorment dans cette vieille terre! Et ceux qui échappèrent aux derniers désastres, et ceux aussi qui, une année auparavant avaient suivi en Europe la fortune de leur général, que sont-ils devenus? Héros de l'Égypte! quelle qu'ait été votre destinée, dans quelque lieu que reposent vos cendres, et vous, en bien petit nombre, qui leur avez survécu, soldats ou savants, qui avez fait partie de cette grande expédition et de ces jours héroïques de notre histoire, soyez tous honorés ici dans l'un de vos plus dignes compagnons ! Jamais l'Institut, jamais la France n'oubliera ce qu'elle doit à votre courage, à vos vertus, à vos malheurs.

De retour en France avec les débris de l'expédition d'Égypte, M. Fourier croyait avoir acheté le droit de revenir à ses premières études et de s'y livrer tout entier : son ambition se bornait à une place de professeur de mathématiques. Mais le chef du nouveau gouvernement ne consentit point à se priver de ses talents politiques, et l'administrateur du Kaire fut appelé à la préfecture de l'Isère. M. Fourier y remplit dignement le programme et en quelque sorte le mot d'ordre de cette époque, union et grandeur. A la voix d'un sage, les ressentiments des partis, les jalousies d'intérêt ou d'opinion s'apaisèrent. Sous le compas hardi du savant, ce sentier escarpé des Alpes qui avait conduit Annibal en Italie, devint une route facile pour les conquêtes pacifiques du commerce et de l'industrie. De vastes marais, inépuisable foyer de maladies de toute espèce, dévoraient une partie considérable du département : un zèle habile et persévérant les rendit à la culture et créa trente-sept communes florissantes. L'empire ajouta ses récompenses aux bénédictions du peuple, et les honneurs vinrent chercher M. Fourier. Mais les épreuves de sa vie n'étaient pas terminées. Bientôt il vit chanceler et tomber, se relever un moment et tomber encore celui qu'il avait connu tour à tour général, premier consul, empereur; et, au milieu de ces grandes catastrophes, placé entre l'île d'Elbe et Paris, il ne trahit personne et ne servit que la France. Il lui était réservé de souffrir encore avec elle. Tombé dans la disgrace, réduit à une honorable pauvreté, le dignitaire de l'empire vint demander un asile à l'Institut, et l'Institut lui tendit la main. Mais ceux qui persécutaient Monge, ne pouvaient épargner M. Fourier; la sanction royale fut refusée à sa nomination. L'Académie des sciences répondit à cet acte par une nomination nouvelle faite à l'unanimité, et cette fois, grâce à de loyales interventions, sa voix généreuse fut entendue. Ici finissent, messieurs, les aventures, les longues agitations de la vie de M. Fourier. La science l'avait recueilli; il ne vécut plus que pour elle. Il trouva dans son sein cette paix profonde après laquelle il soupirait depuis si longtemps. Il ne s'occupa plus que de rassembler et de coordonner ses travaux épars. Le temps qu'il dérobait à la géométrie, il le donnait aux lettres qu'il avait toujours aimées. Familier avec les chefs-d'œuvre de l'antiquité et de la littérature française, il avait fait une étude approfondie de l'art difficile de faire parler à la raison un langage digne d'elle, et cet art, il l'avait pratiqué en maître dans la belle Préface digne de servir de frontispice au grand ouvrage de la Description de l'Égypte. Aussi quand l'Académie des Sciences perdit Delambre, elle confia son héritage à M. Fourier; et on peut dire avec la vérité la plus scrupuleuse qu'il n'y avait pas une qualité de son esprit et de son caractère qui ne le destinât à cette noble magistrature, et l'étendue de ses connaissances qui embrassaient toutes les parties des sciences ainsi que leur histoire, et l'impartialité supérieure de son intelligence secondée par sa modération naturelle, et le vif sentiment de la dignité de l'esprit humain, et l'alliance si rare d'un savoir profond et d'une imagination élégante. Moins piquant, mais plus instruit que Fontenelle, aussi précis et plus orné que d'Alembert, aussi riche en vues générales, mais plus pur, plus délicat, plus artiste que Condorcet, l'auteur de l'éloge d'Herschell est au premier rang des plus heureux interprètes des sciences. L'Académie Française voulut partager un aussi beau talent avec l'illustre compagnie à laquelle elle avait déjà emprunté Laplace et M. Cuvier. Ce nouveau lien l'attacha plus intimement encore à l'Institut. Il vivait en quelque sorte dans son sein. Ce n'est pas qu'il eût perdu ce vif intérêt, cette tendre sollicitude pour les destinées de la patrie et de l'humanité qui jadis l'avait jeté au milieu des affaires. L'âge et le malheur n'avaient pas glacé son cœur, mais il croyait avoir payé sa dette à la vie active, et c'est du port qu'il contemplait les orages. Il aimait toujours le monde, mais il vivait dans la solitude. Il se plaisait à y recevoir avec quelques amis éprouvés des jeunes gens passionnés pour les sciences ou pour les lettres. Aucun d'eux ne le visitait sans en recevoir d'aimables encouragements et des conseils utiles. Il répandait autour de lui comme un parfum d'honnêteté et de bon goût. On ne pouvait le fréquenter, je le sais par expérience, sans aimer davantage et les sciences qui apprennent à connaître la nature, et ces études auxquelles il se plaisait à rendre leur antique nom d'humanités, parce qu'en effet elles sont comme les nourrices de l'humanité et les institutrices de la vie. Ce qui nous frappait surtout en lui, sans parler de la finesse de son esprit et de la richesse de sa mémoire, c'était son exquise bienveillance et son admirable désintéressement. C'étaient là ses deux vertus naturelles : il les pratiquait sans effort, parce qu'elles faisaient comme partie de lui-même. Dans toutes les positions, il avait vécu comme il l'aurait fait dans la cellule de l'école d'Auxerre, content d'une modeste aisance et sans souci du lendemain. Sous l'empire, il faisait deux parts de ses revenus, la première pour sa famille qui s'honorait de ses bienfaits, la seconde pour ses expériences; quant à lui-même et à son avenir, il n'y pensait point : 1815 le trouva presque sans ressources, et il n'a laissé ni dettes ni fortune. Il aimait tendrement les hommes et leur rapportait ses travaux les plus élevés comme ses moindres démarches. C'était par amour des hommes qu'il aimait les sciences, ce moyen si puissant de leur être utile. Son patriotisme était aussi de l'humanité. Il regardait comme un devoir de ne négliger aucun moyen d'être utile, et quand, abandonné par la fortune, affaibli par l'âge, il n'avait plus rien à donner, plus de services à rendre, l'aménité de ses manières et sa politesse affectueuse réfléchissaient encore l'inépuisable bonté de son cœur. Il y avait de la profondeur jusque dans sa politesse, parce qu'elle tenait à la fois à sa nature et à une philosophie élevée. En un mot, c'était un véritable sage, une intelligence supérieure avec une âme sensible.

C'est au milieu de cette paisible solitude, en possession d'une vraie gloire, de la vénération publique et d'une bonne conscience, plein de nobles souvenirs et occupé de nobles travaux qu'il s'est éteint tout à coup, à l'entrée de la vieillesse.

Sans doute sa carrière aurait dû être plus longue

pour les sciences qu'il aurait encore agrandies, et pour ses amis qui trouvaient un si grand charme dans son commerce; mais en elle-même elle est pleine et achevée, et quand je la considère sous tous ses aspects, elle me paraît heureuse. Oui, M. Fourier a été heureux, car Dieu lui avait donné une âme noble et un beau génie. Il a pu jouir de la beauté de l'ordre du monde et se pénétrer de la sagesse infinie de son auteur dans l'étude et la méditation de l'un des phénomènes les plus vastes de la nature. Il a connu, il a compris Lagrange; et ce qui vaut mieux encore, il a pu lire dans l'âme d'un Cafarelli, d'un Desaix, d'un Kléber; et dans ce commerce héroïque il a appris que la vertu, la liberté, la patrie ne sont pas de vains noms, et que les trahir ou en désespérer jamais est une faiblesse impie. Il a vu les plus vaillantes épées au service des plus nobles desseins. Il a assisté à l'immortalité de ses amis; lui-même il a dû avoir le pressentiment de la sienne. Si plus d'une fois il a gémi sur les malheurs de la patrie, il a cru à la puissance des lumières et au progrès irrésistible de l'humanité : il a vécu et il est mort dans cette foi.

Il ne lui a manqué que de vivre assez pour assister au grand spectacle qui lui aurait rappelé les plus beaux jours de sa jeunesse. Il est mort quelques semaines avant celle qui ne périra pas dans l'histoire. Nos pères, messieurs, ont fait la révolution française, et ce serait une insulte à leurs mânes de vouloir recommencer leur ouvrage; mais ils nous avaient laissé l'honneur et comme imposé le devoir d'achever la révolution qu'ils nous léguaient, en lui donnant un gouvernement digne d'elle. Les deux puissances immortelles de la France, le roi et le peuple, le génie de la monarchie et l'esprit des masses, se sont rencontrées: elles ne se sépareront plus. Ces généreuses institutions, achetées par tant de sang et de larmes, sont enfin remises à la garde d'un prince loyal et dévoué à la patrie. Reposons-nous à l'ombre du trône national, dans une concorde puissante qui nous permette d'ajouter à la liberté un peu de gloire, car c'est une parure qui lui sied bien, et il n'est si doux d'aimer la France et de la servir que parce qu'on sent que ses intérêts se confondent avec ceux de l'humanité entière, et que sa grandeur est l'espérance du monde.

NOTE ADDITIONNELLE
A L'ÉLOGE DE M. FOURIER,

LUE A L'ACADÉMIE FRANÇAISE,

dans une de ses séances particulières.

Dans un discours qui devait embrasser beaucoup d'objets, sans dépasser une demi-heure, j'ai dû choisir, entre les divers travaux scientifiques de M. Fourier, celui qui, par sa célébrité et son originalité, met le nom de son auteur parmi les noms immortels. Je n'ai parlé que de la théorie de la chaleur ; et encore n'en ai-je pu dire qu'un mot : je me suis borné à indiquer la place qui lui appartient dans l'histoire des grandes découvertes. Je voudrais aujourd'hui la faire un peu mieux connaître, et, sans entrer dans les profondeurs mathématiques de cette théorie, qui seraient inaccessibles à mon ignorance, la considérer du moins et vous la présenter dans ses résultats les plus frappants et dans ses grands rapports avec le système du monde.

Quand on essaie de se rendre compte de la chaleur répandue sur notre terre, rien de plus naturel que d'en chercher d'abord le principe dans le soleil. C'est en effet le soleil qui, en paraissant ou en se retirant, produit les variations de la chaleur pendant le jour, la fraîcheur des nuits, la différence des saisons et celle des climats, et les phénomènes de tout genre que cette différence amène à sa suite. C'est le voisinage du soleil qui allume les feux de l'équateur, comme son éloignement hérisse les pôles de glaces. C'est encore le soleil qui, échauffant la surface de la terre, en tire les trésors de la vie végétale et animale. C'est la chaleur forte, mais variable, qu'il dépose dans les premières couches, et la chaleur plus faible, mais plus constante, des couches qui suivent. c'est cette chaleur nourrie et accumulée par les siècles, qui, dans sa répartition inégale, s'ajoute à l'inégalité de la chaleur solaire pour entretenir et fixer la différence des saisons et des climats. En un mot, des faits aussi variés qu'éclatants proclament la puissante influence du soleil sur la chaleur de la terre et sur sa distribution. Aussi le genre humain à son berceau l'a-t-il salué comme le père à la fois de la lumière, de la chaleur et de la vie. La science a fait comme le genre humain; aussitôt qu'elle s'est occupée de la chaleur, elle l'a rapportée au soleil. Et le soleil est certainement une cause de ce grand phénomène; mais est-il la seule? La science, dans sa faiblesse et dans sa témérité, a d'abord répondu oui; plus avancée et plus circonspecte, elle a fini par répondre non.

Si la chaleur de la terre venait uniquement de celle du soleil, elle aurait ce caractère nécessaire de décroître sans cesse à mesure qu'elle s'éloigne davantage de sa cause ; et c'est aussi ce qui s'observe jusqu'à une certaine profondeur. Mais au delà, c'est un fait incontestable que la chaleur s'élève toujours, comme le prouvent les sources d'eau chaude, la chaleur des mines, les feux des volcans. Et cette chaleur nouvelle ne s'épuise pas comme la première, en s'éloignant de la surface : à mesure qu'on s'enfonce dans les abîmes du globe, elle s'accroît dans des proportions gigantesques. Ces proportions ont été mesurées. Trente-deux mètres donnent un degré entier ; de sorte que l'on est conduit à admettre, au centre de la terre, un brasier immense.

Voilà donc un foyer de chaleur différent du soleil. Au lieu d'un seul principe, en voilà deux. Il y a plus : des raisons puissantes portent à penser que la chaleur propre de la terre, indépendante de celle du soleil, n'a pas toujours été distribuée comme elle l'est aujourdhui, qu'elle n'a pas toujours été ramassée dans le centre de notre terre, mais qu'autrefois elle l'a embrasée tout entière, et que d'abord ce globe lui-même a été une matière enflammée qui, se refroidissant avec le temps, a peu à peu permis à la vie de paraître à la surface. Ainsi nous sommes ramenés à l'idée de Descartes et de Leibnitz [1], que la terre est une espèce de soleil à moitié éteint. Buffon, au dix-huitième siècle, s'empara de cette idée, qui était passée presque inaperçue, et la développa avec la puissance de son admirable talent; mais, passant tout à coup d'une extrémité à l'autre, comme auparavant on n'avait vu dans la chaleur de la terre qu'une émanation de la chaleur solaire, Buffon n'y reconnut plus qu'une émanation affaiblie du feu central ; et il en vint jusqu'à prédire que le refroidissement du globe, qui d'abord avait produit la vie, s'augmentant avec le temps, la détruirait, et réduirait peu à peu les régions intermédiaires et celles de l'équateur lui même à l'état des régions polaires : triste, mais rigoureuse conséquence du nouveau principe considéré exclusivement. Grâce à Dieu, ce n'est là que la menace d'une hypothèse. S'il est vrai que notre terre est une planète refroidie, que ce refroidissement a été et est encore la condition des phénomènes de la vie, et qu'il doit aller sans cesse en augmentant, il est vrai aussi que ce refroidissement est d'une lenteur qui peut rassurer les imaginations les plus craintives, et que, fût-il arrivé demain à son dernier terme, les phénomènes de la vie qui se passent à la surface de la terre n'en souffriraient presque aucune altération, parce

---

[1] Descartes : Petit soleil éteint dont la surface seule est refroidie. Leibnitz : Toutes les planètes sont de petits soleils encroûtés.

que le soleil serait encore là, et que le soleil joue un très-grand rôle dans la production de ces phénomènes. Voulez-vous savoir, en effet, combien à peu près cette matière enflammée que fut la terre à son origine, a pu mettre de temps à se refroidir dans un degré appréciable? Supposez-la échauffée à telle température qu'il vous plaira d'imaginer, et devinez ce qu'en ce cas il lui faudra de temps pour se refroidir tout juste autant que le ferait en une seconde une sphère d'un mètre de diamètre semblablement composée et semblablement échauffée? Quel nombre d'années répond, pour notre terre, à la seconde pour cette petite sphère? douze cent quatre-vingt mille années. Voilà pour nous l'équivalent de cette seconde. Jugez combien de secondes pareilles il a fallu à notre globe de feu pour arriver au refroidissement actuel! Et ne vous étonnez pas de ces nombres. Le temps est relatif à l'espace, et les siècles sont à leur aise dans un système planétaire qui a plus de douze cent millions de lieues d'étendue. L'univers est vieux si l'homme est jeune. Que de temps, que de révolutions il a fallu pour préparer à ce merveilleux personnage une scène stable où il pût déployer librement son génie! L'homme désormais n'a plus rien à craindre pour sa demeure : d'une part, la durée et la stabilité de notre globe résident dans les conditions mêmes du système solaire, et la vie qui se développe à sa surface n'a besoin que du soleil ; et d'une autre part, l'action de la chaleur intérieure, qui pourrait bouleverser cette surface, soulever les mers en montagnes, ou convertir les montagnes en vastes bassins, cette action perturbatrice, ou plutôt ordonnatrice, a presque partout cessé; et l'immense foyer contenu dans les entrailles de la terre n'exhale plus qu'une chaleur à peine sensible. Les siècles sans doute pourront modifier encore la chaleur des couches inférieures, mais à la surface tous les grands changements sont accomplis, et nulle déperdition de chaleur ne peut causer aucun refroidissement de climat. Depuis l'École d'Alexandrie, la température de la surface terrestre n'a pas diminué, par suite du refroidissement progressif de la terre, de la trois-centième partie d'un degré; et cette influence à peine sensible que conserve la chaleur centrale sur celle de la surface, pour la diminuer de moitié, il faudrait trente mille années. Nous n'habitons, il est vrai, que des débris de révolutions de toute espèce, mais ces débris, nous pouvons les habiter avec sécurité. Les monuments de la société humaine n'ont plus rien à redouter que des hommes. Et encore les révolutions humaines, comme celles de la nature, sont-elles aussi des pas calculés d'avance par l'éternel géomètre vers un état meilleur et un ordre plus beau.

Nous avons reconnu deux foyers de chaleur, l'un sous nos pieds, l'autre sur nos têtes, et la théorie de la chaleur doit admettre deux principes au lieu d'un seul ; ni l'un ni l'autre exclusivement, mais tous les deux combinés et réunis. Mais n'y a t-il pas d'autres principes encore ? La vraie science ne peut répondre à cette question qu'en recherchant si les deux principes admis épuisent l'explication de tous les phénomènes observables, et s'il n'y a pas encore quelques phénomènes, inexplicables par ces deux principes, et qui en demandent un nouveau. Une observation délicate, dirigée par un raisonnement sévère, atteste l'existence de pareils phénomènes.

Si la chaleur centrale agit à peine à la surface, et s'il faut rapporter au soleil presque toute la chaleur qui s'y observe, il ne reste plus, aussitôt que le soleil se retire, pour expliquer les phénomènes de la vie qui subsistent, que le peu de chaleur déposé par le soleil et accru par ses retours périodiques dans les premières couches de la terre. Or, quand on mesure l'influence de cette cause, on la reconnaît évidemment insuffisante à expliquer un très-grand nombre de phénomènes thermométriques.

Comment, dans le jour, quand le soleil est subitement intercepté, un froid soudain, d'une rigueur extrême, ne succède-t-il pas à une extrême chaleur? Comment, quand le soleil n'est plus sur l'horizon, la fraîcheur de la nuit arrive-t-elle par des approches aussi légères et avec des gradations aussi délicates, et comment cette fraîcheur n'est-elle pas incomparablement plus grande? Comment le passage de la nuit au jour est-il ménagé avec tant de mesure? Comment, sur une plus grande échelle, y a-t-il tant de gradations d'une saison à l'autre? Comment les différences des climats ne sont-elles pas plus tranchées? Comment tant d'harmonie dans la distribution de la chaleur à la surface du globe, s'il n'y a d'autres principes de chaleur qu'un foyer interne, aujourd'hui sans influence, et le soleil qui paraît et disparaît sans cesse avec une régularité parfaite, mais sans gradation? Si l'espace dans lequel roule la terre, était condamné à un froid absolu, il arrêterait aisément, dans l'absence du soleil, la faible action de la chaleur des premières couches, rendrait la nuit affreuse, mettrait l'hiver à côté de l'été, et les glaces des pôles à deux pieds de l'équateur. Il faut donc, pour expliquer des phénomènes certains, que les autres causes n'expliquent pas entièrement, supposer que l'espace où se meut la terre est doué d'une certaine température, et encore d'une température constante qui, s'interposant partout, ménage partout des transitions heureuses aux changements nécessaires des jours et des nuits, des saisons et des climats.

Mais d'où peut venir cette température de l'espace terrestre et cette température constante? Ici la théorie s'agrandit; elle sort des limites de la terre, et se lie au système du monde. Il est admis que toutes les étoiles dont se compose ce système, ont été primitivement comme la terre à l'état d'incandescence, qu'aujourd'hui elles ne sont pas plus éteintes que la terre, et qu'elles émettent une chaleur qui leur est propre. De là, dans le champ des espaces stellaires, d'innombrables rayons de chaleur émis et réfléchis, et qui, combinés entre eux, composent la température de l'espace [1]. Reste à savoir comment cette température est constante, lorsque les causes en sont tellement diverses, et que les astres la versent dans l'espace avec tant d'inégalité. La loi de l'attraction universelle n'est pas autre chose qu'une induction de cette attraction, en vertu de laquelle le fruit suspendu à un arbre, la pierre que vous lâchez, tend vers la terre : cette induction si simple et si grande explique le système du monde. Une induction semblable va vous expliquer la température constante de l'espace dans lequel se meut le système du monde. N'est-ce pas un fait vulgaire que, dans la plus petite enceinte, deux corps diverse-

---

[1] Théorie de la chaleur rayonnante.

ment échauffés tendent, l'un en recevant, l'autre en donnant de la chaleur, à se mettre en équilibre, et qu'il en est de chaque point de l'espace enfermé dans cette petite enceinte comme des corps qui y sont contenus? Transportez ceci dans l'immense enceinte du ciel, et vous aurez, en vertu de la même loi, ce résultat, que tous les points de l'espace stellaire, inégalement échauffés, mais agissant perpétuellement les uns sur les autres, tendent à se mettre en équilibre de chaleur. De là la température moyenne et constante de l'espace. La loi est la même, le résultat seul est plus grand; pour l'accomplir, il ne faut qu'une différence de temps; or, nous l'avons déjà dit, le temps est aussi infini que l'espace, la nature prodigue l'un comme l'autre, et fournit des siècles en rapport avec l'étendue des effets qu'elle veut obtenir. Ainsi s'explique la température moyenne et constante de l'espace, laquelle explique à son tour ce qui échappe à l'action solaire et à l'action du feu central dans la distribution de la chaleur à la surface de la terre et dans les phénomènes qu'elle y produit.

Tels sont, autant que j'ai pu les saisir moi-même et vous les présenter dans ce cadre étroit, les aspects les plus populaires de la théorie de la chaleur. Je désirerais surtout qu'ils pussent vous donner quelque idée de la méthode qui préside à cette théorie ; méthode profonde qui, attachée avec une constance admirable à l'explication complète des phénomènes, les décomposant dans tous leurs éléments, les suivant partout où ils mènent, s'est trouvée conduite, par la rigueur même, à la grandeur et à l'originalité. Mais jamais cette méthode n'eût pu parvenir à de pareils résultats sans un instrument digne d'elle, qui répondît à sa pénétration, à sa précision, à son étendue ; je veux parler de l'analyse mathématique. Que d'obstacles se rencontraient ici de toutes parts ! Il fallait d'abord instituer une revue sévère des observations anciennes, et faire soi-même une foule d'observations et d'expériences nouvelles. La distribution de la chaleur solaire dans les premières couches de la terre, celle de la chaleur centrale dans les couches inférieures, se fait à travers des milieux sans nombre et d'une diversité extrême, solides, liquides, gazeux. Partout des différences dont il faut tenir compte, et à travers lesquelles il faut se faire jour pour arriver à quelque loi [1]. Néglige-t-on quelque différence importante, on court risque de n'obtenir qu'une fausse loi que l'expérience ne confirme pas. S'arrête-t-on à des différences stériles, on n'arrive à aucune loi. Distinguer les différences insignifiantes de celles dont il faut tenir

---

[1] Théorie des équations différentielles.

compte, saisir les éléments généraux et constitutifs d'un phénomène, et ceux-là seulement, c'est là ce qui demande une analyse rationnelle qui est le fondement caché, le secret et l'âme de l'analyse mathématique. Il n'y a qu'un esprit profondément analytique qui puisse manier puissamment l'analyse. C'est un instrument qui demande la main d'un grand artiste; et tout grand artiste fait le sien pour son usage. Toute espèce de calcul ne s'applique pas à toute espèce de phénomènes. On est souvent réduit à inventer un calcul spécial pour un ordre spécial de phénomènes. Le calcul n'étant autre chose que l'expression abrégée des conditions fondamentales d'un phénomène, a nécessairement pour base le phénomène qu'il résume et qu'il généralise. C'est ainsi que les grands problèmes de physique, amenant la nécessité de calculs nouveaux, ont successivement développé les mathématiques. L'auteur de la Théorie de la chaleur fut donc comme forcé d'inventer de nouveaux calculs pour résoudre de nouveaux problèmes, et ces calculs ont été pour lui la source d'une double gloire. D'abord, avec eux, il a résolu les grandes questions que soulevait le phénomène le plus universel de la nature, après le mouvement; il a jeté de vastes lumières sur le monde et sur son histoire; il a enrichi à la fois l'astronomie, la physique et la géologie; et de plus, l'instrument de ces belles découvertes, considéré en lui-même, indépendamment de ses résultats, par les difficultés que présentaient son invention et son application a placé son auteur parmi les plus grands géomètres.

Mais il ne s'est point arrêté sur ces hauteurs; il en est descendu pour être utile. C'est à M. Fourier qu'est dû cet ingénieux instrument qui, mesurant la conductibilité des diverses substances selon leur ordre de superposition, pourrait rendre tant de services à l'hygiène et à l'industrie; comme ce sont quelques formules du calcul des probabilités qui ont fondé la statistique[1], et fixé les règles des compagnies d'assurance [2].

N'avez-vous pas entendu quelquefois accuser la géométrie comme la métaphysique, et leur demander pourquoi tant d'efforts sur des abstractions qui fuient toute borne? Pourquoi! Il faut répondre d'abord pour la gloire de l'esprit humain, afin que l'esprit humain ait un puissant exercice et qu'il déploie toute sa grandeur et son amour désintéressé de la vérité dans des luttes sans fin, loin de la sphère des passions vulgaires. Le triomphe de la haute géométrie, comme celui de la haute métaphysique, est précisément dans leur apparente inutilité, je dis apparente, car sans la con-

[1] Principes mathématiques de la population.
[2] Rapport sur les Tontines et les Caisses d'assurances.

naissance de l'humanité, n'espérez pas la conduire ; comme sans l'analyse n'espérez pas comprendre la nature ni la tourner à votre usage. Les nombres gouvernent le monde, a dit Pythagore : sans eux, le monde est inintelligible ; car sans eux, il n'y a point de lois générales, il n'y a plus que des faits isolés sans lien et sans lumière, incapables de fonder aucune science ni par conséquent aucun art véritable. Ne dédaignez donc pas ces abstractions, comme on les appelle ; car il ne faut qu'un moment, une heureuse application pour les rendre fécondes et en tirer des trésors pour la société tout entière. Non-seulement la dignité de l'esprit humain, mais la puissance matérielle de l'homme, son industrie, les arts qui embellissent la vie, et ceux mêmes qui la défendent, le bonheur des particuliers comme la fortune des empires, sont engagés dans la culture ou dans l'abandon de cette noble science ; et il a fallu, dans une nation, une civilisation très-avancée et du caractère le plus élevé, pour que cette nation ait possédé à la fois trois hommes comme Lagrange, Laplace et Fourier. Ces trois grands hommes à jamais inséparables, ouvrent magnifiquement le dix-neuvième siècle. Tandis que Lagrange semait à pleines mains les calculs dans les champs de l'infini, Laplace assurait au système du monde d'inébranlables bases, Fourier découvrait les lois de la propagation de la chaleur dans toutes les régions du ciel et de la terre, il déterminait l'état primitif et déroulait la plus antique histoire et les changements intérieurs de ce monde que nous habitons, et dont plus tard M. Cuvier devait décrire les changements extérieurs et les dernières révolutions dans le règne de la nature animale. Puisse ce dix-neuvième siècle ne pas finir sans produire encore un autre travail qu'amènent et préparent tous ces travaux, et pour lequel tant de matériaux s'amassent, une histoire de l'homme!

DISCOURS ADRESSÉ AU ROI

LE 1ᵉʳ MAI 1841,

AU NOM DE L'INSTITUT.

———

Sire,

L'Institut présente à Votre Majesté les vœux reconnaissants des lettres, des sciences et des arts. Vous ne vous bornez point à leur prodiguer en toute occasion les plus flatteuses récompenses; vous faites mieux, vous les honorez, et c'est, avant tout, l'honneur qui inspire les grandes pensées et qui vivifie l'esprit humain.

Elle appartient au règne de Votre Majesté, cette loi qui de la qualité de membre de l'Institut fait un titre pour être appelé par vous dans les conseils de ce grand corps où toutes les illustrations se donnent la main.

Le génie de la victoire avait eu peur de l'Académie des sciences morales et politiques : il l'avait rayée de l'Institut. Vous, roi constitutionnel, placé au-dessus de tous les ombrages par la conscience de la force que vous puisez dans le vœu national, dans le bon sens populaire et dans une expérience chèrement acquise, vous avez rappelé de l'exil des études généreuses ; vous avez eu confiance en elles, et, par un juste retour, elles poursuivent paisiblement, et non sans quelque gloire, la carrière que vous leur avez ouverte.

Dociles à votre voix, les arts sous nos yeux renouvellent Paris, et y sèment de toutes parts les monuments utiles en respectant ceux des vieux âges. Il ne manquait plus à cette grande cité, pour jouir avec sécurité des trésors de magnificence que chaque jour répand dans son sein, il ne lui manquait qu'un rempart inviolable; elle va le devoir à votre courageuse et patriotique persévérance.

Jouissez, sire, du fruit de vos travaux! Aujourd'hui plus que jamais, témoin de l'universelle allégresse qui éclate autour du berceau de votre petit-fils, appuyé sur le noble prince qui, plus d'une fois, a si bien porté le drapeau de la France, vous pouvez contempler d'un œil satisfait l'avenir de votre race et celui de la patrie.

SÉANCE PUBLIQUE ANNUELLE

DES CINQ ACADÉMIES

DU LUNDI 3 MAI 1841.

DISCOURS D'OUVERTURE

DU PRÉSIDENT.

Messieurs,

Cette séance annuelle des cinq académies de l'Institut est comme le symbole de l'unité de ce grand corps. Cette unité n'est pas le fruit de circonstances passagères, c'est la conquête sérieuse et durable de plusieurs siècles : elle s'est formée peu à peu, comme celle de la France, avec le progrès de la puissance publique et par l'instinct heureux du génie français. Dans la plupart des pays de l'Europe, les individus, les communes, les provinces semblent se complaire à vivre d'une vie qui leur soit propre; en France, une généreuse sympathie, qui est l'esprit même de la société humaine, tend sans cesse à tout rapprocher et à faire de la nation entière un seul homme qui grandit toujours. Le même génie qui porta si haut la royauté sur les ruines des pouvoirs anarchiques qui divisaient et tourmentaient la France, eut aussi la pensée de donner aux lettres leur magistrature, et en quelque sorte un gouvernement qui pût influer heureusement sur les destinées de la langue et du goût. Fidèle héritier de tous les desseins de Richelieu, Louis XIV ajouta à l'Académie Française les académies des inscriptions et belles-lettres, des sciences physiques et mathématiques. La révolution de 1789, qui acheva l'œuvre de ces deux grands hommes, en mettant la dernière main à la centralisation dans l'ordre civil, devait la porter dans l'ordre scientifique et littéraire; et d'académies sans aucun lien entre elles, elle a fait l'Institut de France, c'est-à-dire la représentation de toutes les parties des connaissances humaines dans un conseil où toutes les sciences, tous les arts ont leurs interprètes, et dont l'unité exprime celle de la patrie commune et celle aussi de l'esprit humain. Une habile organisation, successivement perfectionnée, a déterminé les attributions de chaque académie en maintenant et en fortifiant les liens qui les unissent. Non, elle n'est pas vaine, cette fraternité dont nous nous honorons, qui fait asseoir Gérard à côté de Cuvier, et donne une place égale dans le même sanctuaire à l'imagination, au savoir, à la raison, à toutes les gloires de l'intelligence. On dit encore bien du mal des académies, mais on désire toujours en être; on s'agite même un peu pour cela : chaque place est vivement disputée. Quelle renommée avons-nous écartée? quels progrès avons-nous arrêtés? quelle doctrine un peu compatible avec la raison humaine avons-nous repoussée? La plus entière indépendance préside à vos choix; vos libres élections ont prévenu toutes les autres et leur ont comme servi de modèle. La médiocrité même des avantages attachés au titre de membre de l'Institut en relève la dignité. Notre culte, à nous, ce n'est pas la fortune, c'est la gloire, c'est l'estime au moins, avec la passion du vrai et du beau.

Chaque année l'Institut tout entier se présente au public, et l'initie aux travaux de toutes les académies par des lectures appropriées à l'objet de cette solennité. Chaque académie est appelée à son tour à présider cette réunion. C'est aujourd'hui celui de la plus jeune. L'Académie des sciences morales et politiques, arrivée la dernière dans la famille académique, s'efforce de ne pas être indigne de ses aînées. Le sort a voulu qu'elle fût ici rése ntée par un membre d'une section vouée à des études qui ne peuvent être populaires. La philosophie, messieurs, n'est pas accoutumée à tant d'honneur; et elle s'empresse de céder la parole aux interprètes éprouvés de la littérature, des sciences et des arts.

SÉANCE PUBLIQUE ANNUELLE

DE

L'ACADÉMIE DES SCIENCES

MORALES ET POLITIQUES

DU SAMEDI 15 MAI 1841.

DISCOURS D'OUVERTURE

DU PRÉSIDENT.

Messieurs,

Les sciences diverses dont la culture est confiée à cette Académie se rapportent toutes à un sujet unique, et ce sujet, c'est la nature humaine. La philosophie étudie cette merveilleuse intelligence qui, de ce point de l'espace et du temps où elle semble enchaînée, s'élance dans l'infini, embrasse le système du monde et s'élève jusqu'à son auteur. La morale s'applique à reconnaître les différents motifs qui sollicitent notre libre volonté : ici les passions qui charment ou agitent la vie, là le devoir qui lui donne sa dignité et son prix. La législation et la jurisprudence soumettent à un examen équitable les constitutions civiles et politiques qui jadis demeuraient inaccessibles dans leur majesté mystérieuse, et qui aujourd'hui comparaissent et s'expliquent elles-mêmes devant la raison publique, depuis que leur principe avoué est le développement le plus libre et le mieux assuré de toutes les facultés humaines. L'économie politique recherche quelles sont les véritables sources du bien-être et de la prospérité pour les Etats et pour les particuliers. L'histoire enfin, j'entends l'histoire générale et philosophique, appuyée sur les travaux accumulés de l'érudition et de la critique, interroge tous les grands événements, toutes les grandes époques, pour leur arracher le secret des lois qui gouvernent le monde moral, soutiennent l'humanité et l'élèvent sans cesse au milieu du perpétuel renouvellement des générations et des empires.

Le lien de ces grandes études est manifeste; elles ne sont en réalité que les branches diverses d'une seule et même science, celle de l'homme.

Qui pourrait contester à une telle science ses droits et sa dignité? Qui oserait dire à l'humanité qu'il ne lui a point été donné de se connaître?

Une fois la légitimité de la science de l'homme

ébranlée, que deviendrait celle de toutes les autres sciences? L'esprit humain, condamné à s'ignorer lui-même, répandrait ses propres ténèbres sur toutes les connaissances dont il est le principe et le fondement.

Les sciences vraiment dignes de ce nom se reconnaissent à deux signes éclatants, leur durée et leur progrès.

Ce qui dure toujours doit avoir une racine immortelle : ce qui brille un jour et s'évanouit n'est qu'un fantôme de l'imagination ou du cœur. Où sont aujourd'hui tant de fausses sciences qui, plus d'une fois, ont abusé l'humanité! Ecloses dans la nuit de l'esprit humain et dans les rêves de quelques génies égarés, la lumière de la raison, en se levant, les a fait disparaître; l'état passager du monde qui leur avait donné naissance les a emportées sans retour. Il n'en a point été ainsi de la science de l'homme. Dans quel pays un peu civilisé, à quelle noble époque de l'histoire ne la rencontrez-vous pas! Elle accompagne l'humanité dans toutes ses vicissitudes; elle grandit et s'accroît avec elle. Platon et Aristote s'élèvent à côté de Périclès et d'Alexandre; Descartes et Leibnitz ont respiré le même air que Richelieu, Louis XIV et Pierre le Grand, et la dernière révolution philosophique est contemporaine de la révolution française.

Grâce à ses succès toujours croissants, la science de l'homme a conquis enfin le rang qui lui appartient parmi les sciences dont s'enorgueillit notre siècle. Mais combien de mauvais jours n'a-t-elle pas traversés pour arriver jusqu'à celui-ci! Pendant combien de siècles ne lui a-t-il pas fallu se cacher sous un vêtement étranger? Les plus libres académies de l'Europe ne l'admettent pas encore pour elle-même : elles lui demandent ou de parler un langage harmonieux, ou de s'allier à une érudition profonde, ou au génie des sciences mathématiques. Il était réservé à la révolution française, qui a émancipé l'homme tout entier, d'en émanciper aussi la science, et de créer, au sein de l'Institut de France, une Académie spéciale pour les sciences morales et politiques. Regardez autour de vous : nulle part vous ne trouverez une institution semblable. Partout les sciences morales ne reçoivent qu'une hospitalité clandestine. Ici, et ici seulement, elles paraissent sous leur nom propre et avec les titres qui font leur gloire. L'existence de cette académie est un fait considérable qui atteste un progrès immense.

Mais vous ne l'avez point oublié : l'Académie des sciences morales et politiques, à peine créée par la révolution française, a été une fois supprimée; elle n'a reparu qu'avec cette seconde révolution, qui est venue consacrer la première, remettre en honneur ses principes, rétablir ses légitimes résultats.

Les sciences morales et politiques ont retrouvé leurs droits quand le pays retrouvait les siens; et aujourd'hui, comme la liberté elle-même, cette Académie n'a plus qu'à affermir de plus en plus son autorité par les monuments solide d'un zèle réglé et persévérant.

Nous nous efforçons de ne pas manquer à cette tâche, et, cette année particulièrement, nous pouvons montrer avec quelque confiance les travaux que nous avons exécutés nous-mêmes et ceux que nous avons inspirés.

Le troisième volume de nos Mémoires vient de paraître : chaque section y est représentée par des écrits d'un ordre élevé, et l'histoire de l'Académie, retracée par la plume habile de M. le secrétaire perpétuel, fait connaître de quelles riches communications le zèle de nos confrères n'a cessé d'animer nos séances.

A côté de ce volume en paraît un autre, le premier du nouveau recueil consacré aux ouvrages de savants, étrangers ou nationaux, dont l'Académie a voulu honorer les travaux en les publiant avec les siens; noble institution que nous avons empruntée à l'Académie des sciences, et qui fait de la nôtre le centre et le foyer du mouvement des sciences morales et politiques dans toutes les parties de la France et de l'Europe. On trouve ici des mémoires venus des bords du Rhin, de l'Italie, de l'Écosse, avec des dissertations ou profondes ou ingénieuses que nous devons à de jeunes savants de Paris, et même de la province, dont l'Académie peut se féliciter d'avoir suscité le talent et encouragé les premiers efforts.

Parmi ces travaux qui se présentent à l'estime publique, sous la garantie de la vôtre, permettez-moi de distinguer celui d'un jeune Piémontais, M. Pallia, que la science vient de perdre, encore à la fleur de l'âge, au moment où il poursuivait avec ardeur ses recherches sur la philosophie arabe, et lorsque à peine il venait de terminer un premier essai sur Algazali, un des philosophes les plus célèbres de l'école de Bagdad. La tempête politique avait jeté M. Pallia sur cette terre de France qui autrefois avait recueilli Campanella au sortir de sa prison de vingt-sept années. Plusieurs de ses amis, qui portaient une épée, la mirent au service de nobles causes, aujourd'hui triomphantes, alors incertaines. Quelques-uns d'entre eux allèrent arroser de leur sang les champs de la Grèce et ceux du nouveau monde; lui, il est mort aussi au champ d'honneur : car il s'est éteint au milieu des peines de l'exil supporté avec dignité, et dans les luttes d'une pauvreté fière et laborieuse. L'Académie, qui l'avait entendu avec intérêt, a voulu publier ses travaux inachevés, et je crois être l'interprète de ses sentiments en rendant ce modeste hommage à une mémoire qu'elle honore et qui m'est particulièrement chère.

Mais c'est surtout dans ses concours annuels que l'Académie cherche à donner une impulsion utile aux sciences qui composent son domaine. Elle ne propose que de grands sujets qui puissent produire de sérieux travaux, et elle tient un peu haut ses couronnes pour exciter une généreuse ambition.

Cette année elle avait à juger quatre concours.

La section de morale avait provoqué l'examen de la question délicate de l'*abolition de l'esclavage dans nos colonies*. Six mémoires lui ont été adressés : elle a distingué les mémoires n° 4 et n° 5, sans toutefois les juger dignes du prix ; et comme la question proposée est passée récemment des régions de la théorie dans les conseils du gouvernement, l'Académie, fidèle à sa mission d'éclairer tous les grands problèmes à la lumière de la science et de l'histoire, en s'arrêtant religieusement sur le seuil des discussions législatives, a retiré un sujet qu'elle remercie le gouvernement de lui enlever, et elle le remplace par le sujet suivant, qui intéresse à la fois la morale et l'économie politique : « Rechercher par quels moyens, sans gêner la liberté de l'industrie, on pourrait donner à l'organisation du travail en commun dans les manufactures, et à la discipline intérieure de ces établissements, une influence favorable aux mœurs des classes ouvrières. »

La section de législation, de droit public et de jurisprudence, a été plus heureuse que la section de morale, sans que toutefois ses vœux aient été entièrement remplis. Elle avait demandé à la science des lois, éclairée par la morale et par la philosophie, de rechercher quelles réformes l'adoption du système pénitentiaire devait apporter dans celui de nos lois pénales. Dès que la peine, gardant le caractère de châtiment qui lui appartient avant tout, et la terreur salutaire qu'elle doit exercer sur les imaginations et sur les âmes, peut avoir aussi pour effet l'amendement du coupable et sa réconciliation avec l'ordre, il est évident que plusieurs points de notre Code pénal ne peuvent subsister. La perpétuité des peines n'est-elle pas en contradiction avec un régime qui se propose d'améliorer le condamné pour le rendre un jour à la société? L'infamie légale, maintenant attachée à des peines afflictives temporaires, peut-elle continuer à dégrader l'homme et à le rendre par cette dégradation incapable de reprendre sa place parmi ses semblables? L'échelle actuelle des peines peut-elle être maintenue? Devançant donc l'époque où nos prisons auront fait place au système pénitentiaire, adopté déjà dans plus d'un pays et auquel est promis l'avenir, l'Académie, prudemment hardie, avait mis au concours cette question :

« Indiquer les moyens de mettre en harmonie le système de nos lois pénales avec un système pénitentiaire à instituer, dans le but de donner de plus efficaces garanties au maintien de la paix et de la sûreté générale et privée, en procurant l'amélioration morale des condamnés. »

De nombreux concurrents ont répondu à notre appel. Cependant, malgré le mérite de plusieurs des mémoires qui ont été envoyés, l'Académie s'est décidée à ne point décerner le prix ; mais elle partage la somme qui y est attachée, à titre de récompense et d'encouragement, entre le mémoire n° 2 dont l'auteur est M. Alauzet, et le mémoire n° 5 qui appartient à M. Moreau (Christophe), inspecteur général des prisons du royaume. Elle accorde une mention honorable au n° 4 qui a pour auteur M. Lefran, de Colmar. L'Académie a voulu reconnaître les recherches exactes et l'esprit judicieux dont les auteurs des mémoires n° 2 et n° 5 ont fait preuve, en regrettant de n'avoir pas trouvé dans ces deux mémoires plus de force dans la pensée, plus de noblesse et d'élévation dans le langage.

La section de philosophie avait ouvert deux concours : l'un sur le cartésianisme, l'autre sur la philosophie allemande, c'est-à-dire sur les deux plus grandes époques de la philosophie moderne. La pensée de l'Académie n'est point douteuse, elle l'a plus d'une fois marquée dans ses différents programmes. Non, elle n'abandonne point la philosophie spéculative, mais elle croit la servir en invoquant les leçons de l'expérience. En face de questions purement abstraites, on peut aisément s'éblouir et se perdre en rêveries stériles, ou recommencer de vieilles erreurs et rentrer dans des voies depuis longtemps condamnées. Mais quand on se place entre Descartes, Spinoza, Locke et Leibnitz, ou bien entre le philosophe de Kœnigsberg et ses célèbres disciples, on est assurément au milieu des plus grands problèmes que puisse agiter l'esprit humain, et en même temps on est déjà en possession de solutions sérieuses qui préviennent les solutions chimériques, et par leur lutte et leur opposition excitent puissamment l'esprit et l'avertissent de ne s'arrêter qu'à des opinions profondément réfléchies, dignes de se soutenir devant celles de tant de beaux génies. Il faut soi-même s'élever bien haut pour faire ainsi comparaître devant son tribunal les héros de la philosophie et leur distribuer le blâme et l'éloge. C'est donc dans l'intérêt de la philosophie que l'Académie a constamment posé les problèmes philosophiques sous une forme historique. L'an prochain, à pareil jour, elle fera connaître son jugement sur le concours relatif à la philosophie allemande; aujourd'hui elle se plaît à proclamer la force de celui qu'elle avait institué sur le cartésianisme.

Ce grand sujet a produit six mémoires dont trois sont des ouvrages du plus grand mérite. La section de philosophie n'a point hésité à décerner le prix, et même elle a dû le partager entre le mémoire n° 2 et le mémoire n° 5; il lui a paru aussi de la justice la plus rigoureuse d'accorder une mention très-honorable au mémoire n° 4, qui, dans un autre concours, aurait pu aspirer à un prix. Le mémoire n° 2 est particulièrement remarquable par la vigueur et par l'originalité, qualités éminentes qui auraient emporté notre préférence si elles n'eussent été balancées par plus d'un grave défaut que nous n'avons pas voulu autoriser; par exemple, un caractère théologique parfois trop marqué, et quelques jugements injustes en eux-mêmes et durement exprimés sur des hommes de génie dont il n'est permis de prononcer les noms qu'avec une vive admiration et une pieuse reconnaissance. On peut préférer, nous l'admettons volontiers, Platon à Aristote et Leibnitz à Newton; mais Aristote n'en reste pas moins la tête puissante et vaste qui a constitué trois ou quatre sciences : la métaphysique, la logique, la haute critique, l'histoire naturelle; et, malgré quelques faiblesses, Newton est cet esprit perçant et profond qui, d'inductions en inductions et de calculs en calculs, sans jamais abandonner le fil de l'expérience, a fini par conquérir le système du monde. Le respect, disons mieux, l'amour des grands hommes est une religion aussi, digne d'avoir sa place, dans une âme vraiment philosophique, à côté de la religion de la vérité. Le mémoire n° 5 a des mérites et des défauts tout opposés : loin d'être trop théologien, l'auteur n'a pas toujours, pour cette grande pensée qu'on appelle le christianisme, la vénération que lui doivent tous ceux qu'elle a nourris et élevés; ne pas professer pour elle un respect sincère, c'est ne la pas comprendre, c'est ne pas être assez philosophe. Nous avons été surpris de rencontrer cette erreur dans un esprit qui paraît si sage ; car d'ailleurs il est difficile de montrer plus de justesse, de raison, de mesure. Le système de Descartes est exposé avec une étendue et une clarté qui ne laissent rien à désirer, et Spinoza est traité pour la première fois avec cette forte équité qui relève le génie de cet homme extraordinaire sans dissimuler les erreurs où l'a précipité sa fidélité téméraire à quelques principes de Descartes.

L'auteur du n° 2 est M. Demoulin ; celui du n° 5 est M. Boullier, élève de l'école normale, professeur de philosophie à la faculté des lettres de Lyon.

Encouragée par les résultats de ce concours et de ceux qu'elle avait ouverts précédemment, l'Académie persiste dans la voie où elle est entrée, et elle propose, pour le 1ᵉʳ juin 1843, le sujet suivant, où se présentent en foule les plus grandes questions de la philosophie et de l'histoire.

« Examen critique de l'école d'Alexandrie. »

1° Faire connaître, par des analyses étendues et approfondies, les principaux monuments de cette école depuis le deuxième siècle de notre ère, où elle commence avec Ammonius Saccas et Plotin, jusqu'au sixième siècle, où elle s'éteint, avec l'antiquité philosophique, à la clôture des dernières écoles païennes, par le décret célèbre de 529, sous le consulat de Décius et sous le règne de Justinien ;

2° Insister particulièrement sur Plotin et sur Proclus ;

3° Montrer le lien systématique qui rattache l'école d'Alexandrie aux religions antiques, et le rôle qu'elle a joué dans la lutte du paganisme expirant contre la religion nouvelle ;

4° Après avoir reconnu les antécédents de la

philosophie d'Alexandrie, en suivre la fortune à travers les écoles chrétiennes du Bas-Empire et du moyen âge, et surtout au seizième siècle, dans cette philosophie qu'on peut appeler philosophie de la renaissance ;

5° Apprécier la valeur historique et la valeur absolue de la philosophie d'Alexandrie; déterminer la part d'erreur et la part de vérité qui s'y rencontrent, et ce qu'il est possible d'en tirer au profit de la philosophie de notre siècle.

En même temps, l'Académie rappelle que quatre questions demeurent au concours; une de jurisprudence pour l'année 1844 *sur le contrat d'assurance et les nouveaux développements qu'il pourrait recevoir dans l'état de notre commerce et de notre industrie;* une autre d'économie politique pour l'année 1842, *sur les différents modes de loyer de la terre et leur influence sur la prospérité agricole;* deux d'histoire pour la même année, la première *sur l'histoire du droit de succession des femmes, dans l'ordre civil et politique, au moyen âge ;* la seconde, *sur l'histoire des états généraux en France, depuis* 1302 *jusqu'en* 1614. Ces questions sont développées dans le programme imprimé de cette séance. Enfin, le prix quinquennal de 5,000 fr., fondé par M. Félix de Beaujour, sera décerné en 1843.

Tous ces nombreux concours ont ranimé et répandu le goût des sciences morales et politiques.

En moins de dix années ils ont porté les plus heureux fruits. Combien de jeunes esprits qui s'agitaient à l'entrée des voies diverses de la science n'ont-ils pas appris à régler leur ardeur inquiète sous la discipline des graves études auxquelles les appelait l'Académie ! On nous doit déjà plus d'un livre utile, plus d'un homme distingué. Reconnaissons-le : le rétablissement de l'Académie des sciences morales et politiques a pu paraître en 1832 un acte hardi. Aujourd'hui, la nouvelle Académie est fondée dans ses succès mêmes; et par la sage direction imprimée à ses travaux, elle a surmonté toutes les défiances, elle a peu à peu conquis les suffrages de ceux-là mêmes qu'elle avait d'abord intimidés, et elle a pris définitivement sa place parmi ces grandes institutions du dix-neuvième siècle qui servent à la fois la cause de l'ordre et celle des lumières.

DISTRIBUTION DES PRIX
DU CONCOURS GÉNÉRAL DES COLLÉGES DE PARIS.
(AOUT 1840).

DISCOURS DU MINISTRE
DE L'INSTRUCTION PUBLIQUE.

Si parmi vous il est un jeune homme qui se soit élevé peu à peu au-dessus de ses condisciples par la seule puissance du travail, n'ayant d'autre appui que sa bonne conscience, d'autre fortune que les couronnes qu'il va recevoir; que ce jeune homme ne perde point courage à l'entrée des voies diverses de la vie, hérissées de tant d'obstacles, assiégées par tant de rivaux; qu'il se rassure et qu'il espère : je ne crains pas de lui répondre de l'avenir, à cette seule condition qu'il persévère dans l'ardeur généreuse et dans les laborieuses habitudes que nous venons honorer aujourd'hui.

Oui, jeunes élèves, les luttes dont vous sortez sont l'apprentissage de celles qui vous attendent. Les objets que vous poursuivrez seront différents; mais le prix du succès sera toujours le même.

Sachez-le bien, chacun de vous est le maître

de sa destinée. C'est un arrêt de l'éternelle justice qu'une volonté honnête et ferme atteigne son but, et qu'une volonté faible ou vicieuse soit au moins condamnée au châtiment de l'impuissance. L'harmonie du mérite et des récompenses qui lui sont dues est le fondement des sociétés. Cette harmonie n'est jamais entièrement rompue dans les plus mauvais jours de l'humanité; ses progrès, toujours croissants, sont la mesure même du perfectionnement du monde moral; son triomphe est l'honneur de notre siècle; et nous devons remercier la divine Providence d'avoir comme choisi notre âge pour y rendre plus que jamais manifeste la loi sublime qui, selon d'antiques paroles, attache, par des nœuds d'airain et de diamant, la peine à ce qui est mal, la récompense à ce qui est bien, les troubles du cœur à la passion et au désordre, la paix intérieure à la vertu, le succès au travail, et l'empire à l'activité et au courage, dirigés vers une noble fin.

Le collége est l'image anticipée de la vie. Au collége aussi, comme dans la société qui bientôt vous recevra, ce n'est pas la faveur du sort, ce n'est pas même le caprice du talent, c'est la constance, ce sont les longs efforts qui assurent les succès durables; et cette fête du travail est une vraie initiation de la jeunesse française à l'esprit de notre temps.

L'Université, par l'ardeur studieuse qu'elle nourrit dans ses écoles, par l'austère égalité qu'elle y maintient, et la forte empreinte qu'elle met par là sur les esprits et sur les âmes, est une grande institution morale et politique, qui emprunte au génie de notre époque son caractère pour en pénétrer les générations naissantes.

Elle a voulu continuer jusqu'au faîte de l'enseignement cette noble émulation qui vivifie l'instruction secondaire. Les facultés de droit, de médecine, des sciences et des lettres possèdent aujourd'hui des concours, des prix, une cérémonie semblable à celle-ci.

Ainsi, pendant que les écoles populaires iront répandre dans les villes et dans les moindres villages les connaissances les plus nécessaires, en témoignage de l'intérêt fraternel que se doivent tous les membres de la même nation, les colléges et les facultés, de jour en jour plus étroitement unis, formeront, sous une discipline à la fois sévère et libérale, et à l'aide de la plus forte culture que puisse recevoir l'esprit humain, une jeunesse d'élite sortie de tous les rangs et s'y renouvelant sans cesse, destinée à relever successivement tous les premiers postes par le légitime ascendant de l'esprit et du caractère, en un mot, la véritable aristocratie du dix-neuvième siècle.

Bientôt, à côté des écoles nationales, s'élèveront des écoles privées, où toutes les méthodes, tous les systèmes que peut avouer la raison publique, seront librement essayés. L'Université applaudit d'avance à tous les efforts qui viendront s'unir aux siens pour accroître et propager les lumières. Placée au-dessus des caprices de la mode, marchant sans bruit, comme le monde, suivant la parole de son glorieux fondateur, l'Université est sûre de sa force et pleine de foi dans son avenir, qui est celui de la patrie elle-même.

Jeunes élèves, vous allez paraître à votre tour sur la scène du monde; vous y remplacerez les générations de la révolution et de l'empire, qui ont fait ou qui ont vu de si grandes choses. Plus heureux que vos pères, mais grâce à leur constance, il vous a été donné de voir la France libre et prospère à l'ombre de cette admirable forme de gouvernement, où les principes divers de tous les gouvernements généreux, toutes les forces, tous les intérêts, tous les vœux du pays se prêtent, à leur insu même, un mutuel appui, et conspirent à la puissance commune; cette monarchie constitutionnelle, rêvée jadis par quelques beaux génies, invoquée par les sages, annoncée par Montesquieu, conquise enfin par tant de souffrances et de glorieux travaux, et dernier terme de nos longues vicisitudes! Aimez donc le siècle, aimez le pays qui vous font ces avantages! Aimez ce roi, cette dynastie dont les destinées sont confondues avec les vôtres! Aimez cette France, dont la fortune est aujourd'hui celle de la liberté et de la paix du monde! Mais dans votre dévouement à cette noble patrie, retenez bien l'enseignement de cette journée : n'oubliez jamais que c'est la forte discipline de l'âme, l'énergie persévérante qui font les grands caractères et perpétuent les grandes nations.

DISCOURS

PRONONCÉ

AUX FUNÉRAILLES DE M. CHARLES LOYSON,

MAÎTRE DE CONFÉRENCES A L'ÉCOLE NORMALE,

Le 29 juin 1820.

Ne craignez pas, messieurs, que je vienne troubler votre douleur par une vaine formalité. Je ne veux dire qu'un dernier adieu à celui que nous avons tant aimé et que nous pleurerons toujours.

Mon cher Loyson, nos cœurs sont devant ton cercueil dans la disposition où toi-même aurais voulu qu'ils fussent. Nous y apportons une douleur que le temps ne pourra ni effacer ni distraire, mais que la raison et la foi éclairent. Oui, l'intervalle qui semble nous séparer n'a point de réalité pour ton âme et pour la nôtre. Le coup qui t'enlève frappe tes amis plus que toi-même. Tout ce qu'il y avait de meilleur en toi, tout ce que nous avons aimé et honoré, est et sera toujours. Les révolutions du temps et de l'espace, les troubles de la nature, ce phénomène d'un jour qu'on appelle la vie, a cessé pour toi; mais l'immortelle existence t'a recueilli dans son sein : reposes-y en paix, pauvre jeune homme; ta journée a été dure, que ton sommeil soit doux!

Il est vrai, tu n'as paru qu'un instant sur la terre, mais pendant cet instant si court et si bien rempli, tu as cru à la sainteté de l'âme, à celle du devoir, à tout ce qui est beau, à tout ce qui est bien, et tu n'as cessé de nourrir dans ton cœur les seules espérances qui ne trompent point. Ta vie a été pure, ta mort chrétienne. J'ai besoin de me souvenir que c'est là l'unique éloge que ta pieuse modestie voulut recevoir. Mon silence est la dernière preuve de mon dévouement. O le meilleur des fils et des frères, le plus sûr des amis, noble esprit, âme tendre, jeune sage, combien ne faut-il pas que ton ombre m'impose, pour arrêter ainsi le cri de mon cœur et de mes plus chers sentiments!

Encore un mot, mon cher Loyson. J'ai la confiance que tu as été jusqu'à la fin fidèle à l'amitié, et qu'à tes derniers instants, où nos consolations te manquèrent, tu n'as pas cessé de croire que tu avais été et seras toujours présent à ceux qui te connaissaient, et particulièrement à celui auquel tu aurais dû survivre, et que tu n'attendras pas longtemps.

DISCOURS

PRONONCÉ

AUX FUNÉRAILLES DE M. LARAUZA,

ANCIEN MAÎTRE DE CONFÉRENCES A L'ÉCOLE NORMALE,

Le 30 septembre 1825.

Ce n'est pas la première fois que la mort frappe un élève de l'Ecole normale, mais on peut dire que jamais elle ne choisit dans ses rangs une victime plus pure et plus irréprochable. Plus tard un autre que moi, surmontant sa douleur, nous entretiendra dignement de celui qu'il a plus particulièrement connu et aimé. Invité à le suppléer en cette triste circonstance, je ne veux qu'acquitter ici en peu de mots la dette commune envers le bon et parfait camarade que nous allons quitter pour toujours.

Plusieurs d'entre nous se rappellent encore les brillants succès du jeune Larauza au lycée Napoléon, et vous savez tous quelle estime et quelle affection ses talents et son caractère lui concilièrent à l'Ecole normale. Déjà M. Larauza était chrétien rigide envers lui-même, doux et facile pour les autres, austère dans ses principes et serein jusqu'à la gaieté la plus aimable par la candeur de son âme et la vivacité de son imagination. Déjà il mettait dans tous ses travaux ce zèle opiniâtre de la vérité et cette sagacité rare qui peu à peu le conduisaient à des résultats inattendus. Il montra successivement ces belles qualités dans les différents postes qui lui furent confiés ; et après plusieurs années d'un enseignement honorable à Montpellier et à Alençon, il vint de bonne heure les rapporter à l'Ecole normale où il trouva l'occasion de les accroître et de les développer. Chargé de l'enseignement approfondi des langues anciennes, M. Larauza rencontra ces questions de grammaire générale qui couvrent les questions les plus épineuses de la métaphysique. Il ne traversa pas ces graves matières sans y laisser des traces lumineuses de sa patience et de sa pénétration, et nous avons eu entre les mains plus d'une dissertation dirigée avec un esprit d'analyse qui prouve une tête pensante.

Ces occupations sévères avaient jusqu'alors contenu sans l'étouffer l'instinct secret qui portait M. Larauza vers des régions plus poétiques. La suppression de l'Ecole normale en 1822, en lui faisant un loisir forcé, lui donna le temps d'allier à ses travaux littéraires des études de musique et d'harmonie qu'il poursuivit avec sa patience accoutumée, et où les plus rapides progrès, récompensant bientôt ses efforts, permirent à cette âme pure et tendre d'exhaler en chants mélodieux l'ardente sensibilité qu'il réprimait dans ses mœurs et dans sa conduite. Pourquoi n'est-il pas resté parmi nous à cultiver doucement ces heureux talents? Mais la passion de s'instruire l'entraîne en Italie. Le besoin de tout voir, et de tout bien voir en peu de temps, lui fait braver les plus rudes fatigues. Un problème d'érudition le retient des mois entiers autour de ces routes des Alpes, escarpées et couvertes de neige, qui se disputent l'honneur d'avoir servi de passage à Annibal. Il croit, après tant d'autres, avoir résolu le célèbre problème. Il revient, mais déjà tout blanchi et portant dans son sein des germes destructeurs. À peine de retour, il se livre à un travail excessif, et compose en quelques mois un volume entier, monument de labeur, de bonne foi, de sagacité et d'exactitude. Enfin son travail est achevé; il va être admis à l'honneur de le lire devant une savante compagnie [1]; il ne s'agit plus que de choisir le jour; tout est prêt; il n'y a pas deux semaines encore, je m'entretenais avec lui de ses prochains succès, de la carrière qu'ils allaient lui ouvrir; et le voilà aujourd'hui étendu sans vie, foudroyé par une

---

[1] L'Académie des Inscriptions.

maladie terrible et à jamais enlevé au bonheur et à la gloire! Voilà donc où viennent aboutir tant de nobles efforts, tant de douces vertus, tant de science et d'innocence! La mort vient nous chercher dans un cabinet paisible comme au milieu des hasards. Celui qui pour suivre une étoile avantureuse se jette dans les tempêtes de la vie, au risque d'y être brisé mille fois, a quelquefois traversé l'orage et regagné le port; et toi, pauvre jeune homme, sans avoir quitté le rivage, sans avoir connu ce monde, ni ses biens, ni ses maux, ni l'inquiétude de ses espérances, ni la misère de ses promesses, tu tombes à la fleur de l'âge comme affaissé sur toi-même!

Et toi qu'il m'est impossible de séparer de ton ami, toi qui remplissais son âme comme il remplissait la tienne, mon cher Viguier, à Dieu ne plaise que je cherche à te consoler! Après une si longue absence, tu le revois un jour, et il t'échappe sans retour! La perte que tu fais est amère, inattendue, irréparable. Elle doit être et profondément et éternellement ressentie. Mais que la volonté et l'exemple de Larauza te soutiennent. Sa première loi fut de bien faire, vis pour bien faire aussi. Il faut supporter l'existence alors même qu'elle est flétrie, s'attacher à cette vie que l'on méprise parce qu'on peut y être utile encore, et on peut toujours l'être; on le peut puisqu'on le doit. Supporte donc avec force et douceur le malheur que Dieu t'envoie pour t'éprouver, non pour t'accabler.

Et vous, Messieurs, nous surtout élèves de l'Ecole normale, en quittant notre digne et excellent camarade, promettons-lui de l'imiter autant qu'il sera en nous dans ses mœurs, dans ses fortes croyances, dans son zèle pour la science et dans cette fraternité d'âme qui l'unissait à chacun de nous. Débris de jour en jour plus rares d'une école qui eût pu être grande et qui voulut être utile, puisque son nom seul nous reste, soutenons-le par notre union, par notre constance, par notre dévouement à tout ce qui est bien. Si nous ne pouvons changer la destinée, mettons-nous au-dessus par notre courage. Disputons à la mort et à l'injustice des hommes le souvenir de notre école bien-aimée. Sa gloire ne peut plus être dans le nombre de ses enfants, mais dans les travaux et les vertus de ceux qui lui restent. Sous tous les rapports, nous ne pouvons prendre un meilleur modèle que l'homme vertueux et aimable auquel nous allons dire le dernier adieu. Pour moi, qui m'étonne d'être encore debout sur tant de tombes qui m'appellent, puissé-je à la fin de ma carrière ne pas paraître indigne d'avoir été un de ses amis!

Adieu, mon cher Larauza, nous te remettons avec confiance entre les mains de Dieu !

DISCOURS

PRONONCÉ

AUX FUNÉRAILLES DE J.-G. FARCY,

ÉLÈVE DE L'ÉCOLE NORMALE,

le 29 juillet 1831, jour anniversaire de sa mort.

Honneur à la mémoire de Farcy !

Celui qui repose sous cette tombe était le 28 juillet 1830 un jeune homme aimable, modéré dans ses opinions politiques, attaché à la vie par les plus douces affections et les plus nobles projets ; et, le 29, il a tout sacrifié à la patrie. Il s'est indigné qu'on eût osé jeter le gant à la France, et il l'a ramassé avec cette colère généreuse qui fait faire les grandes choses, mais qui presque toujours aussi conduit à la mort.

Adieu les frais ombrages d'Aulnay, les douces conversations, les beaux vers, les rêveries philosophiques. Il n'a pas même vu le triomphe de la sainte cause pour laquelle il a versé son sang. Mais n'ayons pas la faiblesse de croire que, mort ou vivant, et quelles que soient les apparences, celui qui a bien fait soit jamais à plaindre. Non, Farcy, nous te pleurons, nous ne te plaignons pas.

Là haut, tu as dû rencontrer cette Providence bienfaisante qui préside à la mort comme à la vie, et qui, sans aucun doute, ne manque pas plus à l'âme des héros qu'à ce brin de paille que tout transforme et rien ne détruit. Ici bas la patrie a recueilli ton nom ; il est inscrit sur les murs du Panthéon, attaché à l'un des plus grands événements de l'histoire ; longtemps il fera battre les cœurs généreux ; longtemps les braves le répéteront et l'apprendront à leurs enfants. Qui sait si trente années de travaux pénibles l'eussent conduit à un aussi grand résultat ? L'âge mûr ne tient pas toujours les promesses de la jeunesse ; la vie a ses distractions qui souvent ont enlevé à la gloire les plus heureux génies. Aujourd'hui, rien ne peut te ravir l'immortalité que t'a donnée une heure d'une énergie divine. Que cette heure soit donc bénie ! Encore une fois, Farcy, nous te pleurons, nous ne te plaignons pas.

Espérons que la France de 1830, après une crise nécessaire et féconde, poursuivra paisiblement ses nobles destinées, et retrouvera en Europe le rang qui lui appartient par l'énergie et la modération de l'esprit public, par l'expérience et la sagesse du prince que nous avons mis à notre tête, par la sympathie des peuples et la prudence des rois. Mais s'il en était autrement, si de mauvais jours revenaient pour la France, si les factions ou si l'étranger, appuyé sur elles, venaient ternir ou arrêter notre belle révolution, c'est alors, Farcy, que tes amis se souviendront de toi, et que ton sang versé pour la patrie parlera à tous ceux qui sont dignes de l'entendre. Alors comme aujourd'hui en souffrant ou en tombant pour la France, nous répéterons avec amour : honneur à Farcy ! Vive la France !

DISCOURS

PRONONCÉ

AUX FUNÉRAILLES DE M. LAROMIGUIÈRE,

AU NOM DE LA SECTION DE PHILOSOPHIE,

Le 14 août 1837.

Pardonnez-moi, Messieurs, de vous retenir un moment encore sur les bords de ce tombeau ; mais la section de philosophie, qu'une plus étroite confraternité d'études unissait à celui que nous pleurons tous, a souhaité que sa douleur fût particulièrement marquée dans le deuil commun de l'Académie ; et c'est en son nom que je vous demande la permission d'ajouter quelques mots aux touchantes paroles que vous venez d'entendre.

Votre section de philosophie n'a pas été épargnée dans les pertes cruelles que vous avez faites en si peu de temps. Vous avez vu disparaître du milieu de vous presque à la fois les plus éclatantes lumières de l'Académie, et ces grands publicistes dont les noms demeureront à jamais dans l'histoire de la liberté et de la législation en France, et les hommes qui avaient su trouver une gloire différente, mais égale, dans l'austère étude de l'esprit humain. Quand Sieyes allait rejoindre Mirabeau, quand Rœderer allait retrouver et attendre ses immortels compagnons de l'Assemblée constituante et du Conseil d'Etat de l'Empire, M. de Tracy était enlevé à la philosophie, et voilà qu'aujourd'hui nous venons rendre les honneurs suprêmes à M. Laromiguière. Ainsi s'en vont peu à peu et tombent, pour ainsi dire, les uns sur les autres, les glorieux restes de la forte génération de 1789. O mes confrères! et vous tous, vous surtout, jeunes gens, qui assistez à cette triste cérémonie, conservons pieusemement ces nobles mémoires, et inclinons-nous avec respect devant les cercueils de ceux qui nous ont faits tout ce que nous sommes.

M. de Tracy et M. Laromiguière se succèdent dans la science comme ils se suivent dans la mort et dans vos regrets. Tous deux appartiennent à la même famille philosophique, et chacun pourtant a ses traits particuliers. Ils se ressemblent beaucoup, ils diffèrent plus encore : l'un emporte avec lui la philosophie d'un grand siècle, l'autre commence celle de notre temps.

Le dix-huitième siècle avait établi et comme consacré la célèbre maxime : *Il n'y a rien dans l'entendement qui n'y soit entré par les sens.* Ne pouvant donc inventer cette maxime après Condillac, il ne restait à M. de Tracy que d'en tirer le système le plus régulier et le plus complet qu'elle eût encore produit entre les mains d'aucun philosophe; et c'est aussi ce qu'il a fait, avec une sévérité de méthode qui n'a été ni surpassée ni égalée. De là ce corps de doctrine où la netteté et la précision des détails le disputent à l'étroit enchaînement des parties, et dont l'unité fait la grandeur.

Mais quand un esprit de cette trempe s'applique à un système, il l'épuise, et ne laisse guère à ceux qui viennent après lui que l'alternative de le répéter ou de s'en séparer.

M. Laromiguière sut trouver le secret d'être original sans abandonner la philosophie de son illustre devancier. Comme M. de Tracy, il reconnaît, il proclame que les matériaux primitifs de toutes nos idées sont en effet dans les impressions sensibles. Ce principe est le lien fidèle qui rattache M. Laromiguière à M. de Tracy et à toute la philosophie du dix-huitième siècle. Mais si les sensations sont les indispensables matériaux de nos connaissances, pour les mettre en œuvre, pour convertir les sensations en idées, il faut un instrument différent des matériaux auxquels il s'applique, il faut une puissance indépendante des sensations sur lesquelles elle travaille, il faut une intelligence, il faut une âme. Oui, c'est l'âme, Messieurs, c'est l'activité, c'est l'énergie dont elle est douée, qui tire des sensations, en y ajoutant une emprinte particulière, toutes les notions primitives dont les développements et les combinaisons composeront toute la science humaine.

La réhabilitation de l'intelligence dans l'activité, dans l'indépendance, dans la dignité qui lui appartiennent, telle est l'œuvre à laquelle est attaché le nom de M. Laromiguière.

D'autres, peut-être, après lui, ont marché d'un pas plus hardi ou plus téméraire dans cette route une fois ouverte; mais on ne peut lui contester l'honneur d'y être entré le premier, d'avoir été le premier et le plus brillant interprète de la philosophie nouvelle, au moins dans l'enseignement public.

L'enseignement, ce mot, Messieurs, ne vous rappelle-t-il pas la partie la plus populaire de la gloire de M. Laromiguière? O beaux jours de la philosophie à l'École normale et à la Faculté des lettres de l'Académie de Paris, quand M. Laromiguière enseignait avec tant d'éclat et de charme dans cette même chaire où bientôt après M. Royer-Collard devait enseigner, à son tour, avec tant d'autorité et d'élévation! C'est là, Messieurs, c'est à l'École normale et à la Faculté des lettres, dans les premières années du dix-neuvième siècle, entre 1810 et 1815 qu'a été fondée la philosophie nouvelle. Depuis, à une autre tribune, la France a souvent entendu et elle entendra longtemps encore, je l'espère, la forte parole, la dialectique austère et pourtant si vive de M. Royer-Collard. Mais qui nous rendra désormais l'éloquence de celui que va recouvrir cette tombe? Qui nous rendra ces improvisations dont le style le plus heureux n'offre encore qu'une image affaiblie, ces incomparables leçons où dans une clarté suprême s'unissaient sans effort les grâces de Montaigne, la sagesse de Locke, et quelquefois aussi la suavité de Fénélon? M. Laromiguière éclairait, charmait, entraînait. Sa parole exerçait une fascination véritable. J'ai vu des hommes vieillis dans ces méditations s'imaginer, en entendant M. Laromiguière, que leur esprit s'ouvrait pour la première fois à la lumière, tandis qu'à côté d'eux les plus simples, trompés par cette lucidité merveilleuse, croyaient comprendre parfaitement les plus profonds mystères de la métaphysique.

Si un petit nombre d'entre vous, Messieurs, ont assisté aux triomphes du professeur, du moins vous avez tous connu l'homme, et l'aménité de son commerce a pu vous donner quelque idée du charme de sa parole. La bonté de M. Laromiguière était proverbiale. Il aimait tendrement les hommes, et surtout la jeunesse; mais il n'aimait pas moins l'étude et la retraite, et il s'y complaisait. Sa vie a traversé, innocente et paisible, les orageuses vicissitudes de notre époque, et il s'est éteint plein de jours, au sein de la vénération publique, en possession d'une belle et pure renommée.

Adieu, ô le plus indulgent des hommes! ô le plus aimable des philosophes! Tant que le goût de la saine philosophie et de la vraie sagesse dureront parmi nous, à l'Académie, à la Faculté des lettres, à l'Ecole normale, ton nom ne sera jamais prononcé qu'avec respect et avec amour; et s'il est permis à celui qui porte ici la parole de laisser paraître un moment son émotion personnelle dans l'expression de la douleur des autres, ô toi que, depuis vingt-cinq années, je suis accoutumé à nommer mon maître, ô mon bon, mon vénéré maître, mon vieil ami, cher Laromiguière, tes leçons, ta douce sagesse, ton amitié me seront toujours présentes, et ton souvenir fera toujours battre mon cœur, comme au premier jour où je t'entendis, et comme à cette heure fatale où ta main mourante serra la mienne une dernière fois! Adieu! Adieu!

DISCOURS

PRONONCÉ

AUX FUNÉRAILLES DE M. POISSON,

PAR LE MINISTRE DE L'INSTRUCTION PUBLIQUE,

AU NOM DU CONSEIL ROYAL,

Le 30 avril 1840.

J'aurais cru manquer à mes devoirs, si je n'étais venu moi-même dire un dernier adieu à l'un de mes plus illustres confrères de l'Institut et de l'Université.

Nous avons perdu, messieurs, le premier géomètre de l'Europe. Ce titre n'était plus disputé à M. Poisson depuis la mort de Laplace et de Fourier. M. Poisson appartenait à cette grande école de mathématiciens, qui reconnaît pour chefs dans les temps modernes Galilée et Newton, pour qui le calcul n'est qu'un instrument, et dont l'objet est la découverte des lois de la nature. M. Poisson est le disciple direct et l'héritier de Laplace. Son nom demeurera attaché à une foule d'écrits où les problèmes les plus difficiles de la physique mathématique sont abordés avec la méthode la plus rigoureuse, poursuivis sous toutes leurs faces, et résolus toujours avec précision, souvent avec grandeur. Le caractère de son esprit était une sagacité puissante; il y avait en lui de la finesse et de la force. Quand son attention se portait sur un objet, quel qu'il fût, elle s'y concentrait tout entière, et ne l'abandonnait qu'après en avoir pénétré les profondeurs et en avoir tiré des trésors de vues nouvelles et inattendues.

Mais d'autres, messieurs, vous entretiendront du grand géomètre; il m'appartient plus particulièrement d'honorer dans M. Poisson le membre éminent du Conseil royal de l'instruction publique qui, non content d'agrandir la science par ses propres travaux, la servait encore par le mouvement régulier qu'il imprimait aux études mathématiques, et l'ardeur féconde qu'il savait inspirer pour ces belles études à tous ceux qui l'approchaient. Il avait fait deux parts de sa vie : la première était consacrée à ses travaux personnels; la seconde appartenait à quiconque avait besoin de ses lumières. Depuis qu'il était entré au conseil de l'Université, il s'était fait comme une religion de présider chaque année le concours d'agrégation des sciences. Il suivait les jeunes professeurs dans toute leur carrière. Aux agrégés il montrait le doctorat; aux docteurs, il montrait l'Institut. Qu'il soit permis à l'ancien directeur de l'école normale de renouveler ici le tribut de la reconnaissance de cette école pour les encouragements qu'il prodiguait à tous les élèves, dès qu'ils faisaient preuve de zèle et de goût pour les mathématiques. Il répétait sans cesse que les mathématiques ne repoussent personne, mais qu'elles exigent un culte assidu. Il était lui-même l'exemplaire vivant de cette maxime. Sans être étranger à aucun des intérêts de la vie, de la société et de la littérature, au fond, il était voué exclusivement aux mathématiques, à leur avancement et à leur propagation : c'était la véritable passion de son âme; et elle l'a suivi jusque dans les bras de la mort; car M. Poisson a rendu le dernier soupir sur les épreuves d'un grand ouvrage qu'il corrigeait de sa main défaillante. Il n'a cessé de cultiver les mathématiques qu'en cessant de vivre. Il est tombé en quelque sorte au champ d'honneur, vétéran infatigable de la science.

Du moins, il faut reconnaître que la patrie avait décerné à M. Poisson toutes les récompenses qu'elle réserve à ceux qui l'honorent. Toute la carrière de M. Poisson a été facile; son génie pour les mathématiques, déclaré de bonne heure, lui avait gagné d'abord toutes les sympathies. Jeune encore, à l'école polytechnique, ses camarades s'étaient cotisés pour le retenir parmi eux, afin de ne pas priver la science d'une telle espérance.

Depuis, il avait été nommé successivement membre de l'Académie des sciences, du Bureau des longitudes, examinateur de l'école polytechnique, conseiller de l'Université, et pair de France comme avant lui l'avaient été Prony, Laplace, Monge et Lagrange; et ce m'est une sorte de consolation personnelle d'avoir pu le placer à la tête de la Faculté des sciences quand M. Thénard accepta d'autres fonctions.

Le Conseil royal de l'instruction publique a fait en lui la perte la plus grande qu'il pût faire encore depuis la mort de Cuvier; mais il nous reste l'enseignement de sa vie et le reflet de sa renommée. Avoir possédé trente ans M. Poisson est pour l'Université un engagement sacré de ne jamais laisser dépérir ou s'affaiblir dans ses écoles l'étude des mathématiques, qui n'est pas une médiocre part du patrimoine de l'esprit humain et de la gloire de notre patrie.

Adieu, pour la dernière fois, adieu, notre excellent et illustre confrère! Nos regards se tourneront souvent sur la place que tu laisses vide parmi nous; et ton souvenir vivra dans nos cœurs, comme ton nom dans l'histoire des sciences!

Du 8 mai 1840.

(Le Conseil royal de l'instruction publique, désirant consigner dans les procès-verbaux de ses séances un témoignage des profonds regrets qu'il éprouve de la perte de M. Poisson, vient de décider que le discours prononcé par M. le ministre de l'instruction publique sur sa tombe serait inséré en entier au registre de ses délibérations, et qu'une copie de ce discours et de la présente délibération serait transmise officiellement à la famille de M. Poisson.)

FUNÉRAILLES DE M. LE COMTE DE CESSAC.

DISCOURS

PRONONCÉ

PAR LE PRÉSIDENT DE L'ACADÉMIE

DES SCIENCES MORALES ET POLITIQUES,

Le 18 juin 1841.

L'Académie des sciences morales et politiques vient mêler sa douleur à celle de l'Académie française dans le deuil commun de l'Institut. Nous aussi, nous voulons dire un dernier adieu à celui qui était parmi nous un monument vénéré de l'ancienne Académie, le doyen et l'exemple de la nouvelle.

Un attachement éclairé, mais austère, à tout ce qu'il regardait comme un devoir, une sorte de stoïcisme envers lui-même, qui n'excluait ni la bonté ni l'indulgence pour les autres, tel fut le trait dominant du caractère de M. de Cessac. C'est là ce qui le distingua de bonne heure et ne l'abandonna jamais dans le cours de sa longue carrière.

Avant 1789, M. de Cessac, né en 1752, était déjà retiré du service, et se faisait connaître honorablement par de savants articles, insérés dans l'*Encyclopédie*, sur les diverses parties de l'art militaire. Il embrassa avec une sérieuse conviction les principes de l'assemblée constituante; mais il en posa d'abord le terme, et rien ne put l'entraîner au delà. Il pensait alors, il a toujours pensé que la monarchie constitutionnelle est le seul gouvernement qui convienne à la France. Député à l'assemblée législative, on le remarqua parmi les intrépides défenseurs d'une constitution qui renfermait au moins une ombre de monarchie. Plus tard, quand un enchaînement fatal de fautes réciproques eut perdu la royauté et compromis la révolution, M. de Cessac n'aperçut plus qu'une seule bonne cause à défendre, la grande cause de l'intégrité du territoire, et il s'y voua obscurément dans les bureaux du ministère de la guerre, sous la direction de Carnot. Plus d'une fois, m'entretenant de ces jours difficiles : « Nous étions placés, me disait-il, entre l'échafaud des clubs et l'épée de l'étranger. » Il ne vit que celle-ci, et ne songea qu'à la France; car la France devait survivre à l'anarchie, et il fallait la sauver pour des temps meilleurs. Ces temps arrivèrent, grâce à ceux qui n'avaient pas désespéré de la patrie. Le premier consul discerna bientôt la capacité et la haute probité de M. de Cessac, et il l'appela successivement au conseil d'État et à la tête de l'école polytechnique. Quelques années après, l'Empereur lui confia toute l'administration de la guerre. La fortune et les honneurs vinrent chercher M. de Cessac; il les mérita par ses services; il les porta avec modestie.

Il était du nombre de ces hommes que la nature semblait avoir faits tout exprès pour l'Empereur. A défaut de facultés extraordinaires, M. de Cessac possédait toutes les qualités que Napoléon recherchait. Il fallait à Napoléon des esprits droits, habiles à discerner les meilleurs moyens, sans trop examiner le but dernier de ses entreprises, ce but qui était comme un secret entre la destinée et lui; il lui fallait cette capacité limitée dans ses objets, mais accomplie en son genre, qui s'exerce impunément sur les détails les plus compliqués de la guerre, des finances ou de l'administration; cette loyauté rigide qui sert et ne flatte pas, qui contredit même quelquefois par fidélité ou par dévouement; des mœurs sévères, une vie retirée, consacrée tout entière au service de l'État, enfin une puissance de travail que rien n'effraie, que rien ne lasse. Voilà les vertus rares par elles-mêmes, plus rares encore dans leur réunion, que Napoléon demandait, et qu'il suscitait autour de lui en les couvrant de ses bienfaits, surtout en les honorant de son estime : car l'estime d'un grand homme est la plus flatteuse de ses récompenses. Ainsi se forma une école de hautes capacités spéciales, au sommet desquelles était l'Empereur, qui les dominait toutes et les dirigeait. M. de Cessac était de cette famille des grands administrateurs et des grands conseillers d'État, les Bassano, les Merlin, les Daru, les Rœderer. Il se faisait même remarquer parmi eux par la fermeté judicieuse de ses avis, par la franchise de sa parole, surtout par sa simplicité dans une si haute fortune.

Mais que peut l'expérience, que peuvent les plus savantes combinaisons, que peut le génie lui-même quand le but qu'il poursuit est au delà des forces humaines? Après les victoires, les revers ; après l'empire du monde, une prison et un tombeau solitaire au milieu de l'Océan. C'est ici que parut dans sa pureté et dans sa force le caractère de M. de Cessac : il s'était attaché à la fortune de l'Empereur, il lui demeura fidèle ; il avait tout reçu de lui, il n'accepta rien que de lui. Pendant quinze ans entiers, il vécut dans la retraite. Il fallut la mort de Napoléon et la révolution de 1830 pour lui faire accepter la pairie de la main de M. Casimir Périer. Et quand, l'année passée, la France enfin redemanda les cendres du prisonnier de Sainte-Hélène, M. de Cessac, déjà glacé par l'âge, se ranima un moment à cette nouvelle inattendue; il voulut assister à cette grande cérémonie; il imposa silence à sa famille : « Je le dois, je le veux ; j'irai, dussé-je y rester » ; et, malgré le froid le plus rigoureux, on le vit, à quatre-vingt-neuf ans, prosterné sur le pavé des Invalides, verser des larmes et prier Dieu sur la bière de celui qu'il avait servi et aimé presque à l'égal de la patrie !

Oui, messieurs, il pria Dieu ; il y avait déjà bien des années que l'âme de M. de Cessac se reposait dans les pensées qui conviennent à une vieillesse vertueuse. Sans éclat, sans faiblesse, une conviction sincère l'avait ramené à toutes les pratiques d'une piété éclairée, et le dernier des encyclopédistes est mort en chrétien. Jusqu'au dernier moment, il remplit toutes les obligations que sa foi lui imposait avec la même régularité, avec le même scrupule qu'il avait apporté jadis à l'accomplissement de tous ses devoirs.

Le devoir, dans toute son étendue et dans toute sa rigidité, était la règle inflexible de M. de Cessac, dans la vie et dans la mort, au ministère, à la chambre, à l'Académie. Jamais, messieurs, vous ne retrouverez un confrère plus assidu, plus heureux de vous appartenir, plus dévoué à l'honneur de notre compagnie. Il était parmi nous, comme partout, simple et digne, grave et affable, vénéré et aimé. Il s'est éteint doucement, emportant avec lui de saintes espérances, et laissant une renommée sans tache. Honorons-le ; efforçons-nous de l'imiter : ne le pleurons pas.

FUNÉRAILLES DE M. JOUFFROY.

DISCOURS

PRONONCÉ

AU NOM DE LA SECTION DE PHILOSOPHIE,

le 13 mars 1842.

Lorsque, il y a plusieurs années, nous conduisions M. Laromiguière à sa dernière demeure, j'étais du moins soutenu par cette pensée que mon vénéré maître avait rempli toute sa carrière, et que ce qu'il y avait eu de meilleur en lui vivrait dans un livre consacré. Mais ici toute consolation manque : devant cette tombe qui engloutit tant d'espérances, je demeure frappé moi-même d'un mortel abattement, et j'ai peine à rassembler quelques paroles pour dire un dernier adieu à celui qui nous est sitôt ravi.

Des voix éloquentes viennent de vous rappeler, plus tard le digne historien de notre Académie appréciera les travaux inachevés de M. Jouffroy; je ne puis ici que marquer rapidement les traits distinctifs de ce rare esprit, ce qui, à quarante-cinq ans, avec un petit nombre d'écrits, l'avait fait illustre.

Lorsque, au commencement de notre siècle, trois hommes supérieurs, Maine de Biran, Laromiguière, Royer-Collard, renouvelèrent la philosophie, de jeunes esprits pleins d'ardeur et de talent s'empressèrent sur leurs traces : parmi eux se distingua de bonne heure M. Théodore Jouffroy.

Dans les modestes conférences de l'école normale, il apportait déjà cette précoce sobriété de jugement, ennemie de toute hypothèse, rebelle à toute impulsion étrangère, cet impérieux besoin de s'entendre avec lui-même et de voir clair en toutes choses : qualités éminentes qu'il n'emprunta à personne, et qui, développées par une culture régulière et assidue, et transportées successivement sur de dignes théâtres, lui ont composé une renommée solide, et lui donnent un rang à part et très-élevé dans l'enseignement public et parmi les écrivains philosophiques de notre temps. Il était chez nous le véritable héritier de Laromiguière. Parmi les étrangers, il faut le mettre entre Reid et Dugald Stewart, semblable à l'un par le sens et la gravité, à l'autre par la finesse et par la grâce. Nul ne posséda, nul surtout ne pratiqua mieux la vraie méthode philosophique, la méthode d'observation appliquée à l'âme humaine. Il interrogeait la conscience avec tant de bonne foi et tant de sagacité, il en exprimait la voix avec une telle fidélité, qu'en l'écoutant ou en le lisant on croyait entendre la conscience elle-même racontant les merveilles du monde intérieur de l'âme dans un langage exquis, pur, lucide, harmonieux. Son style, comme sa parole, éclaircissait, ordonnait, gravait toutes ses pensées. Il était, sans contredit, le plus habile interprète que la science pût avoir non seulement dans l'école, mais auprès du monde, solide et profond parmi les doctes, et en même temps accessible à tous. C'était là, parmi nous, le véritable rôle, le rôle original, grand et bienfaisant de M. Jouffroy.

Peut-être sa circonspection était-elle portée un peu loin, comme la confiance de quelques autres peut paraître téméraire. De peur de s'égarer, sur les pas mêmes du génie, dans la haute métaphysique, oubliant un peu trop les puissants instincts et le dogmatisme immortel de l'esprit humain, M. Jouffroy se plaisait à demeurer sur le ferme terrain de la psychologie, dans ces régions lumineuses et sereines que l'observation éclaire toujours, et où la sagesse peut jeter avec sécurité les fondements d'une science qui ne craint point les vicissitudes du temps et des systèmes.

Hâtons-nous de le dire : l'âme de tous les travaux de M. Jouffroy, de ceux que vous connaissez et de ceux qu'il a laissés et que la postérité connaîtra, était un vif sentiment de l'excellence et de la dignité de la philosophie. Trop sage pour rechercher le bruit qu'on fait parmi la foule, il aimait profondément la science à laquelle il avait voué sa vie, il l'aimait de cet amour fidèle qui résiste au malheur et peut braver la prospérité.

Élèves de l'école normale, qui assistez à cette triste cérémonie, sachez y trouver une leçon salutaire. Ceux qui vous ont précédés ont traversé des épreuves que vous ne connaîtrez point. Ils n'ont pas toujours rencontré, comme vous, un gouvernement ami, un public favorable, un auditoire préparé à les comprendre. Ils ont eu souvent à lutter contre le pouvoir même qui devait les protéger ; il leur a fallu conquérir peu à peu le suffrage public, occupé par une opinion contraire. C'est à cette rude école que s'est formé M. Jouffroy. Vous qui l'avez vu au faîte de nos modestes dignités universitaires, savez-vous bien par où et comment il y était parvenu ? De 1815 à 1830, la route a été longue et pénible. Il a lentement parcouru tous les degrés de l'enseignement, et partout il a laissé une trace ineffaçable. Aussi lorsque, il y a deux ans, la philosophie eut besoin d'un représentant au conseil de l'instruction publique, si de libres élections avaient eu lieu dans l'université, un suffrage unanime eût désigné M. Jouffroy et consacré le choix qui fut fait. Qui pouvait mieux que lui guider l'enseignement philosophique à travers des écueils sans cesse renaissants, l'éclairer à la fois et le défendre, si jamais il avait besoin d'être défendu? Quel homme pénétré d'un respect plus sincère pour ces nobles croyances qui ont été le berceau de la philosophie moderne, et en même temps plus fermement attaché à l'indépendance de la raison, dans les limites qu'elle se prescrit à elle-même!

Ma vieille amitié eût été fière des nouveaux et importants services que M. Jouffroy allait rendre à la philosophie; et voilà que tout à coup la mort l'arrête au milieu de sa carrière et me renvoie à moi-même la mission que je lui avais confiée! O fragilité de nos meilleurs desseins! ô vanité de toutes choses, excepté de la science et de la vertu! C'est moi qui aujourd'hui viens mettre au tombeau celui en qui reposaient mes plus fermes espérances pour notre cause commune, celui qui semblait destiné à me rendre un jour à moi-même ce pieux office! C'est moi qui viens lui dire : Adieu, Jouffroy; adieu pour la dernière fois!

FUNÉRAILLES DE M. DE GERANDO.

DISCOURS

PRONONCÉ

AU NOM DE LA SECTION DE PHILOSOPHIE,

le 14 novembre 1842.

Oui, la mort a des rigueurs particulières pour la section de philosophie. Qui nous eût dit que cette année, avant d'être terminée, lui enlèverait trois de ses membres, et que je serais condamné à venir ici, dans un intervalle de quelques mois, adresser un dernier adieu à un disciple si cher et à un maître vénéré ? La tombe de M. Jouffroy, celle de M. Edwards sont à peine fermées, et nous voilà autour du cercueil de M. de Gérando. Nous perdons aujourd'hui notre doyen et notre guide, toute la compagnie une de ses lumières, une de ses plus vieilles et de ses plus pures renommées.

Membre déjà célèbre de l'ancienne Académie, M. de Gérando était un des pères de la nouvelle. Il y donnait la main à deux générations, à deux époques, comme dans la science il était le lien de deux grandes philosophies, immortelles dans leurs principes, incompatibles seulement par leurs excès : l'une qui s'appelle la philosophie de l'expérience, l'autre celle de la raison, toutes deux se relevant de noms diversement glorieux : celle-ci d'Aristote, de Bacon et de Locke; celle-là de Platon et de notre Descartes. M. de Gérando dut à la première les brillants succès de sa jeunesse [1]; et sans la désavouer jamais, à mesure qu'il avança dans la vie, il se rapprocha de la seconde.

L'Histoire comparée des systèmes de philosophie, dans les deux éditions qui en parurent à vingt ans d'intervalle [2], marque excellemment le progrès

---

[1] M. de Gerando se fit connaître d'abord par un mémoire qu'il composa étant simple soldat (grenadier à cheval) dans l'armée de Masséna, sur la question proposée pour la seconde fois, en l'an VI, par l'Académie des sciences morales et politiques : *Déterminer l'influence des signes sur la formation des idées.* M. de Gerando reçut la nouvelle qu'il avait remporté le prix quelques jours après la bataille de Zurich, à laquelle il avait pris part. Ce mémoire est le fond de l'ouvrage : *Des signes et de l'art de penser, considérés dans leurs rapports mutuels.* (Paris, 1800, 4 vol. in-8°.) — Il remporta un autre prix à l'Académie de Berlin sur la question de la *Génération des connaissances.* Le mémoire couronné est devenu l'*Histoire comparée des systèmes de philosophie, relativement aux principes des connaissances humaines.* (Paris, 1804, 3 vol, in-8°.) Cet ouvrage a été traduit en allemand par Tennemann (Marb., 1806-7).

[2] *Histoire comparée des systèmes de philosophie*, deuxième édition, Paris, 1822 et 1823, 4 vol. in-8°. Cette édition n'est point terminée; elle devait comprendre encore quatre volumes. Le manuscrit du cinquième a été sous nos yeux il y a déjà bien des années. Les

toujours mesuré de l'esprit de M. de Gérando. C'était, en 1804, une idée heureuse et nouvelle d'appeler l'histoire au secours de la science, d'interroger les deux grandes écoles rivales au profit de la vérité, et de dresser l'inventaire impartial de l'héritage qu'elles lèguent au dix-neuvième siècle. Le temps emportera peut-être quelques parties de ce bel ouvrage, mais la pensée première en demeurera, et conservera le nom de M. de Gérando.

N'oublions pas ici un autre livre d'un caractère différent, d'un mérite au moins égal, ce livre du *Perfectionnement moral et de l'éducation de soi-même* [1] où parvenu au seuil de la vieillesse, M. de Gérando reporte ses regards sur la route qu'il a suivie, et nous enseigne avec une autorité pleine de charme le grand art de la vertu, car c'est un art aussi, qui a ses règles et ses pratiques, qui demande sans doute une nature heureuse, mais surtout de généreux efforts, un exercice modéré mais soutenu. Le dessein et toute la conduite de cet écrit est vraiment admirable. Resserrez un peu ces riches développements, donnez à ce style élégant et facile

---

quatre premiers volumes embrassent l'antiquité et le moyen âge; le cinquième était consacré à la philosophie de la renaissance. — On dit que M. de Gerando, entre autres manuscrits, laisse un traité inachevé de l'*Existence de Dieu*.

[1] Paris, 1805, 2 vol. in-8°; traduit en allemand par Schelle, Halle, 1828-29.

un peu plus de sobriété et de force, et cet ouvrage, digne de Socrate ou de Franklin, sera l'un des meilleurs et des plus bienfaisants de notre siècle.

La bienfaisance, Messieurs la bienfaisance sous toutes ses formes, dans ses applications les plus hautes ou les plus humbles, tel était l'objet constant de M. de Gérando. Il le poursuivait avec une ardeur infatigable. C'était la seule passion que sa sagesse eût peine à contenir et à gouverner. Elle se répandait par toutes les voies, trouvant en elle, comme le véritable amour, des ressources infinies, se prodiguant sans jamais s'épuiser, et, à mesure qu'elle donnait, aspirant à donner davantage. Quel est l'auteur de ce touchant écrit[1] où une expérience consommée enseigne aux maîtres des plus petites écoles la dignité et aussi les devoirs pénibles de leur utile profession? Est-ce un homme dont la vie ait été exclusivement vouée au saint ministère de l'éducation du peuple? Est-ce Pestalozzi? Est-ce le Père Girard? Quel est encore celui qui, servant de guide à la Charité, l'a conduite dans la demeure du pauvre, et l'a faite ingénieuse à surprendre toutes les misères pour la rendre habile à les soulager[2]? Qui, parmi nous, avec

---

[1] *Cours normal des instituteurs primaires*, ou *Directions relatives à l'éducation physique, morale et intellectuelle dans les écoles primaires*, 1832.

[2] *Le Visiteur du pauvre*, 1820, troisième édition, 1826.

une énergie plus persuasive, a demandé à la charité publique et privée de mesurer les heures de travail des enfants, employés dans nos manufactures, sur leur âge et sur leurs forces, et d'accorder au moins à la culture de leur âme quelques instants d'une journée jusqu'alors dévorée par un labeur sans relâche?

Mais je m'arrête, dans l'impuissance d'indiquer même tous les côtés de la vie de M. de Gérando par lesquels il nous appartient. J'ai écarté en lui le secrétaire ou le président de tant de sociétés utiles, l'administrateur de plusieurs grands établissements, le professeur qui a fondé l'enseignement du droit administratif en France, l'ancien secrétaire général du ministère de l'intérieur, l'un des vice-présidents du conseil d'État, le pair de France; je n'ai dû considérer dans M. de Gérando que le membre de notre Académie, et il m'échappe encore de toutes parts par la multitude de ses écrits et de ses services. En voyant ces députations des plus grands corps, ce concours de tant de personnes de toute condition, je me demande si les funérailles de plusieurs citoyens illustres se sont donné rendez-vous dans cette enceinte. Non, ce sont les funérailles d'un seul homme, mais d'un homme à qui rien d'humain n'était étranger. O vous qui ne voulez voir dans la philosophie que le mal qu'elle peut faire en s'égarant, venez apprendre ici quel dévouement peut inspirer aussi cette religion de la raison et du cœur!

Adorateur de Dieu, ami des hommes, M. de Gérando a passé sur la terre en faisant du bien, et il s'est éteint doucement, satisfait de sa destinée, regardant avec une modeste assurance les souvenirs de sa longue vie, et rempli des meilleures espérances. La section de philosophie perd en lui le seul nom illustre qui lui restât de tant de noms illustres : elle n'est plus composée que d'hommes nouveaux. Mais leur fidélité à ces mémoires vénérées les soutiendra, et ils penseront souvent à M. de Gérando pour maintenir et animer en eux le sentiment de la dignité de la philosophie, et s'efforcer sans cesse de représenter en leurs travaux les deux qualités du vrai philosophe, de l'homme éminent qu'ils ont perdu : l'indépendance et la modération.

RAPPORT

FAIT

A LA CHAMBRE DES PAIRS

AU NOM D'UNE COMMISSION SPÉCIALE CHARGÉE DE L'EXAMEN DU PROJET DE LOI SUR L'INSTRUCTION PRIMAIRE.

le 21 mai 1833.

C'est surtout depuis la révolution de juillet que l'instruction primaire est le premier besoin du pays et du gouvernement.

Un pays qui veut être libre doit être éclairé, ou ses meilleurs sentiments lui deviennent un péril, et il est à craindre que, ses droits surpassant ses lumières, il ne s'égare dans leur exercice le plus légitime.

Un gouvernement qui, comme le nôtre, a loyalement accepté, à jamais et sans retour, le principe du gouvernement représentatif, c'est-à-dire la publicité et la discussion universelle, n'a d'autre force que celle que lui prête la conviction des citoyens, et il se trouve dans cette situation à la fois difficile et heureuse où la propagation des lumières est pour lui une condition d'existence. La raison publique paie avec usure tout ce qu'on fait pour elle ; elle punit par ses égarements les gouvernements qui la négligent, mais elle récompense ceux qui la cultivent par ses progrès mêmes, en répandant de jour en jour davantage, dans tous les rangs de la population, le respect des lois, les sentiments honnêtes qui accompagnent toujours les idées justes, le goût du travail et l'intelligence des biens qu'il procure, la modération des désirs, et cet amour éclairé de l'ordre qui est aujourd'hui le seul dévouement des peuples.

Aussi, dès les premiers jours de la révolution de juillet, le gouvernement s'est occupé sérieusement de l'instruction primaire, et lui a imprimé une impulsion puissante. La France entière est entrée dans cet utile mouvement. Les particuliers, les associations, les communes, les départements, l'État, ont rivalisé de zèle et de sacrifices. De beaux résultats ont été obtenus. Une loi était nécessaire pour les régulariser et les étendre, et donner à l'instruction primaire de l'avenir et de la durée.

Deux projets ont été tour à tour présentés aux chambres, qui déjà renfermaient d'excellentes parties ; mais on regrette moins aujourd'hui que ces projets n'aient pu être discutés, puisque la loi soumise à vos délibérations, participant au progrès général, a pu recevoir du temps et de l'expérience d'heureux perfectionnements ; elle a été reçue à l'autre chambre avec une faveur dont la marque infaillible et rare est la presque unanimité des suffrages qu'elle a obtenue, et le très-petit nombre de modifications qu'une discussion approfondie y a introduites. Votre commission a examiné avec un soin scrupuleux et le projet du gouvernement et les amendements de la chambre des députés; et en me chargeant de l'honorable tâche de vous exposer les résultats de son travail, le premier ordre qu'elle m'a donné est celui de vous exprimer son plein assentiment à la pensée fondamentale de la loi.

L'exposé des motifs nous présente cette loi comme essentiellement pratique. Et ce caractère, qu'un examen consciencieux ne peut lui refuser, elle l'emprunte à un autre caractère plus élevé encore.

Aux premiers pas que l'on fait dans la matière assez compliquée de l'instruction primaire, on y rencontre un certain nombre de principes opposés entre eux en apparence, qui se disputent l'honneur de résoudre toutes les difficultés, et dont chacun en effet, pris en lui-même, est d'une vérité si frappante qu'il obscurcit tous les autres, et d'une si grande portée qu'on est bien tenté de s'y abandonner et de le prendre pour guide unique. Ce principe engendre avec une facilité merveilleuse une suite de dispositions dont le bel ensemble offre une unité qui impose et une simplicité qui séduit. Mais cette simplicité est un piége, cette unité un écueil. Car les autres principes ne sont pas détruits, parce que la théorie les a sacrifiés; ils reparaissent, aussitôt qu'on met la main à l'œuvre, et leur action, qui n'a pas été prévue, éclate tout à coup en résistances qui à la longue entravent et arrêtent tout. Quel but doit se proposer une loi sur l'instruction primaire? apparemment de la répandre le plus possible, de la rendre même universelle. Il faut donc bien se garder de mettre contre elle aucune force réelle, aucune prétention légitime. Pour satisfaire à tous les besoins, il faut accepter tous les moyens; ne repousser ni n'adopter exclusivement aucun principe, mais admettre sans aucun préjugé systématique tous ceux qui sortent de la matière, et peuvent conduire au but commun. Telle est la pensée du projet du gouvernement; c'est par son élévation même qu'elle imprime à la loi entière un caractère pratique. Votre commission n'a point hésité à l'approuver, et je devais vous la signaler d'abord; car c'est à sa lumière que votre commission a examiné et que je vais essayer de vous faire apprécier les dispositions particulières dont se compose le projet de loi, ainsi que les amendements de la chambre des Députés.

Le projet du gouvernement divise et résume

toutes les questions d'instruction primaire en quelques questions fondamentales renfermées en quatre titres distincts. Le titre I traite des objets que doit embrasser l'instruction primaire; le titre II et le titre III déterminent la nature des écoles auxquelles cette instruction doit être confiée, et le titre IV établit les autorités qui doivent y être préposées. Il y avait un titre V sur les écoles spéciales de filles, mais la chambre des députés, d'accord avec le gouvernement, l'a retranché : je vais parcourir successivement ces différents titres.

Le titre I renferme la question la plus grave de l'instruction primaire. Multipliez ou diminuez les objets que doit embrasser l'instruction primaire, étendez-la ou resserrez-la, et il lui faudra d'autres maîtres, elle exigera d'autres dépenses et peut-être d'autres autorités. Mais cette question n'est pas seulement importante par son influence sur toutes les autres; ce n'est pas moins, messieurs, qu'une question sociale. Si l'instruction primaire doit être universelle, la société est au plus haut degré intéressée dans la détermination de la portée et de la limite de l'instruction donnée à tous. La loi de 1791 [1] parlait seulement *des parties de l'enseignement indispensables pour tous les hommes*. Mais c'est là ne

---

[1] Assemblée constituante, loi des 3 et 14 septembre 1791.

rien dire, et c'est se taire précisément sur le problème fondamental. La définition des objets de l'instruction primaire n'est pas un de ces détails qui doivent être livrés à l'administration : il n'y a pas une matière qui soit plus essentiellement législative, et la difficulté de la question ne dispense nullement de la résoudre.

Elle a eu jusqu'ici dans nos lois deux solutions contraires.

Quand on songe à toutes les connaissances qu'il serait utile à tous les citoyens d'une grande nation de posséder, et que l'on confond l'utile et le nécessaire, on est tenté de multiplier et d'élever les objets de l'instruction primaire. De là ces riches programmes dont le modèle appartenait de droit à la Convention [1]. Mais un enseignement primaire trop étendu et trop élevé a le malheur d'être impossible. On s'aperçoit bientôt que le temps, l'argent, les maîtres, tout manque quand on arrive à la pratique, et pour avoir voulu trop faire on se trouve n'avoir rien fait. Par là on est ramené au principe contraire, que l'instruction primaire, pour être accessible à tous, doit être renfermée en de sévères limites. C'est ce principe sage en lui-même, mais, poussé par une réaction inévitable jusqu'à l'exagération, qui resserra si étroi-

---

[1] Décret du 21 octobre 1793 ; décret du 27 janvier 1794 ; décret du 17 novembre 1794, chap. IV.

tement le programme de l'instruction primaire de la constitution de l'an III et de la loi de l'an IV qui en découle ; programme qui n'admettait plus d'autres objets que la lecture, l'écriture, les éléments du calcul et ceux de la morale républicaine [1]. Le Consulat et la loi de l'an X maintinrent ces limites ; l'Empire et la loi de 1806 qui créa l'université, le décret de 1808 qui l'organisa, retranchent, comme on s'y attend bien, la morale républicaine, et ne laissent que la lecture, l'écriture et le calcul. Et même le décret de 1811, art. 192, enjoint aux autorités compétentes « de « veiller à ce que les maîtres ne portent pas leur « enseignement au delà de ces limites. » Cette exagération est bien moins fâcheuse que la première, mais elle a aussi ses inconvénients graves, qui peu à peu se sont fait sentir. En effet, l'instruction primaire ainsi abaissée, la voilà séparée par un intervalle immense de l'instruction secondaire ; et une classe très-nombreuse de citoyens qui ne peuvent atteindre jusqu'à celle-ci, et auxquels celle-là trop limitée ne suffit plus, manquent d'une instruction qui convienne à leur situation et à leurs besoins. Ou ils se réduisent à l'instruction primaire, et descendent au lieu de monter dans la culture de l'intelligence ; ou ils s'élèvent

---

[1] Loi du 3 brumaire an IV (25 octobre 1795), titre I, art. 5.

à force de sacrifice jusqu'à l'instruction secondaire, qui s'efface bientôt et ne laisse aucune trace dans leur esprit s'ils rentrent dans les modestes professions de leurs pères, ou qui les pousse à en sortir. Ainsi se forment dans nos collèges de nombreuses générations, qui, contractant de bonne heure des habitudes incompatibles avec leur destinée naturelle, la rejettent, et, se répandant dans la société, y cherchant une place qu'elles ne trouvent pas toujours, portent partout une inquiétude fatale, toujours prêtes à se jeter dans tous les désordres. Le mal est grave, messieurs; il est déjà ancien; il tourmente, il menace la société; et il tient en très-grande partie à une mauvaise solution d'une question d'instruction primaire.

Une instruction primaire trop étendue qui n'est pas accessible à tous, ou une instruction primaire trop bornée qui ne suffit pas à un grand nombre, sont deux partis extrêmes dont les inconvénients sont manifestes. Le seul moyen de sortir de cette difficulté est de ne pas chercher à satisfaire d'une seule et même manière des besoins différents, de ne pas imposer une solution simple à une question complexe, c'est-à-dire d'établir deux degrés entièrement distincts dans l'instruction primaire: l'un, qui, étant destiné à tous, peut être assez limité sans inconvénient; l'autre, qui, n'étant pas destiné à tout le monde, peut être agrandi avec avantage. C'est là ce que fait la loi : elle divise l'instruction primaire en instruction primaire élémentaire et en instruction primaire supérieure. La création et l'organisation d'une instruction primaire supérieure a paru à votre commission une innovation prudente qui, bien ménagée, peut devenir un bienfait social.

L'instruction élémentaire étant destinée à tous les citoyens, même à ceux qui seraient hors d'état de la payer, et devant être universelle s'il est possible, peut être et doit être même resserrée dans des limites assez étroites. L'instruction élémentaire perd en solidité tout ce qu'elle gagne en étendue. A ce degré, il importe moins de savoir superficiellement un grand nombre de choses que d'en savoir bien quelques-unes, celles qui sont indispensables. De sages limites sont aussi bonnes pour les maîtres que pour les élèves, et à la longue elles impriment aux uns et aux autres d'excellentes habitudes d'esprit, et leur sont un point de départ ferme et solide pour tout leur développement ultérieur. Nous approuvons donc le projet de loi d'avoir fixé ainsi qu'il suit le minimum de l'instruction primaire élémentaire : *l'instruction morale et religieuse, la lecture, l'écriture, les éléments de la langue française et du calcul, et le système légal des poids et mesures.* La langue française ajoutée à la lecture et à l'écriture, le système légal des poids et mesures ajouté au calcul, sont deux enseignements qui doivent être universels pour que le langage uniforme des lois soit partout compris, et pour resserrer de jour en jour davantage les liens qui unissent déjà toutes les parties de la population, et augmenter encore cette admirable unité française qui est notre gloire et notre force. Il était nécessaire que, parmi les divers objets de l'instruction primaire, l'éducation morale et religieuse eût le rang qui lui appartient, c'est-à-dire le premier; car c'est l'éducation morale qui seule peut faire des hommes et des citoyens, et il n'y a pas d'éducation morale sans religion. Cette maxime de l'expérience, écrite en quelque sorte à la tête de la loi, lui conciliera le respect des gens de bien, le concours de tous les pères de famille, facilitera son exécution, et en fera aux yeux de l'Europe entière une loi digne d'une grande nation civilisée.

Votre commission approuve également la manière dont le projet de loi constitue l'instruction primaire supérieure. Elle pense qu'aucun des objets que le projet assigne à l'école primaire supérieure ne pourrait en être retranché sans mettre en péril le but même de l'institution. Il s'agit de diminuer le nombre des élèves de nos colléges, au profit des études classiques elles-mêmes; or, on ne peut obtenir ce résultat qu'à la condition d'offrir comme en dédommagement une instruction assez libérale pour suffire à une partie de la population, qui n'est dépourvue ni d'une certaine aisance ni d'un amour-propre légitime. Voilà pourquoi votre commission adopte la rédaction de la Chambre des Députés, qui, aux applications de la géométrie pratique, substitue les éléments de la géométrie et ses applications usuelles; rédaction plus rationnelle d'abord, et qui ensuite élève un peu l'instruction, en faisant enseigner les éléments de la géométrie en eux-mêmes, pour arriver à leurs applications usuelles, parmi lesquelles la commission a vu avec plaisir que la loi ait mentionné spécialement le dessin linéaire. L'arithmétique et les éléments de la géométrie pratique, avec les notions des sciences physiques et de l'histoire naturelle, applicables aux usages de la vie, représentent en petit, dans l'école primaire supérieure, l'enseignement scientifique de nos colléges. Les éléments de l'histoire et de la géographie, et surtout de l'histoire et de la géographie de la France, en représentent l'enseignement littéraire, dans la mesure qui convient aux besoins du grand nombre. Enfin, le chant ajouté au dessin linéaire est à toutes les autres parties un complément de culture qui n'est pas perdu pour l'éducation intellectuelle et morale. L'instruction primaire supérieure doit embrasser tous ces objets pour atteindre son but ; mais elle ne le manquerait pas moins en s'étendant trop. Le projet de loi porte que : « Selon les besoins et les « ressources des localités, l'instruction primaire « supérieure pourra recevoir les développements « qui seront jugés convenables. » La Chambre des Députés a suprimé l'épithète de *supérieure*. Si nous adoptons ce retranchement, c'est surtout pour éviter de provoquer dans la loi mêm et d'une manière spéciale une extension excessive de l'instruction primaire supérieure. Nous ne voulons pas dire que, selon les besoins et les ressources des localités, l'instruction primaire, soit élémentaire soit supérieure, ne puisse utilement recevoir quelques développements ; mais nous approuvons qu'en ce qui regardera les écoles publiques, ces développements soient soumis au jugement des autorités compétentes. Sans doute il y a des localités où il sera nécessaire d'ajouter aux objets prescrits par la loi, tel ou tel cours accessoire ; par exemple, un cours de langue allemande dans les provinces du Rhin, peut-être un cours de langue italienne ou espagnole dans certaines parties du Midi ; et dans des communes manufacturières, quelques leçons sur les parties d'industrie propres à ces communes. Mais il ne faut par multiplier ni même admettre légèrement ces cours accessoires, car ils auraient le double inconvénient d'enlever un temps considérable aux cours obligés déterminés par la loi et par là de les affaiblir, et ensuite d'ôter à l'instruction primaire son vrai caractère. L'instruction primaire doit être générale; elle prépare à toutes les carrières sans conduire à l'une plutôt qu'à l'autre : elle ne forme pas des artisans, mais des hommes. Ces considérations s'appliquent surtout à l'instruction primaire supérieure, dont l'extension illimitée irait précisément contre le but même qu'on se propose. Il est évident, en effet, que si l'instruction primaire supérieure s'élève ou tend à s'élever jusqu'à l'instruction secondaire, alors, loin de remédier au mal que nous avons signalé, elle le répand et le fait descendre plus profondément dans la société. Votre commission m'a donc chargé de déclarer à la Chambre, qu'en acceptant le dernier paragraphe de l'article premier, elle le fait sous toutes les réserves que je viens de vous exprimer.

Mais elle ne pouvait qu'applaudir au juste hommage rendu à la liberté des consciences et aux droits sacrés des familles par l'art. 2, qui déclare expressément que le vœu des pères de famille sera toujours consulté et suivi en ce qui concerne la participation de leurs enfants à l'instruction religieuse.

Elle vous propose également d'adopter l'art. 3 avec le léger amendement de la Chambre des Députés, qui énumère les deux genres d'écoles que comprend l'instruction primaire dans l'ordre même qu'elles occupent dans le titre II et dans le titre III de la loi. Ces deux titres se rapportent aux écoles primaires privées et publiques.

Les deux grands principes de la liberté de l'enseignement et de l'intervention de l'État dans l'éducation, principes ennemis jusqu'à ce jour, sont heureusement réconciliés dans le projet du gouvernement, au grand profit de l'instruction primaire. La liberté de l'enseignement est dans la Charte; elle est dans le droit des familles; elle est dans celui des particuliers; elle est dans l'intérêt général de l'instruction primaire, qu'elle vivifie par la concurrence, et qu'elle enrichit par de perpétuelles innovations, parmi lesquelles il faut bien qu'il s'en rencontre quelques-unes d'utiles. Le projet de loi reconnaît donc et consacre la liberté de l'enseignement. Jusqu'ici pour fonder une école privée, il fallait une autorisation préalable que l'administration accordait ou refusait à son gré. Ce système ne subsiste plus. Toute autorisation préalable est retranchée, et tout citoyen peut à son gré lever une école primaire, élémentaire ou supérieure, et tout établissement quelconque d'instruction primaire, dans toute espèce de commune, urbaine ou rurale, sans autre condition que de présenter au maire de la commune où il veut tenir école un brevet de capacité obtenu après examen, et un certificat de moralité qui atteste, selon l'heureux amendement de la chambre des députés, qu'il est digne de se livrer à l'enseignement. La première condition est celle de toutes les professions libérales, et le maître d'école ne peut se plaindre d'être à cet égard sur le même pied que l'avocat et le médecin. La seconde est une garantie nécessaire à l'instruction primaire elle-même et à la société tout entière, et elle est dans la main de l'autorité municipale. Le projet de loi ôte donc toute entrave à la profession d'instituteur privé, et elle en assure le libre exercice. La surveillance de l'école est confiée à une autorité en grande partie élective, et l'instituteur ne peut être interdit de sa profession, à temps ou à toujours, que par une sentence du tribunal civil. Votre commission n'a pu qu'accorder son suffrage à cet ensemble de dispositions, et elle vous propose d'adopter le titre II du projet de loi, avec les amendements de la chambre des députés.

Les écoles privées sont bonnes et utiles : elles méritent d'être respectées et encouragées : mais ne compter que sur elles serait livrer l'instruction primaire à la merci d'une industrie trop peu lucrative pour être fort cultivée; et le principe de liberté, s'il était admis comme principe unique, serait un obstacle invincible à l'universalité de l'instruction. Remarquez que les communes pauvres n'attirent guère l'instituteur privé; de sorte que ce serait précisément ceux qui ont le plus besoin de l'instruction primaire qui en seraient presque infailliblement privés. L'intervention de l'État est donc indispensable. L'instruction primaire n'étant pas moins nécessaire à la société entière qu'aux particuliers, c'est le devoir et l'intérêt de l'Etat d'assurer l'instruction du peuple contre les caprices de l'industrie, et de lui donner la fixité et la dignité d'un service public régulier. C'est ce que fait le titre III du projet du Gouvernement, par l'établissement d'un système d'écoles publiques extrêmement simple, et qui pourvoit à tous les besoins. Il consiste à attacher au moins une école élémentaire à toute commune ou à la réunion de plusieurs communes circonvoisines; à mettre une école primaire supérieure dans toutes les communes de 6,000 âmes, et à établir une école normale primaire par département, pour donner chaque année un supplément d'instruction aux instituteurs déjà placés et pour en former de nouveaux. Chaque département possède ainsi un système complet d'instruction primaire dont les divers degrés se lient l'un à l'autre, se soutiennent et se vivifient réciproquement. Qu'une administration éclairée et vigilante préside au développement de ce système, et il suffira de quelques années pour que les germes féconds implantés par la loi dans tout département y portent les plus heureux fruits. La chambre des députés a rendu justice, comme nous, à cette simple et vigoureuse organisation. Ses amendements n'ont eu d'autre objet que de la fortifier encore.

L'art. 9 du projet du gouvernement attachait au moins une école publique élémentaire à toute commune, et il était évident qu'imposer une école publique à une commune n'est pas lui interdire d'en avoir plusieurs si elle peut les entretenir, et que dans ce cas on repartira le mieux possible entre ces diverses écoles tous les enfants de la commune. Une foule de communes urbaines ont plusieurs écoles, et alors, au lieu de disséminer dans ces écoles les enfants des différentes communions, c'est la pratique constante de l'administration de rassembler dans une même école les enfants d'une même communion, quand ils sont assez nombreux pour composer une école entière, et quand les ressources locales le permettent. La chambre des députés a pensé que cette pratique était assez importante pour trouver place dans la loi ; c'est un nouvel hommage à la liberté religieuse auquel nous nous réunissons, et nous vous proposons d'adopter l'amendement de la chambre des députés, en le rédigeant de la manière sui-

vante : « Dans le cas où les circonstances locales
« le permettraient, le Ministre de l'instruction
« publique pourra, après avoir entendu le con-
« seil municipal, autoriser à titre d'école com-
« munale des écoles plus particulièrement affec-
« tées à chacun des cultes reconnus par l'État. »
Ainsi, quand il n'y aura qu'une seule école, tous
les cultes la fréquenteront, et y puiseront une
instruction commune, qui, sans nuire à la liberté
religieuses toujours placée sous la garantie de l'article 2 du titre 1^r, fortifiera les liens qui doivent
unir tous les enfants de la même patrie. Quand il
y aura plusieurs écoles dans une commune, les
différents cultes se les partageront. Ces différentes
écoles seront toutes établies au même titre ; elles
auront la même dignité, et tous les habitants de la
commune contribueront à leur entretien, comme
dans une sphère plus élevée tous les citoyens contribuent à l'impôt général, qui soutient les différents cultes. Cette mesure de haute tolérance nous
a paru conforme au véritable esprit religieux, favorable à la paix publique, digne des lumières de
notre siècle et de la munificence d'une grande nation.

La chambre des députés a cru devoir ajouter
aux communes dont la population excède 6,000
âmes, celles qui sont les chefs-lieux de département, quelle que soit leur population, afin qu'il

y ait au moins dans tout département une école primaire supérieure, et que cette foule de fonctionnaires et de citoyens plus honorables que riches qu'un chef-lieu de département réunit et attire, ne fussent pas placés entre la simple école élémentaire et le collége. Votre commission est entrée dans ces vues, qu'elle a cru mieux marquées par cette rédaction :

« Art. 10. Les communes chefs-lieux de dépar-
« tement, et celles dont la population excède
« 6,000 âmes, devront avoir en outre une école
« primaire supérieure. »

Elle a hésité davantage à adopter l'amendement fait à l'article 11, et qui permet à plusieurs départements voisins de se réunir pour entretenir une seule école normale primaire qui leur soit commune, tandis que le projet du gouvernement imposait une école normale primaire à chaque département. Peut-être la réunion de plusieurs départements, pour avoir une seule école normale, est-elle une économie de dépense. Mais d'abord c'est une erreur de croire que toute école normale soit nécessairement fort coûteuse. L'étendue d'un pareil établissement, et par conséquent sa dépense, varient selon les ressources et les besoins de chaque département. Dans les départements les plus pauvres, une école normale peut être établie sur le pied le plus modeste, et commencer par être une simple annexe d'une excellente école primaire, un externat composé d'un assez petit nombre d'élèves, sans administration matérielle, de la discipline la plus facile, et où règne aisément et par la force même des choses l'esprit de simplicité, j'allais dire de pauvreté nécessaire à l'humble condition qui attend le maître d'école. L'école normale s'agrandit avec la richesse des départements, et c'est seulement dans un petit nombre qu'elle doit former un pensionnat considérable. Ensuite l'institution d'une école normale par département a cet avantage d'intéresser bien plus le département, et toutes les communes dont il se compose, à l'école normale qui leur appartient en propre. Le département qui a cette école sous les yeux la surveille aisément ; il la soigne, et par là s'y attache, et lui fait bien des sacrifices. Mais comment différents départements prendront-ils part à la surveillance d'une seule école ? Il faudra donc qu'ils s'en remettent de la surveillance qui leur appartiendrait en commun à un seul département. Il n'est pas non plus facile de procurer le concert de plusieurs conseils généraux de département pour aucun objet, surtout pour celui-là, qui pourrait bien leur paraître un objet de luxe ; et pendant ce temps aucun des départements n'aura d'école. Les lois trop difficiles à exécuter ne s'exécutent pas. Nous craignons que l'amendement fait par la chambre des députés à l'article 11 ne serve dans la pratique à éluder la loi, et précisément sur le point le plus important, celui qui répond de tous les autres; car autant valent les maîtres, autant fleurissent les écoles. Cependant, il est difficile d'affirmer qu'il n'y ait absolument aucun cas où la réunion permise par l'amendement ne soit convenable ; et nous n'avons pas cru devoir vous proposer le rejet de cet amendement, rassurés par la réserve qui le termine, et qui exige que cette réunion soit autorisée par ordonnance royale. Notre vœu est que l'étabissement d'une école normale par département soit la règle en cette matière, que la réunion soit l'exception, et que cette exeption soit très-rarement autorisée.

Ainsi que la chambre des députés, nous donnons une adhésion entière à l'habile combinaison qui répartit entre la commune, le département et l'État, les dépenses qu'exige l'instruction primaire dans chaque département. A défaut de legs ou de dotation, chaque commune est tenue de pourvoir aux dépenses de l'instruction primaire de la commune; et en cas d'insuffisance des revenus ordinaires, le conseil municipal peut imposer la commune jusqu'à trois centimes additionnels. Il appartenait au patriotisme éclairé de la chambre des députés, et à son autorité spéciale en matière d'impositions, de décider que si le conseil municipal ne satisfaisait pas à la loi, il y serait pourvu par une ordonnance royale. Si cette imposition extraordinaire ne suffit pas, la commune s'adresse au département, qui vient à son secours sur les fonds départementaux. En cas d'insuffisance des fonds ordinaires, le département devra s'imposer extraordinairement jusqu'à deux centimes additionnels. Cette imposition sera votée par le conseil général du département, ou, à défaut du vote de ce conseil, elle sera établie par ordonnance royale. Enfin, quand la commune et le département auront ainsi épuisé toutes leurs ressources, ils pourront s'adresser au ministre de l'instruction publique, qui pourvoira au surplus des dépenses nécessaires au moyen du crédit porté annuellement pour l'instruction primaire au budget de l'État. Cette habile combinaison a obtenu tous nos suffrages. Il en est de même de celle qui exige une rétribution mensuelle des familles qui peuvent la payer, et qui admet en même temps à titre gratuit dans l'école communale élémentaire les enfants des familles qui auront fait preuve d'indigence, et que le conseil municipal aura désignés comme ne devant payer aucune rétribution.

Vous reconnaîtrez, messieurs, dans toutes ces mesures, l'esprit que nous avons déjà signalé, l'étendue et la fermeté de vues du véritable législateur, qui, recherchant et discernant tous les principes qui appartiennent à une matière, au lieu de les sacrifier l'un à l'autre, les emploie tous, en les mettant chacun à leur place. La constitution de 1791 et la loi de 1793 qui s'y rapporte proclamaient le principe de l'instruction gratuite, et par conséquent allouaient à l'instituteur primaire un traitement fixe considérable [1] qui eût écrasé les communes ou l'État. La loi de l'an IV, qui est le fond de toutes les lois subséquentes, pour n'accabler ni les communes ni l'État, détruit tout traitement fixe [2], ce qui a deux sortes d'inconvénients : le premier, de ne pouvoir plus obliger équitablement l'instituteur à recevoir assez d'élèves [3] gratuitement, c'est-à-dire de fermer l'école à ceux qui en ont le plus besoin ; le second, de ne pas assurer à l'instituteur un sort convenable. Or,

---

[1] Décret du 28 octobre 1793. *Du traitement des instituteurs et des institutrices.*

Art. 1er. Le minimum du traitement des instituteurs est fixé à 1,200 livres.

Art. 2. Les comités d'instruction publique et des finances feront un rapport sur la détermination du maximum du traitement et sur l'échelle des traitements intermédiaires.

Voyez aussi le décret du 19 décembre 1793, section III, art. 3, 4 et 5, et le décret du 27 février 1794, art. 5.

[2] Titre I, art. 6 et 8.

[3] *Ibid.* Art. 9. Seulement le quart. D'après la loi de l'an X, ce n'est plus que le cinquième.

l'instituteur primaire, messieurs, c'est l'instruction primaire elle-même. Tout ce qui nuit à l'un retombe sur l'autre, et pour que l'instruction primaire fleurisse, il faut que le maître ne soit pas trop maltraité. Nulle loi ne s'était encore avisée d'admettre le principe de l'instruction gratuite pour les enfants pauvres, en maintenant le principe de la rétribution pour tous ceux qui peuvent la payer, et cela au moyen d'un traitement fixe, qui n'est ni assez fort pour que l'instituteur ne sente plus le besoin de bien faire et de travailler à satisfaire les parents, ni assez faible pour qu'il soit condamné à vivre au jour le jour; traitement fixe réparti à la fois entre la commune, le département et l'État, en telle proportion qu'il ne pèse excessivement à aucun des trois. Cette combinaison neuve et sage promet à l'instruction primaire un avenir; car il n'y a d'avenir que dans les mesures qui n'imposent à personne de trop rigoureux sacrifices.

Nous approuvons également l'article 14, qui fait régler la rétribution mensuelle des élèves payants par le conseil municipal, et qui fait percevoir cette rétribution dans la même forme et selon les mêmes règles que les contributions publiques directes. Par un sage amendement de la chambre des députés, le recouvrement de la rétribution ne donnera lieu à aucune remise au profit des agents de la perception. Il est bien entendu qu'il sera toujours loisible à l'instituteur de s'accorder avec les parents pour recevoir en nature la rétribution d'école; et, dans ce cas, il ne portera pas leurs noms sur la liste qui devra servir à former le rôle du percepteur; mais, au besoin, il pourra recourir au mode de recouvrement que la loi lui ouvre. Il n'aura plus à descendre à ces démarches basses qui le dégradaient à ses propres yeux et aux yeux des autres; il ne sera plus réduit à tendre la main, et souvent en vain, pour obtenir le modique salaire de ses peines. Soyez assurés que l'école y gagnera en dignité, et l'enseignement en autorité. Tout ce qui relèvera la situation de l'instituteur, relèvera l'instruction primaire elle-même dans l'esprit du peuple, et conciliera à l'école ce respect qui est déjà un puissant attrait. Remarquez que, le conseil municipal ayant exempté d'avance ceux qui ne pourraient pas payer, la rétribution mensuelle ne sera recouvrée que sur ceux pour lesquels elle n'est point un sacrifice excessif. On a ici le choix ou de gêner un peu la mauvaise foi des parents qui, pouvant payer, voudraient bien ne pas le faire, ou de laisser dépérir l'instruction primaire dans la personne du maître. Or, encore une fois, il faut bien savoir qu'en matière d'instruction primaire, le point vital, c'est la bonne condition du maître. Il faut faire quelque chose pour obtenir cet important résultat.

C'est sous ce rapport que nous approuvons aussi l'établissement, proposé par le gouvernement, d'une caisse d'épargne et de prévoyance en faveur des instituteurs communaux dans chaque département, avec les amendements de la chambre des députés, amendements fondés sur l'expérience, et qui assurent à l'instituteur communal l'administration paternelle de ses économies. Là encore le projet de loi a marché heureusement entre deux partis extrêmes, celui de ne rien faire pour l'avenir de l'instituteur primaire, et celui d'accabler le trésor en donnant à tout instituteur une pension à titre de fonctionnaire public. Une caisse d'épargne, sagement administrée, est un terme moyen qui ne sera pas sans résultat. Mais c'est surtout à la piété publique qu'il faut en appeler; c'est à elle qu'il appartient de grossir les faibles épargnes des pauvres maîtres d'école. Il n'y a pas de bonne œuvre mieux placée, et qui puisse porter de meilleurs fruits; car la carrière de l'instituteur primaire est dure, et, pour s'y soutenir, il a besoin d'entrevoir dans sa vieillesse autre chose que la mendicité ou l'hôpital.

Votre commission vous propose, messieurs, d'adopter le titre III, tel qu'il a été amendé par la chambre des députés, avec les changements de rédaction dont je vous ai rendu compte. Elle voudrait pouvoir vous faire la même proposition relativement au titre IV.

Ce titre a pour objet de déterminer les autorités qui doivent être préposées aux écoles, leur composition et leurs attributions.

S'il est vrai qu'en général l'administration est plus importante encore que la loi elle-même, puisqu'une bonne administration supplée aux défauts des lois et qu'une mauvaise administration gâte dans l'exécution les lois les meilleures, il faut reconnaître que c'est de l'administration des écoles qu'en dernière analyse dépend leur sort. Tout se résout dans le choix des hommes. La grande affaire dans l'instruction primaire, comme ailleurs, est de prendre les hommes qui conviennent au but qu'on se propose, et de les prendre partout où on les trouve.

Puisque toute commune a son école élémentaire, et contribue dans une forte proportion à l'entretien de cette école, il est assez juste qu'elle ait le droit de la surveiller. C'est déjà un motif pour prendre dans la commune l'autorité préposée à la surveillance de l'école communale; mais ce n'est pas là la meilleure raison. La vraie, la décisive, c'est que l'école communale ne veut pas seulement une surveillance générale qui se fasse sentir de loin en loin, mais une surveillance constante et permanente. La surveillance est nulle si elle n'est pas de tous les jours ; elle se compose de mille petits détails qui exigent la présence perpétuelle de l'autorité. Or, cette présence perpétuelle, il ne faut pas la demander à des personnes qui n'habitent pas la commune et ne l'habitent pas constamment. Il faut voir ici les choses et les hommes tels qu'ils sont. Ce qui est trop difficile ne se fait pas, et il n'y a de surveillance effective que de la part de ceux auquels elle ne coûte pas de grands sacrifices. L'expérience à cet égard est complète. L'autorité placée trop loin des écoles communales peut leur être utile et nécessaire sous d'autres rapports, mais non pas pour la surveillance ; et il n'y a pas un seul pays en Europe où l'instruction primaire ait fleuri dans les communes, autrement que sous la main d'une autorité communale. On peut regarder ce principe comme incontestable.

Mais ces comités de surveillance, excellents dans la commune parce qu'ils y sont toujours, ont besoin du contrôle d'une autre autorité exempte des petitesses trop souvent inséparables de l'esprit de localité, qui juge d'un peu plus haut, avec plus d'équité et de lumières, les difficultés sérieuses qui pourraient se présenter dans la commune. Cette autorité supérieure ne peut être en général utilement placée au canton, qui, trop rapproché de la commune, n'est pas assez étranger aux misères de l'esprit de localité. On ne peut pas non plus la placer au chef-lieu du département, qui à son tour, est trop éloigné des communes. L'arrondissement est à la distance convenable. Le comité communal doit être chargé de tous les détails qui exigent une surveillance permanente. Le comité d'arrondissement, incapable de celle-là, doit être chargé seulement d'une inspection générale, et surtout de la direction morale, et de la décision dans les affaires graves. Au-dessus de ces autorités ainsi liées l'une à l'autre, et formant par leur concert une administration à la fois active et éclairée, serait toujours la puissance publique, qui, devant le pays et les chambres, a la responsabilité des progrès de l'instruction primaire, et à laquelle doit aboutir toute la correspondance des comités, et appartenir la surveillance générale et une haute intervention dans un petit nombre de cas. Tel est le système d'autorités que le gouvernement propose à l'administration des écoles primaires. Il nous a paru, comme à la chambre des députés, bien lié et bien entendu.

Il s'agit maintenant de déterminer comment doivent être composés le comité communal et le comité d'arrondissement.

La première idée qui se présente est de faire du

conseil municipal de la commune le comité communal d'instruction primaire ; et la chambre des députés a cru devoir s'arrêter à cette idée, avec cette seule réserve que le conseil municipal pourra déléguer, pour la surveillance qui lui est attribuée, des habitants notables pris hors de son sein. Mais une simple délégation ne donnera pas à ces habitants notables un pouvoir suffisant. Ce seront de simples agents, auxquels le conseil municipal pourra retirer, quand il lui plaira, la délégation qu'il leur aura confiée. Il n'est pas même dit qu'ils seront appelés en conseil pour rendre compte, et qu'ils auront voix délibérative dans les affaires d'école ; de sorte que tout le pouvoir résidera dans le conseil municipal. Mais un conseil municipal est presque toujours représenté dans son action par le maire, et il faut bien savoir que c'est le maire qui sera à peu près tout le comité. Mais le maire d'une commune a bien des occupations, des occupations de tous les jours, qu'il sera obligé de négliger pour le soin de l'école, ou pour lesquelles il négligera l'école. Ajoutez que le maire n'est pas élu pour cette fonction, et qu'il pourrait n'y être pas propre, sans cesser d'être un excellent maire. Et puis est-il sage de concentrer ainsi dans les mains d'une seule personne toute la surveillance, un pouvoir aussi étendu, aussi délicat que celui dont le projet du gouvernement investit le comité communal? Ce sera donc le maire qui présentera les candidats à la place d'instituteur primaire, un ou plusieurs, dit l'amendement, c'est-à-dire un seul quand il lui plaira : d'un autre côté, il pourra aussi suspendre temporairement l'instituteur. C'est une sorte de dictature sur l'école communale, qu'il est impossible d'attribuer à une seule personne, encore moins à une personne qui n'aura pas été spécialement choisie pour cela.

Il a paru, Messieurs, à votre commission, que la surveillance d'une école primaire est une fonction spéciale d'instruction publique qui réclame une autorité spéciale, tant dans la commune que dans l'arrondissement. Pour être conséquent, dans le système de la chambre des députés, il faudrait prendre aussi, pour le comité d'arrondissement le conseil d'arrondissement ou une délégation de ce conseil, comme on le fait pour la commune. La chambre des députés ne l'a pas fait pour l'arrondissement, et elle y a sagement laissé l'autorité spéciale relative aux écoles instituée par le projet du gouvernement. On ne voit donc pas pourquoi on n'aurait pas pour la commune une autorité du même genre instituée *ad hoc*, et sur laquelle pèserait une responsabilité spéciale. Il ne faut pas composer une autorité à deux fins, en quelque sorte ; ca. c'est le moyen de n'atteindre ni l'une ni l'autre. Votre commission a donc adopté le principe du projet du gouvernement, qui institue un comité communal d'instruction primaire différent du conseil municipal. Mais en même temps, il ne serait ni juste ni prudent de ne pas accorder au conseil municipal une part considérable d'influence dans ce comité. Aussi le projet du gouvernement y met-il le maire et trois conseillers municipaux désignés par le conseil municipal. Il faudrait même que le conseil municipal pût choisir ses représentants à ce comité, ou dans son sein, ou hors de son sein. Et pour augmenter encore et rendre plus sensible l'influence du conseil munipal dans le comité communal d'instruction primaire, votre commission vous propose d'attribuer de droit au maire la présidence de ce comité. C'est là certainement faire au conseil municipal, c'est-à-dire au maire, une belle part; lui accorder plus, serait lui donner tout, ce qui ne vaudrait rien. Votre commission a d'autant plus regretté que le conseil municipal ait été substitué au comité spécial d'instruction primaire qu'établissait le projet du gouvernement, que par là il est devenu impossible d'accorder une part officielle dans la surveillance de l'école à l'autorité religieuse. L'intention de la chambre des députés n'a nullement été de l'exclure, et il est probable qu'il était dans le secret de sa sagesse que le curé ou le pasteur seraient toujours choisis parmi les habitants notables, comme délégués du conseil municipal. Mais il ne suffit pas que le curé et le pasteur puissent être choisis par le conseil municipal, il faut qu'ils ne puissent pas ne pas l'être, il faut qu'ils le soient infailliblement, car ils sont absolument nécessaires à la bonne et complète surveillance de l'école. Si on veut qu'ils soient choisis, il faut le dire et l'écrire dans la loi : le silence de la loi à cet égard est injuste en lui-même, et manque de convenance. L'autorité religieuse doit être représentée d'office dans l'éducation de la jeunesse, tout comme l'autorité civile : il ne faut pas la condamner à y intervenir furtivement en quelque sorte et comme sous un nom étranger ; le curé ni le pasteur ne doivent pas être choisis par le conseil municipal simplement comme notables, mais bien en leur qualité de pasteur ou de curé. D'ailleurs les intentions de la Chambre pourraient n'être pas remplies ; il pourrait y avoir des conseils municipaux qui n'entendraient pas bien toute la portée un peu mystérieuse du paragraphe 2 de l'art. 17, et qui ne donneraient dans le comité aucun représentant à l'autorité religieuse. Il s'ensuivrait qu'il y aurait une partie considérable de l'instruction de l'école qui serait privée de toute surveillance, et celle-là précisément que l'on a mise avec raison à la tête de toutes les autres. Cette lacune dans la surveillance ne peut être admise en aucun cas, et la loi doit en prévenir la possibilité. On dit que l'autorité religieuse pourra toujours, dans l'église ou dans le temple, exercer sur l'instruction religieuse des enfants la surveillance qu'elle n'exercerait pas dans l'école; mais nous répondons que si elle n'intervient pas plus tôt et de bonne heure, elle aura souvent à réparer ce qu'il eût été plus sûr de prévenir. On a beaucoup insisté sur l'incompatibilité des fonctions ecclésiastiques et des fonctions administratives : le principe peut être bon, mais il ne s'applique point ici. Il ne s'agit point ici d'une administration semblable à celle des conseils municipaux et des conseils d'arrondissement et de département. La surveillance de l'éducation religieuse n'a rien à voir avec les affaires d'administration; nous ne voulons pas le moins du monde mêler la religion aux choses de la terre; mais il est question ici de la chose religieuse elle-même. Nous sommes les premiers à vouloir, et à vouloir fortement, dans l'intérêt bien entendu de la religion, qu'elle reste dans le sanctuaire; mais l'école publique est un sanctuaire aussi, et la religion y est au même titre que dans l'église ou dans le temple. Il y a de plus ici une inconséquence manifeste : on ne met pas le curé et le pasteur dans le comité communal, et, à l'article 19, on les met d'office dans le comité d'arrondissement : mais si leur présence est nécessaire dans le comité supérieur, elle l'est encore bien plus dans le comité inférieur, où on administre infiniment moins. Il faudrait donc, pour être conséquent, les retrancher de l'un comme on les a retranchés de l'autre. Ce serait là, Messieurs, nous ne craignons pas de le dire, un parti extrême, en contradiction directe avec l'esprit fondamental du projet de loi, et dont l'effet inévitable serait d'éloigner de l'école publique une partie de la population. Il y a sur ce point deux grandes fautes à faire : l'une est de donner la présidence et la haute influence dans les comités à l'autorité ecclésiastique ; c'est la faute de la Restauration ; l'autre est de l'en exclure. La seconde faute ne vaudrait pas mieux que la première : la loi qui s'y laisserait entraîner serait une loi de réaction. Votre commission me charge donc de vous proposer de maintenir le principe de l'article 17 du projet de loi du gouvernement, en empruntant aux amendements de la chambre des députés plusieurs dispositions heureuses et en fortifiant dans le comité communal l'influence du conseil municipal par la présidence du maire. L'article 17 serait ainsi refondu :

ART. 17.

« Il y aura près de chaque école communale un comité local de surveillance, composé du maire, président; du curé ou du pasteur, et de trois conseillers municipaux ou habitants notables désignés par le conseil municipal.

« Dans les communes dont la population appartient à différents cultes reconnus par l'État, l'un des ministres de chacun de ces cultes, désigné par son consistoire, fera partie du comité de surveillance.

« Plusieurs écoles de la même commune pourront être réunies sous la surveillance du même comité.

« Lorsqu'en vertu de l'article 9 plusieurs communes se seront réunies pour entretenir une école, le conseil municipal de chaque commune désignera un nombre égal de conseillers municipaux ou d'habitants notables pour exercer la surveillance. »

La composition du comité d'arrondissement est à peu près la même dans le projet du gouvernement et dans les amendements de la chambre des députés. L'esprit général de la loi y est heureusement développé par l'introduction judicieuse de tous les genres d'autorité qui peuvent y servir utilement la cause de l'instruction populaire. La chambre des députés a même singulièrement amélioré le projet du gouvernement, en plaçant d'office, à côté des représentants de l'autorité administrative, judiciaire, religieuse, et des citoyens notables, deux membres de l'instruction publique, l'un appartenant à l'instruction secondaire, l'autre à l'instruction primaire, afin que des hommes spéciaux fussent entendus dans le comité sur la matière même du travail de toute leur vie. Votre commission m'a chargé de vous exprimer la safaction avec laquelle elle a reçu cet amendement.

Passons aux attributions des deux comités.

Ces attributions nous ont paru sagement combinées pour lier entre eux les deux comités, et en même temps assez fortes pour que les comités qui en seront pourvus ne tombent pas dans la langueur et le découragement. L'expérience a démontré que ce qui donne de la vie à un comité, c'est un certain sentiment de sa puissance. On ne consent à se donner un peu de peine qu'à la condition de lui voir porter quelques fruits. Nous approuvons donc le projet du gouvernement, qui donne au comité de la commune et à celui de l'arrondissement des attributions capables d'intéresser l'un et l'autre à l'instruction primaire par l'influence légale qu'ils exerceront sur elle. Ainsi, le comité communal a beaucoup à faire : il prend sur plusieurs points une initiative importante, par exemple, il présente au comité d'arrondissement les candidats pour les places publiques; en cas d'urgence, il peut suspendre provisoirement l'instituteur. D'un autre côté, le comité d'arrondissement nomme les maîtres entre les candidats du premier comité, et il est chargé de faire le procès à l'instituteur, ou d'office ou sur la plainte du comité communal. Son pouvoir va jusqu'à réprimander, suspendre pour un mois, avec ou sans privation de traitement, et même jusqu'à révoquer l'instituteur de ses fonctions; enfin c'est lui qui a la correspondance avec le préfet et avec le ministre. La chambre des députés, en détruisant le comité local de surveillance pour y substituer le conseil municipal, a dû faire ici des changements qui tombent avec leur principe. Nous maintenons les articles 21 et 22 du projet du gouvernement; mais, après avoir déjà fortifié l'autorité du maire dans le comité communal par la présidence, nous avons voulu la fortifier encore en rappelant dans l'article 21 que les attributions du comité communal ne peuvent, en aucune manière, porter préjudice à celles du maire en matière de police municipale, ce qui est l'esprit de l'article 21 de la chambre des députés. Nous empruntons aussi à l'autre chambre l'amendement juste et convenable qui donne aux délégués que le comité d'arrondissement pourra choisir hors de son sein le droit d'assister aux séances de ce comité avec voix délibérative. Enfin, au paragraphe 4 de l'article 21 du projet du gouvernement, un peu embarrassé dans sa rédaction, nous préférons le paragraphe correspondant de la chambre des députés. Le fond de ce dernier paragraphe est trop important, il a trop occupé votre commission, pour qu'il soit possible à son rapporteur de ne pas s'y arrêter quelques moments.

Ce paragraphe porte que le comité communal arrête un état des enfants qui ne reçoivent l'instruction primaire ni à domicile ni dans les écoles privées ou publiques. Le paragraphe du projet du gouvernement allait un peu plus loin, et sa rédaction enveloppée couvrait le principe d'un appel, d'une invitation à faire aux enfants et à leurs familles. La chambre des députés a vu dans cet appel comme l'ombre du principe qui fait de l'instruction primaire une obligation civile, et, dans la conviction que l'introduction de ce principe dans la loi est au-dessus des pouvoirs du législateur, elle a tenu pour suspect jusqu'au droit modeste d'invitation que le projet du gouvernement conférait aux comités communaux, et elle ne leur a laissé que le droit de dresser un état des enfants qui, à leur connaissance, ne recevraient en aucune façon l'instruction primaire.

Un tout autre ordre de pensées a été développé dans le sein de votre commission. Une loi qui ferait de l'instruction primaire une obligation légale ne nous a pas paru plus au-dessus des pouvoirs du législateur que la loi sur la garde nationale et celle que vous venez de faire sur l'expropriation forcée pour cause d'utilité publique. Si la raison de l'utilité publique suffit au législateur pour toucher à la propriété, pourquoi la raison d'une utilité bien supérieure ne lui suffirait-elle pas pour faire moins, pour exiger que des enfants reçoivent l'instruction indispensable à toute créature humaine, afin qu'elle ne devienne pas nuisible à elle-même et à la société tout entière? Une certaine instruction dans les citoyens est-elle au plus haut degré utile ou même nécessaire à la société? Telle est la question. La résoudre affirmativement, c'est armer la société, à moins qu'on ne veuille lui contester le droit de défense personnelle, c'est l'armer, dis-je, du droit de veiller à ce que ce peu d'instruction nécessaire à tous ne manque à personne. Il est contradictoire de proclamer la nécessité de l'instruction universelle, et de se refuser au seul moyen qui la puisse procurer. Il n'est pas non plus fort conséquent peut-être d'imposer une école à chaque commune sans imposer aux enfants de cette commune l'obligation de la fréquenter. Otez cette obligation, à force de sacrifices vous fonderez des écoles; mais ces écoles pourront être peu fréquentées, et par ceux-là précisément auxquels elles seraient le plus nécessaires, je veux dire ces malheureux enfants des pays d'industrie et de fabriques, qui auraient tant besoin d'être protégés par la loi contre l'avidité ou la négligence de leurs familles [1]. Point d'âge fixe où on doive commencer à aller aux écoles et où on doive les quitter; nulle garantie d'assiduité, nulle marche régulière des études, nulle durée, nul avenir assuré à l'école. La vraie liberté, messieurs, ne peut être l'ennemie de la civilisation; tout au contraire elle en est l'instrument; c'est là même son plus grand prix, comme celui de la liberté dans l'individu est de servir à son perfectionnement. Votre commission n'aurait donc point reculé devant des mesures sagement combinées que le gouvernement aurait pu lui proposer à cet égard, et elle en aurait pris peut-être l'initiative, sans la crainte de provoquer des difficultés qui eussent pu faire ajourner une loi impatiemment attendue. Si elle n'a pas défendu le droit d'invitation confusément renfermé dans le projet du gouvernement, c'est que ce droit, dépourvu de sanction pénale, n'a guère plus de force que celui de pure statistique qui reste dans

---

[1] Le gouvernement de juillet a répondu à cet appel par la loi de 1840.

l'amendement de la chambre des députés. Ce droit est bien peu de chose. Plusieurs de nous n'y ont même trouvé que l'inconvénient de pouvoir devenir vexatoire sans pouvoir être utile. Mais la majorité de votre commission a pensé qu'il importait de maintenir dans la loi un germe faible, il est vrai, mais qui, fécondé par le temps, le progrès des mœurs publiques et le vrai amour du peuple, peut devenir un jour le principe d'un titre additionnel qui donnerait à cette loi toute son efficacité.

Quelle que soit déjà l'étendue de ce rapport, je dois encore appeler l'attention de la chambre sur le dernier paragraphe de l'article 22 du projet de la chambre des députés, correspondant au dernier paragraphe de l'article 21 du projet du gouvernement. La chambre des députés y donne au préfet le droit d'instituer définitivement les instituteurs communaux, tandis que le projet du gouvernement réservait ce droit au ministre de l'instruction publique. Votre commission n'a pu approuver cette substitution, et elle y a reconnu la trace du même principe qui avait déjà substitué le conseil municipal au comité communal d'instruction primaire; principe qui, dans sa généralisation, détruirait toute autorité spéciale dans l'instruction primaire, et placerait cette instruction sous la main des autorités ordinaires de la commune et du département. Ainsi, tout à l'heure, c'était le conseil municipal, c'est-à-dire le maire, qui avait tout pouvoir sur l'école communale; il pouvait suspendre le maître d'école; il présentait à la nomination du comité d'arrondissement un ou plusieurs candidats, c'est-à-dire un seul, comme nous l'avons déjà dit : de telle sorte que le droit de nomination du comité d'arrondissement était annulé, et que le maire seul nommait véritablement l'instituteur primaire, comme il pouvait le suspendre. Maintenant ce serait, dans la même hiérarchie, le fonctionnaire placé au-dessus du maire, le préfet, qui conférerait au maître d'école, l'institution définitive. Votre commission a jugé absolument impossible d'exiler de l'instruction primaire le ministère de l'instruction publique, qui n'est pas autre chose que la puissance publique en matière d'instruction. Dans le projet du gouvernement le ministre de l'instruction publique appelle à son aide toutes les autres parties de l'administration générale : ici l'autorité municipale, qui occupe en très-grande majorité le comité communal, et y a quatre membres sur cinq ou six; là, l'autorité des préfets et sous-préfets, qui sont présidents de tous les comités d'arrondissement et de département; mais enfin il a toujours la main dans l'instruction primaire; il s'éclaire des lumières des deux comités; celui-ci présente, celui-là nomme l'instituteur; mais c'est le ministre de l'instruction publique qui lui confère l'institution définitive, laquelle le fait membre de l'instruction publique. En effet, à quel ordre de fonctions appartient l'instituteur primaire? Toute la question est là. Ce n'est ni au clergé, ni à l'armée, ni aux travaux publics, ni à cette partie de l'administration que représente le ministère de l'intérieur. Il appartient apparemment à l'instruction publique, par conséquent au ministère de l'instruction publique. Il répugne donc que son institution lui soit conférée par un fonctionnaire d'un autre ordre que le sien, et c'est évidemment au chef du corps enseignant qu'il appartient d'instituer un membre du corps enseignant, à son degré le plus humble comme à son degré le plus élevé. Là est le titre de l'instituteur primaire au recours au ministre dans le cas où il se croit opprimé par l'esprit de localité. La chambre comme le gouvernement (paragraphe 2 de l'article 23 du gouvernement, et paragraphe 2 de l'article 24 de la chambre des députés) ont admis que l'instituteur accusé par le comité communal, où domine l'influence municipale, par-devant le comité d'arrondissement, où domine l'influence du préfet, et condamné par ce dernier comité, peut en appeler de cette décision au ministre de l'instruction publique en conseil royal. Cette généreuse disposition a son principe dans l'institution conférée à l'instituteur par le ministre. Elle manque de base si le ministre auquel l'instituteur en appelle n'est point intervenu dans son institution : cet instituteur lui est alors étranger. Mais, dans le système de la loi, puisque le ministre de l'instruction publique a institué le maître d'école, ce pauvre maître d'école, caché dans le coin du dernier village de France, est devenu par là un fonctionnaire du ministère de l'instruction publique; il est sous la protection du corps dont il fait partie; et il ne peut perdre son état, sans que le chef de ce corps, le ministre de l'instruction publique, n'en connaisse. Mettez en face de ce système celui de la loi de l'an IV [1], qui concentre l'instruction primaire dans l'administration départementale, et permettez-moi de vous demander de quel côté est la grandeur des vues, de quel côté la protection due à l'instruction primaire, et les garanties que doit trouver au moins dans son humble carrière celui qui se dévoue à l'instruction des enfants du peuple? Votre commission vous propose donc le rétablissement de l'institution par le ministre de l'instruction publique, et la rédaction suivante du dernier paragraphe de l'article 22 du projet du gouvernement, et du deuxième paragraphe de l'article 23 du même projet :

[1] Titre I, art. 2 et 3.

« Il (le comité d'arrondissement) nomme les
« instituteurs communaux sur la présentation du
« comité communal, procède à leur installation et
« reçoit leur serment. Ils doivent être institués
« par le ministre de l'instruction publique.

Art. 23.

« L'instituteur frappé d'une révocation pourra
« se pourvoir devant le ministre de l'instruction
« publique en conseil royal. Ce pourvoi devra être
« formé dans le délai d'un mois à partir de la no-
« tification de la décision du comité, de laquelle
« notification il sera dressé procès-verbal par le
« maire de la commune. Toutefois la décision du
« comité est exécutoire par provision. »

C'est encore dans les vues générales que nous venons d'exposer que le projet du gouvernement a voulu que les brevets de capacité, qui confèrent le droit d'enseigner, fussent délivrés sous l'autorité du ministre de l'instruction publique, et que les membres des commissions chargées d'examiner les aspirants à ces brevets fussent également nommés par lui. On ne pourrait se refuser à ces dispositions, et leur suppression équivaudrait à la suppression de l'intervention de l'État dans l'instruction primaire et de la responsabilité ministérielle. Seulement la chambre des députés a introduit la publicité des examens, et votre commission adhère volontiers à cet amendement, qui est une garantie de plus de l'assiduité et du zèle que les juges apporteront à leurs importantes fonctions. Cette excellente disposition assimile l'examen pour le brevet d'instituteur primaire à ceux qui confèrent tous les grades de l'instruction secondaire.

Le projet du gouvernement consacrait aux écoles spéciales de filles un titre V, en un seul article, qui se contentait d'appliquer à ces écoles les dispositions précédentes de la loi. Le gouvernement avait lui-même présenté cet article unique avec circonspection, et la discussion ayant fait voir que quelques-unes des dispositions précédentes ne s'appliquaient pas rigoureusement aux écoles de filles, le gouvernement et la chambre se sont accordés à ajourner le moment de s'occuper de cette partie importante de l'instruction primaire. Nous n'avons donc point à vous entretenir du titre V, qui demeure supprimé, mais, à l'exemple de plusieurs honorables membres de l'autre chambre, nous invitons le gouvernement à recueillir le plus tôt possible tous les renseignements nécessaires pour nous présenter, dans le plus court délai, un supplément à la loi sur l'instruction primaire, relativement aux écoles de filles; car, en attendant, les écoles existantes ne pourront participer aux bienfaits de la loi nouvelle. Elles échapperont à l'autorité salutaire des nouveaux comités. Les institutrices ne jouiront ni du traitement fixe assigné à l'instituteur primaire, ni par conséquent des avantages de la caisse d'épargne et de prévoyance. Il y a donc urgence, et peut-être au fond n'y-a-il pas une si grande difféculté à faire rentrer ce genre d'écoles dans la législation nouvelle. L'enseignement, tel qu'il est déterminé dans le titre I, convient également aux filles et aux garçons. Il n'y a absolument rien à retrancher dans l'enseignement de l'école élémentaire; et, dans celui de l'école primaire supérieure, il suffit d'ôter les éléments de la géométrie avec ses applications usuelles : tout le reste doit être maintenu, et il ne s'agit que d'ajouter, à l'un et à l'autre degré, l'enseignement de quelques travaux de femme. Le titre II sur les écoles privées ne peut admettre la moindre différence, qu'il soit question de l'un ou de l'autre sexe. Quant au titre III, nulle commune ne peut être obligée d'avoir une école spéciale de filles, ni d'entretenir une institutrice ; mais toute commune qui, sur la demande des conseils municipaux, établirait une pareille école, serait soumise aux conditions générales du titre III; l'institutrice communale serait alors assimilée à l'instituteur communal; elle aurait comme lui un traitement fixe; elle serait sous la surveillance des comités établis au titre IV, comme elle aurait dû être pourvue du brevet de moralité et de celui de capacité obtenu après un examen qui pourrait ne pas être public. Les comités pourraient déléguer leur surveillance à des dames inspectrices, mais en gardant leurs droits et leur autorité. La nomination, la révocation et l'institution de l'institutrice communale, seraient soumises à toutes les formalités prescrites au titre IV. Comme la commune ne peut être tenue d'avoir une école spéciale de filles, de même le département ne le saurait nullement d'avoir une école normale primaire pour former des institutrices; la condition du brevet répondrait assez de leur capacité. Ainsi, nulle difficulté sérieuse pour les écoles spéciales de filles; mais il faut bien savoir qu'il y en aura très-peu, car de pareilles écoles, absolument spéciales et tenues exclusivement par des femmes, sont presque des écoles de luxe qui s'élèveront seulement dans les grandes villes. On ne voit pas pourquoi, dans les campagnes et les petites villes, les filles ne fréquenteraient pas les écoles primaires ordinaires, publiques ou privées. Il suffit que les instituteurs aient pour les travaux du sexe une sous-maîtresse. Les précautions les plus simples préviennent aisément toute espèce de danger. L'instruction des filles deviendrait par là tout aussi universelle que celle des garçons. Mais, en persistant, contre les leçons de l'expérience, dans cette erreur si répandue que les enfants du sexe ne peuvent recevoir l'instruction que dans des écoles tenues exclusivement par des femmes, le problème de l'éducation des filles sur une grande échelle est à peu près insoluble ; car il n'y a pas d'apparence que de pauvres communes rurales puissent suffire aux frais de deux écoles communales distinctes, qui exigeraient deux traitements égaux, deux bâtiments différents, en un mot des sacrifices que les grandes villes seules peuvent supporter. Mais je m'arrête, Messieurs ; car votre commission n'a pas cru de sa prudence de vous proposer les amendements qui pourraient combler la lacune grave que laisse dans la loi la suppression du titre V ; elle se contente de rappeler au gouvernement que, tant que cette lacune subsiste, la loi est incomplète.

Arrivés au terme de ce rapport, trop long peut-être, mais que justifiera, j'espère à vos yeux l'importance de la matière, en jetant un dernier regard sur la loi qui vous est soumise, nous lui reconnaissons le mérite trop rare, qu'au lieu d'égarer la discussion législative dans des détails qui doivent être laissés à l'administration, elle la resserre sur un petit nombre de points fondamentaux qui une fois nettement résolus, décident de tout le reste. Mais si nous sommes loin de regretter de ne pas trouver dans la loi des dispositions qui peuvent très-bien faire l'objet de règlements ultérieurs, nous n'avons pas moins senti, et nous nous permettons de rappeler au gouvernement la nécessité de ces règlements pour que cette loi ne demeure pas vaine. Les germes qu'elle renferme ont de la vie, nous le croyons ; mais il faut les féconder par de fortes mesures administratives. Plus la loi que nous venons d'examiner est conçue dans des vues conciliatrices et modérées, plus elle admet et réclame une exécution énergique. Quand le génie même de l'organisation, celui qui du chaos fécond de la révolution française tira la puissante et simple administration sur laquelle nous vivons encore ; quand Napoléon s'occupa de l'instruction publique, il ne se contenta pas d'une loi générale ; il commença sans doute par ce statut de 1808, qui restera toujours comme un chef-d'œuvre de bon sens pratique au milieu des progrès du temps qui l'ont laissé en arrière sur quelques points ; mais il fit suivre ce statut d'un certain nombre de grands règlements, entre autres de ces beaux programmes d'études qui n'énumèrent pas seulement les objets obligés de l'instruction secondaire, mais qui les répartissent habilement en différents cours, enchaînent ces cours les uns aux autres, et en forment un ensemble vigoureux qui a duré comme tous les ouvrages de Napoléon, et qui soutient encore aujourd'hui l'enseignement de nos colléges [1]. A cet exemple il importe de fixer le programme de l'école élémentaire, celui de l'école primaire supérieure, celui de l'école normale primaire, et d'établir pour chacune de ces écoles un plan d'études partout le même ; car l'instruction primaire peut être et doit être une, d'un bout de la France à l'autre, et cette unité ne sera pas son moindre bienfait par la force nouvelle qu'elle prêtera à l'unité nationale. A ce modèle uniforme fixé par l'autorité supérieure pour chacune des trois grandes classes d'écoles que je viens de désigner, les autorités pourront ajouter des cours accessoires, divers selon les lieux, mais toujours sous la condition qu'ils ne nuisent point à l'unité de l'enseignement obligé. Cette unité si précieuse réclame donc des programmes d'études fortement conçus, à l'instar de ceux des lycées de l'empire; elle demande surtout un certain nombre d'ouvrages spéciaux sur chacun des objets de l'instruction primaire déterminés par le titre I de la loi, ouvrages qui devraient être faits

---

[1] Règlement pour l'enseignement dans les lycées, du 19 novembre 1809. Arrêté qui se rapporte au règlement précédent sur les livres classiques à l'usage des lycées, du 17 septembre 1811. Application de ce statut et de cet arrêté aux colléges communaux, août 1812. Statut sur les agrégés, 24 août 1810. Statut sur les facultés des sciences et des lettres, du 16 février 1810. Statut sur l'école normale, 30 mars 1810.

par des maîtres habiles, dans un but pratique, et sans cesse perfectionnés, de manière à devenir au bout de quelque temps les livres classiques de l'instruction primaire. Dignes alors de l'adoption du gouvernement, qu'ils soient répandus sous ses auspices dans toutes les écoles publiques; ils y développeront dans la mesure convenable les programmes d'études, aideront puissamment les maîtres et les élèves, et imprimeront à l'instruction primaire un mouvement unique, rapide et facile. Mais ce qui n'importe pas moins peut-être, c'est de faire de l'instruction primaire une carrière hiérarchique comme l'instruction secondaire; car il y a bien de la distance entre les deux points extrêmes de cette carrière, entre l'élève d'une petite école normale primaire, qui sort de là pour devenir l'aide d'un pauvre maître d'école de village, et le directeur d'une grande école normale à pensionnat, dont le traitement et la position sont souvent fort élevés. Entre ces deux extrémités, il y a bien des points intermédiaires qu'il serait aisé de convertir en autant de degrés réguliers d'avancement, que le mérite laborieux et la bonne conduite s'appliqueraient à franchir successivement. En un mot, Messieurs, la loi que nous vous proposons d'adopter avec quelques amendements est, nous ne craignons pas de le dire, une bonne loi. Qu'elle soit exécutée avec sagesse, fermeté, persévérance, et, dans un certain nombre d'années, le gouvernement de juillet, qui a reçu l'instruction primaire dans un état si déplorable, pourra la montrer avec un juste sentiment de fierté à ses amis et à ses ennemis.

HUIT MOIS

AU MINISTÈRE

DE L'INSTRUCTION PUBLIQUE.

Le ministère du 1er mars s'est retiré sur la question d'Orient. La conduite qu'il voulait suivre en cette circonstance difficile peut être diversement jugée; mais, si nous n'en sommes pas arrivés aux plus mauvais jours du bas-empire, qui pourra le blâmer d'avoir relevé la marine et l'armée, d'avoir porté l'une et l'autre au grand pied de paix qui convient à un pays placé dans notre situation géographique et politique, et, à défaut du rempart de l'Océan, d'avoir mis du moins sur le cœur de la France la cuirasse impénétrable des fortifications de Paris?

Oui, j'ai concouru, et de grand cœur, à ces mesures, et, quoi qu'il arrive, je m'honorerai toujours d'y voir mon nom attaché pour sa faible part. Mais dans le cabinet du 1er mars j'avais encore un rôle spécial où ma responsabilité personnelle est surtout engagée : ce sont surtout mes actes comme ministre de l'instruction publique et grand-maître de l'Université qui m'appartiennent.

Dans la retraite, où pour longtemps je suis renfermé, et dans les loisirs qu'elle me fait, j'ai voulu recueillir ces actes et les présenter dans leur ensemble au jugement de tous ceux qui, en France et en Europe, s'intéressent à la grande affaire de l'éducation publique.

Je suis arrivé au ministère après une longue étude des matières d'éducation, avec des desseins bien connus et exposés dans mes deux ouvrages sur l'instruction publique en Allemagne et en Hollande. Voici ce que je disais dans l'avant-propos de la troisième édition de mon Rapport sur l'instruction publique en Allemagne [1], édition qui paraissait en même temps que j'entrais dans les conseils de la couronne : « Puisqu'en ce moment « la confiance du Roi m'appelle à la tête du mi- « nistère de l'instruction publique, je n'ai point à « imaginer des théories nouvelles, je n'ai qu'à pra- « tiquer celles que j'ai moi-même proposées et « dans cet écrit et dans mon ouvrage sur la Hol- « lande [2], qui sert de complément à celui-ci. « L'Université de France, telle qu'elle est sortie « de l'esprit de son fondateur, forme un système

---

[1] *De l'Instruction publique dans quelques pays de l'Allemagne et particulièrement en Prusse.* Troisième édition, 2 vol. in-8°. Chez Pitois-Levrault; 1840.

[2] *De l'Instruction publique en Hollande*, 1 vol. in-8°. Chez Pitois-Levrault. Paris, 1837.

« simple et puissant qu'il faut défendre contre les
« attaques de la passion et de l'ignorance, en le
« développant sans le déformer, en l'enrichissant
« d'un certain nombre d'institutions empruntées
« à l'expérience générale, et que nous pouvons
« perfectionner encore en les transportant parmi
« nous. Ce que j'ai dit, je le ferai ; ce que j'ai con-
« seillé, je l'exécuterai moi-même ; et j'espère que
« je n'oublierai jamais que je ne suis pas arrivé au
« poste où le Roi m'a appelé pour ma satisfaction
« personnelle, mais pour le progrès de la plus
« grande cause du dix-neuvième siècle, celle de
« l'instruction publique. »

Ai-je rempli ces engagements publiquement contractés ? ne suis-je pas resté trop au-dessous de la confiance du Roi, et de celle de mes collègues ? Le recueil de mes actes répondra pour moi.

J'avouerai d'abord que comme ministre, j'ai très-peu fait pour l'instruction primaire.

L'éducation du peuple était le premier devoir de la révolution de juillet. Dans les premières années de cette révolution, tous mes efforts comme conseiller de l'Université, comme écrivain, comme pair de France, ont été tournés de ce côté. C'est pour préparer une bonne loi sur cette matière que j'allai étudier l'organisation et l'état de l'instruction primaire en Allemagne, et particulièrement en Prusse, où cette partie de l'instruction publique est si florissante. Je crois pouvoir dire que mes travaux n'ont pas été inutiles à la loi de 1833 ; j'ai été le rapporteur de cette loi à la chambre des pairs, et je n'ai cessé de concourir activement à son développement et à son exécution. La loi de 1833 peut avoir quelques défauts de détail ; mais elle a le mérite de former un système un et complet, dont toutes les parties se soutiennent les unes les autres ; elle a, de plus un caractère essentiellement pratique. Aussi a-t-elle fait un bien immense ; ce bien continue chaque jour : il faut le laisser se répandre et s'accroître sans le troubler par des innovations prématurées. Remúer sans cesse une législation, quand elle est bonne généralement, c'est en diminuer l'autorité ; c'est lui enlever le respect dont elle a besoin, car le respect ne s'attache qu'aux choses qui durent. En Hollande, la loi de 1806 est encore intacte ; en Prusse, la loi de 1819 n'a pas même été perfectionnée ; laissons donc notre loi de 1833 s'enraciner dans le sol et porter tous les fruits dont elle contient le germe.

Cette loi a établi des commissions d'examen en possession exclusive de conférer les brevets de capacité pour les écoles publiques et privées : fortifions sans cesse ces commissions, entretenons leur zèle, inspirons-leur une juste sévérité ; car si elles se relâchent, si, par une indulgence mal entendue, elles deviennent trop faciles et accordent légèrement le brevet de maître d'école, c'en est fait de toute l'instruction primaire, qui repose en dernière analyse sur l'excellence des instituteurs.

Pour assurer au pays de bons instituteurs et des candidats qui puissent se présenter honorablement à de sérieux examens, la loi de 1833 a fondé les écoles normales primaires, institutions à la fois bienfaisantes et périlleuses, qui peuvent faire ou beaucoup de bien ou beaucoup de mal, dignes des bénédictions de tous les vrais amis du peuple si elles forment des maîtres d'école d'une instruction bornée mais solide, modestes, patients, attachés à leur humble et sainte profession. Ayons les yeux toujours ouverts sur les écoles normales primaires; c'est là qu'est particulièrement nécessaire une administration ferme et vigilante.

Le ressort le plus puissant peut-être de l'instruction primaire est l'inspection, celle surtout qui se fait au nom de l'État par les inspecteurs primaires. Moins ces fonctionnaires seront chargés de soins étrangers à leur mission, plus on pourra exiger d'eux qu'ils la remplissent exactement. J'ai tout fait pour les délivrer du travail ingrat de tant et tant d'écritures sous lesquelles ils succombent, et qui les transforment en hommes de bureau au lieu d'être des hommes d'intelligence et d'action. J'ai plusieurs fois écrit à M. le ministre des finances pour qu'il voulût bien transporter à ses agents le soin des écritures relatives à la participation des instituteurs aux caisses d'épargne. Je souhaite vivement que la négociation entreprise à cet égard réussisse. Je me suis surtout opposé à la chambre des pairs, et devant une commission de la chambre des députés, à ce qu'on employât nos instituteurs primaires à la surveillance de la loi faite ou à faire sur le travail des enfants dans les manufactures. Il faut arriver à avoir un inspecteur primaire par arrondissement, et que dans cet arrondissement, comme en Prusse et surtout en Hollande, l'inspecteur soit l'âme de l'éducation du peuple à tous ses degrés ; qu'il connaisse personnellement tous les instituteurs, au moins tous les instituteurs publics ; qu'il soit leur conseiller assidu, en quelque sorte leur directeur spirituel et aussi leur intermédiaire bienveillant auprès des autorités locales et du recteur de l'académie : et pour cela il faut, comme en Prusse et en Hollande, que ce soit un homme ayant déjà par lui-même, soit par sa fortune, soit par des fonctions antérieures honorablement remplies, de la considération et une certaine autorité ; surtout il faut qu'il soit libre de tout autre soin, et qu'il puisse se donner corps et âme à l'éducation du peuple.

Les instituteurs réclament contre la modicité de leur traitement fixe et la presque-nullité de leur traitement éventuel. Ai-je besoin de répéter ici ce que j'ai dit si souvent, que l'instituteur doit être content de sa profession pour la bien exercer; que cette profession ne peut attirer à elle, comme dans les deux pays si souvent cités, des hommes honorables qu'autant qu'elle pourvoira aux nécessités de la vie? Il faut donc améliorer la condition des instituteurs; mais comment, et dans quelle mesure? Je n'hésite point à dire qu'il ne faut pas songer d'ici à longtemps à élever le traitement fixe : ce serait accabler les communes déjà chargées de tant de dépenses obligatoires. Selon moi, il suffit d'abord de rendre le traitement éventuel, la rétribution scolaire réelle et effective. La loi donne aussi aux conseils municipaux un double pouvoir : 1° déterminer chaque année le taux de la rétribution scolaire ; 2° dresser une liste d'enfants dont les familles, à titre d'indigence, sont exemptées de cette rétribution. Sur quoi il arrive qu'un très-grand nombre de conseils municipaux abaissent beaucoup trop la rétribution et prodiguent les exemptions, ce qui annule à peu près le traitement éventuel et ruine le maître d'école. Le moment est venu de porter remède à ce mal. Tous les instituteurs demandent, et je demande avec eux, que les arrêtés des conseils municipaux sur les deux points mentionnés soient soumis à l'approbation des sous-préfets ou des préfets qui puissent prendre en main les intérêts des maîtres d'école. Une modification de l'article 14 de la loi de 1833 pourrait donc être présentée aux chambres ; elle suffirait aux seuls besoins pressants que l'expérience indique, et rendrait la condition des instituteurs publics au moins supportable. Car enfin il n'y aurait pas une commune rurale en France où le maître d'école n'eût, au nom de la loi, un logement convenable dans la maison même de l'école, ordinairement avec un petit jardin, un traitement fixe de 200 francs par an, un petit traitement éventuel sur lequel il pourrait compter, indépendamment de ce qu'il peut gagner encore à l'aide des divers services qu'il rend à la commune. Ce n'est pas là, dans un village, une très-mauvaise condition ; et dans les villes, on sait que la rétribution scolaire est fructueuse, et que presque toujours le conseil municipal, quand il le peut, accorde à l'instituteur public un traitement supplémentaire double ou triple du traitement fixe.

J'avoue donc que je n'avais en vue aucune autre modification législative en fait d'instruction primaire. Quand on possède une bonne loi, d'excellentes ordonnances, d'excellents règlements généraux, que reste-t-il à faire, sinon de les exécuter et d'administrer ? L'impulsion a été une fois donnée, et bien donnée ; il ne s'agit plus que de la continuer.

Le seul point dans l'instruction primaire où j'aie voulu mettre particulièrement la main, où j'aurais ardemment désiré réussir, mais où le succès n'est promis qu'à une action persévérante et infatigable poursuivie pendant plusieurs années, ce sont les écoles primaires supérieures.

Les écoles primaires supérieures forment la partie la plus nouvelle de la loi de 1833. Je n'avais pas été le dernier à réclamer une instruction intermédiaire entre les écoles élémentaires, telles qu'elles étaient sous la restauration, et nos colléges. « En France, » disais-je en 1831 au ministre de l'instruction publique, dans mon rapport sur la Prusse [1], « en France, l'instruction primaire est bien peu de chose; et entre cette instruction et celle de nos colléges, il n'y a rien : d'où il suit que tout père de famille, même dans la partie inférieure de la bourgeoisie, qui a l'honorable désir de donner à ses enfants une éducation convenable, ne peut le faire qu'en les envoyant au collége. Il en résulte de graves inconvénients. En général, ces jeunes gens, qui ne se sentent point destinés à une carrière élevée, font assez négligemment leurs études; et quand, après des succès médiocres, ils rentrent vers dix-huit ans dans la profession et les habitudes de leur famille, comme rien dans leur vie ordinaire ne leur rappelle et n'entretient

---

[1] Tome I, page 306.

leurs études passées, quelques années ont bientôt effacé le peu de savoir classique qu'ils avaient acquis. Souvent aussi ces jeunes gens contractent au collége des relations et des goûts qui leur rendent difficile ou presque impossible de rentrer dans l'humble carrière de leurs pères : de là une race d'hommes inquiets, mécontents de leur position, des autres et d'eux-mêmes, ennemis d'un ordre social où ils ne se sentent point à leur place, et prêts à se jeter avec quelques connaissances, avec un talent plus ou moins réel et une ambition effrénée, dans toutes les voies ou de la servilité ou de la révolte. . . . .

. . . . Assurément nos colléges doivent rester ouverts à quiconque peut en acquitter les charges; mais il ne faut pas y appeler indiscrètement les classes inférieures, et c'est le faire que de ne point élever des établissements intermédiaires entre les écoles primaires et nos colléges. L'Allemagne et la Prusse en particulier sont riches en établissements de ce genre. J'en ai signalé et décrit plusieurs en détail à Francfort, à Weimar, à Leipzig ; et la loi prussienne de 1819 les consacre. Vous voyez que je veux parler des écoles dites bourgeoises, *Burgerschulen*, nom qu'il est peut-être impossible de transporter en France, mais qui est en lui-même exact et vrai par opposition aux écoles savantes, *Gelehrteschulen*, appelées en Allemagne gymnases et parmi nous colléges. . . . . . . L'école élémentaire doit être une ; car elle représente et elle est destinée à nourrir et à fortifier l'unité nationale ; et, en général, il n'est pas bon que la limite fixée par la loi pour l'enseignement de l'école élémentaire soit dépassée. Mais il n'en est point ainsi pour une école bourgeoise ; car celle-ci est destinée à une classe toute différente : il est donc naturel qu'elle puisse s'élever en proportion de l'importance des villes pour lesquelles elle est faite. Aussi l'école bourgeoise a-t-elle en Prusse des degrés bien différents, depuis le minimum fixé par la loi jusqu'au degré où elle se lie au gymnase proprement dit. . . . . Les écoles bourgeoises allemandes, un peu inférieures à nos petits colléges communaux pour les études classiques et scientifiques, leur sont fort supérieures pour l'enseignement de la religion, de la géographie, de l'histoire, des langues modernes, de la musique, du dessin et de la littérature nationale. Selon moi, il est de la plus haute importance de créer en France, sous un nom ou sous un autre, des écoles bourgeoises dont le développement soit très-varié, et de réformer dans ce sens un certain nombre de nos colléges communaux. Je regarde ceci, monsieur le ministre, comme une affaire d'État. . . . . En Prusse, les noms d'école élémentaire et d'école bourgeoise, comme représentant le plus faible et le plus haut degré de l'instruction primaire, sont populaires ; celui d'école intermédiaire, *Mittelschule*, est aussi employé dans quelques parties de l'Allemagne. Voyez, monsieur le ministre, si ce nom ne pourrait pas être adoptée parmi nous. . . »

On voit quelle importance j'attachais dès 1831 à la fondation d'une instruction intermédiaire entre les écoles populaires proprement dites et nos colléges ; et j'insistai vivement pour que cette instruction intermédiaire fût établie dans la loi sous le nom même qui lui appartient, qui l'explique à tous les esprits, et pourrait plaire à la vanité des familles, en substituant à nos colléges des établissements d'un ordre distingué, qu'il est impossible de confondre avec les écoles élémentaires. Mais tout le monde ne fut pas de cet avis, et je dois remercier publiquement M. Guizot d'avoir eu le courage de déposer au moins dans la loi un germe que le temps et des soins habiles peuvent développer. Ce fût là la tâche que je me donnai à moi-même, relativement à l'instruction primaire. Pour faire apprécier les bienfaits de la nouvelle institution, je me proposai de former un certain nombre d'établissements modèles de ce genre dans les dix villes du royaume qui paraissaient s'y prêter le mieux, Paris, Lyon, Bordeaux, Rouen, Marseille, Strasbourg, Nantes, Caen, Orléans et Lille. Je m'efforçai d'imprimer à cette partie du service une impulsion sérieuse qui, je n'en doute pas, aurait surmonté tous les obstacles, si sur ces entrefaites n'était arrivé le renouvellement des administrations municipales, qui me força d'ajourner mes instances auprès des villes ; et dans cet intervalle notre ministère avait cessé d'être. Du moins, ma correspondance contient-elle des directions qui pourraient être suivies avec succès [1]. 1° Point de gratuité, sauf un certain nombre de bourses données par les villes, conformément à la loi, à des enfants de familles pauvres qui, dans l'école élémentaire, auraient montré une capacité particulière ; une rétribution scolaire modérée, mais fort au-dessus de celle de l'école élémentaire ; par conséquent, distinction bien tranchée de l'école intermédiaire d'avec l'école élémentaire, et en même temps moins de sacrifices imposés aux villes ; 2° autoriser les écoles, renfermées sous le titre général d'instruction primaire supérieure à prendre le nom d'écoles intermédiaires, comme les établissements compris sous le titre général d'instruction secondaire sont appelés colléges ; accorder un assez libre développement à ces écoles, selon les besoins et les ressources des localités, comme le dit la loi elle-

---

[1] Voyez le recueil même de mes actes, p. 1-16.

même, afin qu'elles s'élèvent au-dessus des écoles élémentaires, et prennent le rang spécial qui leur appartient; tout en leur maintenant le caractère d'instruction générale propre à tous les citoyens, quelle que soit plus tard leur vocation, admettre déjà dans ces écoles quelques annexes professionnels, industriels, commerciaux, ce qui les sépare plus fortement encore de l'école élémentaire et du collége; 3º en général, fixer à trois ans l'étendue du cours, et s'appliquer à bien graduer l'enseignement de ces trois années; graduer même la rétribution scolaire suivant chacune de ces années; n'admettre dans l'école que d'après un examen constatant que l'élève possède à peu près l'instruction primaire élémentaire, établir des examens et des prix entre le passage d'une année à l'autre; donner quelque solennité à ces distributions de prix; enfin, employer le plus possible pour l'enseignement les professeurs ou régents des colléges royaux ou communaux, avec une indemnité convenable pour traitement, ce qui est à la fois un moyen d'économie pour la ville et un élément de dignité pour l'école.

Je visitai moi-même l'école primaire supérieure de Paris, rue Neuve-Saint-Laurent, dans le sixième arrondissement, et un examen attentif me convainquit qu'elle pouvait servir de modèle à tous les établissements de cette sorte; j'en envoyai le prospectus, modifié dans un sens un peu plus universitaire, à toutes les académies du royaume; je réclamai avec force auprès de la ville de Paris pour chaque arrondissement une école semblable, et j'obtins l'assurance que bientôt on essaierait d'en établir une nouvelle dans le onzième arrondissement. Avec l'école de Paris, celle de Caen, autant que j'en puis juger par le rapport du digne recteur de cette académie, peut être proposée en exemple à toutes les villes du royaume.

Telle était l'œuvre à laquelle je m'étais attaché dans l'instruction primaire; puisse un autre l'accomplir, et la France un jour posséder réellement une institution qui a fait tant de bien en Allemagne et en Hollande!

Mais je me hâte d'arriver à l'objet principal de mes efforts : le perfectionnement de l'instruction secondaire et de l'instruction supérieure. Il ne s'agit plus ici de projets commencés et inachevés, mais de travaux conduits à leur fin.

Dans l'instruction secondaire, un but a sans cesse été devant mes yeux, la loi promise par la Charte, et si ardemment réclamée, sur la liberté de l'enseignement.

Je l'avais annoncée pour la prochaine cession à la chambre des pairs et à la chambre des députés. J'ai tenu ma parole en ce qui dépendait de moi. Je laisse une loi toute faite; on la trouvera dans le

Recueil[1], avec l'indication des différences qui la séparent du projet présenté en 1837 par M. Guizot.

Le caractère commun de ces deux projets est le respect et le maintien du système entier de nos établissements publics d'instruction secondaire. Sans doute on peut, on doit, sur plus d'un point, modifier et perfectionner ce système; mais tout cela peut se faire par voie d'ordonnance royale ou d'arrêtés du conseil ou du ministre. Une loi n'est réclamée, n'est indispensable qu'en ce qui concerne les établissements privés. En effet, il s'agit d'un changement radical à apporter dans la législation existante des deux grands décrets de 1808 et de 1811, et ce changement ne peut avoir lieu que par une loi.

Voici quelle est aujourd'hui la condition légale des établissements particuliers d'instruction secondaire :

1° Indépendamment des garanties morales et littéraires exigées de quiconque veut établir une école secondaire privée, une autorisation spéciale du ministre, accordée en Conseil royal, est nécessaire; cette autorisation doit être renouvelée quand le chef d'un établissement veut le transporter d'un lieu à un autre; et elle peut être retirée après une enquête administrative, et par une décision du conseil et du ministre, sans aucune intervention de

[1] Page 118.

la justice ordinaire du pays. Il est reconnu qu'un tel état de choses ne peut subsister, que l'autorisation préalable doit être supprimée, qu'un jugement de la justice ordinaire du pays est nécessaire pour former un établissement existant, et que l'État, tuteur-né de l'éducation de la jeunesse, doit être satisfait des garanties littéraires et morales préalablement exigées, du droit permanent d'inspection et de celui de déférer aux tribunaux tout chef d'établissement suspect. Telles sont les dispositions de la loi de 1833 sur les écoles primaires privées ; elles ont paru s'appliquer convenablement aux établissements particuliers d'instruction secondaire.

2° D'après les deux décrets précités, tout établissement particulier doit conduire ses élèves au collége royal ou communal auprès duquel il se trouve; et à cette condition seule, ces élèves peuvent se présenter au baccalauréat ès-lettres qui est l'entrée de toutes les carrières libérales. Tous les jeunes gens sont donc obligés de fréquenter les écoles de l'État, il n'y a d'exception qu'en faveur des droits de la puissance paternelle : un certificat d'études faites dans la maison même du père de famille est seul admis en remplacement du certificat d'études faites au collége. Il est encore reconnu aujourd'hui que les droits de la puissance paternelle sont plus étendus, et qu'un père de famille doit pouvoir faire étudier ses enfants dans tout établissement privé, légalement autorisé, qui jouit de sa confiance, sans que ses enfants soient tenus de suivre le collége; et que par conséquent toutes les écoles privées sont aptes à préparer à l'examen du baccalauréat ès-lettres.

Cet examen, avec les garanties morales et littéraires, le droit d'inspection, et celui de déférer aux tribunaux, est la dernière ressource de la société, son dernier rempart, mais aussi un rempart invincible contre les établissements privés qui ne répondraient pas à leur mission; car ils sont perdus, si les élèves qui en sortent, se présentant à l'examen du baccalauréat ès-lettres, n'y réussissent pas.

Là-dessus, tout le monde est à peu près d'accord. Mais voici où commencent les difficultés. Les écoles secondaires privées sont de deux sortes, à savoir, les écoles laïques et les écoles ecclésiastiques. D'après la législation impériale, ces deux sortes d'école étaient sous le même régime; mais en 1814, une ordonnance royale, en opposition aux décrets de 1809 et de 1811, fit des écoles secondaires ecclésiastiques, auxquelles jusqu'alors s'appliquait le régime commun des écoles privées, des établissements spéciaux qui, successivement, obtinrent des privilèges et furent soumis à des conditions extraordinaires. Aux termes de la dernière ordonnance sur cette matière, la célèbre ordonnance de 1828, les écoles secondaires ecclésiastiques ou petits séminaires conservent le privilége inouï de n'être assujétis ni aux garanties littéraires et morales exigées de tout chef d'établissement secondaire privé, ni même à l'inspection de l'État; et en même temps ils ne peuvent recevoir d'externes, ni préparer directement au baccalauréat ès-lettres, sur cette hypothèse que ces établissements sont principalement chargés de préparer des sujets pour les grands séminaires par une éducation appropriée. Ajoutez que les petits séminaires sont aussi exemptés de l'impôt appelé taxe universitaire. Cependant les petits séminaires se plaignent des entraves qui leur sont imposées; les autres établissements privés se plaignent des priviléges accordés aux petits séminaires, priviléges qui rompent l'égalité et empêchent toute concurrence. Personne n'est content, tout le monde réclame. J'ai pensé que le seul remède était ici le retour à l'ancienne législation impériale, le rétablissement du régime commun pour toutes les écoles secondaires privées. Dans l'instruction primaire, la loi ne distingue pas les écoles tenues par des laïques et celles qui sont dirigées par des ecclésiastiques, par exemple, les frères de la doctrine chrétienne; pourquoi n'en serait-il pas de même dans l'instruction secondaire? Mêmes charges et mêmes garanties : telle est la législation que je voulais établir avec les tempéraments convenables. Ainsi, pour les ecclésiastiques, les certificats de moralité pourraient être conférés par les supérieurs dans l'ordre ecclésiastique ; et en supposant que l'on conservât l'impôt universitaire, des remises de cet impôt auraient pu être accordées et réparties par le ministre de l'instruction publique sur la proposition des évêques, d'après le nombre moyen des jeunes gens qui entrent chaque année dans les séminaires, afin que les écoles secondaires ecclésiastiques pussent continuer de servir au recrutement du clergé.

C'est ainsi que j'aurais voulu fonder dans l'instruction secondaire, comme nous l'avons fait en 1833 dans l'instruction primaire, la liberté commune de l'enseignement, avec de communes garanties. J'étais parvenu à gagner à ce projet les membres les plus influents de l'une et de l'autre chambre. M. le comte de Tascher, dans plusieurs rapports sur des pétitions relatives à la liberté d'enseignement, avait présenté, d'accord avec moi, les mêmes vues, qui avaient obtenu les suffrages à peu près unanimes de la chambre des pairs. J'avais consulté plusieurs ecclésiastiques éminents qui ont adhéré à ce projet, et Monseigneur l'archevêque actuel de Paris en avait approuvé l'esprit et même les principales dispositions, dans une conversation que j'eus l'honneur d'avoir avec lui sur ce grave sujet. Je ne crois pas céder à une illusion flatteuse envers moi-même, en me nourrissant de l'espoir que ces pensées conciliatrices, qui étendaient les droits de l'État en augmentant la liberté de tous, eussent obtenu l'assentiment général et résolu d'une manière satisfaisante le problème compliqué de la légitime liberté de l'enseignement.

Mais il ne faut pas se le dissimuler, l'établissement de la liberté d'enseignement est une innovation grave pour l'Université et pour la société tout entière. J'ose dire que, pendant les huit mois de mon ministère, je n'ai pas passé un seul jour, une seule heure sans préparer l'Université à cette crise redoutable, et sans prendre toutes les mesures qui pouvaient mettre les écoles publiques en état de soutenir la concurrence avec les écoles privées.

Deux sortes de mesures sont ici nécessaires : 1° augmentation du nombre des colléges royaux ; 2° perfectionnement de leur système d'études.

Quant au premier point, en 1837, la chambre des députés avait voté le principe d'un collége royal par département ; j'avais moi-même rappelé ce principe à la chambre ; j'avais déclaré à la commission du budget, avec son approbation unanime, que l'année prochaine, d'une main, je présenterais la loi sur la liberté de l'enseignement, et de l'autre, j'apporterais la demande de cinq nouveaux colléges royaux. Un collége royal avait été voté par la chambre en 1838 pour la ville de Saint-Étienne. J'ai repris les négociations entamées à ce sujet, et à l'heure qu'il est, ce collége est en pleine activité, et sa prospérité naissante répond à mes efforts et à mes espérances. La chambre m'ayant accordé à moi-même un autre collége royal, dès le lendemain de la publication de la loi des dépenses, je m'adressai à la ville d'Alençon, et cette ville, ayant éprouvé des difficultés pour satisfaire aux engagements qu'elle aurait dû contracter, je me suis adressé immédiatement à une autre ville, à Angoulême; et grâce à l'activité éclairée de M. le recteur de l'Académie de Bordeaux que j'envoyai sur les lieux, je suis parvenu à réaliser en quelques mois le collége royal voté par la chambre, de telle sorte que j'eusse pu lui présenter les résultats déjà obtenus [1] à l'appui des nouveaux sacrifices que je lui aurais demandés.

Voici maintenant dans leur ordre d'importance et dans leur enchaînement logique les diverses mesures que j'avais cru devoir prendre dans l'intérêt de l'enseignement national.

La première de toutes, la plus indispensable, était la réforme du baccalauréat ès-lettres. Au mo-

---

[1] Recueil, etc., page 303.

ment où vous émancipez toutes les institutions privées et leur donnez le droit de préparer à l'examen du baccalauréat, votre premier devoir est d'élever et de constituer sérieusement cet examen. Il est le terme des études, il les résume, il les juge; il est le passage du collége à l'instruction supérieure et à la société. Il faut que nul ne puisse franchir ce passage sans justifier d'une capacité suffisante. D'abord l'épreuve du baccalauréat doit être uniforme d'un bout de la France à l'autre. Jusqu'ici, excepté pour la philosophie, les matières étaient différentes dans toutes les académies. J'ai rendu l'examen absolument le même partout, et je l'ai à la fois simplifié et fortifié. Je l'ai fortifié en y introduisant une composition, une version latine où chaque candidat doit montrer qu'il sait le latin et surtout le français, qu'il sait au moins l'écrire correctement; je l'ai simplifié en retranchant une foule de détails littéraires, historiques et géographiques, où triomphait la mémoire, où périssait l'intelligence : or, c'est l'intelligence qu'il s'agit de former; l'instruction elle-même n'est qu'un moyen, l'éducation de l'intelligence est le but. Une épreuve nouvelle a été introduite, l'explication grammaticale et littéraire des classiques français. Enfin, pour qu'on ne pût accuser de partialité les jugements des commissions d'examen, il a été prescrit que dans toutes les académies où il n'y aurait pas de facultés des lettres, l'examen eût lieu non plus dans l'enceinte du collége, mais en public, dans le bâtiment même de l'Académie, et encore que les censeurs et les proviseurs ne fissent plus partie de ces commissions. Ainsi constituée, l'épreuve du baccalauréat acquiert une autorité incontestée, et elle protége efficacement la société contre les vices ou les négligences de l'éducation privée [1].

Mais la réforme du baccalauréat ès-lettres eût été un contre-sens si elle ne se fût appuyée sur la sérieuse entreprise d'améliorer l'intérieur de nos colléges, et d'en faire de plus en plus des établissements modèles placés au-dessus de toute rivalité par la force des maîtres, la sévérité de la discipline et l'excellence du système d'études.

La division de l'agrégation des sciences, jusqu'ici unique, en deux agrégations distinctes, l'une pour les sciences mathématiques, l'autre pour les sciences physiques et naturelles, est un perfectionnement considérable apporté à l'enseignement scientifique. Quand je n'aurais pas fait autre chose pour les sciences, je croirais encore les avoir bien servies [2]. La nécessité pour se présenter à chacune de ces agrégations de justifier du double brevet de licencié ès-sciences mathématiques et ès-sciences physiques, maintient cette généralité

---

[1] Recueil, etc., pages 51-114. — [2] Page 45.

de connaissance indispensable à tout véritable savant; et en même temps la distinction de deux ordres d'agrégation suscite des vocations spéciales, crée des professeurs plus profondément instruits et capables de donner un enseignement plus solide. Par là encore les sciences naturelles, qui jusqu'ici n'avaient obtenu aucune place dans l'agrégation, y sont convenablement représentées, et leur enseignement si négligé acquiert une juste importance de la qualité même de ceux qui désormais en seront chargés, et qui devront avoir passé aussi, comme tous les autres professeurs des colléges, par un concours d'agrégation. Cela m'a permis d'introduire enfin à l'école normale le sérieux enseignement des sciences naturelles et d'établir dans la section des sciences deux divisions correspondantes aux deux nouveaux ordres d'agrégation . Ce perfectionnement est, je crois, le dernier que pût recevoir encore cette grande école [2], dont je m'honore d'être sorti, à laquelle j'ai si longtemps consacré mes soins, et qui désormais n'a plus besoin que d'un bâtiment digne d'elle, parfaitement approprié à son usage : ce bâtiment, j'en avais moi-même arrêté le plan à l'aide d'un habile architecte, et je regrette de n'avoir pu le présenter aux chambres et donner à l'école nor-

---

[1] Recueil, page 47.
[2] Voyez l'ouvrage intitulé *École normale*, 1 vol. in-8°. Paris, 1837.

male ce dernier gage du profond intérêt que je ne cesserai de lui porter [1].

En même temps que je préparais de bons professeurs à l'enseignement des sciences naturelles, je constituais cet enseignement jusque-là si divers, si arbitraire; tantôt trop faible, tantôt trop fort; ici, à Paris, annexé à la sixième; là, à des classes très-différentes. L'ancien programme avait soulevé d'unanimes réclamations. Grâce aux conseils que m'ont donnés deux honorables membres de l'Académie des sciences, M. Beudant, inspecteur général des études, et M. Milne Edwards, professeur suppléant d'histoire naturelle à la faculté des sciences de Paris, j'ai pu rédiger un programme qui détermine le véritable but de l'enseignement des sciences naturelles dans les colléges, lui donne son vrai caractère et en fixe le plan [2]. Mais une fois cet enseignement bien constitué, avec le caractère général et philosophique qui lui appartient, il était impossible de le placer en sixième; j'ai dû le mettre à sa véritable place, dans la première année de philosophie, entre les cours de physique et de philosophie qu'il soutient et qui le complètent.

Ceci me conduit naturellement au service le plus effectif que je crois avoir rendu à la fois à

---

[1] C'est le plan récemment présenté aux chambres.
[2] Pages 27-34.

l'enseignement scientifique et à l'enseignement littéraire : je veux parler du nouveau règlement des études[1].

Ce nouveau règlement n'est pas autre chose que le retour, avec quelques perfectionnements, au plan d'étude des lycées de l'Empire, qui lui-même était la pratique perfectionnée des anciens colléges de l'Université de Paris. Depuis, il avait été introduit diverses innovations, perpétuellement changeantes et chaque année modifiées, sans avoir encore pu satisfaire personne, dans le but d'entremêler l'enseignement des sciences et celui des lettres, depuis le commencement jusqu'à la fin des études. Le dernier essai joint l'histoire naturelle à la sixième, l'arithmétique et la géométrie à la cinquième, à la quatrième et à la troisième, la chimie à la seconde, la cosmographie à la rhétorique, etc., en donnant à cet enseignement additionnel le moins de temps possible. Il ne produisait donc aucun fruit, et n'excitait qu'un très-médiocre intérêt de la part des maîtres et de la part des élèves ; et ce peu de temps accordé aux sciences et qui ne leur servait à rien, était un dommage considérable pour l'enseignement des lettres auquel il avait été retranché. Je ne prétends pas que ce mélange n'eût quelques avantages accessoires; mais en tout ce n'est pas l'accessoire, c'est le prin-

[1] Pages 17-26.

cipal qu'il faut considérer ; et le principal ici, c'est l'immense inconvénient de tout mêler dans la tête des jeunes gens, et d'énerver leurs forces en les disséminant sur un trop grand nombre d'objets disparates. Quel est le but du collége ? Ce n'est pas de donner une certaine dose d'instruction. Non ; le but du collége est plus élevé : ce n'est pas moins, je l'ai déjà dit, que l'éducation de l'intelligence, à l'aide d'enseignements divers, convenablement répartis selon les forces et les besoins de chaque âge. De là cette grande maxime, qui sort et de la connaissance de l'esprit humain et de l'expérience universelle : que les lettres doivent venir avant les sciences, dans l'intérêt des unes et des autres, et dans l'intérêt commun de la bonne et solide culture de l'intelligence. Quand les lettres, par l'enseignement des langues et de l'histoire, ont cultivé à la fois et l'esprit et le cœur et l'imagination, quand elles ont formé l'homme, c'est aux sciences à l'achever en donnant la main à la philosophie ; je parle des sciences prises au sérieux : car tout enseignement qui n'est pas sérieux n'est pas seulement inutile, mais dangereux ; il amollit et efférine l'esprit ; il est un mauvais apprentissage de la vie ; il donne ce préjugé qu'avec peu de peine on peut apprendre quelque chose, ce qui est radicalement faux. Voilà pourquoi j'ai supprimé depuis la sixième jusqu'à la rhétorique tous ces petits et légers enseignements d'histoire naturelle, de chimie et de géométrie, et je les ai réunis et placés après la rhétorique dans l'année de philosophie, selon la pratique universelle en France jusqu'en 1789, et selon le plan d'études de l'Empire, tel qu'il était suivi de mon temps. Cependant j'ai laissé la faculté d'établir des conférences libres de mathématiques depuis la sixième jusqu'à la rhétorique, pour le petit nombre de nos élèves qui n'ont pas en vue le baccalauréat ès-lettres, c'est-à-dire l'éducation complète et régulière du collége, mais les écoles spéciales, militaires et autres, et qui, par conséquent, ne font d'ordinaire ni rhétorique ni philosophie, et ont besoin d'une culture scientifique particulière avant d'arriver à l'enseignement approfondi des sciences qui commence à la fin de la rhétorique. Suit qui veut ces conférences préparatoires; elles ne sont imposées à personne, et ne déforment pas le plan général des études fondé sur la nature même des choses, sur l'expérience à la fois et sur une haute philosophie.

Par ce nouveau règlement d'études, je crois avoir donné une nouvelle preuve de ma haute estime pour l'enseignement des sciences, et en particulier des sciences mathématiques. Sans doute, mes propres réflexions et le profond sentiment de la dignité des sciences m'avaient depuis longtemps conduit à ce résultat; mais je m'y suis d'autant plus attaché que j'ai vu mes principes confirmés par l'imposante autorité de celui des membres du conseil royal qui est chargé de la direction des études mathématiques, M. Poinsot, ancien inspecteur général des études, membre de l'Académie des sciences, et que la voix publique proclame comme l'un des mathématiciens les plus habiles de la France et de l'Europe.

En même temps que je m'efforçais de fortifier ainsi l'enseignement des lettres et des sciences, j'ai voulu fonder d'une manière sérieuse celui des langues vivantes. Je leur ai donné trois années consécutives, à partir de l'âge où l'esprit, déjà formé par une certaine connaissance des langues anciennes, est apte à avancer rapidement dans l'étude plus facile des langues modernes. Je leur ai donné trois années, il est vrai, avec une seule leçon par semaine, mais avec une leçon de deux heures, qu'il serait mieux peut-être de diviser en deux leçons d'une heure chacune ; j'ai moi-même tracé dans une circulaire le plan que doit suivre pendant ces trois années le maître chargé de cet enseignement [1].

Mais que pourraient produire ces améliorations si les élèves auxquels elles s'adressent en définitive peuvent manquer impunément d'attention et de

[1] Page 35.

zèle, et ceux-là surtout qui tiennent de la munificence nationale le bienfait de l'instruction, et qui, à ce titre, devraient toujours être les modèles de leurs camarades? J'ai donc prescrit qu'aucune promotion de bourse ne peut être accordée que sur des preuves de travail et de capacité aux élèves qui seraient portés d'après l'ensemble de leurs notes sur la liste d'avancement; car si les demi-bourses doivent être données au mérite de la famille, toute promotion doit être le prix du mérite personnel de l'élève. J'ai voulu aussi que nul ne pût passer dans une classe supérieure sans avoir prouvé qu'il est en état de la suivre avec fruit, mesure décisive qui, bien exécutée, avec un juste tempérament de sévérité et d'indulgence, doit, après quelques années d'épreuves, délivrer nos colléges de cette foule de mauvais élèves, retardataires incorrigibles, qui assistent aux leçons du professeur sans les comprendre, trompent leurs familles en se traînant ainsi de classe en classe jusqu'à la fin de leurs études, et vont encombrer les carrières distinguées de candidats incapables [1].

J'ose dire que cet ensemble de mesures, toutes empruntées à l'expérience et d'un succès infaillible, si on veut y tenir la main, devait assurer à nos colléges une prépondérance incontestable dans la vaste concurrence qu'allait ouvrir l'éman-

[1] Pages 39-44.

cipation de l'instruction secondaire. C'est après avoir ainsi armé l'université, que j'aurais sans crainte présenté la loi sur la liberté de l'enseignement.

D'ailleurs, je m'empresse de le reconnaître : toutes les réformes organiques sont vaines sans une administration vigilante, conduisant habilement ou expédiant avec rapidité les affaires, et surtout attentive au choix des hommes; car, on ne saurait trop le redire, dans l'Université les hommes sont tout. C'est au choix des hommes que je me suis particulièrement appliqué. J'ai fait des conseillers, des inspecteurs généraux, des proviseurs, des censeurs, des professeurs de tout ordre, et on a bien voulu remarquer que, dans aucune circonstance, je n'ai fait plier l'intérêt universitaire devant des considérations politiques; que, sourd à toutes les sollicitations, de quelque côté qu'elles partissent, j'ai toujours été chercher l'homme le plus capable, d'abord par justice, pour honorer le mérite et dans l'intérêt du service, ensuite parce que, dans un corps où tous les membres se connaissent, les choix sont un enseignement, pour le corps entier; et grâce à cet enseignement, le plus clair de tous, quinze jours après mon entrée aux affaires, je n'ai plus reçu que des demandes suffisamment autorisées [1].

---

[1] Pages 375-385.

Mais, dans l'instruction supérieure, la meilleure administration ne pourrait suppléer aux vices de l'organisation; et, il faut le dire, autant l'instruction secondaire est admirablement constituée en France, autant l'instruction supérieure laisse encore à désirer, j'entends pour l'organisation. Les facultés confèrent des grades, c'est là leur principale mission, et elles la remplissent d'une manière satisfaisante, avec zèle et avec équité. Mais le nombre des facultés dans les différents ordres est arbitraire, et leur répartition sur les divers points du territoire n'est réglée par aucun principe. Le mode de nomination des professeurs est divers dans les différentes facultés, et il est très-justement attaqué. Il n'y a aucune émulation parmi les étudiants. En un mot, sans renouveler ni multiplier des critiques qui ont été cent fois faites, je rappellerai que moi-même, dans mes ouvrages sur l'instruction publique en Allemagne et en Hollande, j'avais signalé le mal et indiqué le remède. Après cela, étais-je donc reçu à ne rien faire, et à ne point exécuter moi-même, comme ministre, ce que j'avais tant recommandé comme conseiller et comme écrivain? Voilà ma réponse aux personnes, même bienveillantes, qui, un peu étrangères à ces matières, se sont étonnées du grand nombre d'ordonnances et de règlements que j'ai publiés en si peu de temps sur l'instruction supérieure. Si j'ai été si vite, c'est, encore une fois, qu'en arrivant aux affaires, j'avais un but, un plan, des desseins tout arrêtés; c'est que je savais aussi que le temps m'était mesuré, que les ministères durent peu, et que si je ne mettais moi-même courageusement et promptement la main à l'œuvre, des pensées utiles, longtemps mûries dans mon esprit, couraient le risque d'y mourir. Je ne prendrai qu'un seul exemple, celui des écoles de droit. Depuis longtemps il n'y a qu'un cri sur les vices de l'enseignement du droit parmi nous; et pourtant, qui a commencé la moindre réforme? Du moins, ai-je fait le premier pas. Mais j'ai donné M. Rossi au conseil royal; c'est à lui de poursuivre et d'achever la réforme que j'avais entreprise et que j'ai à peine commencée en ce qui regarde les écoles de droit.

Et puis on n'a pas remarqué que ce grand nombre d'ordonnances, de règlements et d'arrêtés, ne sont que les diverses faces de deux ou trois idées. Les ordonnances royales posaient les principes; les règlements entraient dans toutes les dispositions particulières de la matière, et les arrêtés ministériels exécutaient. Je n'ai pas posé dans une ordonnance un seul principe qui ne soit aujourd'hui en pleine exécution.

Voici les principales idées générales auxquelles

on peut rapporter tous mes actes relatifs à l'instruction supérieure.

1° Conformément à tout ce que j'avais dit et répété dans mes ouvrages, je me proposais de substituer peu à peu aux facultés isolées, éparpillées et languissantes sur une multitude de points, un système de grands centres scientifiques où toutes les facultés fussent réunies, selon la pratique du monde entier. Oui, je ne le cache pas; si j'admire profondément l'unité de la France, je ne crois pas que cette précieuse unité fût en péril parce qu'il y aurait de la vie ailleurs qu'à Paris. Pour me borner à l'instruction publique, je suis convaincu qu'il est possible d'établir dans un certain nombre de villes des foyers de lumières qui, en projetant leurs rayons autour d'eux, éclaireraient et vivifieraient de grandes provinces au profit de la civilisation de la France entière. Par exemple, j'ai voulu faire une sorte d'université bretonne à Rennes [1]. Il y avait déjà à Rennes une faculté de droit et une faculté des lettres; j'ai demandé à la chambre des députés les fonds nécessaires pour y établir encore une faculté des sciences et une faculté de médecine pour tous les départements de l'Ouest. La chambre a voté sans difficulté la faculté des sciences, et je n'ai pas perdu de temps pour l'établir et la constituer fortement avec un

[1] Pages 272 sqq.

personnel d'élite. Le projet d'une faculté de médecine n'a pu être discuté, et je l'aurais reproduit à cette session. Je me serais présenté à la chambre des députés appuyé, d'une part, sur l'ordonnance du 13 octobre 1840 qui constitue solidement les écoles secondaires de médecine qu'on n'aurait pu m'accuser de vouloir détruire; de l'autre, sur les vœux hautement exprimés de la Bretagne tout entière, excepté la ville de Nantes. La chambre des pairs, par l'organe de M. de Gérando, s'était prononcée nettement à cet égard; elle réclamait, le plus tôt possible, une faculté de médecine à Rennes; et nous aurions vu si, à la chambre des députés, de petits intérêts de localité l'eussent emporté sur des vues nationales, sur l'expérience universelle, sur l'opinion de la chambre des pairs, et sur les besoins de toute la Bretagne. En tout cas, la chambre aurait dû se charger elle-même de la responsabilité du rejet de cette loi; car je n'aurais pas hésité à la lui présenter. J'espère qu'au moins l'école secondaire de médecine de Rennes se ranimera dans l'atmosphère scientifique que va lui créer la faculté des sciences, et qu'ainsi il y aura dans cette capitale intellectuelle de la Bretagne, avec un des meilleurs colléges du royaume et une grande école normale primaire, quatre belles écoles de droit, de lettres, de sciences et de médecine, où viendront se former tout ce qu'il y a en Bretagne de jeunes et nobles esprits aspirant à se distinguer. Il ne faut pas craindre les foules; c'est des foules que sortent les hommes supérieurs, parce que dans les foules seules il y a de l'ardeur, de l'émulation, de la vie. Quatre départements de la Bretagne sur cinq ont voté des sacrifices pour la future école de médecine qu'un projet de loi une fois présenté leur a promise. La ville de Rennes a contracté l'engagement de consacrer un grand bâtiment académique aux facultés réunies. Avant de quitter le ministère, j'ai fait un envoi considérable de livres précieux pour la bibliothèque de ces facultés, et en particulier, pour la nouvelle faculté des sciences. A ma prière, mon honorable ami, M. de Rémusat, ministre de l'intérieur, avait commandé un buste de Descartes, le plus illustre enfant de la Bretagne, pour la nouvelle faculté des sciences de Rennes, et j'avais promis aux députés de la Bretagne, je m'étais promis à moi-même d'aller à Rennes inaugurer l'établissement d'une université bretonne. Du moins les fondements de cette université sont posés; le temps, j'espère, fera le reste.

Ce que j'ai presque accompli à Rennes pour la Bretagne, je l'avais tenté à Caen pour la Normandie. Caen est évidemment la capitale intellectuelle de la Normandie. Il y a eu là, autrefois, une université qui a compté des hommes de beaucoup de mérite; il serait facile d'y rétablir un certain mouvement scientifique et surtout littéraire. Il y a une faculté de droit, une faculté des lettres, une faculté des sciences, une école secondaire de médecine que l'ordonnance du 13 octobre 1840 va développer encore. Mon dessein était d'y transporter la faculté de théologie de Rouen. L'ordonnance de translation existe, signée par le roi. Une faculté de théologie à Rouen est un germe stérile. Elle est isolée; elle ne s'appuie point sur une faculté des lettres. Rouen est une admirable ville de commerce, mais nullement une ville d'études, encore bien moins d'études ecclésiastiques. Aussi cette faculté n'a-t-elle jamais produit aucun résultat. Elle est entièrement ignorée, et c'est presque en voulant la déplacer que j'ai appris aux habitants de Rouen son existence. Les cours ne se font pas; l'archevêque y est contraire; le doyen m'avait spontanément envoyé sa démission. A la lettre, je l'ai trouvée morte; j'ai voulu la recréer en la transportant ailleurs. J'ai offert à Rouen, au lieu de cette faculté insignifiante, une grande école intermédiaire que la loi impose à la ville et qui lui serait d'une utilité incontestable. Au contraire, Caen est une ville où une faculté de théologie serait parfaitement bien placée par les dispositions générales et l'esprit du pays, où la piété est en très-grand honneur, à cause aussi du voisinage des trois autres facultés qui fourniraient un magnifique auditoire à des prédicateurs de religion éloquents et instruits, comme déjà je les avais trouvés. Le recteur de l'Académie, M. l'abbé Daniel, avait pris à cœur cette affaire, et personne n'était plus propre que lui à la négocier habilement. Je fais des vœux pour qu'elle réussisse ; ce serait un grand avantage pour la Normandie tout entière qui aurait aussi son université.

Successivement j'aurais ainsi essayé d'établir dans le cœur de chacune des grandes régions de la France plusieurs Facultés, liées entre elles, se soutenant et s'animant l'une l'autre, mettant en commun leur bibliothèque, leurs élèves, leurs lumières.

2° Mais la base d'un tel système est l'institution des agrégés de Facultés en possession exclusive de suppléer les professeurs empêchés et ayant le droit de faire des cours libres dans l'auditoire même de la Faculté, avec l'assentiment du doyen et du ministre. Les agrégés, voilà l'élément de vie pour une Faculté [1]. J'ai emprunté cette grande institution, d'abord à nos Facultés de médecine, ensuite à la pratique de l'Allemagne, où elle donne les plus admirables résultats [2]. Elle existait même, jusqu'à

[1] Recueil, pages 126-216.

[2] *De l'Instruction publique dans quelques pays de l'Allemagne*, t. 1, pages 100-102, 119, 172-175. *De l'Instruction publique en Hollande*, pages 73, 210.

un certain point, dans les Facultés de droit; car les suppléants sont de vrais agrégés; il n'y avait plus qu'à leur conférer le droit de faire des cours complémentaires. J'ai l'honneur de l'avoir introduite pour la première fois dans les Facultés des lettres et dans les Facultés des sciences. Je ne me suis pas contenté de mettre cette institution dans une ordonnance : j'ai réalisé l'ordonnance par des règlements, et ces règlements, je les ai exécutés immédiatement. De grands concours se sont ouverts à Paris, à la Sorbonne, pour les sciences mathématiques, pour les sciences physiques, pour les sciences naturelles, pour les lettres pour la philosophie, pour l'histoire. De tous les points de la France s'y sont présentés de nombreux candidats, l'élite des agrégés de collége, la fleur de l'Université. Ces concours ont été présidés par les hommes les plus éminents, tous membres de l'Institut et hauts fonctionnaires de l'instruction publique. L'éclat de ces concours a converti les plus incrédules, et la nouvelle institution a été fondée à son début par ses succès mêmes. Douze agrégés pour les Facultés des lettres et des sciences ont été nommés cette année : ils sont aujourd'hui en exercice à Paris et en province. De leur côté, les agrégés des Facultés de droit ont demandé et obtenu la permission de faire des cours complémentaires sur des points importants et négligés de la science juridique. Si donc on sait se servir de cette institution, elle rendra en France les mêmes services qu'en Allemagne : elle vivifiera continuellement l'enseignement supérieur. Car il ne faut pas s'y tromper : pour l'enseignement comme pour la guerre, ne comptez que sur la jeunesse. Au bout de quinze ou vingt ans d'enseignement, j'entends d'un enseignement assidu et un peu éclatant, un homme est usé. Il peut avoir son mérite et son utilité encore, mais il n'a plus le feu sacré. Il faut donc toujours, auprès d'une faculté, un certain nombre de jeunes gens pleins d'ardeur et même d'ambition, qui représentent le mouvement comme les vieux professeurs représentent la stabilité. Ces deux éléments sont également nécessaires dans une faculté comme ailleurs. Les agrégés ne sont pas faits, il est vrai, pour l'agrément des vieux professeurs, qui redoutent de jeunes rivaux; mais ces jeunes rivaux mûriront avec l'âge, et feront à leur tour des titulaires pleins d'autorité. Ils donnent d'abord à la jeunesse une vive impulsion, en attendant qu'ils aient acquis le droit de la contenir.

Un des résultats futurs de l'institution des agrégés de facultés nommés d'après un concours public, sera la suppression du concours pour les professeurs titulaires dans les deux facultés de droit et de médecine. Cette suppression, que j'ai moi-même demandée [1], qui a été réclamée par tous les esprits impartiaux, était arrêtée dans ma pensée; mais je ne pouvais guère la réaliser que par une loi, et cette loi, je ne pouvais la présenter aux chambres qu'après que l'agrégation aurait acquis toute la popularité qu'elle mérite : alors il eût été évident que le ministre, qui avait établi spontanément les concours de l'agrégation, ne voulait pas supprimer ceux du titulariat en haine des concours en général. Les concours sont admirables pour la jeunesse; ils ne conviennent point pour l'âge mûr, et il faut qu'un titulaire ait déjà un certain âge et une belle renommée. Les renommées fuient les concours qui leur paraissent au-dessous d'elles : elles ne sont pas tentées de comparaître un peu en suppliantes devant un tribunal composé de juges où elles n'aperçoivent pas toujours des égaux, encore moins des supérieurs. Il ne faut pas non plus qu'une faculté se recrute elle-même sans aucun contrôle; car, supposez une majorité composée une fois ou de gens de parti ou de gens médiocres, on ne sait jusqu'où les choix pourront s'abaisser ou s'égarer; tandis qu'une présentation de la faculté, balancée par une autre présentation, celle d'une académie de l'Institut, par exemple, en laissant au choix du ministre une

---

[1] *De l'Instruction publique dans quelques pays de l'Allemagne*, t. I, p. 119-173 sqq. — *De l'Instruction publique en Hollande*, p. 93 sqq.

certaine latitude, nécessaire fondement de sa responsabilité, est infiniment plus favorable aux grandes candidatures.

3° Si l'institution des agrégés anime l'enseignement, celle des prix de facultés anime les études. Ici encore j'ai été guidé par l'exemple des écoles de médecine et par la pratique de l'Allemagne confirmée par celle de la Hollande [1]. Déjà même deux facultés de droit, celles d'Aix et de Poitiers, avaient fondé quelques prix dont la libéralité des conseils des départements faisaient les frais. De ces précédents isolés, j'ai tiré une institution générale pour toutes les facultés de droit du royaume; et cette institution, mise immédiatement à exécution, a produit d'abord les meilleurs fruits. La distribution de ces prix s'est faite partout avec une solennité utile [2]. Grâce à la pieuse munificence d'une mère admirable [3], les prix de la Faculté de Paris sont dignes de faire naître de sérieux travaux. Si dès la première année nous avons eu de si beaux résultats, que ne faut-il pas attendre de l'avenir? Les jeunes gens qui remporteront les prix à la licence seront attirés aux exa-

---

[1] *De l'Instruction publique en Allemagne*, t. I., p. 113, 119. — *De l'Instruction publique en Hollande*, p. 219.

[2] Lisez, dans le *Journal de l'Instruction publique*, les rapports sur les concours des étudiants dans les diverses Facultés de droit.

[3] Madame de Beaumont, p. 245-251.

mens du doctorat, puisque cet examen et les inscriptions qui y donnent accès ne leur coûteront rien. Une fois docteurs, ils songeront naturellement à se présenter au concours pour les prix du doctorat. Voilà donc plusieurs années de solide travail ménagées à la jeunesse. Ajoutez que, pour autoriser davantage cette utile innovation, M. le ministre de la justice et M. le ministre des finances ont établi de sages priviléges en faveur des lauréats des écoles de droit; de sorte que cette institution, qui est d'hier, semble aujourd'hui presque consacrée [1].

Les prix, dans les facultés des lettres et des sciences, sont des remises de frais assez considérables d'examens et d'inscriptions pour les candidats qui se distinguent dans les concours de licence et dans les épreuves du doctorat [2].

Je n'insisterai pas sur quelques autres mesures qui se lient à celle-là. Ainsi, puisque la licence et le doctorat ès-lettres tirent une nouvelle importance des récompenses qui y sont affectées, il fallait d'autant plus volontiers constituer convenablement ces deux épreuves et en surveiller les résultats. De là le devoir imposé à toutes les facultés des sciences et des lettres d'adresser au ministre un rapport sur les épreuves du doctorat et de la licence, et l'examen de ces rapports en con-

[1] Recueil, pages 217-229. — [2] Pages 230-233.

seil royal, ce qui souvent donne lieu à des observations du conseil qui, adressées aux facultés, servent à exciter leur zèle et leur juste sévérité [1]. La même règle a été appliquée au doctorat en droit [2]. Pour tous ces examens, l'usage de la langue latine a été aboli, même pour les exercices relatifs au droit romain [3]. Enfin, un cours d'introduction générale à l'étude du droit a été établi dans toutes les écoles pour les élèves de première année, à Paris, par une chaire spéciale, ailleurs, soit par des cours complémentaires faits par des agrégés, soit par un certain nombre de leçons préparatoires placées au début du cours de droit civil [4].

Pour la médecine, je crois l'avoir servie en assurant, par des priviléges modérés, l'avenir des écoles secondaires de médecine qui forment le premier degré de l'enseignement médical, en faisant entrer les écoles de pharmacie dans le cadre universitaire, et en donnant à ces écoles une organisation commune qui répond à l'importance de leur objet. Ces deux ordonnances ont prouvé au corps médical ce que j'aurais osé faire si une plus longue durée m'eût été donnée [5].

Il me reste à dire un mot de cette partie du ministère de l'instruction publique qui comprend les

---

[1] Pages 234, 239-244. — [2] Page 263. — [3] Pages 254-257. — [4] Pages 258-263. — [5] Pages 312-339.

établissements littéraires et scientifiques placés en dehors de l'Université proprement dite, et l'emploi des fonds consacrés à l'encouragement des sciences et des lettres.

Il n'y a qu'un seul moyen d'être utile à l'Institut de France, c'est de lui fournir l'occasion de s'honorer par de nouveaux services. La révolution de juillet avait rétabli l'Académie des sciences morales et politiques, supprimée en 1803; pour achever ce grand acte de réparation, auquel je suis fier d'avoir concouru, j'ai voulu mettre la nouvelle académie au niveau de toutes les autres, en la chargeant d'écrire l'histoire des sciences qui forment son domaine depuis 1789, comme chacune des académies de l'Institut l'avait fait pour les sciences diverses qui leur sont confiées. L'Académie a noblement répondu à cet appel; déjà les travaux des différentes sections sont commencés, et je me flatte que l'ordonnance du 20 mars 1840 fera naître un ouvrage digne d'être placé à côté des beaux rapports de Dacier, de Delambre et de Cuvier, une grande page de l'histoire de l'esprit humain dans une de ses époques les plus agitées et les plus fécondes [1].

Quand je suis venu demander à la chambre des députés un modeste crédit de 5,000 francs pour la création d'une chaire nouvelle au collége de

[1] Pages 351-359.

France, consacrée à l'enseignement de la langue et de la littérature slave, je rencontrai des objections de plus d'un genre [1]. Où sont-elles aujourd'hui, devant le savant et brillant enseignement de M. Mickiewitz ? En donnant à la France une chaire de slave et M. Mickiewitz, je crois avoir rendu à la France et aux lettres un double service. Mon dessein, je ne le dissimule pas, et M. de Gérando, à la chambre des pairs, m'a déjà un peu trahi, mon dessein était de demander à la session prochaine, un nouveau crédit de 5,000 francs pour établir à ce même collége de France une chaire de langue et de littérature germanique ; et je n'étais pas sans espérance de séduire M. Grimm, comme j'avais fait M. Mickiewitz [2].

Pour les souscriptions, ma règle a été bien simple : n'en accorder sous aucun prétexte qu'à des ouvrages sérieux, honorables au pays, onéreux à leurs auteurs. On peut voir dans ce recueil la liste des ouvrages auxquels j'ai appliqué les souscriptions du gouvernement [3].

Les encouragements aux savants et aux gens de lettres se divisent en deux classes : les simples secours une fois donnés, et les indemnités qui autrefois s'appelaient indemnités annuelles, et qu'on

---

[1] Pages 268-272, 281 sqq.
[2] Rapport de M. de Gérando, p. 283 sqq.
[3] Pages 360-362.

appelle aujourd'hui indemnités éventuelles, de peur de leur donner le caractère de pension, quoiqu'elles se renouvellent ordinairement, sauf des cas très-rares. J'ai suivi la vraie maxime en cette matière, celle qu'avait rappelée l'honorable rapporteur du budget à la chambre des pairs, M. d'Audiffret : moins de secours, et plus d'indemnités sérieuses pour des titres sérieux. J'ai repoussé l'idée de détruire arbitrairement ce qu'avaient fait mes prédécesseurs et de porter le deuil ou l'effroi dans l'âme de tant de personnes estimables en les frappant subitement, parce qu'elles n'avaient peut-être pas toute l'illustration ou toute la misère requise; j'aurais reçu cet ordre que je ne l'aurais pas exécuté, je le déclare ici hautement. J'ai donc respecté le passé, qui n'était pas mon ouvrage; mais j'ai voulu que l'avenir pût braver tous les regards, et, depuis le 1er mars jusqu'au 29 octobre 1840, je n'ai accordé ni une indemnité ni même un simple secours qu'au grand jour et en publiant moi-même ce que je faisais dans le *Moniteur*. On trouvera ici les noms des personnes qui ont reçu de pareils encouragements. On y verra que je me suis surtout proposé, dans l'intérêt de la dignité des lettres, d'accorder très-peu d'indemnités à titre gratuit et de les attacher le plus possible à des missions ou à des travaux, en sorte que ces encouragements fussent à la fois une dette envers ceux qui les reçoivent et un service envers le public par les ouvrages qu'ils favorisent et dont ils sont la récompense anticipée [1].

A l'égard de la Légion-d'Honneur, cette grande et nationale institution affaiblie par tant de prodigalités, et qu'il importe de relever, soit par une mesure législative, soit du moins par un sobre et sévère usage de la prérogative royale, si la loi sortie des débats provoqués par la noble proposition de M. Mounier n'a point été sanctionnée, je me suis fait un point d'honneur de la pratiquer en ce qui concernait mon département. Le journal de l'*Instruction publique* a publié toutes les nominations qui ont été faites le 1ᵉʳ mai 1840, et les motifs sur lesquels reposent ces nominations. Nulle nomination isolée n'a eu lieu, et toutes ont été fondées sur cette maxime que j'ai tant de fois répétée : ou de très-longs services ou des services très-éclatants [1].

Mais il est temps de terminer ce compte déjà trop long d'une administration qui a si peu duré. J'ai cru le devoir à mon pays, à l'université, à moi-même. J'ai voulu placer les réformes que j'ai entreprises sous la protection de l'opinion des juges compétents en France et en Europe. Pourquoi ne le dirais-je pas? Je suis, je l'espère, au-dessus

[1] Pages 363-366.
[2] Page 368.

de tout soupçon de regretter le pouvoir; mais en achevant ce récit, en posant ici la plume, il me semble que je quitte de nouveau, et avec un sentiment que je n'essaie pas de dissimuler, ce corps illustre qui est pour moi une seconde patrie dans la grande patrie, où je suis entré comme simple élève de l'école normale dans les premiers jours de 1810, où j'avais conquis lentement un avancement légitime, auquel depuis dix années, comme membre du conseil royal et directeur de l'école normale, je rapportais presque toutes mes pensées, que j'ai un moment dirigé avec ce sérieux dévouement qui sert et ne flatte pas, et que j'aimerai et continuerai de servir pendant toute ma vie, dans toutes les fortunes que me fera la divine Providence.

DISCOURS

PRONONCÉ A LA CHAMBRE DES PAIRS,

DANS LA SÉANCE DU 26 DÉCEMBRE 1838,

SUR LA RENAISSANCE

DE LA

DOMINATION ECCLÉSIASTIQUE.

Messieurs,

Le mauvais état de ma santé devrait me faire éviter les émotions de la tribune, et peut-être même m'éloigner de cette enceinte; mais dans les graves circonstances où le pays se trouve engagé, quand les questions les plus redoutables sont livrées à la discussion des chambres, j'ai pensé que toute considération personnelle devait être écartée, et j'ai voulu venir ici voter tout haut avec mes amis et prendre ma part de responsabilité dans les débats qui vont s'ouvrir.

Ce qui préoccupe aujourd'hui tous les esprits, ce sont nos affaires étrangères, si admirablement conduites par le ministère qu'après huit années d'efforts pour maintenir la paix nous touchons presque à la guerre, ou que du moins l'avenir est couvert d'épaisses ténèbres, et le repos du monde remis entre les mains du hasard. Devant ces grands objets tout autre intérêt languit, et les questions intérieures semblent indifférentes. Cependant, messieurs, je vous demande la permission d'arrêter un moment votre attention sur un point de la plus haute importance à mes yeux, sur un danger faible encore, je l'espère, mais qui, s'il n'était promptement conjuré et dissipé, pourrait devenir menaçant pour la tranquillité publique : je veux parler de la renaissance de la domination ecclésiastique.

Le sujet est si grave et si délicat que je n'ose l'approfondir. Je me bornerai à signaler le mal; je ne dirai que ce qu'il sera indispensable de dire pour avertir le gouvernement et pour m'absoudre moi-même. Je vous demande donc seulement, messieurs, quelques moments d'une attention bienveillante; je n'ai point assez de forces pour être tenté d'en abuser.

Je placerai d'abord mes paroles d'aujourd'hui sous la protection de ma conduite passée. Sous la restauration, inquiété, destitué, persécuté jusque sur une terre étrangère par une déplorable influence, peut-être n'a-t-on pas oublié comment, en 1830, je me suis souvenu de mes injures personnelles. Quand j'ai vu, en 1830, la religion ainsi que la monarchie, ces deux fondements nécessaires de tout ordre, de toute vraie civilisation, menacées et attaquées, je n'ai plus senti qu'un besoin, celui de concourir à leur défense, et je n'ai point hésité à jouer dans cette lutte pénible le peu de popularité qu'avaient pu me faire quinze années de travaux et de sacrifices. Grâce à Dieu, nous avons traversé, nous avons surmonté les périls qui entouraient le berceau de la dynastie nouvelle; notre royauté nationale est sortie des émeutes et des complots révérée et puissante, si puissante, messieurs, qu'à vous dire toute ma pensée, je ne lui connais plus d'autres périls que ceux qu'il lui plairait de se créer à elle-même. La religion a eu le même sort que la monarchie. Dans la crise violente, mais salutaire, qui semblait l'avoir à jamais séparée des affaires politiques, retirée dans le sanctuaire, réduite à sa propre dignité, la religion n'en parut que plus imposante et plus sainte. En livrant la terre aux puissances de ce monde et à leurs vicissitudes, en se contentant de montrer le ciel aux âmes égarées ou affligées, le clergé reconquit bien vite une considération méritée. C'est un fait honorable, pour la révolution de juillet, et c'est un fait incontestable que depuis longtemps les temples n'avaient vu autant de fidèles, et que jamais peut-être les ouvrages philosophiques et littéraires n'avaient témoigné d'un retour plus désintéressé et plus vif au christianisme. De son côté, le gouvernement s'empressait de payer à la religion en justes respects et en déférences légitimes le bien qu'elle faisait à la société. Pour me borner à rappeler ici ce qui s'est passé dans le département de l'instruction publique, c'est le gouvernement de juillet qui, dans une loi destinée à devenir la charte de l'éducation du peuple, a inscrit au premier rang des objets de l'instruction primaire, non-seulement la morale, mais l'instruction religieuse. C'est le gouvernement de juillet qui, dans cette même loi de 1833, malgré une vive opposition, a fait intervenir de plein droit la puissance religieuse dans la surveillances des écoles populaires. La chambre n'a point oublié ces importantes discussions, et je m'honorerai toujours d'avoir été à cette époque son interprète et celui du gouvernement [1]. Enfin, s'il m'est permis d'entrer dans ce détail, quand des préjugés, qui chaque jour s'affaiblissent, proscrivaient les frères de la doctrine chrétienne, en dépit de la liberté d'enseignement, c'est encore le gouvernement de juillet qui les a défendus dans le cercle de la loi; et je suis fier aussi d'avoir, pour ma faible part, contribué à sauver d'une persécution aveugle ces bons religieux, dont les statuts ont été examinés et approuvés par le conseil

---

[1] Chambre des pairs, séances des 22 mai et 21 juin 1833.

d'état et par le conseil de l'Université de l'Empire [1]; renfermés tout entiers dans leurs modestes et saintes fonctions; si dociles envers l'autorité, si charitables envers le peuple, dont ils partagent la pauvreté et les humbles habitudes.

Avec une telle conduite de la part du gouvernement et de la part du clergé, le bien se faisait en silence; et sans avoir besoin de recourir à des faveurs qui naguère l'avaient si mal servie, la puissance religieuse reprenait peu à peu parmi nous, aux applaudissements de tous les gens de bien, l'autorité naturelle qui lui appartient.

Par quel mauvais génie, au lieu de persévérer dans cette voie de progrès paisibles, reprend-elle depuis quelque temps le chemin qui a manqué la conduire à l'abîme? Je vous le demande, messieurs, je le demande à la notoriété et à la conscience publique, n'est-il pas manifeste que depuis quelque temps la paix dont nous jouissions est de nouveau troublée par des actes nombreux et divers, attestant de toute part le retour d'une domination intolérante, qui recommence à lever la tête et à effrayer tous les vrais amis de la religion et du gouvernement de juillet?

---

[1] Décret impérial du 17 mars 1808, art. 109. « Les frères des écoles chrétiennes seront brevetés et encouragés par le grand-maître, qui visera leurs statuts intérieurs, les admettra au serment, leur prescrira un habit particulier, et fera surveiller leurs écoles. »

La France entière a retenti des scandales de Clermont. Le cri de l'indignation publique a fini par entraîner le gouvernement lui-même ; le conseil d'Etat est saisi de l'affaire. Dans cette situation, je sais quels ménagements me sont commandés, mais je sais aussi ce que je dois, ce que nous devons tous à une illustre mémoire, particulièrement confiée au respect et à la protection de la chambre des pairs. Il s'est donc rencontré une autorité religieuse en France pour refuser la sépulture ecclésiastique au chrétien intrépide qui, dans un temps où l'esprit de révolution mettait la main sur le christianisme et, au lieu de notre vieille et glorieuse église gallicane, voulait nous faire un clergé civil, a trouvé les paroles les plus vraies et les plus éloquentes peut-être qui aient jamais été entendues à l'honneur de la religion et du clergé : « Vous voulez enlever aux évêques « leurs palais, s'écriait à l'Assemblée constituante « M. le comte de Montlosier : ils iront dans les « chaumières ; vous leur ôtez leur croix d'or, ils « prendront une croix de bois. C'est une croix de « bois qui a sauvé le monde! » Eh quoi! ces paroles, qui ont été répétées avec transport d'un bout à l'autre de l'Europe chrétienne, n'ont pas plaidé pour lui à son heure suprême, et n'ont pu lui obtenir un peu de terre et quelques prières ? Et nous, à notre tour, ne pourrions-nous pas dire au clergé : Avez-vous donc oublié que cet homme, que vous rejetez, a été votre défenseur quand la plupart des vôtres vous abandonnaient? Hélas! j'ai vu tel évêque assez peu apostolique de cette époque, après une vie médiocrement édifiante, mourir environné de toutes les pompes de l'Eglise ; et celui qui, n'étant pas dans les ordres, ne devant au clergé que le respect, l'avait défendu avec une énergie désintéressée et par le seul enthousiasme d'une foi naïve et profonde, celui-là, après avoir persévéré pendant une longue carrière dans les mêmes sentiments, après les exemples de la vie la plus honorable, chrétien humble et fervent, ne parlant jamais, même dans cette assemblée, sans rappeler sans cesse et l'Évangile et les saints pères et les maximes de l'Eglise, celui-là, qui pourtant avait pu trouver un prêtre pour le confesser et pour l'absoudre, n'a pu trouver un curé, un évêque pour en obtenir la simple sépulture ecclésiastique! Voilà bien du nouveau, messieurs; et, sans faire ici de théologie, il est permis de trouver étrange que, lorsque qu'un prêtre non interdit, et par conséquent possédant, comme on dit canoniquement, le pouvoir des clefs, le pouvoir de lier et de délier ; lorsqu'un prêtre a dit à l'âme fidèle : Allez, le ciel vous est ouvert; une autre autorité s'arroge le droit de refuser à la dépouille mortelle de cette âme un lieu béni pour y reposer !

Et pourquoi, Messieurs, cette persécution inouïe? pourquoi? Vous le savez ainsi que moi, ainsi que la France entière. Ce n'est pas qu'on accusât l'illustre défunt de nourrir quelque opinion peu orthodoxe en matière de religion. Non ; vous le savez, c'est parce qu'il n'a pas voulu rétracter l'acte le plus pieux de sa vie, le fameux *Mémoire à consulter*, cette pétition mémorable adressée à la chambre des pairs, pétition qui a eu pour rapporteur favorable un des plus dignes magistrats, M. le comte Portalis, qui a été appuyée et défendue par un noble duc, que nos yeux cherchent en vain dans cette enceinte; par M. de Barante, dont la modération est aussi connue que le talent; par ce vertueux citoyen, M. Laîné; enfin, par l'homme d'État éminent qui est aujourd'hui président de cette chambre et chancelier de France. C'est ce grand acte, Messieurs, qui avait entouré de tant d'éclat le nom de M. de Montlosier, c'est ce grand service, toujours présent à la reconnaissance du pays, qui avait appelé M. de Montlosier parmi vous : eh bien! c'est ce même acte qui, s'il eût été compris, aurait sauvé à la fois et l'ancienne dynastie et le clergé de la Restauration, c'est cet acte qui l'a privé à son heure suprême des consolations de l'Église, et qui lui a fait refuser la terre sainte! Ainsi, Messieurs, la piété la mieux éprouvée ne suffit plus à protéger notre dernière heure. Quelles qu'aient été notre vie et notre foi, si nous ne rétractons pas toutes les maximes de l'Église gallicane, si nous ne renions pas notre attachement aux lois, notre fidélité à l'État, nos derniers moments peuvent être privés de ces saintes cérémonies qui assurent et adoucissent le passage à une autre vie. Où en sommes-nous, Messieurs? dans quel temps vivons-nous? et est-ce bien après la révolution de juillet que je suis condamné à porter à cette tribune une pareille plainte?

Cette affaire est si triste que j'éprouve le besoin d'en détourner les yeux. Malheureusement elle n'est point la seule. A Reims, à Lyon, des troubles éclatent presque en même temps, provoqués par un zèle mal entendu; et voilà que le gouvernement lui-même se met à détruire de ses propres mains, et comme à plaisir, les barrières salutaires que la sagesse du grand législateur impérial avait posées à l'invasion du clergé dans l'enseignement public. D'étroites bienséances me sont ici plus particulièrement imposées; mais il ne s'agit que de faits officiels, d'actes tombés dans le domaine public, et qui ont eu déjà le plus grand retentissement; de sorte que mon silence serait à la fois et inutile et coupable. Conseiller de l'Université, je dois au corps auquel j'appartiens; pair de France, je dois au gouvernement du roi mon avis public sur des actes qui annoncent un système de concessions aussi funestes au clergé qu'à l'Université elle-même.

L'Université, Messieurs, repose tout entière sur les deux grands décrets de 1811 et de 1808, et particulièrement sur ce dernier qui contient les fondements de l'organisation universitaire. Ce décret est une loi; c'est donc avec une douleur profonde que j'ai lu dans le *Moniteur* du 29 août dernier une ordonnance royale, rendue sans le préavis du conseil de l'instruction publique, et comme échappée à un ministre dont je connais et respecte les intentions, laquelle ordonnance abolit plusieurs dispositions fondamentales de la loi de 1808, ou du moins en ajourne l'éxécution jusqu'à l'an de grâce 1850.

Et quelles sont ces dispositions, Messieurs? Précisément celles qui établissent de sages conditions pour l'admission aux fonctions de l'enseignement dans les Facultés de théologie du royaume. Le décret de 1808, auquel avaient concouru pour la partie théologique les plus pieux et les plus savants ecclésiastiques de l'Empire, dispose dans l'article 7 [1], en conformité avec tous les anciens

---

[1] Décret impérial du 17 mars 1808, titre II, art. 7. « L'évêque ou l'archevêque du chef-lieu de l'Académie présentera au Grand-Maître les *docteurs en théologie* parmi lesquels les professeurs seront nommés. Chaque présentation sera de trois sujets au moins, entre

usages, que les candidats présentés pour les chaires des Facultés de théologie doivent être gradués et docteurs. Pourquoi cette disposition? Parce que nul ne peut obtenir les degrés en théologie, et entre autres celui de docteur, sans être obligé d'exprimer son adhésion formelle aux libertés de l'Église gallicane et à la célèbre déclaration de 1682. Vous concevez maintenant l'importance des grades. Malheureusement ils sont tombés dans la disgrâce de l'autorité ecclésiastique; sans cesse on a demandé l'abolition de cette condition gênante; sans cesse on a fait effort pour l'éluder, et on n'y a que trop souvent réussi. Du moins avec l'art. 7 du décret de 1808, nous résistions, Messieurs; aujourd'hui nous voilà désarmés. Jusqu'ici il n'y avait eu que des violations furtives de la loi; aujourd'hui la loi elle-même disparaît dans un ajournement indéfini. Sans doute, en 1808, quand l'Université fut soudainement créée et des Facultés instituées, il était impossible, avant que ces Facultés eussent déjà conféré des grades, de les exiger pour devenir professeur; aussi pour toutes les autres facultés, comme pour celles de théologie, il fallut nécessairement déroger aux dispositions du décret de 1808, en matière de grades. Il

---

lesquels sera établi le concours sur lequel il sera prononcé par les membres de la Faculté de théologie. »

y fut donc dérogé, mais comment? par un décret ayant la même force légale que celui de 1808 ; je veux parler du décret du 17 septembre de la même année, qui ajourne la nécessité des grades jusqu'à l'année 1815, où toutes les Facultés, constituées et en plein exercice, pourront avoir fait assez de docteurs pour que des docteurs seuls puissent être admis à enseigner [1]. Mais quand l'Université existe et vit depuis trente années, n'est-il pas étrange de proposer une nouvelle suspension des dispositions relatives aux grades, et cela seulement pour les Facultés de théologie, quand là surtout, par la raison que j'en ai donnée, les grades sont si nécessaires? Enfin cette suspension privilégiée s'étend jusqu'à l'année 1850. De bonne foi, une aussi longue suspension n'équivaut-elle pas à l'abolition? Mais, je regrette d'être forcé de le dire, ni l'abolition ni la suspension de l'art. 7 n'est légale, car elle est faite par une simple ordonnance qui ne peut rapporter une loi [2].

[1] Décret impérial du 17 septembre 1808, titre II, art. 4. « Pour la première formation seulement, il ne sera pas nécessaire que les membres enseignants de l'Université soient gradués dans une Faculté ; ils ne seront tenus de l'être qu'à dater du 1ᵉʳ janvier 1815. »

[2] On a dit qu'il avait bien fallu suspendre une seconde fois l'article 7 du décret de 1808, faute de docteurs, et qu'il n'y avait plus que trois docteurs de théologie dans toute la France. On se bornera à répondre que le 15 avril 1837 il y avait à la seule Faculté de théologie de Paris cinq docteurs, trois de l'ancienne Sorbonne, et deux qui avaient pris leurs grades depuis 1830, comme allaient le faire beau-

La même ordonnance crée des chaires de droit canon dans toutes les Facultés de théologie du royaume, toujours avec la dispense des grades ; mais c'est ici précisément que ces grades seraient plus nécessaires encore, et qu'il eût été même convenable, pour ce cas particulier, d'ajouter aux prescriptions du décret de 1808. En effet, c'est surtout le professeur de droit canon qui doit être docteur et avoir formellement et publiquement adhéré à la célèbre déclaration de 1682, qui fait en quelque sorte le droit public de l'Eglise gallicane. Et comme le droit ecclésiastique touche de tout côté au droit civil général, il eût fallu peut-être exiger des candidats aux chaires nouvellement créées la preuve de quelques connaissances du droit civil, par exemple le grade de bachelier ou même celui de licencié en droit [1].

coup d'autres ecclésiastiques, si on eût continué à exécuter la loi. Dans une autre Faculté, celle d'Aix, sous le précédent archevêque, le savant abbé Raillon, les anciens docteurs en avaient fait trois nouveaux ; et tout rentrait peu à peu sous la règle, quand le gouvernement lui-même la rejeta.

[1] Je n'ai pas voulu parler de la suppression du concours institué formellement pour les chaires de Facultés de théologie par l'art. 7 ci-dessus cité, et par d'autres articles qui, jusqu'à l'ordonnance du 29 août dernier, avaient été religieusement observés. Sous la Restauration même, le conseil royal de l'instruction publique avait rendu un arrêté, du 9 décembre 1828, portant règlement général sur les concours ouverts dans les Facultés de théologie. Ce règlement avait été proposé au conseil par un membre ecclésiastique

Un bruit se répand que Saint-Acheul se relève de ses cendres, et qu'il se forme depuis quelque temps à Paris même, au centre de l'autorité, un institut ou noviciat de jésuites. Ou ces maisons ne renferment qu'une sorte de congrégation, d'association religieuse, et alors je demande si ces maisons sont connues de M. le ministre de l'intérieur, et si elles sont autorisées par lui conformément aux lois ; ou bien dans ces maisons il y a un enseignement quelconque, il y a une école, et, alors, d'après l'art. 2 du titre Ier du décret de 1808, qui, je le répète, est une loi, toute école, tout établissement quelconque d'instruction doit être préalablement autorisé par le grand maître de l'Université. Cette autorisation se donne sur l'avis du conseil de l'Université ; il faut qu'une demande soit formée ; il faut que le règlement intérieur d'étude et de discipline soit produit ; il faut que l'établissement en question se soumette à la surveillance des inspecteurs de l'Université. Or, aucune de ces conditions n'a été remplie par les établisments auxquels je fais allusion. Comment donc

---

(M. l'abbé Nicole), et il avait reçu l'approbation de M. l'archevêque de Paris.

En 1828, on n'aurait jamais souffert qu'une Faculté de théologie abandonnât l'auditoire universitaire, et, par un renversement complet de la règle, transportât ses cours dans le séminaire qui relève exclusivement de l'autorité épiscopale. C'est pourtant ce qui se fait aujourd'hui dans une grande Faculté de théologie.

ont-ils pu se former, comment ont-ils pu se soutenir un seul jour, sans que les lois sur les écoles clandestines leur aient été appliquées [1] ?

Sous la restauration, en 1828, une ordonnance a été rendue sur les petits séminaires à la suite des délibérations d'une commission dont faisaient partie des hommes aussi attachés à la religion qu'aux lois, de graves jurisconsules, de pieux prélats. Je crois même que M. l'archevêque de Paris présidait cette commission [2]. Eh bien! cette ordonnance, dont l'auteur est un de nos plus respectables collègues ici présent, cette ordonnance que certes on n'accusera pas d'avoir été rédigée à une époque et dans un esprit hostiles à la religion et à l'épiscopat, je le demande à la bonne foi de M. le garde-des-sceaux de 1837 et de 1838 : est-elle sérieusement exécutée [3] ?

Mais je m'arrête, messieurs; cette énumération m'entraînerait trop loin. Je supprime les faits les plus authentiques et les plus graves, qui se pres-

[1] M. le garde des sceaux a répondu sur Saint-Acheul; mais il a cru devoir garder un absolu silence sur le noviciat des jésuites.

[2] Elle était composée de MM. l'archevêque de Paris, Laîné, Séguier, Mounier, pairs de France; le comte Alexis de Noailles, Labourdonnaye, Dupin aîné, députés; l'évêque de Beauvais; Courville, membre du conseil de l'Université. Voy. l'ordonnance royale du 22 janvier 1028, signée Portalis.

[3] Il ne peut être ici question du nombre des élèves que M. le garde des sceaux a rappelé, mais des conditions auxquelles ces élèves peuvent être admis, et ces conditions ne sont point remplies.

sent dans ma mémoire; j'écarte les réflexions qui se présentent d'elles-mêmes; je ne veux point aggraver le mal en le montrant dans toute son étendue; d'ailleurs, je sens que mes forces ne serviraient pas mon zèle. Mais qui donc pouvait ici élever la voix en faveur des lois et des règlements universitaires, et contre les empiétements toujours croissants de l'autorité ecclésiastique, si ce n'est un membre de l'Université, bien connu, je l'espère, pour ne pas être l'adversaire du clergé? Je ne triomphe pas; loin de là, je m'afflige profondément des abus que je vous signale; le devoir même que je remplis me pèse; et, pour rompre le silence sur une pareille matière, il ne m'a pas moins fallu que le cri impérieux de ma conscience. Non, l'Université n'est point l'ennemie de l'Eglise; elle en est l'amie, elle en est l'alliée; mais enfin elle n'est point l'Eglise. Depuis Gerson jusqu'à Rollin, elle s'est toujours honorée d'être gallicane; mais elle n'a jamais été, elle ne sera jamais jésuitique. L'université nouvelle connaît et sa situation et sa mission. Elle est de son siècle; elle ne demande ni priviléges injustes pour elle, ni proscription des écoles privées et rivales; elle les appelle toutes, au contraire, à servir avec elle la grande cause, la cause sacrée de l'éducation de la jeunesse; elle ne réclame qu'une seule chose, à savoir l'égale exécution des lois, et particulièrement de celles dont la garde lui est confiée.

Puisse, messieurs, ce tableau, trop long sans doute, et pourtant bien abrégé et bien pâle, des concessions imprudentes récemment faites à la domination ecclésiastique, ne pas vous avoir été présenté en vain! Puisse cet appel à la justice et à la fermeté du gouvernement être entendu, et un prompt retour aux vraies maximes d'état, une impartiale exécution de la législation existante, calmer les esprits émus et dissiper les alarmes des amis de la religion et de l'ordre public!

DOCUMENTS INÉDITS

SUR DOMAT.

Domat est, par excellence, notre jurisconsulte philosophe. Cujas habite en quelque sorte avec l'antiquité romaine : ce qui l'occupe, c'est l'édit du préteur, la restitution et l'interprétation légitime du texte authentique. Dumoulin s'enfonce dans les coutumes et le droit canon, pour y disputer la raison et l'équité à la barbarie qui l'enveloppe lui-même. Domat a travaillé pour la société nouvelle que Richelieu et Louis XIV tiraient peu à peu du chaos du moyen âge. C'est au profit du présent qu'il interroge le passé, les lois romaines et les coutumes, les soumettant les unes et les autres aux principes éternels de la justice et à l'esprit du christianisme. Il est incomparablement le plus grand jurisconsulte du dix-septième siècle ; il a inspiré et presque formé d'Aguesseau ; il a quelquefois prévenu Montesquieu, et frayé la route à cette réforme générale des lois entreprise et commencée par la révolution française et réalisée par l'empire. *Les Lois civiles dans leur ordre naturel* sont comme la préface du code Napoléon. La même législation pour la même société, sur le fondement immuable de la justice et à la lumière de cette grande philosophie qu'on appelle le christianisme, tel est l'objet de l'ouvrage de Domat. Sa méthode est celle de la géométrie. Comme la plupart de ses amis de Port-Royal et à l'exemple de Pascal, Domat avait étudié avec succès les mathématiques; il en transporta les habitudes dans la composition des *Lois civiles*. Il y part des maximes les plus générales pour arriver, de degré en degré et par un enchaînement rigoureux et lumineux, aux dispositions les plus particulières, imprimant ainsi à tous les détails des lois la grandeur de leurs premiers principes, et à l'édifice entier une simplicité austère et majestueuse. Le style de Domat n'est point, il est vrai, du premier ordre : il n'a ni l'énergie passionnée du style de Pascal, ni ces traits de grandeur qui éclatent de loin en loin dans la diction abondante et un peu diffuse d'Arnauld; il n'a pas non plus l'élégance et l'aménité répandue dans les *Essais* de Nicole; mais il possède au moins les qualités essentielles de la belle prose du dix-septième siècle, le naturel, la correction, la clarté, l'ordre, la gravité.

A ces titres divers le nom de Domat est illustre, mais sa vie est très-peu connue. Tandis que l'on compte plusieurs biographies étendues et savantes de Cujas, qui assurément mérite bien cet honneur, tandis que les éloges et les notices historiques s'accumulent chaque jour sur la mémoire de Pothier, à peine quelques pages obscures ont-elles été accordées à Domat, et nous en sommes encore à ces belles paroles tant de fois répétées de d'Aguesseau, dans ses instructions à son fils sur l'étude de la jurisprudence (*OEuvres de d'Aguesseau*, t. I, p. 273) : « Personne n'a mieux approfondi que cet auteur le véritable principe des lois, et ne l'a expliqué d'une manière plus digne d'un philosophe, d'un jurisconsulte et d'un chrétien. Après avoir remonté jusqu'au premier principe, il descend jusqu'aux dernières conséquences. Il les développe dans un ordre presque géométrique : toutes les différentes espèces de lois y sont détaillées avec les caractères qui les distinguent. C'est le plan général de la société civile le mieux fait et le plus achevé qui ait jamais paru, et je l'ai toujours regardé comme un ouvrage précieux que j'ai vu croître et presque naître entre mes mains par l'amitié que l'auteur avait pour moi. Vous devez vous estimer heureux, mon cher fils, de trouver cet ouvrage fait avant que vous entriez dans l'étude de la jurisprudence. Vous y apporterez un esprit non-seulement de jurisconsulte mais de législateur, si vous le lisez avec l'attention qu'il mérite ; et vous serez en état, par les principes qu'il vous donnera, de démêler de vous-même, dans toutes lois que vous lirez, ce qui appartient à la justice naturelle et immuable de ce qui n'est que l'ouvrage d'une volonté positive et arbitraire, de ne vous point laisser éblouir par les subtilités qui sont souvent répandues dans les jurisconsultes romains, et de puiser avec sûreté dans ce trésor de la raison humaine et du sens commun... » Et ailleurs (p. 275) : « Vous serez en état, après cela, de commencer à lire les Instituts de Justinien; et, quoique l'ordre n'en soit pas vicieux, vous souhaiterez néanmoins plus d'une fois qu'il eût pu être tracé par M. Domat au lieu de l'être par M. Tribonien. »

On connaît aussi la lettre de Boileau à Brossette, où il appelle Domat le *restaurateur de la raison dans la jurisprudence (OEuvres de Boileau*, édit. de Saint-Surin, t. IV, p. 515).

Après ces hommages rendus à Domat par le poëte de la raison et par l'illustre auteur des ordonnances de 1731 et de 1735, nous rencontrons, parmi les *Additions* de Ferrière à la nouvelle édition des Vies des plus célèbres jurisconsultes de Taisand (Paris 1737, p. 634-38), une notice biographique fort courte, mais puisée à de bonnes sources qui ne sont pas indiquées. Terrasson en a tiré la page unique qu'il accorde à Domat dans l'Histoire de la jurisprudence romaine (Paris 1740, p. 482). Les deux derniers éditeurs de Domat, M. Carré (1re édition in-8°, Paris, 1822) et

M. Rémy (Paris, 1835), ont été encore plus brefs que Terrasson ; ils déclarent l'un et l'autre que *c'est dans ses ouvrages qu'il faut chercher Domat, car ils sont, pour ainsi dire, sa vie entière* [1]. Enfin, la Biographie universelle (article Domat par M. Bernardi) est, s'il est possible, plus vide encore de tout renseignement historique.

Par une sorte de compensation, un article de cette même Biographie universelle sur Prévost de la Jannès nous apprend que ce maître et ce prédécesseur de Pothier à l'Université d'Orléans, qui s'était formé lui-même à la grande Jurisprudence dans les écrits de Domat, avait laissé manuscrite « une Histoire de la vie et des ouvrages de Jean Domat, » qu'en 1742 il était dans l'intention de publier. Mais l'impression éprouva divers obstacles, dont le principal était l'opposition du censeur royal Hardion, qui, taxant, on ne sait trop sur quel fondement, l'ouvrage de jansénisme, exigeait de nombreuses corrections qui l'eussent défiguré, et, par-dessus tout, le retranchement absolu de tout ce qui, dans cet écrit, avait trait à Pascal, compatriote et ami de Domat. Cet éloge, réuni à deux ouvrages inédits de Prévost, faisait partie de la bibliothèque publique de la ville d'Orléans. Ce

---

[1] M. Carré, *Notice sur Domat*, p. 1. M. Rémy (p. 1), répète cette phrase : « C'est donc seulement dans ses ouvrages qu'il faut le chercher tout entier. »

recueil, indiqué au catalogue de 1777 par D. Fabre, a disparu, ainsi que plusieurs autres, lors du désordre momentané qui exista dans cet établissement à l'époque des troubles révolutionnaires. » L'éloquent et savant éditeur de Pothier, M. Dupin, dans sa dissertation sur la vie et les ouvrages de ce célèbre jurisconsulte (*OEuvres de Pothier*, Paris, 1824, tome Ier, p. 89), après avoir cité ce passage curieux de la Biographie universelle, remarque qu'il est commode de tout rejeter sur les troubles révolutionnaires. « Sans disputer, dit-il, sur l'époque où cet enlèvement d'un manuscrit suspect de jansénisme a pu avoir lieu, je crois qu'on peut assurer que cet enlèvement a eu lieu avec discernement par un de ceux à qui l'ouvage avait déplu, et qui voyaient dans l'abolition de l'ancienne censure l'anéantissement de l'obstacle apporté jusque là à la publication du manuscrit. *Is fecit cui prodest.* »

Nous n'avons point retrouvé l'écrit si regrettable de Prévost de la Jannès; mais nous sommes à peu près certain de connaître et de posséder la source à laquelle il avait puisé lui-même les documents authentiques dont il avait pu se servir. Dans le manuscrit de la Bibliothèque royale (*Supplément français*, n° 1485) qui contient les Mémoires de Marguerite Perrier sur sa famille et sur les amis de sa famille, avec une foule de lettres et de pièces de toute sorte, nous trouvons (p. 268) un écrit intitulé : *Mémoire pour servir à l'histoire de la vie de M. Domat, avocat du roi au présidial de Clermont en Auvergne.* Ce mémoire ne paraît pas de la main de Marguerite Perrier, puisqu'elle y est citée, mais il a été composé évidemment sur des renseignements fournis par elle. Il est plus étendu que l'article de Ferrière, et c'est la source première et parfaitement sûre de tout ce qui a été écrit sur Domat ; car Marguerite Perrier l'avait longtemps connu à Paris et à Clermont, à différentes époques ; elle partageait ses opinions, elle avait vécu dans le même parti et avait été mêlée à toute sa vie. Plusieurs écrivains jansénistes, par exemple l'auteur du Recueil de plusieurs pièces pour servir à l'histoire de Port-Royal (Utrecht, 1740) et celui du Supplément au Nécrologe de Port-Royal (Ire partie, 1735), ont eu connaissance de ce mémoire. Prévost de la Jannès, qui était imbu de l'esprit de Domat, et qui, comme Pothier, était lié au parti janséniste, l'avait eu probablement sous les yeux, ainsi que les pièces qui l'accompagnent, c'est-à-dire plusieurs lettres inédites, les seules de Domat qui soient venues jusqu'à nous, et des Pensées ou trouvées dans ses papiers après sa mort, ou recueillies dans sa conversation et qui portent un caractère manifeste d'authenticité. Nous publierons ici intégralement le mémoire, en y joignant divers morceaux de Domat, que contient notre manuscrit, et nous terminerons par les Pensées elles-mêmes dont quelques-unes s'élèvent au dessus du style ordinaire des Lois civiles et jusqu'à la manière énergique et mélancolique de Pascal. Ces divers documents, en faisant mieux connaître Domat, mettront encore plus haut sa mémoire, et ajouteront à l'admiration universelle excitée par le jurisconsulte le respect singulier que mérite l'homme par la beauté de l'âme et la vigueur soutenue du caractère.

« MÉMOIRE pour servir à l'histoire de la vie de M. Domat, avocat du roy au présidial de Clermont en Auvergne.

« M. Jean Domat naquit à Clermont, le 30 novembre 1625. Son père, qui s'appeloit Jean comme lui, étoit bourgeois. Sa mère s'appeloit Marguerite Vaugron, petite fille de M. de Basmaison, célèbre commentateur de la coutume d'Auvergne. Il avoit un frère qui se fit jésuite, et deux sœurs qui furent mariées. Le père Sirmond, jésuite, grand oncle de M. Domat, confesseur du roi Louis XIII, se chargea de son éducation. Il le conduisit à Paris, le mit au collége de Clermont, où, avec les humanités et la philosophie, il apprit encore le grec, l'italien, l'espagnol et la géométrie. La vivacité, la beauté, l'élévation et la justesse de son esprit, lui donnoient une merveilleuse facilité pour toute sorte de sciences [1].

« Après le cours des études du collége, il revint dans sa famille. Il fut ensuite prendre ses licences en droit dans l'université de Bourges. M. Émérilius [2] lui trouva tant de capacité, qu'il lui offrit le bonnet de docteur, quoiqu'il n'eût que vingt ans. Au retour de Bourges, il suivit le barreau et commença à plaider avec un succès extraordinaire. Il continua cet exercice durant neuf à dix ans, et, pour remplir plus dignement cet emploi, il s'appliqua sérieusement à l'étude du droit. A cette étude il joignit celle de la religion, et se désabusa bientôt des fausses préventions qu'on lui avoit inspirées dans le collége des jésuites.

« Il fit une liaison étroite avec le célèbre M. Pascal. Leurs premiers entretiens et leurs premières conférences furent sur les mathématiques; ils firent ensemble plusieurs expériences sur la pesanteur de l'air, etc. Dans la suite ils s'entretinrent sur les importantes affaires de l'église,

[1] Ferrière, dans Taisand, ajoute que « après avoir fait son cours de philosophie, il en soutint des thèses générales avec le fils de M. le prince de Conti. »

[2] Ferrière : *Émerville*. Terrasson, avec raison : *Edmond Mérille*, professeur de droit à Bourges, mort en 1647, et dont la notice est dans Taisand, tandis qu'Émerville ou Émérille est absolument inconnu.

troublée, comme l'on sait, par la faction des jésuites. Personne ne fut plus parfaitement uni de sentiments avec M. Pascal sur les affaires de la religion que M. Domat; c'est sans doute ce qui engagea M. Pascal à lui confier, préférablement à tout autre, quelques écrits qu'il avoit faits sur la signature du formulaire. Mlle Perrier a dit au P. Guerrier que son oncle avoit prié M. Domat, en lui remettant ces papiers, de les brûler, si les religieuses de Port-Royal se soutenoient dans la persécution qu'elles souffroient à ce sujet, et de les rendre publics, si elles plioient. M. Domat fut aussi très-lié avec la famille de M. Pascal, et avec messieurs de Port-Royal, qui l'estimoient beaucoup et prenoient ses avis sur des matières de théologie. S'étant trouvé à Paris durant la dernière maladie de M. Pascal, après lui avoir rendu les devoirs d'un ami sincère, il reçut ses derniers soupirs.

« A l'âge de vingt-deux ans, M. Domat épousa mademoiselle Blondel, de bonne famille, suivant plutôt la volonté de son père, à qui il étoit parfaitement soumis, que sa propre inclination. Dieu bénit ce mariage en leur donnant plusieurs enfants[1], après la naissance desquels, l'épouse n'étant

---

[1] Ferrière, l. l. : « Son père l'avait marié, le 8 juillet 1648, avec la fille du sieur Blondel, avocat au présidial de Clermont. Il en eut treize enfants. Huit moururent très-jeunes, et les cinq autres, qui

pas moins chrétienne que l'époux, ils firent connoître par leur conduite le motif qui les avoit unis.

« Sept ou huit ans après son mariage, il fut pourvu d'une charge d'avocat du roy au siége présidial de Clermont, dont il remplit les devoirs avec dignité pendant près de trente années; ces conclusions furent toujours suivies à l'exception de trois ou quatre. Il étoit ferme dans l'exercice de ses fonctions; nulle considération humaine ne l'affaiblissoit : ayant fait mettre en prison un homme qui fut surpris dans une action contraire aux bonnes mœurs et à la police, et M. l'intendant de la province, dans une visite aux prisons, après avoir appris du prisonnier la cause de sa détention, l'ayant élargi, M. Domat le fit remettre en prison.

« Les grands jours étant venus à Clermont en 1665, M. Domat fit avec MM. les présidents de Novion, Pelletier et Talon, une étroite liaison qui a duré jusqu'à la mort. Ces messieurs, après avoir reconnu sa capacité et son intégrité, lui confièrent le soin de plusieurs affaires importantes, et en particulier la recherche de la noblesse qui abusoit de son autorité [1]. Ny les menaces de plusieurs

restèrent, étaient trois filles et deux garçons, Jean Domat, chanoine de la cathédrale de Clermont, et Gilbert Domat, conseiller à la cour des aides de la même ville. »

[1] Terrasson dit que les présidents de Novion, Lepelletier et Talon, lui confièrent le soin de plusieurs affaires importantes, sans désigner la nature de ces affaires. Les détails donnés dans cette partie du mémoire sont entièrement nouveaux.

gentilshommes qui avoient juré sa perte, ny quelques coups de fusil tirés sur lui, ne furent point point capables de l'intimider dans les fonctions de sa charge.

« Au commencement de l'année 1662, les jésuites employèrent bien des artifices et des fourberies pour s'emparer du collége de Clermont. MM. les chanoines de l'église cathédrale écrivirent à M. Domat, qui étoit à Paris, et lui envoyèrent une procuration, en le priant de s'opposer en leur nom à cet établissement, *qui ne peut*, disoient-ils, *produire d'autre effet que l'interruption de cette quiétude que nos pères nous ont conservée depuis tant d'années*. M. Domat fit de son mieux pour rendre service en cette occasion à sa patrie, mais sans succès, le père Annat, confesseur du roy, ayant sçu tromper ce prince par ses impostures [1].

« Quelques années après, un ecclésiastique, M. Légerat, de la communauté de Saint-Joseph, établie à Lyon, qui est mort leur supérieur général, après avoir prêché deux années consécutives deux avents et deux carêmes dans la cathédrale de Clermont avec un concours, un applaudissement et un succès extraordinaires, fit un bon et beau discours sur l'amour de Dieu. Les jésuites, ennemis jurés de ce grand précepte, engagèrent M. l'évêque (M. Barbouze) à interdire ce prédicateur,

---

[1] Voyez plus bas.

qui se disposoit à prêcher l'avent et le carême suivant à Riom. M. Domat, ne pouvant faire autre chose pour réparer l'injure faite à la religion et au premier précepte par l'interdit de cet excellent prédicateur des vérités de l'Évangile, ramassa plusieurs attestations de gens d'honneur qui rendoient témoignage qu'il n'avoit rien dit que de conforme à la doctrine de l'Église, et les lui remit entre les mains.

« Vers le même temps, M. Domat fit un voyage à Aleth pour consulter le grand évêque (M. Pavillon) qui en remplissoit le siége. Sa famille et plusieurs de ses amis le pressoient de se défaire de sa charge d'avocat du roy, afin qu'ayant plus de temps à travailler dans son cabinet, les émoluments qui lui en reviendroient le missent en état de fournir aux besoins de sa famille, car il n'étoit pas riche. M. d'Aleth, connoissant la manière dont il remplissoit les fonctions de sa charge, fut d'avis qu'il ne s'en défît pas [1].

« Le désintéressement de M. Domat ne pouvoit être plus grand; il aimoit tendrement sa famille, qui étoit assez nombreuse, il en sentoit les besoins, et néanmoins ses amis ne pouvoient lui persuader de diminuer les gratis dans les affaires où il étoit employé; il refusa même constamment le don d'un bien considérable qu'un ami le pressa long-

[1] *Hist. de Port-Royal*, t. IV, p. 465.

temps d'accepter, et lorsqu'on lui représentoit qu'il laisseroit ses enfants sans bien : Si c'est la volonté de Dieu, disoit-il, je ne dois pas m'y opposer [1].

« L'estime générale qu'il s'étoit acquise par son savoir, par son intégrité et par sa droiture, le rendoit l'arbitre de toutes les grandes affaires de la province.

« Il avoit un grand amour pour les pauvres [2] et les soulageoit selon son pouvoir, et prenoit un soin particulier des affaires des hôpitaux [3]. Mais, s'appliquant ainsi à rendre service au prochain, il ne négligeoit en rien les devoirs de sa charge; il étoit laborieux et n'étoit jamais détourné par aucun amusement. Si on le pressoit de prendre quelque repos : « Travaillons, disoit-il, nous nous reposerons dans le paradis [4]. »

« Ayant partagé, dans les premières années de son établissement, la succession d'un oncle chanoine, il remit aux pauvres, dans la suite, avec une scrupuleuse exactitude, tout ce qu'il put soupçonner y avoir de bien ecclésiastique dans cette succession [5].

[1] *Suppl. au Nécrologe*, p. 461.
[2] *Suppl. au Nécrologe*, p. 461 ; *Hist. de Port-Royal*, t. IV, p. 465.
[3] *Additions* de Ferrière, p. 638.
[4] *Suppl. au Nécrologe* et *Hist. de Port-Royal*. C'est le mot qu'adressa aussi, dit-on, Arnauld à Nicole.
[5] Ibid.

« Dieu avait donné à M. Domat de grands sentiments de religion ; il s'affligeoit sur tous les maux de l'Église, il gémissoit continuellement du déluge d'erreurs qui, par la négligence ou la faiblesse des pasteurs, ternissoient la pureté de la foy, renversoient la règle sainte des mœurs, et faisoient mépriser celle de la discipline. « N'aurois-je jamais, disoit-il, la consolation de voir un pape chrétien sur la chaire de saint Pierre [1] ! » Il n'estimoit que les prédicateurs qui annonçoient les vérités de l'Évangile avec une simplicité digne de la parole de Dieu.

« Il ne permit point à M. son fils, l'ecclésiastique, de prendre des grades en Sorbonne, parce qu'il était fort opposé aux signatures que l'on y exige, quoiqu'il lui eût été très-facile d'obtenir un bénéfice pour ce fils, et que les affaires de sa famille dussent, selon l'usage du monde, le porter à faire quelque démarche pour cela ; il ne voulut ni en faire, ni consentir qu'on en fît [2]. Les jésuites dans la province, le regardoient comme leur grand ennemi [3] ; il l'étoit en effet, non de leurs per-

---

[1] *Suppl. au Nécrologe.*

[2] *Suppl. au Nécrologe.*

[3] Le Supplément au Nécrologe parle de l'énergie avec laquelle, en 1673, « il réprima le P. Duhamel, jésuite, qui avait osé, dans la cathédrale de Clermont, prêcher l'infaillibilité du pape et contredire les maximes du royaume et les sentiments de l'église gallicane. » Voyez plus bas le détail de cette affaire.

sonnes, mais de leurs mauvaises doctrines, de leur morale corrompue et de leurs pratiques dangereuses ; aussi ne voulut-il jamais leur confier l'éducation de ses enfants.

« La confusion que M. Domat remarqua dans les lois le détermina à en faire une étude singulière, et à s'appliquer en même temps à un travail qui ne devoit être que pour son usage particulier et pour ses enfants qui voudroient prendre le parti de la robe ; mais, l'ayant fait voir à quelques-uns de ses amis, ils le trouvèrent si beau, et jugèrent qu'il pourrait être si utile au public, qu'ils l'engagèrent à le communiquer à des personnes habiles et constituées en dignité.

« En 1681, il fit un voyage exprès à Paris. Le plan de son ouvrage et ce qu'il avait déjà fait, fut si goûté, que S. M. lui ordonna de le continuer, avec promesse d'une pension de 2,000 livres [1].

« M. Domat se retira donc tout à fait à Paris, pour s'appliquer uniquement à cet ouvrage, c'est-

---

[1] Ferrière dit que ce fut M. Lepelletier qui fut le protecteur de Domat auprès du roi. « L'attention que M. Lepelletier avait pour le bien public fit qu'il se résolut d'en parler à Sa Majesté de manière à en être écouté favorablement. Le roi, qui connaissait sa candeur, sa probité et son discernement, très-satisfait du rapport qu'il lui venait de faire, lui répondit qu'il fallait que l'auteur restât à Paris pour le conduire à sa perfection, pour raison de quoi Sa Majesté lui accordait une pension de 2,000 livres. » Terrasson fait le même récit.

à-dire aux Lois civiles dans leur ordre naturel, et travailler sous les yeux de ceux qui l'y avoient engagé ; il le leur communiquoit à mesure qu'il avançoit. Ces messieurs goûtoient de plus en plus l'ouvrage, et M. d'Aguesseau, conseiller d'État, lui dit en lui remettant un cahier où étoit le traité de l'usure : « Je savois, monsieur, que l'usure « étoit défendue par l'Écriture et par les lois ; mais « je ne la savois pas contraire au droit naturel : « votre écrit m'en a persuadé [1]. » M. Domat ne pouvoit s'empêcher d'applaudir lui-même à son ouvrage et de marquer en quelques occasions l'estime qu'il en faisoit ; s'en étant expliqué de la sorte à un ami, il dit tout de suite : « Je suis sur- « pris que Dieu se soit servi d'un petit homme, « d'un homme de néant comme moi, pour faire un « si bel ouvrage, pendant qu'il y a à Paris des « personnes d'un si grand mérite [2]. »

« Lorsque son amour pour la justice et pour la vérité l'obligeoit à s'élever avec force contre tout ce qui y étoit contraire, il conservoit dans son cœur de vifs sentiments de mépris pour lui-même, et ces sentiments se produisoient quelquefois malgré lui au dehors, comme il parut dans une rencontre où un ecclésiastique de mérite, parlant

[1] Cf. le Recueil d'Utrecht. Il s'agit ici de M. d'Aguesseau, conseiller d'État, père de l'illustre chancelier.
[2] Cf. *Suppl. au Nécrologe* et *Hist. de Port-Royal*.

dans une compagnie très-avantageusement d'une personne, après en avoir fait un éloge accompli : Il vous ressemble, lui dit-il. M. Domat, par un mouvement subit, répondit avec sa vivacité naturelle : C'est donc quelque chose de bien horrible !

« L'application au travail causa à M. Domat de grandes infirmités qui le conduisirent au tombeau ; il souffroit de violents accès d'asthme et de vives douleurs de la pierre : ces deux maux furent l'exercice de sa patience et le moyen dont Dieu se servit pour le purifier plus parfaitement. Il disoit souvent avec actions de grâces, pendant ses grandes douleurs : « C'est un excellent moyen « dont Dieu se sert pour purifier les hommes. » Un de ses amis l'étant venu voir dans un violent accès d'asthme, M. Domat, voyant cet ami touché de son état : « Ce mal n'est rien, lui dit-il, en « comparaison de l'autre (c'est-à-dire des douleurs « de la pierre) ; vous voyez, ajouta-t-il, que je « suis bien impatient, mais je ne puis m'empêcher « de crier. » Il disoit encore à cet ami que, s'appliquant quelquefois au travail durant les plus vives douleurs de la pierre, il ne les sentoit plus ; il lui dit aussi que, par oubli, lui étant arrivé de faire deux fois les mêmes titres et les mêmes sections, il les avait trouvés si parfaitement conformes, qu'il n'y avait pas eu un mot de différence. Souvent, après avoir médité pendant la nuit la section ou le titre sur lequel il devoit travailler en se levant, il l'écrivoit couramment, et le donnoit en même temps au copiste pour le distribuer aux personnes à qui il le communiquoit.

« Il s'étoit fait une si grande réputation à la cour, que feu M. le régent, qu'on nommoit alors M. le duc de Chartres, voulut avoir avec lui une conférence sur son ouvrage, dont le prince parut fort content [1].

« Les Lois civiles dans leur ordre naturel furent imprimées par Coignard, en 1694, en 3 tomes in-4°; le Droit public, qui est une suite des Lois civiles, fut aussi imprimé chez le même libraire, après la mort de M. Domat, en 1697. M. Domat pendant l'exercice d'avocat du roy, avoit fait plusieurs harangues que l'on trouvoit belles, mais qu'il n'a point revues, et qu'il auroit même jetées au feu, si ses enfants ne l'en avoient pas détourné [2].

---

[1] Ferrière et Terrasson disent seulement que Domat, conduit par M. Lepelletier, fut admis à présenter à Louis XIV les premiers volumes des Lois civiles à mesure qu'ils parurent.

[2] Ces harangues se trouvent dans l'édition in-folio de Domat, de 1735. Elles furent prononcées de l'année 1657 à l'année 1683. Elles occupent quarante pages in-folio à deux colonnes. Presque toutes ces harangues roulent sur les devoirs des juges et des avocats. Elles ont un caractère particulier de sévérité. Les lois romaines y sont très-rarement citées; mais, en revanche, la Bible et l'Évangile y reviennent si fréquemment, qu'on prendrait ces harangues pour des sermons, si l'on ne connaissait le nom de l'auteur.

« Enfin, consumé par le travail et par ses grands maux, il mourut à Paris, le 14 mars 1696 [1], dans une grande paix, âgé de 70 ans 3 mois 4 jours. Il voulut être enterré dans le cimetière de Saint-Benoît, sa paroisse; il laissa en mourant cinq enfants, dont trois filles et deux fils. Mesdemoiselles ses ses filles sont mortes dans un âge assez avancé; elles ont été le modèle des vierges chrétiennes de leur temps par leur piété, leur modestie, la retraite et l'éloignement de ce que le monde estime et recherche. M. son fils aîné est chanoine de la cathédrale de Clermont, et le second, conseiller à la cour des aides de la même ville. »

Le mémoire jusqu'alors inédit sur la vie de Domat, que nous venons de transcrire, contient bien des particularités nouvelles. Il nous initie aux sentiments les plus intimes, et nous découvre le fond de cette âme qu'une religion forte et éclairée avait préparée et en quelque sorte consacrée au service de l'humanité et de la science. Deux points obscurs de la vie de Domat reçoivent surtout ici de vives lumières, ses rapports avec Pascal et ses démêlés avec les jésuites.

On sait déjà que les mathématiques avaient été un des liens de Pascal et de Domat. Le Recueil de plusieurs pièces pour servir à l'histoire de Port-Royal le dit expressément (p. 274) : « L'amour

---

Terrasson donne la même date. Ferrière, mars 1695.

qu'il (M. Domat) avait pour les mathématiques fut ce qui lui donna occasion de se lier si étroitement avec M. Pascal. » L'Histoire de l'abbaye du Port-Royal (t. IV, p. 464) le répète ; mais ce que nous ignorions jusqu'ici, c'est que Domat eût fait avec Pascal les célèbres expériences sur la pesanteur de l'air. Il est fâcheux que ce renseignement ne soit pas plus détaillé.

Nous connaissons beaucoup mieux le rôle que joua Domat dans l'affaire alors si importante de la signature du formulaire que l'autorité ecclésiastique imposait aux religieuses de Port-Royal. Ce qui se trouve, à cet égard, dans notre mémoire est confirmé et développé par les deux écrits jansénistes que nous avons cités. Le supplément au Nécrologe de Port-Royal (p. 460) s'exprime ainsi : « Se trouvant à Paris dans le temps que l'on commença à exiger la signature du formulaire, il (Domat) assista à toutes les assemblées qui se tinrent pour chercher les moyens de faire signer les religieuses de Port-Royal d'une manière qui contentât les supérieurs sans donner atteinte à la pureté de leur foi ni aux règles de la sincérité chrétienne... M. Pascal n'approuva aucune des résolutions où l'on s'arrêta. Il prétendit que non-seulement on ne devait pas laisser soupçonner que l'on attribuât les cinq propositions à Jansénius, mais encore qu'il fallait avoir soin, en signant leur condamnation, de mettre à couvert le sens de Jansénius, parce que c'était celui de la grâce efficace par elle-même, et par conséquent la pure doctrine de Saint-Augustin et de toute l'Église. M. Domat fut de l'avis de M. Pascal. » Le Recueil d'Utrecht, qui expose d'après Marguerite Perrier tout le détail de cette affaire, raconte, page 312, que, dans une dernière conférence qui eut lieu à ce sujet, chez Pascal; celui-ci, voyant la plupart de ceux qui étaient présents passer à l'avis d'Arnaud et de Nicole, « en fut si pénétré de douleur, qu'il se trouva mal et perdit la parole et la connaissance; tout le monde fut surpris et on s'empressa pour le faire revenir. Ensuite ces messieurs se retirèrent et il ne resta que M. de Roanès et M. Domat (qui eut grande part aux écrits de M. Pascal) et M. Perrier le fils. »

Quels peuvent être ces écrits de Pascal auxquels Domat aurait eu une grande part? Seraient-ce quelques parties des Provinciales? Cela n'est guère admissible. Il reste donc que ce soient les *factums* pour les curés de Paris, que la tradition janséniste attribue à Pascal, ou ses écrits aujourd'hui perdus contre la signature du formulaire. Nous inclinerions à penser qu'il s'agit de ces derniers; du moins le Supplément au Nécrologe de Port-Royal nous apprend que Domat écrivit comme Pascal pour défendre leurs sentiments communs: « Quel sujet le public n'a-t-il pas de se plaindre de ce que, pour des raisons qu'il ne saurait approuver, on l'a privé jusqu'à présent des lumières qu'il eût pu tirer de ce que ces deux grands hommes avaient écrit en cette occasion! » Le Recueil d'Utrecht, en 1740, confirme ce que disait en 1735, le Supplément au Nécrologe. Recueil, page 322 : «Pour les écrits de M. Pascal on ne sait s'ils existent encore. Il les confia à M. Domat préférablement à tout autre, et le pria de les brûler, si les religieuses de Port-Royal se soutenaient, et de les faire imprimer, si elles pliaient. M. de Roanès qui en avait des copies, les brûla. Pour M. Domat une lettre de M. l'évêque d'Aleth témoigne qu'il fut vivement sollicité d'en faire autant. » Notre manuscrit contient quatre lettres de cet évêque à Domat où cette affaire est rappelée. Il paraît qu'il s'était élevé quelque différend entre Domat et la famille de Pascal, particulièrement en ce qui regardait les écrits que Pascal avait confiés à Domat, et que celui-ci refusait de rendre à MM. Perrier. Troisième lettre de M. d'Aleth à Domat : « J'ai regardé, monsieur, comme une marque de confiance et de votre amitié la connaissance que vous avez voulu me donner par M. Pège de ce qui s'est passé entre vous et la famille de M. Perrier. La part que prends à ce qui vous touche et l'estime particulière que j'ai pour votre personne me portèrent dès lors à vous écrire pour vous porter à faire toutes les avances qui dépendent de vous pour une réconciliation sincère et vraiment chrétienne... Il y a encore un autre point qui n'a rien de commun avec cette affaire et qui néanmoins peut beaucoup nuire ou beaucoup contribuer à votre réconciliation : c'est touchant certains écrits de feu M. Pascal qui vous ont été confiés. On croit, par la qualité de ces écrits et vu l'état de votre famille, qu'il y a beaucoup d'inconvénients que vous les gardiez ; et comme on ne voit pas quelle utilité on en pourrait tirer à l'avenir, et qu'il y a au contraire, tout sujet de craindre qu'on en abuse d'une manière préjudiciable à la vérité et à la mémoire de M. Pascal, on pense que vous êtes dans l'obligation de les remettre à ses parents, entre les mains desquels ils ne courent pas le même risque, ou de les brûler en leur présence, sans en retenir de copie, comme a fait une personne de qualité et de mérite, ami de M. Pascal, qui avait une copie des mêmes écrits. C'est, monsieur, ce que je crois que vous devez faire par principe de conscience et d'honneur, et même vous servir de cette occasion comme d'un moyen pour faciliter et affermir votre réconciliation... Nicolas, évêque d'Aleth, à Aleth, ce 26 septembre 1676. » On ignore ce que fit Domat; on voit seulement par une autre lettre de M. d'Aleth qu'il se réconcilia avec les Perrier.

« Je n'ai point eu, monsieur, l'occasion de vous écrire depuis que j'ai su votre parfaite réunion avec la famille de M^le Perrier : j'en ai été extrêmement consolé et édifié... 1er août 1677 [1]. »

Puisque Domat fut le confident, et peut-être le collaborateur de Pascal, puisqu'il l'assista dans sa dernière maladie et reçut ses derniers soupirs, comme nous l'apprend l'auteur inconnu de notre mémoire, nul n'était plus capable que lui de témoigner des derniers sentiments de son ami et de la fausseté de la prétendue rétractation que Pascal aurait faite à son lit de mort, entre les mains de M. Beurier, curé de Saint-Étienne [2]. Aussi, quand M. de Péréfixe, archevêque de Paris, voulut faire usage de cette prétendue rétractation, personne n'eut plus d'autorité que Domat pour s'opposer à ces bruits mensongers et attester que Pascal était mort comme avait écrit l'auteur des Provinciales. Un M. Audigier, ayant eu l'idée de publier la déclaration que M. l'archevêque avait surprise au curé de Saint-Étienne, Domat se joignit à Mme Perrier, afin d'empêcher la propagation de cette calomnie. Notre manuscrit renferme la

---

[1] Les quatre lettres de M. d'Aleth sont terminées par cette note dans le manuscrit : « On a copié ces quatre lettres sur les originaux, qui sont entre les mains de M. Domat, conseiller à la cour des aides, fils de celui à qui elles ont été écrites. »

[2] Voyez, sur cette rétractation, le *Recueil d'Utrecht*, p. 347, et le *Supplément au Nécrologe*, p. 230.

lettre suivante, jusqu'ici entièrement inconnue, de Domat à ce M. Audigier : « Vous serez peut-être surpris de la liberté que je prends de vous écrire sur le même sujet dont Mme Perrier vous écrit aussi, parce que la considération que je sçay que vous avez pour son mérite, et pour le grand intérêt qui l'oblige à vous faire la prière qu'elle vous fait, devroit me persuader que rien de ma part ne peut vous toucher à l'égal de sa prière et de ses raisons. Mais, monsieur, j'ai cru par une autre veue que je manquerois à ce que je dois à la mémoire de M. Pascal, si je négligeois de témoigner, dans une occasion de cette conséquence, combien je m'attache à tout ce qui peut intéresser l'honneur de son nom. Vous savez, monsieur, les raisons qui me donnent ces sentiments ; car vous connoissez beaucoup mieux que le commun le mérite extraordinaire de M. Pascal, et surtout quelle étoit sa sincérité et sa fermeté proportionnée à l'élévation de son esprit. Et, quand je n'aurois pas eu la part singulière qu'il m'a fait l'honneur de me donner dans son amitié, je ne pourrois me dispenser, en cette rencontre, de vous faire connoître, monsieur, que le sujet de sa prétendue rétractation est une calomnie, la moins vraisemblable à tous ceux qui ont connu M. Pascal, et la plus fausse, en effet, qui ait jamais été pensée ; et aussi le malentendu qui en fut la cause s'est expliqué par la rétractation de la personne qui avoit donné sujet à ce bruit, de la manière que Mme Perrier vous l'expliquera par sa lettre : et je dois ajouter à son témoignage et à son récit que personne au monde n'a jamais sçu mieux que moy les sentiments de M. Pascal sur ce sujet, et pendant sa vie, et pendant sa maladie et à sa mort; et je puis, monsieur, vous assurer par ma connoissance de la vérité de cette histoire, dont je ne répète pas le récit que vous en fait Mme Perrier. Ainsi, monsieur je m'assure avec elle et sa famille et tous les amis de M. Pascal, et pour l'estime que vous avez de son mérite, que vous laisserez à Mme Perrier le droit naturel du sort de la pièce qui est tombée entre vos mains et qu'au lieu de l'obligation du bon office que vous penserez rendre, on vous aura celle de n'en pas rendre un très-mauvais et à la mémoire de M. Pascal et au repos de Mme sa sœur. En voilà trop pour vous recommander une demande aussi juste, et où vous êtes sans autre intérêt que d'obliger les personnes qui vous prient de le faire d'une autre manière; je profite de cette occasion pour vous assurer..... DOMAT. A Clermont, le 15 janvier 1682. Copié sur l'original. »

Mais, sans contredit, la partie la plus curieuse de notre mémoire est celle qui nous peint Domat comme l'adversaire infatigable des jésuites. Quand tout pliait sous leur autorité, lui seul, après la mort de Pascal, avec quelques amis fidèles, luttait, dans un coin du royaume, contre leur astucieuse tyrannie. Vaincu dans une première rencontre, il revient à la charge et leur tient tête jusqu'à sa mort.

Cette première rencontre, où Domat se montra le digne ami de Pascal, est l'affaire du collége de Clermont en Auvergne, dont les jésuites s'emparèrent à l'aide de leurs artifices accoutumés. Notre mémoire nous donne à cet égard des détails intéressants, et qui ne sont point ailleurs. Le Recueil de Marguerite Perrier les confirme et les développe : il contient plusieurs pièces où paraissent les efforts des jésuites pour attirer à eux l'éducation de la jeunesse, jusqu'alors confiée, dans Clermont, à la savante et libérale congrégation de l'Oratoire, et en même temps la vive résistance et de l'Oratoire et de la ville entière, et la part de Domat dans ce démêlé. Voici quelques lignes d'une plainte des pères de l'Oratoire de la ville de Clermont contre les jésuites, p. 342 de notre manuscrit : « Aussitôt, dit cette plainte, qu'un des nôtres prêche avec quelque succès, ils l'accusent d'hérésie. Ils ne parlent jamais de nous à leurs écoliers sans nous traiter de suspects en la foi. Ils ont dit à quelques-uns de nos écoliers qu'on s'expose à la damnation éternelle quand on étudie dans notre collége. » A cette plainte les jésuites répondent (p. 297) par une relation de l'état présent du jansénisme dans la ville de Clermont où ils représentent la ville de Clermont comme un foyer de jansénisme, et Domat comme le chef du parti. Le jansénisme n'a pas plutôt paru en France, qu'il a eu des sectateurs dans Clermont; et, si l'Auvergne a fomenté cette secte dans sa naissance, ayant été le lieu d'origine de MM. Arnauld, Bourzées, Brousse, Rebours, Laporte, Mauguin et Pascal, la ville de Clermont contribua beaucoup à son progrès et à sa conservation..... La secte est composée de plusieurs laïques des deux sexes; les plus considérables sont les sieurs Montorcier, président en la cour des aides, le sieur Perrier, conseiller en ladite cour, la demoiselle Pascal, sa femme, le sieur Guerrier, avocat..... Mais le plus signalé est le sieur Domat, avocat du roi audit présidial, lequel, ayant quelque vivacité d'esprit et s'étant employé uniquement à l'étude de ces matières, passe pour le plus habile, fait leçon à ses confédérés, et corrompt une partie de la jeunesse..... Pour fomenter leur liaison factieuse, ils font beaucoup d'assemblées secrètes..... Le lieu des conventicules ordinaires et réglés est la maison de *Bienassis*, à deux cents pas des murailles de la ville, appartenant audit Perrier. C'est là où ils s'assemblent hommes et femmes, les dimanches et jours de fête..... Les précautions qu'ils prennent pour le secret font conjecturer quelque mystère d'iniquité.» Après avoir habilement semé la calomnie, les jésuites s'occupèrent d'en recueillir le fruit, et, par le crédit de leur P. Annat, confesseur du roi, ils firent rendre un ordre du cabinet, qui les mettait en possession du collége de Clermont, en dépit des anciennes et des nouvelles ordonnances, qui portaient qu'aucune communauté religieuse ne pourrait s'établir dans aucune ville sans le consentement de cette ville. Dès que cet ordre du cabinet fut connu à Clermont, ce fut une réclamation universelle. On s'adressa à Domat pour qu'il prît en main cette affaire. Domat n'hésita pas à s'en charger. Il écrivit lui-même (ms. p. 301) une requête au roi Louis XIV, au nom de la ville de Clermont, et, à la tête d'une députation de vingt de ses compatriotes, il alla à Paris la porter au roi. Nous donnons ici cette pièce (ms. p. 290), qui est un des meilleurs morceaux sortis de la plume de Domat.

« Requête présentée par les habitants de la ville de Clermont en Auvergne contre les R. P. Jésuites.

« Au Roy.

« Sire, vos très-humbles, très-obéissants et très-fidèles sujets les échevins et habitants de cette ville de Clermont viennent se jeter aux pieds de

V. M. pour lui demander justice contre les jésuites, qui, pour s'établir dans Clermont, malgré toute la ville, sont venus supposer à votre conseil qu'on les y demande, et, ayant obtenu sur ce faux exposé un arrêt et des lettres de cachet, en ont abusé d'une manière injurieuse à la clémence de V. M., et digne de cette attention avec laquelle elle écoute les plaintes de tous ses sujets.

« Ces pères, Sire, voyant les habitants plus aliénés que jamais par cette conduite et prêts d'en venir informer V. M., feignirent d'avoir du scrupule et du repentir de ce qu'ils avaient ainsi obtenu cet arrêt et ces lettres de cachet, et promirent par écrit aux échevins une surséance qu'ils demandoient pour recourir à V. M.; et, comme ensuite les habitants s'alloient assembler promptement dans l'hôtel de ville pour députer, ils envoyèrent de nouveau leur recteur de Montferrand pour protester à cette assemblée qu'ils ne vouloient point du tout entrer dans Clermont sans le consentement de toute la ville, et porter parole que, quand même on les y voudroit forcer sous prétexte de cet arrêt et de ces lettres de cachet, ils n'y consentiroient jamais. Et cependant, Sire, dès le lendemain, ils vinrent avec ce recteur et s'emparèrent du collége à la vue de ces mêmes habitants à qui ils avoient donné cette parole le jour précédent et qui accouroient à cette surprise, mais qui n'opposèrent que la modération à toute cette conduite des jésuites ; car la fidélité si ancienne et perpétuelle de la ville de Clermont est à toute épreuve, non seulement pour le service de ses roys, dont cette ville a cet honneur singulier de ne s'être jamais départie, mais pour les moindres choses qui portent leur nom. Ces habitants, Sire, osent espérer que V. M. ne permettra pas que, sous un règne tel que le sien, les jésuites jouissent du succès de leurs artifices, et que, pour être ainsi entrés dans Clermont et pour empêcher que cette ville n'ait eu l'honneur d'être ouïe de V. M., elle soit condamnée à les y souffrir contre ses intérêts et contre son gré.

« Ces intérêts, Sire, sont si grands et appuyés de raisons si fortes, et de la part des habitants de Clermont et de la part même des jésuites et de leur propre conscience, que ces habitants osent s'assurer que V. M. en seroit touchée, si elle vouloit souffrir qu'on l'en informât. Mais ces raisons, Sire, sont en si grand nombre et fondées sur tant de titres, édits, traités, arrêts, priviléges, et sur tant d'autres considérations, qu'ils n'oseroient l'en importuner.

« Mais comme les roys, prédécesseurs de Votre Majesté, dont les jésuites ont autrefois obtenu de pareils ordres pour s'établir dans Clermont sur de semblables faux exposés qu'on les y demandoit, ont toujours révoqué ces ordres aussitôt qu'ils ont seulement connu la répugnance des habitants, il y a présentement, Sire, bien plus que cette raison si naturelle du gré des villes : par une déclaration solennelle de l'année 1659, qu'elle a voulu faire publier dans tout son royaume, elle a très-effectivement deffendu tous établissements de communautés religieuses sans le consentement des villes. Ces deffenses de Votre Majesté ne doivent pas être nécessaires pour les jésuites; car leurs statuts, Sire, leur font encore d'autres deffenses bien plus étroites, non-seulement de s'établir malgré les villes, mais de demander même d'y être reçus.

« Et cependant, Sire, non-seulement ils demandent et ils insistent d'entrer dans Clermont contre les statuts qu'ils font vœu d'observer, mais ils y entrent par force et s'opiniâtrent à y demeurer, quoyqu'on persévère à leur dire qu'on ne les veut pas, et contraignent les habitants à venir importuner V. M.

« Ils espèrent, Sire, qu'elle leur fera cette justice de ne pas souffrir cette désobéissance des jésuites à vos ordonnances et à leurs statuts, et qu'elle n'obligera pas de très-fidèles sujets, pleins de zèle et d'amour pour son service, à recevoir contre leur gré des religieux qui, professant d'enseigner la piété et les bonnes mœurs, commencent par forcer ceux qu'ils veulent instruire à venir d'abord demander justice contre eux, et qui, pour le premier exemple de leur piété, violent en un jour ordonnances, édits, traités, vœux, statuts, parole, et qui ont violé le respect même qu'ils devoient à V. M. sacrée, par la supposition qu'ils ont faite à votre conseil qu'on les demandoit, et par la manière dont ils ont usé des lettres de cachet qu'ils ont obtenues par cette surprise.

« La ville de Clermont, Sire, a fait élever sa jeunesse jusqu'à présent par d'autres maîtres que par ces pères; elle a eu la gloire de produire, dans tous les siècles, des personnes de mérite pour la religion et pour l'État; mais surtout, Sire, elle a eu l'honneur de n'élever dans tous les temps que de véritables serviteurs des rois, et qui même par leurs services en ont mérité ce que demandent aujourd'hui à Votre Majesté avec tant d'instance les habitants de cette même ville, d'être dispensés de recevoir les jésuites.

«Le roy Henry le Grand, ayeul de Votre Majesté, a été l'un des roys qui a conservé la liberté de la ville de Clermont contre les entreprises de ces pères. Ce grand prince, Sire, aimait cette ville, et avoit la bonté de vouloir bien reconnaître qu'elle lui avoit rendu un service bien important, et d'autant plus considérable qu'il regardoit aussi l'État. Car, pendant la ligue, les habitants de Clermont ne s'étoient pas seulement conservés fidèles au milieu de la rébellion de presque tout le royaume, mais, par un zèle extraordinaire et tout inouï, étant sortis de leurs murailles, et, avec le peu de sujets qui restoient au roy, qui s'y étoient réfugiés, avoient exposé leurs vies, attaqué l'armée des ligueurs, repris sur eux une ville, et gagné cette bataille d'Issoire dont toutes les histoires remarquent qu'ayant rendu au roy l'Auvergne entière et toutes les provinces voisines, et qu'étant arrivée, comme par une espèce de miracle, le même jour que ce prince gagna en personne celle d'Ivry, ces deux batailles avoient été la fin de la ligue et le rétablissement de ce grand roy dans son patrimoine, qui est aujourd'hui l'héritage de Votre Majesté.

« Les habitants de Clermont, Sire, ont cette confiance que Votre Majesté aura toujours pour cette ville les mêmes bontés qu'ont eues pour elle tous les roys ses prédécesseurs, pour tous lesquels elle a conservé une fidélité plus ferme et plus inviolable qu'aucune autre ville de son royaume, et qu'elle ne leur refusera pas la même grâce qu'elle accorde à tant de villes qui résistent aux jésuites, de ne pas les obliger, non plus que les autres, à les recevoir, et qu'elle ordonnera à ces pères de retourner dans leur collége de Montferrand ; si ce n'est que cette affaire étant trop peu digne d'occuper les soins de Votre Majesté, elle veuille la renvoyer à son parlement de Paris, qu'elle a rendu juge naturel, à cause des déclarations et des édits qu'elle a fait vérifier en ce parlement et qui font une partie des moyens décisifs contre cette entreprise des jésuites; et toute cette ville redoublera, Sire, les prières publiques et particulières qu'elle fait incessamment pour Votre Majesté, et s'animera de plus en plus de zèle et d'ardeur pour son service et de tous les roys que Dieu fera naître, jusqu'aux derniers siècles, du sang de Votre Majesté, le plus illustre de toute la terre comme elle en est le plus grand roy. »

« M. Domat, avocat du roy, ajoute notre manuscrit, fut député pour présenter à Sa Majesté la requête cy-dessus. Étant arrivé à Paris, il rassembla vingt Auvergnats, avec lesquels il alla porter sa plainte au roy, qui ayant fait avertir le P. Annat, son confesseur, pour lui dire que c'étoit contre ses confrères qu'on agissoit, ce jésuite répondit que Sa Majesté ne devoit point s'inquiéter de cette affaire, qu'elle étoit accommodée, et par cette fourberie il obligea les suppliants de se retirer. Ceci se passait en 1663. Ainsi les jésuites s'établirent à Clermont malgré M. l'évêque, les doyen, chanoines et chapitre de la cathédrale, syndic du diocèse, le gardien des cordeliers, le sous-prieur des carmes et les échevins de la ville de Clermont...»

Ce n'est pas la seule affaire où Domat ait osé combattre ouvertement les jésuites. Dix ans après, un de leurs prédicateurs, le père Duhamel, ayant fait, dans la cathédrale de Clermont, un sermon où il soutenait l'infaillibilité absolue du pape, ce qui était contre les maximes de l'église gallicane et contre l'ordonnance du roi, qui interdisait de traiter des matières étrangères au salut des âmes et préjudiciables à la paix publique, Domat, comme avocat du roi et chargé de l'exécution des ordonnances royales, informa contre le père Duhamel, dressa lui-même un procès-verbal détaillé, et écrivit à M. le procureur général une lettre pour accompagner ce procès-verbal. Nous donnons ici ces deux pièces pour montrer et l'esprit généreux de l'ancienne magistrature et l'intrépidité de Domat en face du parti puissant qui persécutait le cartésianisme, menaçait l'Oratoire, écrasait Port Royal, et dominant sur la conscience du roi, entraînait l'État dans ces querelles et en faisait l'instrument de ses desseins.

Procès-verbal.

« L'an 1673 et le dernier jour de février, nous, Jean Domat, avocat du roy en la sénéchaussée et siége présidial d'Auvergne, à Clermont, ayant appris par le bruit commun que ce jourd'huy mardy d'après le deuxième dimanche de carême, le père Duhamel, jésuite, qui prêche pendant ledit carême dans l'église cathédrale de ladite ville, ayant pris pour texte *Super cathedram Moysi sederunt*, etc. auroit pris pour son sujet l'infaillibilité de l'Eglise et celle du pape, et auroit traité en deux points de ces deux sortes d'infaillibilité, et entrepris de prouver séparément celle du pape seul, nous aurions été obligés par le devoir de notre charge, en l'absence du S^r procureur du roy audit siége, de nous informer plus particulièrement des propositions que ledit père Duhamel avoit avancées touchant ladite infaillibilité, pour exécuter, en ce qui dépend de nous, l'arrêt de la cour du parlement du 30 may 1663, par lequel la cour auroit ordonné la publication et enregistrement de six articles de certaine déclaration de la faculté de théologie de Paris, du 3 may... touchant l'autorité du pape avec deffenses de soutenir aucune doctrine contraire, et aussi la déclaration de Sa Majesté avoir ordonné que la dite déclaration de la faculté de théologie de Paris seroit publiée et enregistrée dans tous les parlements et autres juridictions de son royaume, avec deffenses à toutes personnes de soutenir, deffendre et enseigner aucune proposition contraire à ladite déclaration, à peine de punition exemplaire, lequel arrêt et déclaration ont été publiés et enregistrés à ladite sénéchaussée, et à cette fin, comme nous n'aurions pas ouy ledit sermon, nous étant enquis de plusieurs personnes qui y auroient assisté, nous aurions appris par tous les récits conformes que ledit père Duhamel a pris pour son texte dans ledit sermon ce passage de l'Évangile du jour, *Super cathedram Moysi sederunt*, etc., et pour son sujet l'infaillibilité de l'Eglise et celle du pape; qu'il a divisé son sermon en deux points, le premier pour l'infaillibilité de l'Église, et le deuxième pour l'infaillibilité du pape; que, dans le premier point, rapportant quelques preuves de l'infaillibilité de l'Église, il a dit que comme celle du pape s'établissoit aussi sur les mêmes preuves, il prouveroit l'une et l'autre dans les deux points, et que, dans l'un et dans l'autre, il rapporte diverses preuves de l'infaillibilité du pape seul, et a avancé entre autres preuves de cette infaillibité les propositions suivantes :

« 1° Que les théologiens étant souvent con-
« traires dans leurs opinions sur les matières
« de la foy, comme les horloges qui ne s'accordent
« pas, il falloit une règle, et que, comme le ca-
« dran solaire est la règle infaillible des horloges,
« le pape est le cadran solaire de l'Église, qui est
« la règle infaillible dans les matières de la foy.

2° « Que Notre-Seigneur avait dit à Saint-
« Pierre : *Ego autem rogavi pro te ut non deficiat fides
« tua et tu aliquando conversus confirma fratres tuos*,

« pour marquer l'infaillibilité qui lui a été com-
« muniquée et à ses successeurs, et que ce pas-
« sage se doit entendre de l'infaillibilité de saint
« Pierre et de ses successeurs, et non de celle de
« l'Eglise, ce qu'il a prouvé par deux réflexions
« sur ce passage, l'une sur ces mots *pro te*, en di-
« sant que c'était le pronom de la seconde per-
« sonne qui s'adressoit à la personne de Pierre et
« non à l'Église, qui ne s'appelle pas Pierre, l'autre
« sur ce mot *fratres*, en disant que ce mot s'en-
« tendoit des papes successeurs de saint Pierre,
« qui sont ses frères, et non de l'Église, et que, si
« Notre-Seigneur avoit prétendu parler de l'É-
« glise, il auroit dit ses enfants et non ses frères.

3º « Qu'il est impossible que le pape enseigne
« une doctrine fausse, erronée et scandaleuse, et
« qu'il arriveroit plutôt de ces trois choses l'une,
« ou qu'il changeroit de sentiment comme il ar-
« riva au pape Vigile, ou que le Saint-Esprit se
« mêleroit dans ses expressions pour lui faire dire
« la vérité malgré qu'il en eût et lors même qu'il
« voudroit dire une fausseté, comme il est arrivé
« à Balaam et à Caïphe, ou qu'il mourroit d'une
« mort subite avant que de prononcer une erreur
« selon le sentiment de B.

4º « Que le pape est infaillible dans les déci-
« sions qui concernent la foi, la doctrine et les
« mœurs, et que, dans le reste, il est homme

« comme les autres et sujet à faillir ; sur quoy il
« a ajouté et fait remarquer qu'il se rendoit d'au-
« tant plus exact en cette matière qu'il s'y agis-
« soit du salut.

5° « Que certains théologiens de robe courte
« semblent jeter des scrupules dans les esprits foi-
« bles, lesquels il est important de lever et qu'il y
« en a qui vont déterrer de vieux grimoires
« pour prouver qu'il y a eu des papes qui ont
« failli,

6° « S'étant objecté comment il se pouvoit faire
« que le pape fût infaillible, il a répondu que,
« dans les choses de la foi, il ne falloit pas deman-
« der comment. Je sçay, a-t-il dit, que, dans le
« mystère de la Trinité, Dieu est un en trois per-
« sonnes ; mais, si on me demande comment cela
« se peut faire, je n'en sçay rien. Je sçay que,
« dans le mystère de l'eucharistie, le corps et le
« sang de Notre-Seigneur sont sous les espèces du
« saint sacrement ; mais comment, je n'en sçay
« rien : je sçai que d'abord qu'un homme est
« élevé à la chaire de Saint-Pierre, il ne peut plus
« enseigner une doctrine fausse, erronée, scanda-
« leuse, mais si on demande comment, je n'en sçay
« rien. »

« Et comme toutes lesdites propositions de ce
sermon tendent à persuader l'infaillibilité absolue
du pape, et que cette doctrine que ledit P. Duhamel

a prétendu établir par ledit sermon est directement contraire auxdits articles de la déclaration de ladite faculté, et notamment au sixième, concernant l'infaillibilité du pape, nous avons cru qu'il étoit d'une nécessité indispensable de faire, en cette rencontre, ce qui peut dépendre de nous dans notre fonction pour contribuer à réprimer une telle entreprise contre lesdits arrêts et ladite déclaration de Sa Majesté et contre les lois de son État, et, ne pouvant y pourvoir avec prudence par d'autres voies, nous avons jugé qu'en une affaire de telle conséquence, où nous voyons cette doctrine de l'infaillibilité du pape aussi publiquement enseignée avec l'approbation et l'applaudissement de la plus part des ecclésiastiques et principalement des religieux, et consentement tacite du peuple, qui, n'étant pas informé de la fausseté et des pernicieuses conséquences de cette doctrine, la reçoit comme véritable, nous devons au moins en donner avis à M. le procureur général, affin qu'il lui plaise d'informer la cour de cette entreprise contre son arrêt, et Sa Majesté, s'il le juge à propos, de cet attentat contre sa déclaration ; et nous nous voyons aussi obligés en même temps de supplier très-humblement mondit Seigneur le procureur général d'agréer que nous lui remontrions l'importance singulière que nous y remarquons d'employer son zèle, sa prudence et son autorité, comme il a fait cy-devant si utilement en toutes sortes de pareilles occasions, pour achever en celle-cy d'arrêter toutes les entreprises semblables de ceux qui publient ou débitent en particulier cette doctrine au préjudice dudit arrêt et de ladite déclaration; et, ce qui nous oblige à ces remontrances, c'est que nous voyons en cette ville un exemple de la nécessité d'y exécuter avec éclat ladite déclaration et ledit arrêt, parce que cette ville étant le siége d'un des plus grands évêchés du royaume, et une ville capitale des plus fidèles au service des roys, comme elle en donna d'insignes preuves pendant les ligues, nous y voyons néanmoins que le sentiment de l'infaillibilité du pape y est insinué et s'y répand comme une doctrine de foi, et que la plus part croyent que la doctrine contraire est une doctrine hardie, ce qui est arrivé non par des prédications ou leçons publiques que nous n'aurions pas dissimulées, mais par le cours universel que donne à cette doctrine le grand nombre de ses partisans, et particulièrement des réguliers et autres ecclésiastiques.

« Et il est facile de juger que si ce sermon du P. Duhamel demeure impuni, cette doctrine de l'infaillibilité du pape, publiquement établie par cette voie et sans contredit, passera pour une vérité de foy et un dogme qui ne peut être contesté; et, comme nous apprenons de ladite déclaration de Sa Majesté que c'est son intention que les sentiments de ses sujets soient uniformes sur lesdits articles, et que nous voyons que, tout au contraire, ils se rendent uniformes dans la créance de l'infaillibilité du pape, et que cette créance s'établissant pourroit mettre les sujets du roy, dans cette ville si fidèle à son service, en péril de tomber dans les suites pernicieuses qu'elle pourroit produire contre leur devoir, s'il arrivoit des occasions où l'autorité des papes pût les porter à s'en départir, nous croyons que ces considérations nous obligent à supplier mondit seigneur le procureur général d'y faire les réflexions qui lui sont plus propres qu'à nous et qu'il saura beaucoup mieux faire, et de souffrir que nous lui exposions les faits et les considérations particulières qu'il ne peut apprendre que de nous, et dont le devoir de notre charge nous oblige de l'avertir par ce présent procès-verbal que nous avons dressé de tout ce que dessus, affin qu'il plaise à mondit seigneur le procureur général d'y pourvoir ainsi qu'il avisera par sa prudence, et nous sommes souscrits avec notre greffier en toutes pages, et avec M. Claude Labourieux, ancien chanoine de l'église cathédrale et ancien official de Clermont; M. Étienne de la Mare, docteur en théologie, chanoine et théologal de ladite église; M. Antoine Dufour, chanoine de la même église; M. Etienne Perrier, conseiller en la cour des aydes de ladite ville; M. François Pascal, prieur et seigneur de Termes et de la Faghe; M. Robert Mauguin, avocat au parlement; M. Antoine Bourlin, avocat en ladite cour; M. Georges du Gourd, docteur en médecine; M. Jacques-Antoine-Sarret, avocat au parlement; aussi souscrits avec nous en toutes pages, pour attester, par leur signature, la vérité du contenu en notredit présent procès-verbal touchant ledit sermon, après qu'ils ont fait lecture d'iceluy et des propositions avancées par ledit P. Duhamel dans ledit sermon, auquel ils ont assisté. Fait ledit jour et an. Signé DOMAT, premier avocat du roy; LABOURIEUX, etc... BAPTISTE, greffier. »

« Lettre de M. Domat à M. le procureur général pour accompagner le procès-verbal.

« Ce 1er mars 1773.

« Monseigneur, m'étant rencontré dans la nécessité, par le devoir de ma charge, en l'absence de M. le procureur du roy, d'entreprendre la deffense de l'intérêt du roy et du public en une affaire importante et qui regarde aussi l'Église, je me trouve obligé, monseigneur, de vous en rendre raison et de la mettre entre vos mains. Le père Duhamel, jésuite, qui prêche présentement le carême en cette ville, fit, hier mardy, un sermon exprès pour prouver l'infaillibilité du pape; vous verrez, monseigneur, par le procès-verbal que je prends la liberté de vous envoyer, le récit du dessein et de quelques propositions de ce sermon. Je n'ay rien à y ajouter de particulier pour ce qui est du fait, si ce n'est que je me suis rendu très-certain de la vérité telle que je l'expose et qu'elle est prouvée par ce procès-verbal; mais je crois, monseigneur, devoir adjouter qu'il est d'une conséquence extrême de réprimer cette entreprise, car je puis rendre ce témoignage que les réguliers et quelques ecclésiastiques de leur cabale ont tellement répandu cette doctrine de l'infaillibilité du pape, ou dans les confessions, ou dans les entretiens, ou par d'autres voies qui ne viennent pas à notre connoissance et qu'il ne nous est pas possible de réprimer, qu'encore que les personnes intelligentes, et particulièrement ceux qui sont instruits de l'arrêt et de la déclaration du roy sur cette matière, qui sont en très-petit nombre, ayent été extrêmement scandalisés de ce sermon, le peuple et la pluralité des personnes même de condition, qui ne sont pas instruits de ces matières ny des conséquences de cette doctrine contre l'autorité légitime de l'Eglise et contre l'intérêt du roy et de l'Etat, se laissent persuader de cette infaillibilité; et je crois, monseigneur, en cette occasion, que cette doctrine est devenue si commune que non-seulement elle passe pour catholique, mais que même la doctrine contraire passe, dans les esprits de ces personnes, pour une hérésie ; mais cette opinion si pernicieuse demeureroit bien plus fortement établie, si un tel sermon restoit impuni. Car vous sentez, monseigneur, quelles sont les impressions que fait dans l'esprit de la multitude une doctrine enseignée comme la parole de Dieu et dans la chaire de vérité, et quelles en sont les conséquences surtout quand il s'agit des premières règles de la religion et du discernement de l'autorité légitime qui peut régler les points de la foi. Mais l'entreprise de ce jésuite est d'une conséquence d'autant plus importante, qu'il a prêché cette doctrine si contraire à l'Écriture et à la tradition, aux conciles, aux canons, aux libertés de l'Église gallicane, à cet arrêt, à cette déclaration, et si pernicieuse dans l'Église et dans l'Etat, comme une doctrine et une règle de la foi, et par un sermon exprès, en séparant exprès et distinguant l'infaillibilité du pape, qui fut son principal sujet, d'avec celle de l'Eglise, qu'il ne toucha quasi qu'en passant, et en traitant de ridicules, de théologiens de robe courte, ceux qui deffendent la véritable doctrine de l'Eglise, ce qui tourne, par une conséquence nécessaire, contre les premiers magistrats du royaume et les officiers de la cour, qui se sont rendus les protecteurs de cette doctrine par l'arrêt du 30 may 1663, et enfin par un sermon prêché dans le cours d'un carême, dans une église cathédrale, à la face d'un des plus amples auditoires du royaume et des mieux remplis d'officiers de trois compagnies, d'ecclésiastiques d'une cathédrale, de trois collégiales, un grand séminaire et onze communautés de réguliers de divers ordres, de tous lesquels corps il y a toujours bon nombre au sermon ; et je dois encore ajouter, monseigneur, à toutes ces circonstances, que je ne vois pas d'autre partie ny d'autre juge dont il faille attendre de justice contre ce sermon que vous, monseigneur, et le parlement. Toutes ces considérations me font espérer, monseigneur, que vous aurez la bonté, non-seulement d'approuver ma conduite, mais de la protéger et d'en faire votre affaire, comme elle l'est plus que de personne. J'aurois bien souhaité, monseigneur, de vous envoyer une information, au lieu d'un simple procès-verbal, mais il m'a été nécessaire de me réduire à cette voye en attendant que je puisse faire faire une information. Je vous prie de considérer qu'un procès-verbal de la qualité de celui que je vous envoye, en une affaire de cette nature, peut tenir lieu d'information, sinon pour établir toutes les peines que ce jésuite peut mériter, et que la cour pourra ordonner après une plus ample procédure, si elle le juge à propos, du moins pour effacer et réparer promptement les mauvaises impressions de ce sermon qui subsistent dans le public, par les voies que vous jugerez, monseigneur, le plus à propos par votre prudence.... »

Le procureur général auquel cette lettre et ce procès-verbal étaient adressés était M. de Harlay, probablement Achille de Harlay, troisième de ce nom, celui dont Saint-Simon nous a laissé un portrait peu flatté, et qui, avant d'être président du parlement de Paris, en 1689, aurait été d'abord et se trouvait, en 1673, procureur général. M. de Harlay rendit compte de la lettre de M. Domat à M. le premier président Lamoignon, et il fut convenu entre eux que, d'une part, on approuverait la conduite de Domat, que, de l'autre, on ne donnerait point un éclat trop grand à cette affaire; que pourtant on exigerait une double réparation du père Duhamel : d'abord un désaveu de ce qu'il y avait de blâmable dans son sermon par-devant M. l'évêque de Clermont, en son palais épiscopal et en présence de l'avocat du roi (Domat) et du lieutenant criminel, et, de plus, des paroles de paix et de soumission en chaire devant l'assemblée des fidèles. Notre manuscrit contient la lettre où M. de Harlay écrit à Domat pour l'informer de ces résolutions, et le procès-verbal de l'acte de soumission du père Duhamel devant l'évêque de Clermont, le lieutenant criminel et Domat. Mais les jésuites ne se tinrent pas pour battus. Selon leur méthode accoutumée, ils agirent auprès du roi, et lui persuadèrent d'enlever cette affaire au parlement de Paris, et de l'évoquer à sa propre personne, en son conseil; et là ils obtinrent un ordre enjoignant aux gens du roi, à Clermont, d'assoupir toute cette affaire, de se dessaisir des minutes mêmes des divers procès-verbaux et de toutes pièces écrites en cette circonstance, et de les envoyer à Paris, au conseil d'Etat, et encore faisant deffense au parlement de Paris et à tous officiers du présidial de Clermont de plus faire aucune poursuite contre le père Duhamel, comme aussi au père Duhamel et à tous autres prédicateurs de parler ni traiter, dans leurs prédications, de semblables matières. M. de Marle, conseiller d'Etat et commissaire en la généralité de Riom, fut chargé de l'exécution de cet ordre, et il l'exécuta fidèlement. Le procureur du roi et le greffier criminel durent remettre toutes les minutes qui étaient entre leurs mains; mais voici qui témoigne de la manière la plus vive du sentiment d'honneur qui animait toute l'ancienne monarchie : le greffier criminel pria que les minutes à lui demandées fussent laissées au greffe pour sa propre décharge, et il ne les remit que sur l'injonction réitérée et impérative du commissaire du roi; quant au procureur du roi, au nom duquel avait agi Domat, il alla plus loin que le greffier criminel; il fit une respectueuse mais ferme *remontrance*, et requit un sursis à l'exécution de l'arrêt du conseil. Ce procureur du roi s'appelait Pierre Pascal. On ne pouvait mieux porter un tel nom. Nous ne pouvons résister au plaisir de citer ici une partie du procès-verbal de cette dernière pièce.

« L'an 1673 et le vingt-deuxième jour d'avril, par-devant nous Bernard de Marle, chevalier, seigneur de Vercigny, conseiller du roi en ses conseils, maître des requêtes ordinaires de son hôtel, et commissaire départi pour l'exécution des ordres de Sa Majesté, en la province d'Auvergne et généralité de Riom, est comparu M⁰ Pierre Pascal, écuyer, seigneur du Montel, procureur de Sadite Majesté en la sénéchaussée et siége présidial de Clermont, lequel nous auroit dit qu'ayant eu avis de la signification que nous aurions fait faire à M. le greffier criminel de l'arrêt du conseil d'État, portant évocation de la procédure faite contre le père Duhamel, jésuite.... il est obligé de nous remontrer par le devoir de sa charge que, par l'expositif dudit arrêt, il paroît que Sa Majesté n'a pas été informée de la vérité de ce que ledit père Duhamel a avancé dans ladite prédication, et laquelle ne peut être connue que par la procédure qui en a été faite à la requête dudit procureur du roi, de laquelle ayant été envoyées des expéditions à M. le procureur général, cette affaire auroit été consommée suivant des ordres envoyés audit procureur du roi et ceux de M. le premier président, d'eux envoyés à M. l'évêque de Clermont, par le moyen de la rétractation que le père Duhamel avait faite de ce qu'il aurait avancé dans sa prédication, par acte fait, le 27 du mois dernier, pardevant ledit lieutenant criminel, en présence du procureur du roi, et sa soumission à l'arrêt du parlement de Paris, du 30 mai 1663, et déclaration de Sa Majesté du 4° août audit an, et les défenses faites audit père Duhamel de contrevenir directement ou indirectement à ladite déclaration et arrêt, duquel acte ledit procureur du roi auroit envoyé une expédition audit sieur procureur général, et partant, ladite procédure se trouvant transmise suivant lesdits ordres, il est important audit procureur du roy que ledit acte du 27 mars demeure au greffe dudit siége, pour justifier de ses diligences et de l'exécution des ordres qu'il a reçus dudit sieur procureur général, ce qu'il nous a requis de vouloir ordonner, et qu'il soit sursis à l'exécution dudit arrêt sous le bon plaisir de Sa Majesté, en ce qu'il est ordonnée par iceluy que lesdites minutes seront mises en nos mains, jusqu'à ce que Sa Majesté ait été pleinement informée de la conduite dudit père Duhamel par la grosse de ladite procédure, que ledit procureur du roy offre de faire délivrer incessamment par ledit greffier, ou qu'il en ait été par elle autrement ordonné sur les remontrances par lui présentement faites, et a signé Pascal. »

Enfin, nous citerons une lettre du procureur général de Harlay à Domat, dans laquelle il s'excuse auprès de l'austère magistrat de l'arrêt du conseil, et l'invite à ne pas se décourager.

« Monsieur l'avocat, nous avons été aussi surpris que vous de l'arrêt du conseil que vous m'avez envoyé. Si le roi eût été ici, je ne doute pas que Sa Majesté n'y eût apporté les remèdes nécessaires, sur les très-humbles remontrances que nous lui en eussions faites. Mais, en son absence, nous verrons, dans la première occasion, ce que l'on pourra faire pour y remédier. On ne peut écrire tout ce que l'on pense et tout ce que l'on sait sur ce sujet, et je finirai en vous assurant que des choses de cette nature ne doivent pas vous empêcher de témoigner votre zèle avec prudence dans outes les occasions qui se présenteront. Je suis, monsieur l'avocat, votre frère et bon ami. De Harlay. »

Les *pensées* de Domat que nous trouvons dans le Recueil de M^le Perrier (p. 273) y occupent plusieurs feuilles et font connaître des côtés nouveaux et inattendus de l'esprit et de l'âme de notre grand jurisconsulte. Commençons par celles qui peignent le magistrat, l'impartial exécuteur ou l'intelligent réformateur des lois, l'homme qui avait un sentiment si profond et un amour si ferme de la vérité et du droit.

Nous ne connaissons point, dans d'Aguesseau, de plus belles et de plus hautes pensées que celles-ci :

« Les avocats ont pour objet la vérité même.

« L'éloquence de l'avocat consiste à faire connaître la justice pour la vérité.

« Fins différentes de l'éloquence : plaire, instruire, persuader, exhorter, louer : toutes doivent avoir pour règle la vérité.

« Le geste est un effort de l'âme pour se communiquer à travers le corps, et faire passer dans l'âme de celui qui entend ce qu'elle sent et ce qu'elle voit.

« Les gens d'épée appellent les officiers[1] gens d'écritoire; il faut appeler les officiers gens de tête, et eux gens de main.

« Il y a une infinité de lois qui ne subsistent que parce qu'on n'a pas le temps de les réformer.

« Les passions sont des lois que les juges suivent.

« Nous faisons dans le palais, qui est le temple

---

[1] *Officiers*, gens pourvus d'offices, les magistrats.

de la justice, ce que faisaient les marchands dans le temple.

« N'y a-t-il pas quelque compagnie où l'on examine sur le bon sens comme sur la loi? »

Écoutons maintenant l'ami du peuple, l'ami des pauvres et de la pauvreté, un digne élève de cette grande école de stoïcisme chrétien qui s'appelle Port-Royal :

« Le superflu des riches devrait servir pour le nécessaire des pauvres, mais tout au contraire le nécessaire des pauvres sert pour le superflu des riches.

« Cinq ou six pendards partagent la meilleure partie du monde et la plus riche. C'en est assez pour nous faire juger quel bien c'est devant Dieu que les richesses.

« On doit plus craindre d'avoir trop à l'heure de la mort que trop peu pendant la vie.

« On se sert du prétexte de ce que l'on mendie pour ne pas donner à l'hôpital, et de l'hôpital pour ne pas donner aux mendiants. »

Les pensées morales qui suivent, sans avoir une grande originalité, valent assurément la peine d'être tirées de l'oubli.

« Comme le corps s'anéantit et s'appesantit par l'âge et la durée de la vie, le cœur s'appesantit et s'affaiblit par la durée des mauvaises habitudes.

« Les événements sont hors de nous; notre volonté seule est à nous; ne pouvant régler aucun événement, nous devons nous mettre en état que nul événement ne nous trouble et ne nous empêche d'être heureux.

« Il n'y a que deux voies pour se rendre heureux et content, l'une de remplir tous nos désirs, l'autre de les borner à ce que nous pouvons posséder. La première est impossible en cette vie ; ainsi c'est une folie que d'entreprendre de se contenter en ce monde par cette voie.

« Les maximes de morale des païens sont des règles particulières pour de certaines actions, et en de certaines rencontres, pour certaines conditions ; celles de l'Évangile sont universelles ; car elles changent le fond du cœur et s'étendent à toute la conduite, en tous lieux et en toutes rencontres.

« Il y a une différence extrême entre la manière dont nous sentons les injustices qui nous regardent et celle dont nous jugeons de celles qui ne regardent que le prochain.

« Pourquoi souffrons-nous les douleurs sans nous mettre en colère, et que nous ne souffrons pas les injustices et les maux que nous causent les hommes sans mouvement de colère ?

« Nous voulons tellement plaire que nous ne voulons pas déplaire aux autres, lorsque nous nous déplaisons à nous-mêmes, et que nous voulons plaire à ceux qui nous déplaisent.

« Quand on est dans la vérité, il ne faut pas craindre de creuser; on trouve toujours un bon fond, on ne saurait manquer d'être soutenu; mais, dans les choses vaines et incertaines, il est périlleux de creuser.

« Les hommes ne jugent de la malice des actions et du cœur de l'homme que par rapport à ce qui les touche. Une incivilité à leur égard leur paraît plus criminelle que de grands péchés devant Dieu qui ne choquent pas les hommes.

« Tout homme qui a la moindre expérience dans le monde juge facilement que tous les autres, sans exception des plus raisonnables, raisonnent mal quelquefois, et raisonnent mal pour l'ordinaire dans leurs intérêts. Ainsi il faut être fou de présomption pour s'imaginer qu'on soit l'unique au monde raisonnable dans son intérêt, et ne pas se défier toujours de son jugement quand il s'en agit. D'où j'admire l'extravaganc de la plupart des gens, surtout des plaideurs, qui s'imaginent toujours tous avoir le meilleur droit du monde.

« On juge aussi témérairement en bien qu'en mal. Il y a du péril en l'un et en l'autre. Si on juge mal en mal, on blesse la charité; si on juge mal en bien, on blesse la vérité; c'est-à-dire que, jugeant mal d'une bonne action, on fait tort à son prochain, et que, jugeant bien d'une mauvaise action, on fait tort à la vérité.

« Les louanges, quoique fausses, quoique ridicules, quoique non crues, ni par celui qui loue, ni par celui qui est loué, ne laissent pas de plaire; et, si elles ne plaisent par un autre motif, elles plaisent au moins par la dépendance et par l'assujetissement de celui qui loue. »

Si les deux pensées suivantes étaient plus travaillées pour le tour et l'expression, on les attribuerait aisément à celui qui a pris la défense des répétitions et qui réduisait toute la poésie à des figures, *fatal laurier, bel astre.*

« On hait si fort les redites que, quand elles sont nécessaires, on veut au moins à chaque fois être averti que c'est une redite : dans le palais, *ledit, ladite* ; c'est l'excuse de celui qui redit... Mais d'où vient cette haine des redites? La nouveauté et l'ennui des mêmes choses. L'orgueil y a sa part; car il y a apparence qu'on veut inculquer par redites, et qu'on n'aime pas paraître dur à comprendre.

« La poésie a d'ordinaire plus d'éclat et plus d'agrément que la prose; mais ce n'est que comme les grotesques dans la peinture : ce qui y plaît est plus surprenant, mais assurément moins solide et moins beau que le naturel. »

Maximes toutes empreintes de l'esprit de Port-Royal, et qui auraient pu échapper à la plume de Pascal dans un moment de négligence :

« Aujourd'hui la dévotion et la vertu sont choses fort différentes.

« Il est bien à craindre que les dévotions extérieures de ce temps, scapulaires, etc., ne soient dans la nouvelle loi ce qu'étaient dans l'ancienne les traditions superstitieuses des pharisiens, par lesquelles et sous prétexte desquelles ils quittaient l'essentiel de la loi, s'imaginant qu'ils étaient purifiés pas ces cérémonies. »

Voici les fondements même de ce qu'on pourrait appeler la logique et la philosophie de Pascal :

« Nous n'agissons pas par raison, mais par amour, parce que ce n'est pas l'esprit qui agit, mais le cœur qui gouverne, et toute la déférence qu'a le cœur pour l'esprit est que, s'il n'agit pas par raison, il fait au moins croire qu'il agit par raison.

« Il y a deux manières de venir à la connaissance de la vérité, l'une par démonstration, et l'autre par des vraisemblances qui peuvent venir à un tel point, que la preuve en soit aussi forte que la démonstration et même plus touchante, plus persuasive et plus convaincante : par exemple, on est plus persuadé qu'on mourra, quoiqu'il n'y en ait pas de démonstration, que de toutes les vérités d'Euclide.

« Il est impossible d'avoir des démonstrations des vérités de notre religion, car il arriverait deux choses : l'une que tout le monde l'embrasserait, l'autre qu'il n'y aurait pas de foi, qui est la voie par laquelle Dieu a voulu nous unir à lui. »

Est-ce l'auteur des Lois civiles ou celui des Pensées qui a tracé ces lignes où l'esprit, l'humeur et la mélancolie, se confondent dans une originalité si touchante? Ce peu de lignes nous font pénétrer dans l'âme de Domat, et nous découvre sa grandeur et ses misères, son austérité et ses caprices, l'une et l'autre face de la médaille, l'homme tout entier.

« L'esprit sans piété ne sert qu'à rendre misérables ceux qui en ont, ce qui arrive en bien des manières, et entre autres par la peine qu'il y a à souffrir les sots.

« Ce n'est pas une petite consolation pour quitter ce monde que de sortir de la foule du grand nombre des sots et des méchants dont on est environné.

« Toutes les sottises et les injustices que je ne fais pas m'émeuvent la bile.

« Je ne serais ni de l'humeur de Démocrite ni de celle d'Héraclite; je prendrais un tiers parti pour mon naturel, d'être tous les jours en colère contre tout le monde.

« Quelle satisfaction peut-on avoir de ne voir que des misères sans ressources? Quel sujet de vanité de se trouver dans des obscurités impénétrables?

« Un peu de beau temps, un bon mot, une louange, une caresse, me tirent d'une profonde tristesse dont je n'ai pu me tirer par aucun effort de méditation. Quelle machine que mon âme, quel abîme de misère et de faiblesse?

« J'ai une expérience réglée d'un certain tour que fait mon esprit du trouble au repos, du repos au trouble, sans que jamais la cause ni de l'un ni de l'autre cesse, mais seulement parce que, la roue tournant, il se trouve tantôt dessus, tantôt dessous.

« Mon sort est différent du vôtre : vous changez souvent d'état, et moi je suis toujours à la même place ; nous sommes pourtant tous deux également tourmentés : vous roulez dans les flots, et je les sens rouler sur moi. »

LETTRES INÉDITES

DE MADAME LA DUCHESSE

DE LONGUEVILLE

SOEUR DU GRAND CONDÉ.

Villefore, quand il écrivait la *véritable vie d'Anne-Geneviève de Bourbon, duchesse de Longueville* (Amsterdam, 1739), avait sous les yeux une vaste correspondance de cette princesse, à laquelle il a emprunté un grand nombre de fragments qui font le prix et l'agrément de son ouvrage. Jusqu'ici on ignorait ce qu'était devenue cette correspondance. Le Recueil de Marguerite Perrier [1], trésor inépuisable de pièces curieuses relatives à Port-Royal, contient une foule de lettres de Mme de Longueville de la plus parfaite authenticité, et qui embrassent toute la dernière partie de sa vie, depuis les premiers moments de sa conversion en 1650 jusqu'à sa mort en 1679.

On peut diviser ces lettres en trois parts : 1° celles qui sont adressées à diverses personnes du couvent

---

[1] Voyez dans notre écrit : *Des pensées de Pascal*, une description de ce précieux manuscrit, p. 388.

des Carmélites de la rue Saint-Jacques à Paris, où toute jeune elle avait tant désiré cacher sa vie, et où du moins elle la termina ; 2° celles qu'elle écrivit aux religieuses de Port-Royal, qu'elle défendit tant qu'elle vécut et couvrit des restes de son crédit ; 3° enfin sa correspondance intime avec son directeur M. Marcel, curé de Saint-Jacques du Haut-Pas.

Le seul écrit de Mme de Longueville qui fût connu est le morceau intitulé : *Retraite de Mme la duchesse de Longueville*, dans le *Supplément au nécrologe de Port-Royal*, p. 137-150. Ce sont des réflexions étendues et détaillées sur elle-même et sur l'état de son âme, après une confession générale qu'elle venait de faire à M. Singlin, le 27 novembre 1661. S'il est permis de considérer ici littérairement ces pages qui n'étaient pas faites pour le monde, il est impossible d'y méconnaître ce caractère de grandeur empreint dans tous les ouvrages de la première moitié du dix-septième siècle, avec toutes les imperfections qui marquent cette époque rude encore de la langue et de la littérature française. Il y a en effet deux parties bien distinctes dans le dix-septième siècle, celle de Richelieu, de Descartes de Corneille et de Pascal, et celle qui est plus particulièrement l'œuvre de la cour de Louis XIV et dont Racine est l'expression la plus accomplie. Dans l'une est une grandeur un peu négligée, dans l'autre un art charmant, quelquefois un peu raffiné. Les femmes qui appartiennent à la première moitié du dix-septième siècle n'écrivent point pour écrire ; quand elles prennent la plume, ce n'est pas pour le public, c'est par quelque nécessité, et leur style, comme leur conversation ordinaire, est rempli de négligences, même d'incorrections ; car la langue qu'elles parlent n'est pas fixée. Elles ne savent ni choisir entre leurs pensées, ni leur donner ce tour heureux, cette précision et cette élégance devenues presques vulgaires à la fin du siècle, grâce au concours de tant de beaux génies. Mais leur esprit qui avait touché à toutes les grandes choses, politique et religion, ambition mondaine et sainte pénitence, est infiniment plus fort, plus libre et d'une qualité bien autrement rare que celui de toutes les femmes nées ou formées après la Fronde, et sous l'impression particulière du goût de Louis XIV devenu celui de la France entière. Comment mettre en parallèle des âmes et des esprits comme Jacqueline Pascal, la princesse palatine, la mère Angélique Arnauld, avec Mme de Maintenon et Mme Lambert ! L'incomparable marquise, née et formée dans la première époque, se développe et s'épanouit dans la seconde ; son cœur est avec la première, son génie en vient ; la seconde lui a donné sa politesse sans ôter rien à sa vigueur et à sa verve originale. Mme de Longueville était dans tout son éclat sous la Fronde; depuis, elle n'a vécu qu'aux Carmélites ou à Port-Royal : son goût était achevé et arrêté vers 1650. Ne lui demandons point les qualités qu'elle ne pouvait avoir, mais reconnaissons dans le petit nombre de pages qui nous restent d'elle les dons admirables qui en faisaient une des créatures les plus séduisantes, infiniment d'esprit, un mélange charmant de vivacité et de langueur, une délicatesse poussée jusqu'à la subtilité, et de loin en loin des éclairs de génie. Le morceau précieux, conservé dans le *Supplément au nécrologe de Port-Royal*, contient des phrases et même des demi-pages du plus haut prix. Pour dire toute ma pensée, j'y trouve une trempe d'esprit fort supérieure à celle de Mme de la Fayette, excepté bien entendu la correction et l'élégance d'une plume exercée. La période y est longue et souvent embarrassée, comme dans plusieurs endroits de Descartes, de Corneille, et de Pascal lui-même quand il n'écrit pas pour le public. Mais au milieu de ces tâtonnements d'une personne qui ne sait pas encore écrire et qui lutte avec sa pensée pour l'exprimer avec vérité et clarté, que de tours heureux, que d'expressions trouvées, quelle énergie et quelle mollesse, que d'âme et d'esprit tout ensemble ! M. Sainte-Beuve, dans un portrait ingénieux de

Mme de Longueville[1], a déjà fait remarquer qu'une grande finesse est au fond de ces longues phrases; mais il faut ajouter qu'à côté de cette finesse de l'écolière de la Rochefoucauld et sous l'humilité de la pénitente de M. Singlin se rencontre quelquefois une certaine hauteur qui rappelle la sœur du grand Condé. Qu'on nous permette de donner ici quelques fragments de cette pièce pleine d'intérêt :

... « Au commencement de ma retraite, j'ai été un peu effrayée d'entrer dans une voie plus étroite; mais néanmoins j'ai senti un certain soutien intérieur qui m'a imprimé le contraire du découragement. Plus j'ai été en avant dans cette retraite, moins je m'y suis ennuyée. J'ai eu, ce me semble, une vue assez forte, que ma vie a été fort inutile; je dis depuis que j'ai voulu servir Dieu; car auparavant elle mérite un autre nom. Je me suis donc sentie attirée à une plus grande séparation, non-seulement par une persuasion où je me suis trouvée que c'est le chemin par lequel je dois marcher à l'avenir, mais encore par une pente à suivre cette lumière avec une facilité fort grande. Il y avoit longtemps que je cherchois (ce me sembloit) la voie qui mène à la vie, mais je croyois toujours de n'y être pas, sans savoir pourtant précisément ce qui étoit mon obstacle; je sentois qu'il y en avoit entre Dieu et moi, mais je ne le connoissois pas, et proprement je me sentois comme n'étant pas à ma place; et j'avois une certaine inquiétude d'y être, sans pourtant savoir où elle

---

[1] *La Bruyère et la Rochefoucauld, madame de la Fayette et madame de Longueville*, 1842.

étoit ni par où il la falloit chercher. Il me semble au contraire, depuis que je me suis mise sous la conduite de M. Singlin, que je suis proprement à cette place que je cherchois, c'est-à-dire à la vraie entrée du chemin de la vie chrétienne, à l'entour duquel j'ai été jusques ici. Il me paroît donc que je n'ai plus qu'à marcher sous l'obéissance à laquelle je me suis engagée, et que, pourvu que je sois fidèle à aller à Dieu et à beaucoup fuir les créatures, Dieu donnera sa bénédiction à cette nouvelle conduite.

... « Il me semble que cette sorte de crainte de Dieu, dans laquelle je suis toujours, depuis que j'ai songé par sa grâce à mon retour vers lui, qui me porte plutôt à le regarder comme mon juge et comme mon juge rigoureux que comme mon Dieu, s'est un peu amoindrie, et a comme laissé la place à quelque autre mouvement qui me sembloit fort nouveau et qui me dilatoit un peu le cœur, le tirant de ce serrement où il est quasi toujours quand il pense à Dieu, ce qui (ce me semble aussi) me donnoit une certaine facilité d'aller à lui et de demeurer en sa présence contraire à la manière où je me trouve ordinairement, c'est-à-dire m'y tenant à force de bras, s'il faut dire ainsi, ce qui fatigue l'âme et la rend plus susceptible après de se dissiper dans les choses inutiles pour se délasser. Cette facilité ne consistoit pas à me donner plus de pensées, ou à entretenir mon esprit de plus grandes lumières, mais à me pacifier le fond de l'âme, et à me faire tenir en la présence de Dieu, comme en un lieu qui me devenoit plus naturel, et, si on l'ose dire ainsi, avec l'aisance qu'on a quand on est avec son ami, ce qui est justement le contraire de ce que j'ai accoutumé de sentir quand je m'applique à penser à Dieu ou à la prière. Cette manière d'occupation a duré quelque quart d'heure, il me semble, ou un peu plus. »

... « En recevant une lettre de M. Singlin, qui m'a paru

fort grosse, et qui par là me faisoit espérer bien des choses de cette part, qui est présentement ce qui m'occupe, je l'ai ouverte rapidement, comme ma nature me porte toujours à mon occupation d'esprit; comme au contraire (je dis ceci pour me faire connoître) elle me donne une si grande négligence et froideur pour ce qui n'est pas mon occupation présente, qui est toujours forte et unique en moi, que c'est ce qui me fait croire violente et emportée aux uns, parce qu'ils m'ont vue dans mes passions ou même dans mes plus petites inclinations et pentes, et à d'autres lente et paresseuse, morte même, s'il faut user de ce mot, parce qu'ils ne m'ont pas vue touchée de ce dont je l'ai été soit en mal, soit en bien. C'est aussi pourquoi l'on m'a définie comme si j'eusse été deux personnes d'humeur même opposée, ce qui a fait dire quelquefois que j'étois fourbe, quelquefois que j'étois changée d'humeur, ce qui n'étoit ni l'un ni l'autre, mais ce qui venoit des différentes situations où on me trouvoit. Car j'étais morte, comme la mort, à tout ce qui n'était pas dans ma tête, et toute vivante aux moindres parcelles des choses qui me touchoient : j'ai toujours le diminutif de cette sorte d'humeur, et je ne m'y laissé que trop dominer. » ....

.... « J'ai omis de dire, sans le vouloir pourtant, à M. Singlin, que l'amour du plaisir a partagé mon âme avec l'orgueil, durant les jours de ma vie criminelle. Quand je dis du plaisir, c'est-à-dire de celui qui a touché mon esprit, les autres naturellement ne m'attirant pas; et ces deux misérables mouvements ont été si bien d'accord ensemble qu'ils ont été durant ces misérables jours les principes de toutes mes conduites; j'ai toujours mis ce plaisir, que je cherchois tant, à ce qui flattoit mon orgueil, et proprement à me proposer ce que le démon proposa à nos premiers parents, *vous serez comme des dieux;* et cette parole, qui fut une flèche qui perça leur cœur, a tellement blessé le mien, que le sang coule encore de cette profonde plaie et coulera longtemps, si Jésus-Christ, par sa grâce, n'arrête ce flux de sang...

.... « Je me mis donc à genoux, et lus cettte lettre (*la lettre de M. Singlin*) en cet état, et avec une disposition d'invocation, demandant à Dieu qu'il gravât dans mon cœur les saintes instructions qu'il me faisoit donner. Elles me touchèrent extrêmement selon ma foible manière de sentir le bien, et je me suis donnée beaucoup à Dieu pour entrer vraiment dans la voie qui m'est marquée par là. J'ai aussi senti (ce me semble) un grand désir de m'humilier par la confession que je suis sur le point d'achever ; et j'ai eu (ce me semble) un assez grand mouvement d'humiliation, en considérant qu'il faut retoucher à mes plaies et remuer encore ce fumier-là........................

... « Ce n'est pas que je ne reconnusse bien que l'orgueil avoit été le principe de tous mes égarements ; mais je ne le croyois pas si vivant qu'il est, ne lui attribuant pas tous les péchés que je commettois ; et cependant je vois bien qu'ils tiroient tous leur origine de ce principe-là. Cette découverte m'a menée jusque sur le bord de la tentation du découragement ; et regardant tout ce qui a paru dans ma pénitence comme un état qui mérite une nouvelle pénitence, puisqu'assurément il a déplu à Dieu, j'ai été dans quelque espèce de serrement de cœur, me considérant comme saint Pierre *qui avoit travaillé toute la nuit sans avoir rien pris*, et considérant mes plaies, je les ai trouvées si incurables, les violents remèdes qui devoient guérir mon orgueil ne les ayant qu'à peine affaiblies, que sans cette parole de notre Seigneur à ses apôtres : *Ce qui est impossible à l'homme est possible à Dieu*, il est assuré que je serois tombée dans le découragement et dans la tristesse. J'ai appréhendé même que le seul endroit de mon âme qui paroît sain, qui est cette docilité qui fait que j'avoue mes péchés et que je me soumets à tout ce qu'on m'ordonne pour les guérir, ne fût aussi malade que ce qui le paroissoit, et que cette même docilité ne vînt aussi comme tout le reste de mon orgueil qui se transforme, s'il le faut ainsi dire, en ange de lumière pour avoir de quoi vivre. Je crains donc d'être docile en apparence, parce qu'en obéissant on plaît, et on regagne par là l'estime qu'on a perdue par la découverte de tous ses crimes; on attire par cette qualité ce qu'on a perdu par les autres; enfin, on se conforme à ce qu'on estime pour en être après estimée....

.... « J'oubliois de dire qu'hier il me fut mis deux choses dans l'esprit..., l'une et l'autre fort courtes, et cela me fit l'effet d'un rideau qu'on tireroit devant mes yeux, qui fut refermé à l'heure même que la chose qui me fut montrée eût fait son effet dans mon cœur et dans mon esprit. La première de ces choses fut que la mort étoit souhaitable, puisqu'elle nous tiroit de la nécessité de pécher et de déplaire à Dieu; la seconde fut qu'on seroit dans la vraie félicité, si on n'en cherchoit nulle, ni grande ni petite, dans les créatures, mais seulement en Dieu. Mon cœur goûta ces deux choses en même temps que mon esprit les vit, et il les vit comme si j'avois vu quelque chose de sensible par le ministère des yeux, et, comme je viens de dire, comme si on m'avoit tiré un rideau qu'on auroit retiré au même temps et au même moment, et je demeurai persuadée de ces deux choses pour les avoir vues et senties, mais ne les voyant et ne les sentant plus... »

...« Je veux dire que je me le figure en partie pour m'attirer le plaisir de connaître qu'on croit plus de bien de moi que ne je pensois, et c'est même un artifice de mon amour-propre et de ma curiosité de me pousser à me dépeindre défectueuse, pour savoir au vrai ce que l'on croit de moi, et satisfaire par même voie mon orgueil et ma curiosité. Mais comme on dit que je manque en me jugeant, je ne veux donc pas me juger là-dessus, mais seulement exposer mes pensées, afin qu'on les méprise, si elles le méritent, ou qu'on fasse attention à ne me point tant rassurer, si on juge que je puis ne me pas tromper dans le jugement que j'ai fait de moi-même... »

... « Il m'est venu encore une pensée sur moi-même, c'est que je suis fort aise par amour-propre qu'on m'ait ordonné d'écrire tout ceci, parce que sur toute chose j'aime à m'occuper de moi-même et à en occuper les autres, et que l'amour-propre fait qu'on aime mieux parler de soi en mal que de n'en rien dire du tout. J'expose encore cette pensée, et la soumets en l'exposant, aussi bien que toutes les autres. »

Mais tous ces extraits déjà bien longs ne donnent qu'une idée très-imparfaite du caractère à la fois subtil et grand de cette pièce importante, et selon moi il conviendrait de la publier de nouveau tout entière, en y joignant les lettres que nous allons faire connaître.

Commençons par celles de la première classe, qui sont adressées aux Carmélites.

Nous supposons que le lecteur a sous les yeux Villefore, et qu'il place toutes ces lettres dans le cadre des événements bien connus de la vie de Mme de Longueville.

I

Les premières lettres que nous rencontrons dans notre manuscrit remontent jusqu'à l'année 1650, où Mme de Longueville, après ses aventures de Normandie, retirée à Stenay avec Turenne, perdit presque en même temps et sa fille en très-bas âge, et sa mère la princesse de Condé, pendant que ses deux frères, le prince de Condé et le prince de Conti, étaient en prison. Sans cesse Mme de Longueville avait les yeux tournés vers le couvent des Carmélites de Paris, où depuis bien longtemps la belle Mlle du Vigean, son amie intime, avait trouvé un asile contre les séductions du monde et les vicissitudes de la fortune. Jadis elle avait plu au duc d'Enghein depuis prince de Condé [1]. Mais leurs amours avaient été arrêtés par Mme de Longueville, alors Mlle de Bourbon, qui troubla leur commerce, et entraîna son amie aux Carmélites. Celle-ci était alors sous-prieure du grand couvent de Paris.

A LA RÉVÉRENDE MÈRE DES CARMÉLITES DU GRAND
COUVENT DE PARIS [2].

Ce 28 juin 1650.

« Je ne puis douter que vous n'imploriez la miséri-

[1] Voyez la vie de madame de Longueville, t. I, p. 33.
[2] Ce billet n'est pas dans Villefore.

corde de Dieu sur l'état où il m'a réduite; il en a fait une si grande à ma fille en la tirant du monde avant que de lui en avoir fait éprouver l'amertume, que je n'ai senti pour sa perte que ce que l'on ne peut refuser à la nature. Je ne doute point que vous ne l'ayez parmi vous [1]; et, plût à Dieu, ma chère Mère, y avoir eu une pareille retraite ou celle qu'il m'y avoit tant fait désirer! »

A LA MÊME [2].

Ce 14 décembre 1650.

Je reçus hier tout à la fois trois de vos lettres, dont la dernière m'apprend notre commune perte : vous jugez bien en quel état elle me doit mettre, et c'est mon silence, plutôt que mes paroles, qui doit faire connoître ma douleur. J'en suis accablée, ma très-chère, et c'est ce coup-là qui ne trouve plus de force dans mon âme. Il y a des circonstances si cruelles que je n'y puis penser sans mourir, et je ne puis néanmoins penser à autre chose. Cette pauvre princesse est morte au milieu de l'adversité de sa maison, abandonnée de tous ses enfants, et accompagnée seulement des tourments et des peines qui ont terminé sa malheureuse vie; car enfin ce sont les maux de l'esprit qui ont causé ceux du corps, et je tiens par là cette mort plus dure que si elle avoit été causée par les gênes et par les supplices corporels. Elle m'en laissera d'éternels dans l'esprit, et

---

[1] Il paraît que la fille de madame de Longueville fut enterrée aux Carmélites. C'est là du moins que fut inhumée la princesse de Condé, sa mère.

[2] Villefore donne cette lettre, t. I, p. 183. Il y a de petites variantes que nous ne relèverons pas. Le texte que nous donnons est préférable à celui de Villefore, où le style de madame de Longueville est entièrement défiguré.

elle me laisse au point de ne pas sentir le bonheur, quand même il m'en viendroit quelqu'un, puisque ma pauvre mère ne l'aura pas partagé avant que de sentir l'amertume de son heure dernière. Je ne sçais aucunes des particularités qui l'ont accompagnée, et je m'adresse à vous pour vous conjurer de me les vouloir apprendre bien exactement. C'est en m'affligeant que je me dois soulager. Ce récit fera ce triste effet, et c'est pourquoi je vous le demande; car enfin vous voyez bien que ce ne doit point être le repos qui doit succéder à une douleur comme la mienne, mais un tourment secret et éternel, auquel aussi je me suis préparée et à le porter en la vue de Dieu et de ceux de mes crimes qui ont appesanti sa main sur moi. Il aura peut-être pour agréable l'humiliation de mon cœur et l'enchaînement de mes misères profondes. Vous les adoucirez un peu, si je puis espérer de votre amitié la part que la personne que nous regrettons en possédoit, et c'est le plus précieux de ses héritages pour moi. J'ose vous assurer, et je dis cela pour toutes celles de chez vous à qui elle étoit chère, que si je suis indigne, par le peu que je vaux, de ce que je demande, je le mérite au moins par ma tendresse pour vous, qui augmente, ce me semble, par la triste et nouvelle liaison que notre perte nous fait faire.

Adieu, ma chère Mère, mes larmes m'aveuglent, et si c'étoit la volonté de Dieu qu'elles causassent la fin de ma vie, elles me paroîtroient plutôt les instruments de mon bien que les effets de mon mal. Adieu, encore une fois, ma chère, soyez assurée, pour vous et pour toutes nos amies, que j'hérite de l'amitié que celle qui n'est plus vous a portée, et que je la regarderai toute ma vie en vous.

Les princes sortirent de prison et firent leur paix avec la cour. Mme de Longueville revint à

Paris où elle eut un dernier moment d'éclat. Même pendant cette courte prospérité, elle songe toujours aux Carmélites :

A LA MÈRE MARIE DE JÉSUS, CARMÉLITE AU GRAND COUVENT DE PARIS [1].

« Je pense que Dieu m'ayant donné au commencement de ma vie tout ce dont j'avais besoin pour me faire goûter le repos et la tranquillité des saints, veut, pour punir mes infidélités, que j'éprouve tout le malheur qui peut être attaché aux conditions qui m'ont éloignée de celle où il me demande. J'ai cette pensée si gravée dans l'esprit que si avec elle je n'y conservois fortement l'espérance que Dieu me ramènera un jour chez vous à l'abri de tous ces orages du siècle, je pense que je succomberois tout à fait à ceux qui me persécutent. Je vous demande, ma chère Mère, par toute votre charité pour moi, présente et passée, de renouveler vos ferventes prières pour avancer ce temps de bénédiction et de joie. La sainte que vous venez de perdre sera volontiers mon intercesseur, et comme sa bonté pour moi étoit grande, j'en attends celle-là encore. J'espère en celle de Dieu qu'il nous rendra notre mère, et je la veux trouver chez vous, à quelque prix que ce soit [2]. Conservez-vous aussi pour cette saison bienheureuse ; car enfin il faut que vous consommiez l'œuvre que Dieu a commencé pour vous ; je ne respire autre chose. »

---

[1] Cette lettre n'est pas dans Villefore.
[2] Il s'agit de la princesse de Condé morte en effet fort saintement, protectrice du couvent des Carmélites, et qui y était inhumée.

Mais la paix apparente entre la cour et les princes ne dura pas : Mme de Longueville se jeta avec ses frères dans les horreurs de la guerre civile. Tandis que le prince de Condé manquait de périr avec le duc de Larochefoucauld au combat de Saint-Antoine, elle, avec le prince de Conti, tenait à peine dans Bordeaux. Ses coquetteries avec le duc de Nemours lui avaient fait perdre le duc de la Rochefoucauld qui s'était tourné contre elle, et ce brillant duc de Nemours l'avait bien vite oubliée pour la duchesse de Montbazon ; puis il venait d'être tué en duel par le duc de Beaufort. Ainsi ses affaires et celles de son parti étaient ruinées, et elle souffrait à la fois et dans son orgueil et dans sa tendresse. Ce fut là le dernier coup ; tout lui manquant à la fois dans ce monde, elle se tourna vers Dieu et songea sérieusement à changer de vie.

A LA RÉVÉRENDE MÈRE AGNÈS DES CARMÉLITES DU GRAND COUVENT DE PARIS [1].

De Bordeaux, ce 11 juin 1653.

« Je ne désire rien avec tant d'ardeur présentement que de voir cette guerre-cy finie pour aller me jeter avec vous pour le reste de mes jours. Je ne puis le faire qu'après la paix, pour le malheur de ma vie qui m'a été donnée seulement pour me faire éprouver ce qu'il y a au monde

[1] Villefore donne une grande partie de cette lettre.

de plus aigre et de plus dur. Ce qui me fait résoudre à ce que je viens de vous dire, c'est que si j'ai eu des attachements au monde, de quelque nature que vous les puissiez imaginer, ils sont rompus et même brisés. Cette nouvelle ne vous sera pas désagréable. Je prétends qu'elle aille jusqu'à la Mère.... et à ma sœur Marthe de Jésus, et que pour me donner une sensibilité pour Dieu que je n'ai pas encore, et sans laquelle je ferois pourtant l'action que je vous ai dite, si la paix étoit faite, vous me fassiez la grâce de m'écrire souvent et de me conforter dans l'horreur que j'ai pour le siècle.

« Mandez-moi quels livres vous me conseillez de lire. »

Voilà la conversion de Mme de Longueville commencée; mais dès qu'elle pense à Dieu, c'est pour s'effrayer de ses fautes et tomber dans d'excessives délicatesses de conscience; tout en soupirant après le couvent des Carmélites, elle craint de ne désirer cette retraite que pour son repos et non pour son salut. Avant de quitter Bordeaux, elle écrit à la mère Agnès la lettre suivante :

« Voilà, ma chère Mère, comme mes bonheurs sont faits; car ce qui, selon le monde, paroît avantageux pour moi, est ce qui cause mon vrai accablement. Mais il est juste que je sois récompensée comme je le suis du siècle que j'ai préféré à Dieu. Je le connois avec remords; mais c'est un remords inutile et comparable par là au remords éternel qui fait la peine des damnés. Au nom de Dieu, ma chère Mère, obtenez de lui cette différence qu'il finisse dans le temps, et qu'il m'en reste assez pour satisfaire, autant que je le pourrai, à sa justice par une pénitence volontaire. Mais, mon Dieu, comme cette pénitence dont je parle est une retraite qui flatte même mon amour-propre, j'ai grand sujet de craindre de n'en obtenir pas la grâce, et que comme je cherche plus Dieu comme agréable et comme le monde ne me l'étant plus, que comme le premier doit être recherché et le dernier évité, c'est-à-dire sans admettre les sens dans cette recherche et dans cette fuite, Dieu me refuse ce que je ne désire que pour l'amour de mon repos et non pour la considération de sa grâce. Mais, ma chère Mère, je n'aurois jamais fait si je voulois dire toutes les pensées qui troublent et accablent mon esprit; ma santé ne me permet pas une si longue et si triste narration; il suffit que je vous dise que mes besoins sont pressants [1].

M. de Longueville, qui s'était depuis quelque temps séparé de son beau-frère et servait fidèlement le roi, obtint de la cour que sa femme viendrait le rejoindre dans son gouvernement de Normandie. Elle quitta donc Bordeaux, se rendit à Moulins auprès de sa tante, Mme de Montmorency, la veuve de celui qui avait été décapité à Toulouse et qu'elle avait tant pleuré à l'âge de treize ans. M. de Longueville vint la trouver à Moulins, et la conduisit dans son gouvernement, où, comme dit Villefore (t. II, p. 9), elle s'enveloppa dans les devoirs domestiques et s'abandonna aux rigueurs de la pénitence. Voici quelques lettres de cette époque de sa vie.

[1] Villefore ne donne que la dernière phrase : *je n'aurois jamais fait...*, etc.

A LA RÉVÉRENDE MÈRE AGNÈS [1].

Ce 4 janvier 1654.

« Hélas! ma pauvre Mère, les engagements de ce monde ne sont-ils pas cruels, puisqu'ils ôtent même les moyens de s'en tirer à sa mode, et qu'en quittant ce même monde, il faut choisir le lieu par lequel on s'en sépare par des considérations politiques et point du tout par celles que Dieu inspireroit! C'est un furieux effet de ma mauvaise destinée de ne pouvoir pas dans ma retraite suivre la vie que je souhaiterois, ou, pour mieux dire, la passer avec qui je voudrois; enfin choisir les compagnes de ma solitude, selon mon goût spirituel et naturel. Si j'avois cette liberté, je ne vous dis point quelles seroient ces personnes-là, car je pense que vous le devinerez sans peine; mais il faut souffrir dans tous mes différents genres de vie, et je pense qu'il n'y a pour moi que celle du ciel qui puisse être exempte de peine. Demandez à Dieu que je porte comme il le veut celles qu'il m'envoye, et que cette année ne soit employée qu'à la pénitence que je dois faire de tout le passé. J'ai une grande et sérieuse envie de l'employer à cela; mais si Dieu ne fait en moi ce que je lui demande, vous savez bien que je ne le ferai pas. Ainsi, ma pauvre mère, demandez-lui bien cette miséricorde pour moi. »

A LA RÉVÉRENDISSIME MÈRE AGNÈS [2]. (*On croit que c'est la Carmélite.*)

Ce 10 septembre 1654.

Je suis si accoutumée au malheur, que, pourvu qu'il ne

[1] Cette lettre n'est pas dans Villefore.
[2] Villefore donne cette lettre avec des variantes malheureuses.

regarde que moi, je suis présentement disposée à le souffrir, si ce n'est avec patience, c'est du moins avec un calme d'esprit qui en approche quasi; mais j'avoue que je ne me trouve plus dans la même tranquillité quand les maux qui m'attaquent attaquent aussi M. mon frère. Ainsi vous avez eu raison de me plaindre dans la dernière occasion qui m'a donné du chagrin, puisqu'elle est d'une conséquence très-fâcheuse pour M. le prince. Ma fortune est si dépendante de la sienne, que je ne doute point que ce coup n'altère furieusement le bon état où mes affaires paroissoient quand Dieu nous l'a donné; je ne sçais pas encore néanmoins l'effet qu'il aura eu pour moi en particulier; car M. de la Croisette [1] n'a point vu la cour depuis cette aventure. Elle paroissoit notablement adoucie pour moi; mais vous jugez bien que ce succès [2] aura fort changé ses bonnes dispositions; au moins, je m'y attends et je m'y prépare. J'ai tant manqué à Dieu qu'il est juste qu'il me punisse, et je crois si bien que ses châtiments sont des conseils de miséricorde sur mon âme qu'ils sont fort adoucis par cette vue que Dieu me fait la grâce de me donner [3]. Priez-le qu'il me la rende utile, et que je fasse bon usage de mes malheurs et des lumières qu'il répand dans mon esprit. Je vous rends mille grâces de toutes celles que vous nous avez faites en priant pour nous. Continuez, je vous supplie, à demander à notre Seigneur pour nous le bon usage de nos malheurs; je dis nous, car j'y comprends M. mon frère. Il n'est pas possible de souffrir

[1] Villefore : M. de la Crérette, gouverneur de Caen.
[2] L'armée royale força les Espagnols commandés par le prince de Condé à lever le siége d'Arras.
[3] Toutes les fois qu'il y a dans madame de Longueville une période embarrassée, et rien ne lui est plus ordinaire, Villefore coupe la période et en fait plusieurs phrases.

qu'un si grand homme soit toujours malheureux, et puisque Dieu a permis qu'il le fût dans le temps, demandez-lui au moins qu'il ne le soit pas dans l'éternité; tout de bon, je vous demande des prières particulières pour sa conversion.

A LA MÈRE SOUS-PRIEURE DES CARMÉLITES [1].

De Rouen, ce 26 novembre 1655.

Je ne me figure plus d'autre satisfaction en ce monde que celle de me retrouver au couvent de l'incarnation; mais il suffit que ce m'en fût une très-sensible pour n'être pas en état de l'espérer. Je prie Dieu qu'il me fasse faire usage de cette privation. Demandez-la avec moi, je vous en conjure, et renouvelez en ce saint temps où nous allons entrer, votre ferveur pour l'avancement de mon âme dans ces saintes voyes. Il quitte le sein de son père pour s'approcher des pécheurs, et pour les venir tirer de leurs iniquités. Priez-le, ma chère mère, que moi qui suis de ce misérable nombre, je marche tout de bon vers lui, puisqu'il daigne m'appeler d'un pays si éloigné où mes égarements m'avaient conduite.

A LA MÊME.

De Rouen, ce 9 février 1656.

Je ne puis m'accommoder de toute autre maison religieuse; je vous conjure de m'avancer le bonheur de me trouver dans la vôtre par vos prières, et de les employer à obtenir de Dieu mon entière conversion vers lui, et la rupture de mes liens intérieurs et extérieurs, puisqu'il est diffi-

---

[1] Cette lettre n'est pas dans Villefore.

cile d'aller à lui quand on a tant d'obstacles et de partage. J'ay été si uniquement au monde quand je l'ai aimé, et j'y ai employé une si grande partie de ma vie qu'il est bien humiliant que celle qu'on voudroit donner à Dieu soit si partagée. C'est la peine de mes égarements, et je prie Dieu de me la faire prendre en esprit de pénitence. J'espère que vous m'y aiderez, et j'attends de votre amitié que vous m'attirerez cette miséricorde de notre Seigneur [1].

A MADAME LA MARQUISE DE GAMACHES [2].

De Paris, le 5 janvier.

J'ay bien de la joye de la bonne résolution de ***. Je travaille de mon côté à ne la pas laisser languir chez ces bonnes filles. Si cela dépendoit de moi, c'en seroit plutôt fait; mais elle veut bien que je lui dise que ce n'est pas à elle, qui pense à entrer dans l'église, à s'ennuyer des choses qu'elle sera nécessitée de faire pour avoir ce bien-là; car en changeant de foy il faut changer de mœurs et de sentiments, et commencer à apprendre que toutes les peines qui nous conduisent à Dieu nous doivent paraître légères. Si Dieu lui fait la grâce d'exécuter le bon dessein qu'il lui a inspiré, il ne faut pas qu'elle craigne tant de s'ennuyer, parce qu'il ne faut pas songer à se divertir quand on veut tout de bon se donner à Dieu. L'esprit de l'église catholique n'est pas tel; il faut être disposée, quand on y entre, à souffrir pour acquérir ce bien-là de plus grands maux que l'ennuy.

---

[1] Villefore donne la fin de cette lettre : *J'ay été si uniquement au monde*, etc.

[2] N'est pas dans Villefore.

A LA MÊME.

De Rouen, le 6 février.

Vous faites le mieux du monde de vous défaire des assemblées; cela n'est bon à rien, et refroidit assurément l'esprit de dévotion. Nous avons une nature qui nous porte si fort au relâchement, que nous ne devons rien faire pour la fortifier dans sa pente pour les choses sensibles. Je serois heureuse si mes maux venoient du principe que vous leur donnez. Qu'une maladie causée par la pénitence seroit une grande santé à l'âme! Mais vraiment je n'en suis pas là [1].

A MADEMOISELLE D'EPERNON, RELIGIEUSE CARMÉLITE DU FAUBOURG SAINT-JACQUES, DITE SOEUR ANNE MARIE DE JÉSUS [2].

Du 17 mars 1656.

Gaufecourt s'en allant à Paris, je ne puis le laisser partir sans le charger de cette lettre, qui vous témoignera la joye que j'ai toujours en recevant des vôtres. De plus, votre dernière nous apprend une trop bonne nouvelle pour votre monastère pour ne m'en pas réjouir avec vous, je veux dire la seconde élection de votre mère. C'est une si grande bénédiction pour vous que la continuation de sa conduite, qu'on ne peut trop en sentir de joye quand on est aussi lié

---

[1] Villefore donne cette phrase : *qu'une maladie causée par la pénitence*, etc.

[2] Villefore donne une partie de cette lettre, depuis ces mots *je ne fais plus autre chose...*, etc., jusqu'à ceux-ci, *vos prières, ma chère sœur...*, et il joint ce fragment de lettre à celui d'une lettre différente.

que je le suis à votre maison. Je ne fais plus autre chose que de m'y souhaiter à tous les moments de ma vie, et je prends comme la punition de mes péchés la privation d'une chose où je vois plus que jamais mon salut attaché. Si je m'embarquois à vous dire tout ce que je pense là-dessus, je ne finirois jamais; je ne vous dirai donc plus qu'une chose sur ce sujet, qui est que comme l'amour des Carmélites était sorti de mon cœur avec celui de Dieu, je sens que ce dernier n'y peut revenir sans y ramener l'autre. Hélas! ce n'est pas que celui de Dieu y rentre bien fortement, et j'ai bien à m'humilier là-dessus; mais enfin, je désire de l'avoir, et j'abhorre, ce me semble, tout ce qui a tenu sa place tant d'années de ma vie. Mais après avoir quitté Dieu volontairement, il n'est pas juste que je le retrouve dans les premiers moments de la foible recherche que j'en fais, et pourvu qu'à la fin de ma vie je ne me trouve pas séparée de lui, c'est beaucoup pour moi. Vos prières, ma chère sœur, serviront à m'obtenir cette miséricorde et celle de prendre en esprit de pénitence la misérable vie que je fais présentement; je l'appelle misérable, non pas de ce qu'elle est privée de tout ce qui s'appelle consolation humaine, mais de ce que je fais le mal que je ne veux plus, et de ce que je ne fais le bien que je désire passionnément. Ceci est pour notre mère aussi bien que pour vous.

A LA SOEUR MARTHE DE JÉSUS [1].

De Trie, le 18 septembre.

Vous avez mieux deviné mes sentiments sur le sujet de

[1] Villefore donne un fragment de cette lettre avec des variantes que nous adoptons.

mademoiselle d'Épernon que vous n'avez fait sur le vôtre; car je vous confesse que depuis que j'ai appris sa retraite, je n'ai pas fait autre chose, je n'ose pas dire que murmurer, mais au moins que plaindre mon malheur. Je vous avoue que j'en vois mieux la grandeur que je ne l'ai jamais vue, et que le monde et ses engagements me sont des fardeaux insupportables; cependant il y faut demeurer et adorer même la Providence qui m'y a abandonnée. C'est un assez pitoyable état, et c'est tout ce que je puis faire dans les moments où je vois le plus clair de confesser que j'en mérite encore un pire; car, à mon sentiment, nul péché ne peut avoir une plus rude punition, et ce n'est que ma raison, et encore éclairée par la grâce de Dieu qui n'est pas tout à fait retirée de moi, qui me fait voir que mes infidélités méritent la peine qui me punit de les avoir eues. Vous êtes heureuse, ma chère sœur, d'avoir obtenu de Dieu un plus grand effet de sa miséricorde.

Quand le neveu de M*me* de Longueville, le petit duc de Bourbon, second fils du prince de Condé, mourut, elle écrit ainsi sur cet événement à son amie la sous-prieure des Carmélites :

De Trie, ce 28 septembre [1].

Vous avez bien raison, ma chère mère, de ne vous point affliger avec moi de la perte de mon neveu, puisque l'esprit de la foi doit empêcher les chrétiens de plaindre comme morts ceux qu'elle leur apprend qui sont vivants pour l'éternité. Cet enfant est bien heureux sans doute d'avoir

[1] Villefore donne cette lettre en lui prêtant un style plus moderne.

été tiré du siècle devant que d'avoir participé à sa malignité. Celles qui comme nous n'ont pas été jugées dignes par le profond jugement de Dieu d'une pareille grâce, doivent bien s'humilier en sa présence des crimes qui leur préparoient un sort tout contraire, si la miséricorde de Dieu ne leur en fait faire une pénitence proportionnée à leurs péchés. Vous devez bien louer celui qui vous a tirée du milieu de ceux qui ne la font point et qui la devroient toujours faire, pour vous introduire dans sa maison, où vous en faites une si sérieuse et si continuelle. Pour moi, qui n'ai que votre malheur et qui n'ai pas sa réparation, jugez où je dois avoir mon refuge, où se doivent mettre les pécheurs, puisque le juste est à grand'peine sauvé. Implorez, ma très-chère sœur, les grandes compassions de Jésus-Christ sur mes misères, et lui dites pour moi un certain passage d'un prophète, non pas par ses justices, mais par vos grandes compassions. C'est en cela seul que j'espère, et c'est cela que j'attends que la charité et l'efficacité de vos prières m'obtiendront.

A LA MÊME.

De Rouen, ce 1er février 1659[1].

Je loue Dieu de l'entrée de mademoiselle d'Albret; elle est bien heureuse en toute façon d'avoir si peu participé au siècle, et d'aller pourtant faire une si grande pénitence. Elle aura cet avantage dans la sienne, qu'elle la fera avec plus de conformité à celle de Jésus-Christ, qui l'a faite étant non-seulement innocent, mais l'innocence même. Ainsi, en ayant assurément beaucoup, elle fera pénitence en sainte et non pas en pécheresse. A propos de pénitence

[1] Villefore donne plusieurs morceaux de cette lettre.

j'ai trouvé un passage de saint Grégoire qui définit admirablement ce que c'est; je vous l'envoie pour mettre dans votre bréviaire. Je vous prie de ne le voir point sans demander à Dieu qu'il m'inspire ces sentiments dont j'ai tant besoin, et qu'il me donne en cela ce qu'il me commande. J'ai encore pensé sur cette entrée que cette pauvre fille va faire comme Jésus-Christ, qui s'en alla au désert après son baptême; ainsi, pour conserver l'innocence du sien et non pour la réparer, elle entre dans le désert des carmélites. Dieu n'a pas fait ainsi à toutes les nations, et cela m'humilie bien sous sa justice qui m'a livrée au siècle à cause de mes infidélités.

A peu près vers cette époque le prince de Condé tomba dangereusement malade. La France entière prit le plus vif intérêt à sa maladie. Le danger passé, Mme de Longueville fut accablée de compliments qui la touchèrent beaucoup moins que les vœux fervents adressés à Dieu par ses chères Carmélites. Elle remercie avec effusion l'ancienne amie de son frère.

A LA MÈRE SOUS-PRIEURE.

De Méru, ce 14 décembre.

L'accablement des compliments de toute la France m'a empêchée de faire réponse à votre première lettre jusqu'à ce que j'aie reçu la seconde. Les sentiments de toutes les deux sont si obligeants que je n'ai point de paroles qui vous puissent exprimer ce qu'elles ont produit dans mon cœur. Vous jugez bien que j'eusse par conséquent été beaucoup plus aise de vous entretenir que de répondre à 3,000 gens qui ne se soucient ni de M. mon frère ni de moi ; mais c'est là un désordre de la vie où l'on ne fait pas ce que l'on voudroit le plus faire [1]. Mais à cette heure que j'ai un peu de relâche, je vous témoignerai qu'on ne peut être plus reconnoissante que je le suis de vos douleurs et de vos joies, et plus encore de vos prières pour M. mon frère ; puisque je crois que rien n'a plus fléchi la colère de Dieu, qui étoit prête à nous punir le plus grièvement que nous pouvions l'être en ce monde, que les vœux et les prières de votre monastère. Il est question à cette heure de lui obtenir de la miséricorde de J.-C. quelque chose de plus excellent que la vie temporelle ; je veux dire sa conversion qui couronneroit notre joie. Travaillons, ma chère mère, pour acquérir celle qui ne nous sera point ôtée, et qui par là est préférable à toutes les périssables que nous avons tant suivies, et qui ne nous ont laissé que le chagrin, le remords et la tristesse. Demandons à Dieu qu'il nous ôte celle du siècle qui n'opère que la mort, mais qu'il nous inspire celle d'un cœur contrit et humilié, que Dieu ne méprise point, à ce que nous assure un saint à qui il en a donné une remplie de la vraie et solide pénitence. Demandez-la à Dieu pour moi.

Viennent ensuite d'autres lettres à la même religieuse avec de touchants retours sur leur ancienne amitié dans le monde que la religion a épurée et fortifiée. Villefore ne donne pas un mot de ces trois lettres, parce qu'elles ne font allusion à aucun événement public ou particulier. Mais ce qui

[1] Villefore ne donne que ce commencement.

nous intéresse le plus aujourd'hui, ce n'est pas l'histoire extérieure de Mme de Longueville, c'est celle de ses sentiments et la peinture de son âme.

De Caen, le 16 octobre 1659.

J'ai bien de l'obligation à la fête de sainte Thérèse, puisqu'elle vous sert d'occasion de m'écrire et de me donner des preuves d'un des souvenirs dont il me reste quelque désir. Je me trouve si accablée du poids des péchés que m'a fait commettre celui d'occuper la créature de moi-même, que je vois avec plaisir tout ce qui me montre que les impressions que j'ai faites en elles s'effacent et deviennent à rien. Mais pour vous je n'ai pas les mêmes sentiments; car, comme notre amitié est rectifiée par la grâce de J.-C., qui nous lie plus solidement que n'ont fait jadis les liens de la chair et du sang, je suis ravie de voir que vous ne m'oubliez pas, puisqu'en même temps je suis assurée qu'en vous souvenant de moi, vous gémissez pour moi devant le Seigneur, et vous lui demandez que sa miséricorde s'applique à mes très-grandes misères. Je me fie bien que notre mère et vous les avez bien exposées à J.-C. dans la journée d'hier ; je la passai à votre couvent de Gisors.

Nous plaçons ici les deux lettres suivantes qui ne sont pas datées, à cause de l'analogie des sentiments qu'elles expriment avec ceux de la lettre précédente.

A LA RÉVÉRENDE MÈRE SOUS-PRIEURE DES CARMÉLITES
DU GRAND COUVENT DE PARIS.

A Coulommiers, ce 22 août.

Il est juste que notre amitié se rectifie et, qu'ayant été fondée sur des raisons trop séculières, pour ne pas dire quelque chose de pis, elle commence à cette heure à se sanctifier par le lien de la charité qui est le seul qui doit serrer l'amitié des chrétiens. Ceux à qui Dieu a fait la miséricorde de vouloir vivre comme des personnes honorées de cette qualité, doivent assurément se porter à l'amour de J.-C.; et plus elles se sont portées à celui du monde corrompu, plus en réparation de ce mauvais usage de leur amour doivent-elles se confirmer entre elles dans les sentiments où la pénitence les doit établir. Demandez à Dieu que je la fasse proportionnée à mes péchés, et qu'il me donne un cœur nouveau et un esprit nouveau pour l'aimer autant que j'ai aimé le monde. C'est à moi, ma chère mère à vous en faire réparation bien plus que vous à moi ; et comme mon mauvais exemple a peut-être été un des motifs de vos égarements, je crois vous devoir prier de me le pardonner pour l'amour de J.-C. qui m'a fait la miséricorde de vouloir lui consacrer le reste de ma vie pour réparation de ces commencements. Aidez-moi par vos prières.

A LA MÊME RELIGIEUSE.

De Caen, ce 4 mars.

Vous avez grande raison de louer Dieu de ce qu'il vous donne le moyen de n'être appliquée qu'à lui seul; car tout ce qui vous distrait de cette sainte attention est quelque chose de bien misérable ; mais puisque je le suis assez pour n'avoir pu mériter comme vous cette miséricorde, faites-moi celle de demander à Notre-Seigneur pour moi par sa sainte retraite qu'il mette mon cœur et mon esprit en solitude, puisqu'il ne m'a pas jugé digne d'y mettre mon corps.

II

LETTRES A PORT-ROYAL.

M. Singlin, directeur de Mme de Longueville, lui parlait souvent de Port-Royal, et après la mort du duc son mari, il lui donna pour amie Mlle des Vertus, de l'illustre maison de Bretagne et sœur puînée de Mme la duchesse de Montbazon. Il faut voir dans Villefore et dans les mémoires de Fontaine (t. II, p. 272) quelle avait été dans le monde Mlle des Vertus, quel éclat elle y avait jeté et combien dut être profonde la piété qui lui fit renoncer à tant de succès et à tant d'agréments. Rien ne fut plus touchant que le commerce de ces deux dames, autrefois si brillantes et devenues si pénitentes et si solitaires. Les deux amies avaient pour commun directeur M. Singlin ; après sa mort, elles se mirent entre les mains de M. de Sacy ; et quand il fut emprisonné à la Bastille en 1666, Mme de Longueville donna sa confiance à M. Marcel, curé de Saint-Jacques du Haut-Pas. C'étaient déjà de grands liens avec Port-Royal.

Lorsque la persécution tomba sur cette maison et dispersa les vertueux solitaires, Mme de Longueville donna un asile dans son hôtel à Arnaud, à Nicole et à l'abbé de Lalane. Enfin ce fut elle qui, avec M. de Gondrin, archevêque de Sens, entreprit de réconcilier Port-Royal avec Rome, et qui eut la meilleure part à ce qu'on appelle la paix de Clément IX, en 1669. Pour les détails nous renvoyons aux écrivains jansénistes et à Villefore. Celui-ci a connu évidemment la correspondance de Mme de Longueville avec diverses personnes de Port-Royal, surtout avec la mère Agnès Arnauld [1]. Mais il a fait encore moins d'usage de cette correspondance que de celle avec les Carmélites; à peine cite-t-il trois ou quatre de ces lettres, tandis qu'il y en a un bien plus grand nombre qui paraîtront ici pour la première fois. Malheureusement la plupart ne sont pas datées, et nous sommes condamnés à les placer dans un ordre assez arbitraire. Elles succèdent à peu près aux lettres adressées aux Carmélites, comme elles seront elles-mêmes remplacées par les lettres à M. Marcel.

[1] Trente-et-unième abbesse de Port-Royal, élue pour la troisième fois le 27 octobre 1658, morte le 19 février 1671.

LETTRE DE MADAME DE LONGUEVILLE, GENEVIÈVE DE BOURBON, A LA MÈRE AGNÈS ARNAULD, A P.-R. DES CHAMPS, SUR LE BREVET DE LA SOEUR DOROTHÉE [1].

Du 24 janvier 1667 [2].

Quand on est aussi peu avancé dans la voie de Dieu que je le suis, on est si peu accoutumé à regarder par les yeux de la foi les différents événements de la vie, qu'il n'est pas étrange qu'on ait été touché de l'injustice qu'on vient de vous faire, en vous dépouillant de votre abbaye. Et je pense que je vous dois faire là-dessus plutôt ma confession que mon compliment, en vous avouant que j'ai trop senti humainement ce qui vient de vous arriver. Il faut pourtant que je vous dise, pour mon excuse, que j'ai bientôt désavoué mon premier sentiment, et qu'un autre plus juste lui a très-promptement succédé. Ce dernier m'a obligée à louer Dieu de tout mon cœur de la grâce qu'il vient de vous faire, en vous mettant au nombre des saintes et illustres personnes qui, après avoir reçu celle de soutenir la vérité, dans un temps où si peu de gens la connoissent, ont encore reçu de sa bonté la miséricorde de souffrir pour elle. Je me réjouis donc avec vous, au lieu de vous donner des marques de mon déplaisir, et j'espère que vous serez conviée par cette raison, plus que par toute autre, de me continuer l'amitié que vous m'avez promise, et le secours de vos prières dont j'ai plus besoin que jamais.

[1] Abbesse intruse de Port-Royal; elle s'appelait Dorothée Perdereau. Voy. *Recueil de plusieurs pièces pour servir à l'histoire de Port-Royal*, p. 451.

[2] N'est pas dans Villefore.

DE LA MÊME PRINCESSE A LA MÊME.

Ce 20 décembre 1667.

Quoique la mort des saints, étant précieuse devant Dieu, ne doive point, ce semble, attirer de larmes, je ne puis néanmoins m'empêcher de mêler les miennes à celles que vous répandez sur la perte que vous venez de faire d'une si chère et si aimable compagne de vos souffrances, ni perdre cette occasion de vous assurer que mon respect et mon affection pour votre personne et pour votre communauté augmentent à proportion que les ennemis de la vérité vous font sentir les effets de leur colère et de leur haine [1]. Je vous conjure que ces sentiments, que Dieu me donne, excitent votre charité pour moi et vous obligent de lui demander la force qui m'est nécessaire pour accomplir sa sainte volonté, qui m'a été manifestée par ses serviteurs. Je présume que l'on vous a informée de ce qui a été résolu, et que vous voudrez bien me plaindre un peu de ce que je ne suis pas digne, en quittant le monde, d'aller apprendre chez vous à le haïr et à en être haïe; mais ce serait trop pour moi, ou, pour mieux dire, ce seroit trop peu; car je ne pourrois pas regarder comme une pénitence d'achever le reste de ma vie avec vous [2]. Ainsi il faut que je me contente de l'union qui est entre nous, dont je vous demande le renouvellement par ce billet, aussi bien qu'à ma sœur Angélique [3] et à celle à

[1] On ne voit pas quelle peut être la religieuse morte en 1667 dont parle ici madame de Longueville.

[2] Villefore, donne cette phrase, p. 84.

[3] Ce ne peut être la grande madame Angélique Arnauld, car elle est morte le 10 août 1661; il s'agit évidemment de la mère Angélique de Saint-Jean Arnauld d'Andilly, à laquelle la duchesse de

qui vous voulez bien dire notre commerce¹. Je vous demande votre bénédiction.

DE LA MÊME PRINCESSE A LA MÊME ².

Ce 15 février.

MA TRÈS-CHÈRE MÈRE,

La joie que m'a causée la paix de l'Église n'a point été entière tant que votre maison n'y a pas participé. C'est pourquoi je puis dire que ce n'est que depuis les nouvelles que Mgr l'évêque de Meaux ³ me manda hier que je ressens une satisfaction toute pure de cet heureux commencement dont la miséricorde de Dieu a favorisé son Église. Je le loue de tout mon cœur de ce qu'il vous a donné la force de souffrir pour la justice, et de ce qu'il met une heureuse fin aux souffrances dont vous avez édifié tous ceux à qui il avoit donné de l'amour pour la vérité. Comme personne n'en a été plus touché que moi tant qu'elles ont duré, personne aussi n'apprend votre délivrance avec plus de consolation. Je suis persuadée que vous me faites la grâce de n'en pas douter, et que vous ne me refuserez pas celle de me continuer le secours de vos prières, afin que j'accomplisse plus fidèlement que

Longueville écrivit plus tard, comme nous le verrons, lorsqu'elle fut élue abbesse en 1678.

¹ Il est probable qu'il s'agit de la mère Madeleine de Saint-Agnès de Ligny, qui fut élue abbesse en 1651, et demeura abbesse sans nouvelle élection pendant la persécution jusqu'en 1669.

² Villefore donne cette lettre et la date positivement du 15 février 1669.

³ On est heureux de rencontrer le nom de Bossuet dans une œuvre aussi noble et aussi raisonnable que celle de la réconciliation de Port-Royal avec le saint-siége.

je n'ai fait jusqu'ici la volonté de Dieu sur moi, selon tous ses desseins et selon mes obligations. Vous voulez bien que cette lettre-ci soit pour toute votre communauté, mais en particulier pour la mère abbesse, la mère prieure et ma sœur Angélique. Je leur demande à toutes, comme à vous, leurs prières pour mon fils le comte de Saint-Paul de Bourbon [1].

DE LA MÊME PRINCESSE A LA MÊME [2].

Du Bouchet, ce 29 mai.

Je suis si obligée à faire les petites choses que je fais pour essayer de vous servir, que je suis vraiment honteuse quand vous m'en remerciez, et ce m'est un si grand honheur d'être unie à une aussi sainte communauté que la vôtre, et à une aussi sainte cause que celle qui a attiré la persécution sur elle, qu'il me semble qu'on doit plutôt se réjouir avec moi quand je puis paraître au nombre de vos amis par de petits offices que me remercier de ce que j'essaie de vous les rendre. C'est pourquoi, ma chère Mère, je vous supplie de ne plus me traiter ainsi et de me regarder désormais comme un membre de votre corps, quoique je sois très-indigne d'une qualité que je mérite si peu en un sens, si ce n'est par mon affection très-sincère pour votre sainte maison et pour votre personne. J'espère que je vous verrai bientôt si cela ne vous incommode point, comme vous le direz sans façon à Hilaire, qui m'en rendra compte à Paris; mais si vous voulez bien

---

[1] Voyez dans Villefore, t. II, p. 125, la triste histoire de ce comte de Saint-Paul et le chagrin qu'il ne cessa de faire à sa mère jusqu'à sa mort.

[2] N'est pas dans Villefore.

commencer à me regarder comme une de vos filles, j'ose espérer que vous ne vous incommoderez point pour moi.

DE LA MÊME PRINCESSE A LA MÊME [1].

Ce 10 juin.

Je vous dois tout ce que je puis faire pour vous, ma chère mère, ainsi vous ne devez jamais me remercier de rien. Je suis pourtant ravie de votre reconnaissance, puisqu'elle excitera votre charité et votre amitié pour moi, qui me sont si nécessaires et si précieuses que rien ne me doit plus réjouir que leur augmentation. Il ne tiendra pas à moi que je ne vous voie bientôt, mais je ne vous puis dire quand. Je mande les raisons de mon incertitude à mademoiselle des Vertus.

Mes compliments à nos mères, s'il vous plaît.

La lettre suivante est ainsi intitulée dans le manuscrit : Lettre de Mme de Longueville à 923. On sait que pendant la persécution de Port-Royal les religieux et religieuses, qui se cachaient se désignaient entre eux par des chiffres. Il est permis de supposer que la personne désignée par le numéro 923 est la sœur Agnès Arnauld, et que c'est du moins une religieuse de Port-Royal, puisqu'il y est question de *votre monastère*, ce qui ne peut s'appliquer qu'à une de ces dames et non pas à un de ces messieurs. Dans ce cas, il faudrait mettre cette lettre au temps de la persécution, avant l'année 1669.

[1] N'est pas dans Villefore.

LETTRE DE MADAME DE LONGUEVILLE A 923 [1].

Comme personne ne s'intéresse plus véritablement que moi à tout ce qui touche votre personne et votre monastère, j'étois très-sérieusement touchée de l'état de votre santé : c'est pourquoi je le suis par la même raison de la guérison que Dieu vous a envoyée dans le temps où il y avoit, ce semble, le moins de sujet de l'espérer. La chose rapportée à elle-même est un assez grand sujet de joie pour en remplir les cœurs des personnes qui vous aiment autant que je fais; mais il me semble qu'on ne peut s'empêcher en cette occasion d'étendre cette joie à un sujet hors de vous, et de regarder votre délivrance de la fièvre quarte comme l'augure d'un autre délivrance dont vos amis ont plus d'impatience que vous, et qu'il semble par celle-ci que Dieu veuille opérer durant votre vie. Je vous avoue que cette espérance a trouvé place dans mon esprit et y a fait l'effet naturel qu'elle y doit faire; car encore que je regarde votre état de souffrance comme un très-grand bonheur pour vous et comme un grand exemple pour l'Eglise, j'avoue que je ne puis m'empêcher de souhaiter ardemment qu'après avoir été si longtemps édifiée de votre patience, elle ait sujet de se réjouir de votre rétablissement. Outre les sujets généraux j'en ai de très-personnels qui causent ce désir en moi. Je vous conjure de le présenter à Dieu, puisque j'ose croire que c'est sa grâce qui le met dans mon cœur. Demandez-lui sa miséricorde pour moi qui est en ce monde l'accomplissement de ce désir dont je vous parle et que je ne vous puis expliquer présentement. Je vous rends grâce de votre image.

[1] N'est pas dans Villefore.

Trouvez bon que je fasse ici mes amitiés à mes sœurs Angélique de St-Jean et Anne-Eugénie [1].

LETTRE DE MADEMOISELLE DES VERTUS (de Bretagne) A LA MÈRE AGNÈS ARNAULD.

Ce 28 juin.

Quoique ce ne soit pas un miracle de revenir contente de chez vous, ma chère mère, il est certain que ce qui s'est passé dans la visite que madame de Longueville vous a rendue, en est à mon avis un si grand qu'il y en a très peu où la puissance de Dieu paroisse plus visiblement que dans tout ce que je vois là-dessus. Vous en conviendrez avec moi, ma chère Mère, quand je vous entretiendrai, et je suis assurée que ce ne sera pas à mes prières que vous attribuerez un tel succès : il en faut de plus efficaces et de plus agréables à Dieu que les miennes. Je vous conjure de l'en bien remercier par avance. Je m'en retournerai bientôt à Paris ; ce sera au moins quand je pourrai souffrir la fatigue du chemin ; car je ne suis pas encore en état de m'y exposer [2].

Voilà une lettre de madame de Longueville. Plus je lui parle et plus je la vois contente de vous et de toute votre maison. J'ai bien envie de voir celle qu'elle y veut faire bâtir [3] prête à être habitée, et je me trouve bien heureuse

---

[1] C'était la sœur de Marie-Angélique de Saint-Jean ; elle s'appelait Anne-Eugénie de l'Incarnation Arnauld. Voy. le *Supplément au Nécrologe de Port-Royal*, p. 289.

[2] Voyez dans Villefore, t. II, p. 67, quelles étaient les infirmités continuelles de mademoiselle des Vertus, quoiqu'elle ait survécu de quinze ans à madame de Longueville.

[3] On sait que madame de Longueville se fit en effet bâtir un logement même assez considérable attenant à Port-Royal.

de n'avoir besoin ni d'architecte ni de maçons pour m'aller enfermer auprès de ma chère mère. Je la supplie de demander à Notre-Seigneur qu'il lève tous les petits obstacles qui pourroient retarder ce bien, et permettez-moi, ma chère Mère, de faire ici mes très humbles compliments à toutes les personnes à qui j'en dois.

Ce que je mande de madame de Longueville n'est que pour vous et pour ma chère sœur Angélique de St-Jean, que j'embrasse de tout mon cœur [1].

DE MADAME LA DUCHESSE DE LONGUEVILLE A LA MÈRE AGNÈS ARNAULD, A P.-R. DES CHAMPS.

Ce 28 juin.

J'ai reçu, ma chère mère, le billet que vous m'avez écrit de votre main, lorsque j'étois encore au Bouchet. Je suis ravie que vous vouliez bien que notre commerce ne passe point par aucun canal étranger, et qu'ainsi je puisse en toute confiance vous parler des choses qui me font de la peine et dont j'espère que vous m'aiderez à faire usage, si Dieu ne veut pas m'en délivrer entièrement par l'assistance de vos prières et de vos conseils. Au reste, j'ai senti une vraie joie en apprenant que ces messieurs qui vont faire des dessins pour mon bâtiment, étoient arrivés à P.-R. Il me semble que cela m'approche du terme où je dois y aller moi-même, et quoique ce ne soit que d'un pas, c'est toujours beaucoup pour moi, puisque je ne suspends mon entier découragement, pour ne pas dire un mot plus expressif, que par l'espérance d'entrer dans votre maison, prenant cet établissement comme une marque que Dieu ne m'a pas abandonnée, ce que je craindrois tout à fait

[1] Cette lettre est dans Villefore, et datée du 28 juin 1671.

(pour ne pas dire croire) sans cette marque-là à laquelle mon espérance présente est attachée. Car j'avoue que toutes les autres, c'est-à-dire, ce que l'on peut appeler quelque ombre de piété dans ma vie, ne me tirent pas de la pensée que j'ai, que tout au plus je suis dans cette voie qui paroît droite et qui conduit à la mort, puisque je ne vois point encore de fruit qui me fasse entrevoir que je suis un bon arbre. De plus, il n'y a guère de jours où je ne connoisse de nouvelles plaies dans mon âme, et où je ne voie de certains fonds dont je ne pénètre pourtant pas la profondeur. Je n'ai qu'autant de lumière qu'il en faut pour voir que ce sont des abîmes ; mais je ne vois pas ce qui y est, et ainsi je crains bien que Dieu regarde toute ma vie comme une vraie hypocrisie [1]. Or, je ne vois donc que cette entrée chez vous qui suspende toutes ces craintes. Non pas que je croie que je n'ai que cela à faire, car je crois que ce n'est proprement qu'entrer dans la voie; mais c'est y entrer, et c'est beaucoup pour moi qui crains de n'y être point et de courir dehors, ce qui est un terrible état, s'il est véritable! Cela me remplit de terreurs mêmes naturelles ; je crains tout : il n'y a nul accident possible qui ne me fasse frémir, regardant toujours Dieu prêt à me punir dès ce monde. Ainsi je suis même humainement dans un état très-pénible, ne pouvant, ce me semble, aimer la volonté de Dieu sur moi, la craignant de justice plutôt que de miséricorde et ne pouvant tout au plus par là que l'adorer et m'y soumettre. Je ne pensois pas vous en dire tant; mais ma confiance pour vous m'a rendue plus libre. J'espère que vous ne l'aurez pas désagréable, puisqu'il me semble que je puis croire qu'elle ne l'est pas à Dieu qui veut bien que je commence à regarder et à traiter comme

---

[1] Ce commencement est dans Villefore.

ma mère celle qui l'est de la maison où il me fait la grâce d'aller essayer de satisfaire à sa justice.

Vous voulez bien que je fasse mes compliments à la mère prieure et à ma sœur Angélique et que je leur demande leurs prières. Je vous demande des nouvelles de ce pauvre Hilaire; sa maladie m'a donné bien de l'inquiétude et pour votre intérêt et pour le mien. J'ai trouvé ici mademoiselle des Vertus bien incommodée; priez Dieu pour elle. Des que je serai retournée à Paris, je ferai parler de mon bâtiment à M. de Paris et je vous en manderai le temps afin que vous lui rendiez ce devoir de votre côté. J'espère que ce sera à la fin de la semaine qui vient.

Je vous demande des passages soit de l'Écriture soit des Pères pour avoir recours à Dieu, selon mon état, car ceux que vous m'avez envoyés de saint Augustin me sont de quelque consolation.

DE LA MÊME PRINCESSE A LA MÊME [1].

De Trie, ce 2 août.

Comme je n'ai reçu votre dernière lettre que les derniers jours de mon séjour à Paris, je ne pus y répondre parce que j'étois dans les embarras qui sont inévitables quand on s'en va d'un lieu où on a des affaires et où il y a bien du monde. J'avois prié mademoiselle des Vertus de prévenir la mère abbesse [2] de ma part et de lui témoigner combien

---

[1] N'est pas dans Villefore.

[2] La mère Madeleine de Sainte-Agnès de Ligny ayant été élue en 1661, et la mère Angélique de Saint-Jean Arnauld d'Andilly en 1678, longtemps après la mort de la mère Agnès Arnauld à laquelle cette lettre est adressée, il s'ensuit qu'il ne peut être ici question que de la mère Henriette-Marie Sainte-Madeleine de Farjis d'Angènes, élue le 13 juillet 1669, ce qui met cette lettre vers la fin de cette année, et la date du 2 août se prête à cette supposition.

j'étois fâchée de ne pouvoir entrer dans ses sentiments sur le sujet de son élection, et de ce que la part que je dois prendre au bonheur d'une maison que je regarde désormais comme la mienne m'empêchoit de pouvoir participer à son déplaisir. Je prie Notre-Seigneur de le lui adoucir, et je ne doute pas que sa résignation n'ait déjà fait en elle un effet contraire à celui qu'avoit produit son humilité. Je vous rends grâce, ma chère mère, du soin que vous continuez de prendre, de soulager mes peines; elles ont été assez sensibles tout le temps que j'ai été à Paris, et il est certain que mes péchés passés et présents m'ont imposé chacun selon leur différence un poids fort accablant, et surtout le peu de rectification de ma vie passée m'a donné de grandes terreurs. Je crois toujours que Dieu finira ma vie devant que d'avoir commencé sérieusement à entrer dans la voie où je pouvois croire que je satisfais à sa justice, ayant porté de fort grandes impressions de frayeur de toutes les créatures et m'appliquant ces paroles : qu'elles s'élèveront toutes contre les insensés au jour du jugement, et que je n'aurai point de temps. Je veux dire, en un mot, que je mourrai devant que de pouvoir me retirer. Cette pensée me fait une horreur épouvantable, regardant ma retraite chez vous comme une marque qui me fera voir que Dieu ne m'aura pas abandonnée, et que ce qui paraît en moi aux hommes un retour vers lui n'est pas une pure illusion devant lui. J'ai même assez de raisons, que je ne puis confier au papier, qui fondent en moi, si ce n'est cette opinion toute formée, au moins cette crainte. Elles ne sont pas seulement appuyées sur mes misères présentes, mais sur certaines ignorances dans lesquelles Dieu a permis que les plus éclairés de ceux qui ont eu connaissance de ma vie passée, soient tombés pour la rectification de cette même vie, ne m'étant avisée que depuis deux ou trois mois des choses que je dois faire pour satisfaire la justice de Dieu. Je ne vous en puis dire davantage; mais priez Dieu qu'il me fasse exécuter tout ce que je dois faire, et par conséquent qu'il ne me prenne pas auparavant que d'être avec vous; car c'est là le terme et le but de toute ma confiance en la miséricorde de Dieu. Depuis que je suis ici, c'est-à-dire hors des distractions du monde, j'ai un peu moins senti de peines, c'est-à-dire sensiblement, car celles que la raison me doit donner ne finissent pas, et je n'en attends ou la délivrance ou du moins le soulagement que chez vous. Il n'est pas besoin que je vous conjure que cette lettre-ci ne soit du tout que pour vous, non plus que toutes les autres que je vous enverrai. Vous voulez bien que je fasse mes recommandations à nos mères et sœurs de ma connoissance. M'étant informée de madame de Sablé si elle ne savait rien des dispositions d'une de vos converses, qui est demeurée à Paris malgré elle, voici ce que j'en ai su. Cette bonne fille ayant un très-grand désir de retourner vous trouver, et ces filles de Paris ayant un très-grand besoin d'elle, elles lui tourneront ce désir qu'elle avoit de les quitter dans leurs extrêmes besoins en espèce de scrupule, du moins elles la réduisirent à vouloir bien ne se pas juger elle-même pour se déterminer à demeurer chez elles ou à aller chez vous, et à s'en soumettre à quelqu'un; ce quelqu'un a été monseigneur l'archevêque, qui l'a fixée à demeurer à Paris. Je ne sais pas néanmoins si en la fixant extérieurement, il l'a fait intérieurement, car madame de Sablé n'en sait rien. Il me semble que ce fut la mère de Ligny qui me pria d'essayer de savoir des nouvelles de cette fille; mais toujours si ce ne fut pas elle, ce fut une autre de nos mères. J'ai trouvé le petit écrit sur le psaume fort beau et fort solide.

DE MADAME DE LONGUEVILLE A LA RÉVÉRENDE MÈRE
AGNÈS DE SAINT-ARNAULD, A P.-R. DES CHAMPS.

Ce 1er octobre [1].

Comme je ne doute point que la maladie de M. Arnauld ne vous ait donné de l'inquiétude, et que celle de la mère abbesse ne vous en donne aussi beaucoup, je ne puis m'empêcher de vous témoigner la part que j'y prends et pour la considération des personnes malades et pour la vôtre. Il y a si longtemps que je n'ai reçu de vos nouvelles, que je vous en aurois toujours demandé quand je n'aurois pas eu ce sujet-là de vous écrire. Je l'aurois fait aussi pour vous apprendre des miennes, et pour vous dire que je suis retombée dans mes éloignements sensibles et de la prière et de tout exercice de piété. Le commencement de la vie retirée que je mène ici avoit un peu suspendu cette malheureuse disposition; mais elle est si intime et si établie en moi qu'elle revient plus aisément qu'elle ne s'en va. Cela m'a fait tirer une conséquence qui me fait peur, que les biens extérieurs nous sont peu utiles si la grâce intérieure ne nous touche en même temps. J'avois cette vérité-là bien établie dans mon esprit, mais néanmoins j'avois un certain fond qui la contredisoit, et je mettois assurément ma confiance aux moyens extérieurs, non-seulement plus que je ne devois, mais encore plus que je ne pensois. Me voilà détrompée par ma propre expérience; mais elle me fait bien craindre que mon imagination toute seule ne soit ce qui agit en moi, lorsque j'ai un peu plus de sentiment de Dieu, et que ce ne soit pas lui-même qui se fasse sentir

[1] Villefore donne un fragment de cette lettre et la date du 1er octobre 1671.

à mon âme. Si cela est, ma chère mère, toute la sainteté de votre maison ne me soutiendra pas longtemps, et je verrai bientôt que mon propre esprit m'y aura conduite plutôt qu'une vraie vocation à la retraite. Je vous avoue que j'ai une grande frayeur d'éprouver cette misère, mais cela ne m'ôte pourtant pas le désir d'être au temps où je pourrai avoir ce bonheur, pensant toujours que c'en sera un grand pour moi d'être dans une vie plus éloignée des occasions d'offenser Dieu. C'est même ma consolation dans celle que je fais ici qui assurément a ce bien-là, si elle n'a pas celui de me remplir de plus grandes grâces. Voilà tout le conte (*sic*) que j'ai à vous rendre depuis que je vous ai écrit. Je suis bien aise de vous montrer mes faiblesses, afin que votre charité s'excite sur moi, et que vous demandiez instamment miséricorde pour une pécheresse qui s'est tellement éloignée de Dieu qu'elle n'y peut revenir, éprouvant cette parole de l'Évangile qu'il y en aura qui voudront entrer dans la voie et qui ne le pourront. Vous voulez bien que je salue ici nos mères des nouvelles de la malade[1], etc...

DE LA MÊME PRINCESSE A LA MÈRE AGNÈS ARNAULD [2].

Ce jour de tous les Saints.

Vous ne m'auriez pas prévenue, ma chère mère, et je vous aurois appris la malheureuse affaire sur laquelle vous m'écrivez [3], si cette affaire même ne m'en avoit empêchée. Elle m'a fait venir ici avec tant de précipitation, et

[1] Probablement mademoiselle des Vertus. Il semble pourtant que cette demoiselle devait être alors à Port-Royal.

[2] Villefore donne plusieurs fragments de cette lettre, qu'il date du 1ᵉʳ novembre 1669.

[3] L'affaire de son fils le comte de Saint-Paul.

cela a tellement altéré ma santé que tout cela, joint aux embarras où j'ai été engagée pour détourner, s'il se peut, le projet de toute ma famille, que tout cela ensemble m'a ôté le pouvoir et le loisir de vous écrire. Je le fais même aujourd'hui quoique j'en aie fort peu, et c'est ce qui fait que je ne vous dis pas toutes les particularités de cette pitoyable aventure. Mademoiselle des Vertus vous en contera les circonstances, tant celles qui regardent les auteurs de ce dessein que celles de la conduite que j'ai tenue pour en empêcher le succès. Si Dieu, par sa miséricorde sur mon fils, ne bénit mes soins, je prévois qu'ils seront fort inutiles par le long temps que les autres ont eu devant moi. Il faut tout remettre à sa providence, et s'humilier seulement de ce que mes péchés sont dignes de tous ces malheurs dans ma famille, et encore de toutes les fautes que j'ai faites en voulant réparer celles de mes enfants dans cette affaire-ci; elles sont sans nombre, et j'ai si mal fait de bonnes choses que je ne puis m'empêcher de voir clairement devant Dieu qu'elles sont devenues très-mauvaises. Ainsi, je n'aurai que le mal de toute cette aventure et je n'en retirerai point le succès que j'en eusse pu tirer si j'eusse été moins humaine que je ne suis. J'admire les jugements des hommes qui ne me font pas l'injustice de croire que je suis de concert avec mon second fils et avec M. mon frère, et disent que je suis folle en ce que je sacrifie ma maison à des scrupules ridicules. Les gens de bien conviennent de cette prétendue folie, mais ils m'en estiment davantage, et croient que c'est cette folie de la croix, qui est sagesse devant Dieu, qui est le principe de mes actions. Mais Dieu, qui voit le fond de mon cœur, juge bien de moi autrement que tous les hommes, et que ceux qui parlent mal et que ceux qui parlent bien de moi; et s'il est vrai qu'il ne voit pas en moi les grands manquements que les uns y soupçonnent, il est vrai aussi qu'il n'y voit pas le bien dont les autres sont édifiés. Il juge ma justice et voit qu'elle est accompagnée de tant de fautes qu'elle en est défigurée. Elle l'est à mes yeux propres, qui sont si peu clairvoyants; comment donc ne le seroit-elle pas aux siens qui voient les défauts les plus imperceptibles! Je vous avoue que je suis bien mal satisfaite de moi, et que je vois très-clairement dans les occasions que je n'ai qu'une vertu extérieure, et qui ne me fournit aussi que les devoirs extérieurs. Priez Dieu, pour moi, qu'il réforme le fond de mon cœur; car s'il ne me fait cette grâce, toute ma vie ne sera qu'une vraie hypocrisie.

Je n'ai plus rien à faire ici sur l'affaire de mon fils, ainsi je m'en retourne à la campagne. Je vous confesse qu'en l'état où je suis, ce m'a été une assez grande dureté à porter de n'y pas ramener avec moi mademoiselle des Vertus qui, étant ma seule consolation en ma vie, me paroissoit assez nécessaire présentement; mais comme il la faut plus aimer pour elle que pour moi, je n'ai pas cru lui devoir donner la peine qu'elle eût eue à me refuser si j'eusse exigé d'elle le retardement de sa retraite. Il est vrai que j'aurois souhaité infiniment que la mienne eût pu être exécutée en même temps, et que je me suis fait une grande violence de consentir qu'elle me prévînt. J'espère que cet effort que je me suis fait en ce qui regarde ma consolation fera qu'elle ne me refusera pas au moins ce qui regardera mon besoin, et qu'elle voudra bien revenir, quand il sera temps, pour m'aider à achever celles de mes affaires que je ne puis faire sans elle. Je veux espérer que vous l'y porterez vous-même, si elle avoit besoin d'y être excitée par quelque autre chose que par son affection pour moi, et par la connoissance qu'elle a du besoin que j'aurai de son assistance dans toutes les choses qui me restent encore à démêler avec mes enfants. J'attends cela de votre charité pour moi, et j'en attends encore le renouvellement de cette même charité devant Dieu, en vous obligeant plus que jamais à lui demander qu'il change mon cœur, et qu'il le rende droit devant lui.

Vous voulez bien que je fasse ici mes recommandations très-affectionnées à la mère abbesse et à la mère prieure, et que je leur demande le secours de leurs prières.

A LA MÈRE ANGÉLIQUE DE SAINT-JEAN ARNAULD D'ANDILLY SUR SON ÉLECTION.

Ce 4 août.

Le retour de M. Arnauld ne nous a rien appris; car il y a longtemps, ma chère mère, que nous nous attendions à voir l'heureuse élection que nous voyons [1]. Je me joins donc à la communauté pour vous aller rendre mes devoirs, et je vous les rends avec joie, trouvant dans votre personne tout ce qui peut remplir les désirs pour la place que vous occupez présentement. Je prie Notre-Seigneur de vous fortifier de son esprit pour la remplir aussi dignement que nous espérons, et pour porter avec vous le fardeau dont la Providence vient de vous charger.

A LA RÉVÉRENDE MÈRE AGNÈS ARNAULD.

Ce 9 août.

Comme tous les biens de Port-Royal me doivent présentement être communs, aussi bien que tous ses maux me

---

[1] Comme prieure et non comme abbesse; elle ne fut élue abbesse qu'en 1678, c'est-à-dire, bien après la mort de madame Agnès Arnauld, à laquelle madame de Longueville adresse encore la lettre suivante, où elle lui parle de l'élection de la mère Angélique.

l'ont été, je n'ai pas manqué de sentir de la joie du bonheur qui lui vient d'arriver dans le choix de ma sœur Angélique pour être prieure, et je ne dois pas manquer non plus à vous le témoigner; car pour elle je pense que ce seroit lui faire un mauvais compliment, et qu'on ne lui en sauroit faire là-dessus un qui lui pût plaire et qui fût sincère tout à la fois. Il vaut donc mieux ne lui rien dire du tout, et se contenter de vous en féliciter aussi bien que la mère abbesse [1] qui s'est donné une aide bien digne d'elle pour partager le soutien du fardeau que Dieu lui a imposé. Il faut avouer que l'état présent de votre maison redouble bien le désir que j'ai d'avoir le bonheur d'y être reçue, et qu'il me semble que c'est perdre tous les moments que je passe ailleurs. Je suis ici dans une solitude très-grande, et je m'y trouve si bien, quoique je n'y aie personne du monde à qui je puisse parler ni que je puisse écouter avec quelque satisfaction, que cela me donne une grande espérance que ma retraite entière ne me sera pas si dure que ma faiblesse me la fait quelquefois appréhender; car puisque la solitude, dépourvue de tout ce qui peut la faire soutenir un peu agréablement, me tient lieu de consolation, que sera-ce quand je serai dans celle de Port-Royal, où tant de choses édifiantes et consolantes soutiendront ma faiblesse? Je vous avoue que cette pensée m'a un peu soulagée, et que j'ai cru même que ma situation présente à l'égard de la solitude était une grâce de Dieu, et c'est pourquoi je vous en rends compte, afin que vous l'en remerciiez pour moi. Je viens de recevoir une nouvelle bien affligeante; madame la princesse de Conti [2] est re-

---

[1] La mère d'Angènes.

[2] Anne-Marie de Martinozzi, nièce du cardinal Mazarin, mariée au prince de Conti, et morte à l'âge de 35 ans après cinq jours

tombée dans son accident qui a été suivi de fièvre; elle est petite, mais tout est grand à une personne aussi infirme qu'elle, et tout le paroît aussi à ma tendresse pour elle ; c'est pourquoi je m'en vais la trouver cet après-diner. Je la recommande à vos prières et à celles de nos mères et sœurs que je salue ici avec votre permission. Je viens de recevoir votre dernière lettre avec d'autres de Paris, qui m'apprennent la levée du siége de Candie, sans qu'il en coûte aucune goutte de sang chrétien ; car les Turcs, sachant le secours de France arrivé, n'en ont pas voulu attendre le choc, et ont demandé la paix aux Vénitiens ; voilà bien de quoi louer Notre-Seigneur.

Terminons par une lettre datée du 9 avril 1673, c'est-à-dire, après la mort de la mère Agnès Arnauld, et adressée à une religieuse de Port-Royal qui n'est pas nommée, soit la mère Angélique de Saint-Jean, soit une autre, sur un miracle opéré par l'intercession de M. Pavillon, évêque d'Aleth.

Paris, ce 9 avril 1673.

Ma révérende mère,

M. de la Vergne [1] a écrit une lettre à mademoiselle de Portes qui lui apprend un miracle de monseigneur d'A-

de maladie. Son cœur fut déposé aux Carmélites et son corps inhumé à Saint-André, sa paroisse.

[1] Sur M. l'abbé de la Vergne et mademoiselle de Portes, voyez le *Supplément au nécrologe de Port-Royal*, p. 523-538, et dans le *Recueil de pièces* une lettre de Sainte-Marthe sur la mort de l'abbé de la Vergne. Il fut le directeur de la marquise de Portes, de madame la princesse de Conti, ami de M. Pavillon et de M. Arnauld, etc.

leth, qu'il dit savoir de votre part, et il me semble que c'est un enfant qui ne marchoit point. Ce miracle paroît très-grand et digne de la curiosité des personnes qui honoroient la vertu de ce grand serviteur de Dieu; mais plus il est grand, plus il est à désirer de ne le point publier qu'il ne soit extrêmement vérifié; car Dieu n'a que faire de nos mensonges pour être honoré, et son serviteur a trop aimé sa vérité pour vouloir tirer sa gloire d'une chose qui s'en éloigneroit tant soit peu. Je m'adresse donc à vous pour vous prier de faire perquisition exacte de l'histoire, et si elle se trouve véritable de la faire vérifier par des personnages qui la sachent exactement et de m'envoyer ensuite la relation qu'on en aura faite. Si la mère de la personne sur laquelle le miracle a été opéré le peut certifier, ce sera une fort bonne chose d'avoir sa signature. Je crois que vous prendrez cette peine de bon cœur, puisqu'il y va de la manifestation d'un saint que vous avez honoré, et de la gloire de Dieu qui veut autant que ses merveilles ne soient point détenues dans le silence quand il daigne les opérer, qu'il veut qu'on n'en suppose point de douteuses quand il ne veut pas en édifier l'Église. Je vous prie donc d'y observer toutes choses, et de me faire ce plaisir de me le faire savoir. Je salue ici les bonnes sœurs qui ont été à feu madame la princesse de Conti, et me recommande à leurs prières et à celles de votre communauté. Ne m'oubliez pas dans les vôtres, et me croyez tout à vous en N. S. J. C.

III

LETTRES A M. MARCEL, CURÉ DE SAINT-JACQUES DU HAUT-PAS.

Voici les lettres les moins importantes en apparence, car à peine y en a-t-il une qui se rapporte à la vie publique de la princesse. Ce ne sont guère que des billets, souvent fort courts, d'une pénitente à son directeur, où elle lui raconte et nous peint, sans le vouloir, les ennuis qui la suivent du monde dans la solitude, ses scrupules de conscience et les angoisses d'une âme qui s'épouvante de ses fautes passées et n'ose se confier à la miséricorde divine. On y voit toutes les petitesses de la dévotion à côté de sa grandeur; rien n'est fardé, rien n'est arrangé; tout est vrai, naturel, misérable, quelquefois sublime. Mme de Longueville ne se doutait pas que ces billets, écrits à la hâte, comme ceux que le malade envoie chaque jour à son médecin, dans le dernier secret et le plus entier abandon, passeraient jamais sous un œil étranger. Au fond, il n'y a de véridique, si quelque chose l'est entièrement, que les correspondances intimes et confidentielles ; les mémoires eux-mêmes sont toujours destinés au public, et ce regard au public, même le plus lointain, gâte tout : on s'y défend ou on attaque, on se compose un personnage, on pense à soi, on ment. Mais quand on écrit, comme on parle au confessionnal, sous l'œil de Dieu et non pas sous celui des hommes, quand on écrit pour faire connaître des doutes, des peines, des misères dont on demande le soulagement, il faut bien de toute nécessité qu'on soit dans le vrai, au moins à ses propres yeux; et quand par hasard des lettres de ce genre survivent à la circonstance qui les dicta, et, après avoir dormi dans l'oubli pendant plus d'un siècle, paraissent tout à coup à la lumière, elles nous sont autant de révélations inattendues, sincères et certaines, sur les hommes et les choses du temps où elles furent écrites. Voici maintenant le revers de la médaille. Dès que le mensonge et la parade ont fait place à la vérité toute nue, les petitesses abondent. Dans les correspondances intimes, la nature humaine est en quelque sorte en déshabillé, et souvent elle fait peine à voir. Si nous avions, au lieu des confessions composées à loisir par saint Augustin, les lettres mêmes qu'il écrivit aux diverses époques de sa vie, tantôt à la belle maîtresse dont il se sépara avec tant de peine, tantôt à sa mère Monique, avec les réponses de celle-ci, peut-être, hélas! aurions-nous un tableau bien au-dessous de celui que nous a laissé le grand évêque. Et encore, c'était le plus bel esprit de son temps, un rhéteur, un écrivain de profession, que sa manière ingénieuse et brillante n'eût jamais entièrement abandonné. Mais ici c'est une femme qui ne sait pas écrire, et qui, au lieu d'orner ses sentiments et de les faire paraître à son avantage, s'applique bien plutôt à les avilir à ses propres yeux et aux yeux de son directeur, pour nourrir et accroître en elle le mépris de soi-même et mourir à tout amour-propre. S'agit-il du monde et de quelque chose à y faire encore, comme, par exemple, dans la première lettre que nous donnerons? Mme de Longueville est ferme et résolue. S'agit-il, comme dans tout le reste de cette correspondance, de sa disposition et de sa vie intérieure? la sœur du grand Condé, la reine de la Fronde, l'intrépide aventurière, celle qui prit plaisir à lutter contre Anne d'Autriche et qui balança la fortune de la monarchie, est en proie à de perpétuelles inquiétudes et à tous les scrupules d'une pénitence étroite et minutieuse qu'elle exprime comme elle les sent. Il ne faut donc pas attendre ici une piété de théâtre, grandement et délicatement représentée. Ce qui fait, à nos yeux, l'intérêt de ces lettres, c'est leur entière vérité, c'est-à-dire, la faiblesse, la misère de la nature humaine et de toutes choses prises en quelque sorte sur le fait dans une de ces âmes qu'on appelle grandes, comme parle Bossuet.

Une de ces lettres est datée, et cette date est de 1675. Dans une autre, il est question de la dernière maladie de M. Pavillon, évêque d'Aleth, qui est certainement de 1677. Toutes les autres lettres sont autour de ces deux-là. On est donc sûr, Mme de Longueville étant morte en 1679, que l'on a sous les yeux le tableau fidèle des dernières années de sa vie. Les lettres à M. Marcel commencent à peu près où finissent celles qui sont adressées à Port-Royal, et nous conduisent jusqu'à la mort de Mme de Longueville. Villefore n'a donné qu'une très-petite partie de la première lettre et à peine a-t-il emprunté quelques traits à toutes les autres.

I.

A M. LE CURÉ DE SAINT-JACQUES DU HAUT-PAS.

De Port-Royal, ce 8 avril 1675.

Je m'adresse à vous pour vous prier de remercier M. l'archevêque de ma part de la bonté qu'il a eue de m'accorder la prière que je lui ai faite touchant la cure de Saint-Martin de Chaumont, et de vouloir bien chercher parmi les gradués celui que vous croirez le plus digne de la remplir, puisque la mort du curé qui la possédoit est tombée dans un mois qui nécessite d'en prendre, et qui par conséquent restreint le nombre des sujets qu'on aurait pu trouver pour la remplir. Je vous donnerai encore une autre commission, avec votre permission, qui exige pour que vous l'exécutiez que je vous conte une aventure qui me vient d'arriver qui m'a autant mortifiée que je le pouvois être. Vous saurez donc que M. le marquis de Bréval[1] et M. de Fortias me sont venus trouver pour me prier d'agréer la demande d'une chapelle qui est à ma nomination à cause de la terre du Fresne, que M. de Fortias fait en faveur de son neveu. Vous jugez sans doute quelle fut ma réponse, puisque vous savez mieux que personne les règles que je me suis prescrites de garder dès le moment que j'ai été assez mal-

[1] Villefore, t. II, p. 56 et 57.

heureuse pour être chargée de la nomination des bénéfices de la maison de Longueville, c'est-à-dire depuis que la mort de M. de Longueville m'a chargée de l'administration du bien de mes enfants. Je dis donc à ces deux messieurs qu'il ne me pouvoit rien arriver qui me donnât plus de déplaisir que d'être contrainte de leur refuser si peu de chose, qu'ils voyaient bien que ce ne pouvoit être qu'un mouvement de conscience qui s'y opposoit, parce que naturellement on aime à obliger des gens comme eux; mais que je m'étois prescrite dès que je fus veuve de m'instruire des règles de l'Eglise sur la nomination des bénéfices, puisque j'avois à en donner, et qu'elles m'avoient appris qu'il n'en faut point donner à ceux qui les demandent, et que les résignations en faveur ne peuvent point être reçues par les patrons laïques. Ainsi je demandai si celui pour qui on me demandoit cette chapelle avoit d'autres bénéfices, parce qu'une troisième règle m'obligeoit à ne donner point de bénéfice à ceux qui en avoient déjà. On m'a dit qu'il n'en avoit point. Je répondis qu'il en auroit, et en effet un bénéfice de cent écus n'est pas capable de fixer le fils de Fortias, et ainsi il en aura d'autres, et je contribuerois à lui en faire posséder deux si je lui donnois celui-là. Ils ne se tinrent pas pour éconduits, et moi voyant cela je les laissai aller, disant à M. de Bréval que je lui ferois réponse positive dans quelques jours. J'avois si grande peine de les refuser que j'accourcis la conversation le plus que je pus; ainsi je ne leur dis point qu'une autre de mes règles étoit de donner les chapelles non-seulement au plus digne, comme les cures, à proportion, mais encore que je les destinois aux meilleures œuvres qu'on pouvoit faire dans les terres où elles sont situées, comme à ôter des curés qui ne sont pas utiles à leurs paroisses, à suppléer à la modicité des cures des bons pasteurs quand la leur ne les pouvoit pas faire subsister, à leur donner des moyens d'avoir des vicaires ou des maîtres d'école, c'est-à-dire à les donner à des ecclésiastiques qui peuvent faire cette fonction, enfin à les faire servir au bien des paroisses où elles sont situées. Or, vous voyez bien que cela ne feroit aucun de tous ces biens de la donner à M. Fortias, joint que l'abbé de ce nom qui la possède l'a tellement négligée qu'elle tombe en ruine. Enfin, on ne peut pas se faire des amis aux dépens de sa conscience. J'estime tout à fait M. et madame de Bréval; mais comme une partie de mon estime tombe sur leur piété, j'espère que cette même piété fera qu'ils me pardonneront de ce que je ne fais pas en cette occasion ce qu'ils désirent de moi. Je me fais en cela une extrême violence, et même j'ai senti augmenter mon déplaisir par la considération de M. l'archevêque. Je crois pourtant qu'il ne peut pas désapprouver ma conduite, puisqu'elle est fondée sur des règles qu'il sait et qu'il respecte par conséquent [1]. Vous savez mieux que personne que Dieu m'a fait la grâce de me les faire suivre depuis que je suis en occasion de le faire, et vous avez eu plus de part que personne à me les apprendre et à me les faire regarder comme des principes sur lesquels je devois régler ma conduite. Ainsi je m'adresse à vous pour faire goûter à ces messieurs le refus très-forcé que je suis obligée de leur faire, ce que je ferois aux personnes que j'aime le plus s'ils m'en mettoient dans la nécessité, parce qu'enfin il vaut mieux obéir à Dieu que de plaire aux hommes.

A. DE BOURBON.

Je n'ai pas voulu faire de consultation là-dessus, parce

---

[1] Villefore a donné depuis : *On ne peut pas se faire des amis*, etc., jusqu'à *sur des règles qu'il sait et qu'il respecte par conséquent.*

que je suis suffisamment informée pour me résoudre, et que je ne doute point du cas.

Les autres lettres n'étant point datées, nous nous bornons à les placer ici dans l'ordre où elles sont dans le manuscrit.

II.

AU MÊME.

De Port-Royal, le 30 mai.

....Je reçus hier si tard votre lettre que je n'ai pu communier aujourd'hui, joint que ma santé m'a nécessité de prendre quelque chose, parce que j'avois essayé de jeûner hier, ce que je ne puis plus faire impunément. Cette impuissance-là et d'esprit et de corps à une personne qui a tant eu le pouvoir de mal faire est assurément un état bien humiliant. On ne voit guère de saints qui ayant pu faire et fait beaucoup de maux aient été privés de la puissance de les réparer...

III.

AU MÊME.

De Trie, ce 30 juillet.

J'ai reçu vos deux lettres de Villeterre et de Pontoise. Je n'y trouve rien de trop que vos remerciments. Je vous dois tout ce que vous avez reçu ici, et vous ne devez me savoir gré que du bon cœur avec lequel on vous l'a rendu. Vos prières me serviront à accomplir vos instructions; je vous les demande donc surtout pour le 2 du mois qui vient. Demandez par elles à Dieu que je ne me rende pas indigne de la grande grâce qu'il m'a faite ce jour-là ¹. Ces années-là me doivent être si précieuses que je ne veux pas que vous en croyiez une de moins; il y en aura donc vingt-trois dimanche. Si je les compte devant les hommes, je ne les compte pas devant Dieu, estimant qu'elles sont bien plus vides en bien que celles qui les ont précédées ne l'ont été en mal. Je vous donne le bonjour, et suis toute à vous en N. S. Jésus-Christ.

IV.

AU MÊME.

...Je voudrois fort que mes prières fussent assez bonnes pour être utiles à vos deux pénitents, car je m'en trouverois aussi bien qu'eux; mais dans la vérité je ne suis pas digne de servir aux autres puisque je ne me sers pas à moi-même; ce que je vous dis de l'abondance de mon cœur, étant étonnée au dernier point de passer des journées entières devant Dieu à l'église sans avoir aucun sentiment de sa présence. J'ai regardé cela tout du long du salut comme une excommunication que Dieu fait à mon égard en me séparant de lui intérieurement lorsque les hommes ne le font pas extérieurement et me laissent dans l'église. Priez-le donc pour moi, car dans la vérité cet état est terrible et effrayant.

V.

AU MÊME.

De Port-Royal, le 28 juillet.

Je vous envoyai hier une lettre pour N. Je vous donne

---

¹ Allusion au jour solennel où, à Moulins, auprès de sa tante madame de Montmorency, dans le couvent des filles de Sainte-Marie et auprès du tombeau de son oncle, elle se décida sérieuse-

donc ma voix pour elle, et vous ferez de mon nom ce qui sera utile pour votre charité. Il est vrai que je ne vous ai pas écrit là-dessus, car j'ai eu de si grandes vapeurs ces derniers jours-ci que je n'ai pu le faire, et j'ai bien cru que ça n'étoit pas nécessaire, parce que vous comprendriez bien que j'approuverois tout ce que vous résoudriez pour la charité. Comme j'ai dit à N. que j'avois communié le jour de Sainte-Madeleine, et que j'étois dans le dessein de le faire vendredi, il ne m'a pas pressée de le faire aujourd'hui. S'il n'y avoit pas été, j'aurois communié suivant votre ordre; ce sera donc pour vendredi, s'il plait à Dieu. J'espère que vous ne m'oublierez pas ce jour-là, ni même aujourd'hui, et que vous demanderez à Dieu avec bien de la ferveur que je sois véritablement sortie de l'Égypte et que je n'y retourne jamais. La maladie de M. d'Aleth me tient dans une peine incroyable, non-seulement pour l'intérêt de l'Église et le mien en général, mais pour le mien en particulier. J'aurois des consultations à lui faire encore que je ne pouvois confier à la poste; je les lui allois envoyer par N., il me les auroit renvoyées par N.; et s'il meurt, je serai toute ma vie en scrupule sur des choses bien importantes. Je l'avois consulté déjà; mais les changements qui sont arrivés dans ma famille en ont apporté aux décisions que M. d'Aleth avoit faites, de sorte que sur un nouvel état il falloit un nouvel avis. Si Dieu ne permet pas que j'aie les avis de ce saint homme, je craindrois que ce soit un jugement sur mes péchés; car, comme M. d'Aleth savoit la suite de toutes mes affaires, joint à ce que ses avis sont toujours plus droits que tous les autres et calment mieux mon esprit, j'attendois beaucoup de repos par cette voie,

ment à changer de vie. Voyez Villefore, t. II, p. 2, etc. Il a donné quelques lignes de cette lettre, p. 6.

et même beaucoup de sûreté, de sorte que je suis dans une extrême inquiétude. Je la mérite bien, et c'est ce qui me fait craindre en toutes occasions, parce que je suis convaincue que je mérite tous les châtiments que Dieu me peut envoyer [1].

L'affaire du père Dubreuil ne sera pas si aisée à décider, car je ne vous cèle pas que le Père Dubreuil est l'homme du monde en qui j'ai le plus de confiance, et qui m'est le plus nécessaire pour mon secours dans mes terres; mais j'ai bien peur d'être obligée de demeurer d'accord que le secours qu'il peut donner à un évêque tel que M. de G. est préférable à celui que j'en reçois. Cependant je pense me devoir cette charité-là à moi-même d'examiner avec vous si je me dois priver de mon nécessaire pour procurer un plus grand bien. Je vous prie donc de ne rien répondre sur cela que je ne vous aie exposé la chose comme elle est; après quoi je consentirai à tout ce que vous croirez qui sera de mon obligation là-dessus; car je comprends bien qu'un secours que je garderois contre l'ordre de Dieu ne m'en seroit plus un solide, mais seulement un à mon amour propre.

VI.

AU MÊME.

De Port-Royal, le 30 juin.

Je n'oserois quasi vous dire que je ne communiai pas

[1] Villefore, t. II, p. 73, donne une partie de cette lettre depuis *la maladie de M. d'Aleth*, jusqu'à *l'affaire du P. Dubreuil*. Il remarque avec raison que M. d'Aleth étant mort de la maladie dont il est ici parlé, et cette mort étant arrivée en 1677, on peut conjecturer que la plupart des lettres que madame de Longueville écrit au curé de Saint-Jacques sont environ de ce temps-là.

hier. Il m'arriva un embarras que je ne pus démêler que par cet expédient. Je réparerai cette perte mardi, jour de la Visitation. J'ai dévotion à cette fête : c'est le premier jour que Jésus-Christ a tiré quelqu'un du péché depuis son incarnation. Je finis en vous suppliant de ne m'oublier pas devant Dieu ce jour-là, et de lui demander qu'il efface les miens en me donnant la grâce d'en faire pénitence.

VII.

AU MÊME.

De Trie, ce 3 octobre.

Enfin nous voilà revenues heureusement, Dieu merci, de N. J'arrivai hier ici après dîner. Ce voyage s'est assez bien passé, Dieu merci, et quoiqu'on laisse toujours un peu du sien dans le commerce avec le monde, je ne laissai pas de communier hier à Méru. Demandez, s'il vous plaît, à mon bon ange qu'il m'applique davantage à moi-même afin que je puisse exécuter les ordres que vous me donnez pour mes communions. C'est mon dessein de les faire suivre selon que vous me le marquez. J'espère en faire une le jour de Sainte-Thérèse à Rouen ; car je crois partir d'ici le 13 pour arriver le 14, et en partir le 15. Il est vrai qu'une personne plus vertueuse que moi aurait à gagner dans ce voyage qui doit être dur à la nature[1] ; demandez cette grâce-là à Dieu pour moi, s'il vous plaît. Vous ne sauriez croire combien je suis ravie de me trouver dans ma solitude.

[1] Elle allait à Rouen pour voir son fils aîné, le comte de Dunois, depuis l'abbé d'Orléans, dont la démence lui causa tant de chagrins. Villefore, t. II, p. 59 et 131.

VIII.

AU MÊME.

De Port-Royal, le 23 juillet.

... Pour répondre à ce que vous me demandez de mes communions, je vous dirai que je n'avois pas communié depuis le jour de la Visitation, mais je communiai hier. Voici deux jours où je le ferois volontiers, s'ils n'étoient pas proches et de celui d'hier, et l'un de l'autre, sainte Anne et le 2 août, qui est le jour que je regarde comme celui de ma délivrance quoique imparfaitement, comme je vous l'ai expliqué, mais dans lequel j'ai pourtant fait une confession, depuis laquelle Dieu m'a préservée de retomber dans les crimes dont je m'accusai il y a 22 ans vendredi. Je vous prie donc de faire le choix entre ces deux jours, et de me mander lequel je préférerai à l'autre pour y faire la sainte communion.

IX [1].

AU MÊME.

De Trie, ce 22 octobre.

Je communiai à Rouen, le jour de Saint-Luc, selon que je l'avois projeté avec vous, et ensuite avec le Père Dubreuil qui m'a accompagnée jusqu'ici. Vous jugerez, par ce que vous rapportera M. le Nain de l'état de mon fils, de ce que sa vue a pu faire en moi. Je vous avoue que je sentis quelque aigreur et une grande contradiction contre cette sorte de croix. Cette émotion me fut plus

---

[1] Villefore donne une partie de cette lettre, p. 131.

sensible que celle que la pitié auroit pu faire, parce que la malignité de mon fils est si visible, au milieu de sa folie, que je me sentis plus attendrie sur moi que sur lui. Cependant j'essayai de ne me pas abandonner à ce sentiment, et je crois pouvoir espérer que celui de la soumission aux ordres de Dieu fut plus volontaire que l'autre n'avoit été, et que je me convainquis devant lui de mon mérite pour recevoir l'imposition de ce fardeau des mains de sa justice. Ma sortie de Rouen a été comme mon entrée; le peuple m'accompagna comme il m'avoit reçue, en me donnant de grandes bénédictions, en pleurant et en montrant tout ce qu'une amitié très-sincère peut faire voir. M. le Nain et le Père Dubreuil pleurèrent sans s'en pouvoir empêcher. Enfin, il est certain qu'on n'a rien vu de pareil à leur empressement de me voir, et que la place de devant ma maison, les degrés et les chambres étaient si combles de monde, qu'on ne pouvait ni entrer ni sortir. Un reste d'esprit du monde m'a fait prendre quelque plaisir à cela....

X.

AU MÊME.

Je vous supplie de croire que j'avois un très-sincère dessein de communier lorsque je vous ai dit que je le ferois; mais dès que j'ai été à l'église, il m'est venu des inquiétudes d'esprit que mon péché fût plus grand que vous ne le croyez et que je ne le croyois aussi, qui m'ont un peu renversée et qui m'ont jetée dans une sorte d'inquiétude qui m'ôtoit tout à fait l'attention et la tranquillité. J'ai essayé de surmonter ces peines; mais j'ai vu que je ne le pouvois, et que si je communiois, parce que vous me l'aviez dit, ce seroit plutôt une complaisance humaine qu'une obéissance raisonnable. Si je l'eusse fait dans cette disposition, j'ai vu que mes inquiétudes recommenceroient, même avec plus de sujet; ainsi je me suis déterminée à ne le pas faire, et j'ai cru même ne vous pas désobéir, puisque hier vous m'ordonnâtes de communier, à condition que je n'y eusse pas de répugnance. Je crois que tout cela vient de foiblesse plutôt que de délicatesse de conscience. Ainsi cela se peut mettre au rang des choses que la charité vous doit faire supporter en moi; mais je crois aussi que je dois les mettre au rang de celles dont je me dois corriger. Pour en demander la grâce à Dieu, et pour expier ce qui lui peut être désagréable dans tout ce que j'ai fait, je vous demande permission de mettre deux matinées, entre ce jour-ci et le 2 d'août, une ceinture de fer pour expier ces péchés-là et une petite partie de ceux dont Dieu m'a tirée en ce temps-là.

XI.

AU MÊME.

De Trie, ce 23 novembre.

Tout ce que vous me dites sur le chapitre de cette affliction est le plus juste du monde. Les occasions ne nous font pas ce que nous sommes, mais elles nous montrent qui nous sommes; je l'éprouve en celle-ci qui m'a fait voir clairement que j'ai cherché l'estime des hommes par une justice extérieure, que je me suis complue, que je me suis voulu distinguer par là des autres personnes qui font profession de piété, que j'ai cherché dans l'approbation des hommes la récompense de ces qualités que je vois bien qui n'étoient que naturelles.... Rien n'est plus juste que Dieu se serve des hommes pour punir le péché que j'ai fait d'agir plus pour eux que pour lui. Quelque mal que j'aie donc par cette affaire, il est bien juste, et voilà à quoi elle me servira, quoi qu'il en arrive, à me faire connoître à moi-même quelle je suis ; je ne faisois que m'en douter, j'en suis éclaircie par cette funeste expérience. Mais comme ce n'est pas assez de connaître ses plaies, si l'on ne travaille à leur guérison, adressez-vous à Dieu par vos prières, pour lui demander cette seconde grâce qui sera l'accomplissement de la première, et sans laquelle la première me seroit fort inutile. Il est dit en quelque endroit de l'Écriture que Dieu jugera nos justices, cela est bon pour moi, et je dois désirer qu'après avoir jugé les miennes en ce monde, il n'attendra pas à les punir en l'autre. J'ai suivi exactement mes règles pour la communion jusques à la Toussaint, mais toutes ces affaires ici étant arrivées, j'ai été un peu interrompue. Dieu me fit la grâce de n'être pas émue du commencement de celle de N. ; ainsi je n'avois pas de tentation de rien changer pour cela. Je me confessai à Méru, le lendemain de Saint-Martin, et je remis à communier le jour de la Présentation; mais cette affaire ici étant arrivée et m'ayant découvert ce que je suis, j'avoue que j'ai eu besoin de temps pour m'en démêler, joint que je n'ai ici que le bon M. pour me confesser, qui n'entendra pas grand'chose à tout ce que je lui dirai. Cependant si vous le jugez ainsi, je me disposerai, le mieux que je pourrai, pour le premier dimanche de l'Avent ou pour le jour de saint André.

XII[1].

AU MÊME.

De Port-Royal, ce 23 juin.

Je ne puis me résoudre à communier demain parce que je le ferois avec trouble, et qu'il vaut mieux remettre une action de cette nature que de la faire avec inquiétude. Le plus grand repos que puisse avoir mon esprit n'est pas suffisant pour me faire communier sans peine; ainsi je suis persuadée que je ne le dois pas faire lorsque j'en ai dont je ne suis pas la maîtresse. Je crois donc avoir reçu l'absolution avec une conscience douteuse, parce qu'il me vint dans ce temps-là que je devois dire la circonstance que j'avois omise, et le ridicule de cette accusation me retint de le faire. Il est vrai qu'il me vint bien aussi dans l'esprit que, comme on n'est pas obligé d'accuser les péchés véniels, on ne l'étoit pas par conséquent de déclarer les circonstances, outre que je n'avois pas même dans l'esprit que ce fût un péché véniel considérable; mais je crains de n'avoir pas absolument déterminé mon esprit à suivre cette dernière pensée, et celle qui me poussoit à dire ce que je ne dis pas étoit si mêlée avec l'autre, et le sentiment de honte de dire une sottise comme celle-là m'étoit si présent et si sensible, que je crains avec raison d'avoir agi par là plutôt que par la bonne raison que j'avois vue. Si j'avois eu plus de temps pour me résoudre; mais celui de l'absolution est si court, et je fus si troublée que je ne pus me déterminer. Cependant j'en suis aujourd'hui fort troublée, non pas de la chose en soi, que je crois très-pe-

---

[1] Villefore, p. 79, donne le commencement de cette lettre jusqu'à ces mots : *dont je ne suis pas la maîtresse.*

tite, mais de la mauvaise disposition qui fait que je suis capable de recevoir l'absolution dans une conscience douteuse ; ce que je crains qui n'ait rendu ma confession mauvaise, ne voyant point le degré où je puis porter une si terrible chose; car, dans un doute, quelque mal fondé qu'il puisse être, une personne qui auroit la conscience droite prendroit le parti de dire ce qui la peineroit plutôt que se commettre à abuser du sacrement; et il faut que l'orgueil soit bien grand qui fait prendre le parti contraire, et qu'une conscience soit bien peu droite devant Dieu qui se commet à faire une mauvaise confession dans une si petite occasion. Ainsi, ne pouvant me démêler moi-même, je ne communierai pas que je n'aie eu de vos nouvelles. Cette faute-là méritera peut-être bien que vous m'ôtiez les communions que vous m'aviez ordonnées; mais si cela n'étoit pas, il y a dimanche prochain une fête considérable céans, qui est la Dédicace, dans laquelle je pourrois réparer ce que je perdrai demain ; mais j'avoue que je souhaite ne le pas faire, me voyant si dépourvue de l'amour de Dieu, qui me mettroit, si je l'avois, dans des dispositions si opposées à celle qui m'a fait commettre cette faute. Mandez-moi, s'il vous plaît, comment je la dois exprimer dans ma première confession, si ce n'est pas à vous que je la fasse, et priez Dieu qu'il change mon cœur.

XIII.

AU MÊME.

A Port-Royal, ce 27 avril.

Je vous rends grâce de ce que vous avez fait ce que vous avez pu pour empêcher les plaintes de N.; mais si les raisons que je lui ai dites et écrites avec le plus d'honneur que j'ai pu, ne l'ont pas convaincu, je pense qu'il ne le peut être de rien. Il faut donc s'en tenir en repos et ne se pas soucier de perdre des amis qui veulent que l'on soit les leurs aux dépends de sa conscience. Je doute que vous sachiez le particulier de cette aventure, qui assurément me fut très-pénible. J'espère vous la conter bientôt, car je serai, s'il plait à Dieu, lundi à Paris. Les personnes dont vous parle N. me font grand'pitié, surtout celle qui a connu Dieu, car il faut une grande extinction de lumière pour pouvoir pousser l'autre à se jeter dans le précipice d'où elle est sortie extérieurement, je dis extérieurement, car si elle-même croit pouvoir retourner à la cour, je ne l'en crois pas sortie devant Dieu. Il est le maître de ces cœurs-là aussi bien que de toutes choses ; ainsi il faut s'adresser à lui pour le supplier d'en rompre la dureté par sa grâce. Je me recommande à vos prières et vous demande votre bénédiction.

XIV.

De Port-Royal, ce 8 mars.

Je vous enverrai mes chevaux pour venir ici samedi, et vous amènerez une personne qui vient pour songer à sa conscience. Vous serez bien aise de l'entretenir de bonnes choses par les chemins ; mais je vous avise de faire tomber le discours sur la nécessité des confessions générales, quand on veut sérieusement entrer en soi-même pour rectifier celles qu'on a pu faire, qui la plus grande partie ne valent rien, quand on a vécu dans le monde sans changer de vie. C'est que la petite femme en a besoin, mais il faut faire cela sans qu'il paroisse que vous êtes averti. Faites-lui donc peur des confessions et des communions sacriléges, et surtout n'oubliez pas de prier pour moi.

XV.

AU MÊME.

Je pensai ne pas communier la nuit de Noël, mais enfin je le fis, et je pensai que je vous aurois pour garant, et qu'il vous appartenoit de répondre pour moi à Dieu. J'avois l'esprit si dissipé et le corps même si abattu que je n'eus rien à offrir à Dieu, si ce n'est la contradiction de l'un et l'incommodité de l'autre, et qu'il me paroissoit bien juste que ce qui avoit tant servi à l'iniquité servît à la justice, au moins quant à l'extérieur ; car pour l'intérieur, c'est à Dieu à en juger, et j'ai bien peur que son jugement ne me soit pas favorable.

XVI.

AU MÊME.

Je m'en vais à N. Je vous demande vos prières et votre bénédiction, afin de faire ce voyage plutôt par esprit de pénitence que par la déférence humaine que j'ai pour les sentiments de mes amis. Je vous dirai demain, s'il plaît à Dieu, comment tout se sera passé.

XVII.

AU MÊME.

Je ferai ce que vous m'ordonnez, et j'essayerai de prendre en esprit de pénitence cette séparation des offices divins, où je suis en effet si peu digne d'assister. Souvenez-vous de moi devant Notre-Seigneur. Je ferai ce que vous jugerez à propos pour la sainte communion.

XVIII.

AU MÊME.

De Méru, ce 9 octobre.

Il faut avouer que la perte de N.[1] m'a touchée au dernier point, et qu'outre une liaison de vingt-cinq ans que j'avois avec lui, je le regardois comme un des plus solides appuis de l'Église. Il pouvoit suppléer lui seul à mille autres, et je ne sais si les autres peuvent suppléer à ce que celui-là pouvoit faire. Les tentations vont apparemment augmenter, et les personnes qui peuvent nous secourir nous sont ôtées. L'Eglise ne périra pas, elle est appuyée sur les promesses de Jésus-Christ, mais les particuliers ne les ont pas reçues; on ne sait si l'on est de ces plantes qui ne peuvent être arrachées parce qu'elles ont été plantées de la main du père céleste; ainsi on craint la tentation, puisque ce sera elle qui discernera les enfants de Dieu d'avec ceux qui n'en ont que l'apparence. Nous méritons peut-être d'avoir des pasteurs qui nous trompent; ainsi on ne peut trop pleurer ceux qui ne nous avoient pas trompés. Un de ce dernier nombre est encore bien mal depuis que je suis ici. Nous avons eu une grande frayeur de le perdre; mais il est mieux, et Dieu n'a pas voulu nous donner cette seconde affliction. J'ai fait très-mauvais usage de la première, et peu s'en est fallu que mes pieds n'aient chancelé. Je crois que vous savez que l'histoire de N. et de son mari fait bien du bruit dans le monde, et qu'on dit déjà que je la dois faire venir à Trie. On ne doit pas manquer

[1] Villefore donne une partie de cette lettre. D'après lui, N. est l'archevêque de Sens, M. de Gondrin, qui prit tant de part, avec madame de Longueville, à la paix de Clément IX.

de charité à ces dames-là, mais assurément il faut aller fort bride en main avec elles ; car leur légèreté fait qu'on ne leur sert de rien et leur même légèreté nous peut beaucoup nuire quand nous nous mêlons de leurs affaires. Ne m'oubliez pas devant Dieu.

XIX [1].

AU MÊME.

De Trie, ce 3 septembre.

J'essayerai de me calmer sur les choses dont vous me parlez dans votre dernière lettre; mais je ne vous réponds pas d'en venir entièrement à bout, parce que ces sortes de peines sont d'ordinaire plus fortes que moi, quand elles viennent se présenter. Il est bien juste que les pécheurs n'aient pas de repos en ce monde, puisqu'ils ont mérité d'en être privés durant toute l'éternité. Plus ils peuvent espérer que Dieu ne veut pas leur en donner une malheureuse, plus il est juste que leur temps au moins ne soit pas tranquille; et afin que Dieu oublie leurs crimes, il est raisonnable qu'ils ne les oublient pas eux-mêmes. Rien n'est plus beau que la relation de la visite de M. de Rheims dans son diocèse. Je vous demande vos prières et votre souvenir devant Dieu.

XX.

AU MÊME.

Trie, ce 23 octobre.

Je trouve la proposition de M. le Nain [2] la meilleure,

[1] Villefore donne ce billet, p. 71.
[2] M. Le Nain, dont il a été plusieurs fois question dans ces lettres, était le chef du conseil de madame de Longueville.

car je ne tiens pas N. en état de bien recevoir des honnêtetés directes de ma part, et quoique l'opinion que j'en ai les rendit plus utiles pour moi, je crois que ne l'étant pas pour elle ¹, il vaut mieux aimer son bien que le mien, et assurer N. que je lui en ferai toujours directement toutes les fois que je croirai ne l'irriter pas davantage. En effet, je suis, par la grâce de Dieu, dans cette disposition, et si sincèrement qu'après vous avoir dit mon sentiment, je me soumets pourtant à celui que M. le Nain et vous formerez, et vous donne plein pouvoir à l'un et à l'autre.

XXI.

A Port-Royal, ce 12 novembre ².

Vous avez raison de me dire que ma sœur Élisabeth ³ me peut faire faire bien des réflexions; mais il est vrai que comme ma ferveur diminue, ma santé la suit aussi; car je deviens dans une si terrible délicatesse que je ne suis plus capable de rien. Je pensai m'évanouir deux fois le lendemain de ma saignée. Enfin, si Dieu ne me donne un cœur qui répare la foiblesse de mon corps et la stéri-

---

1 Serait-il ici question de madame Deslyons, au sujet de laquelle se trouve une lettre assez bizarre dans le *Supplément au nécrologe de Port-Royal*, p. 283, lettre qui est datée de 1678? Il est plus naturel de penser qu'il est ici question de madame de Nemours. Voyez les lettres suivantes.

2 Villefore donne une partie de ce billet, t. II, p. 70.

3 Quelle est cette sœur Élisabeth? Est-ce une sœur du couvent des Carmélites ou une religieuse de Port-Royal? Il y avait à Port-Royal plusieurs religieuses de ce nom, par exemple, la sœur Élisabeth de Sainte-Agnès Leferon, *Supplément au nécrologe*, p. 587, et encore la sœur Élisabeth de Saint-Luc, mademoiselle Mydorge.

lité de mon esprit, je dois beaucoup craindre de n'avoir rien à lui offrir, et qu'il me trouve bien vide lorsque je paroîtrai devant lui. Souvenez-vous de moi devant Notre-Seigneur, et mandez-moi, je vous prie, le temps de mes communions. Il y a déjà tant de temps que vous connoissez les replis de mon âme de près, que je suis bien aise de ne m'avancer pas vers Dieu de cette manière sans votre participation.

XXII.

AU MÊME.

Ce jeudi.

Votre lettre à M. de St-Eustache est très-propre à faire un bon effet ; mais j'avoue que j'en attends peu de succès. Je serai toujours prête à dégager les paroles que vous donnerez pour moi, quand vous jugerez qu'il en sera temps, et de faire, vers madame de Nemours, tout ce que la charité et la proximité m'engage de faire vers elle.

XXIII.

De Port-Royal, ce 27 juin.

Je ne crois pas que N soit disposé à écouter N. Il n'y a que N qui puisse changer son procédé à mon égard ; car pour son cœur, c'est à Dieu seul à faire cet ouvrage. Pour moi, j'espère qu'avec sa grâce je ne changerai pas de disposition sur ce chapitre, et que je serai toujours prête, soit à lui faire des avances, si on juge à propos que je lui en fasse, soit à recevoir celles qu'elle me voudra faire, ce que je ne crois pas qui arrive. Si mes prières étoient bonnes pour vous, vous vous en sentiriez assurément. Je vous demande la continuation des vôtres.

XXIV.

De Port-Royal, ce 11 juin.

J'essayerai à profiter de ce que vous me dites ; mais, en vérité, je suis pire que jamais, et pour moi je commence à penser que je ne suis pas où Dieu me veut, et qu'il demande quelque autre chose de moi que ce que je fais. Priez-le qu'il me le fasse connoître.

XXV.

AU MÊME.

De Port-Royal, ce 1er juillet.

Je n'ai pu encore demander à notre Mère les trois obéissances que vous m'avez ordonné de lui demander, et j'ai pensé même, avant que de le faire, à vous représenter que ces sortes de choses passent, dans les couvents, pour des actions d'une grande vertu, qu'on se fait estimer par là à fort peu de frais, et qu'ainsi je ne sais si vous n'aimeriez pas autant me marquer vous-même trois choses, que je ferois par obéissance tout de même, et qui ne m'attireroient pas une estime que je ne mériterois point. C'est donc à vous à examiner cela et à ordonner.

XXVI [1].

Je n'ai jamais été moins appliquée que le dernier jour que j'ai communié et si disposée à m'ennuyer de tout ce que je fais, et cela m'avoit même résolue à vous demander

---

[1] Villefore donne ce billet, p. 72, avec quelques phrases empruntées s à d'autres lettres qui ne sont pas dans notre manuscrit.

si je communierois encore jeudi prochain. J'attendrai votre réponse et je ferai ce que je pourrai pour ne me point laisser aller à la pente qui me fait mal juger de mon état. J'ai essayé de la porter devant Dieu comme une punition assez proportionnée au mal que j'ai fait de me détourner de lui par la recherche de la joie et du divertissement, me semblant bien juste qu'on s'ennuie en revenant à lui, quand on s'est diverti en s'en séparant. Comme il fait la joie des saints qui sont dans le ciel et de ceux qui sont sur la terre, il n'est pas étrange qu'une pécheresse comme moi ne la trouve pas en lui. Je trouve tout cela si juste que je n'ai rien à y répondre, et pourvu que l'éloignement de mon esprit ne vienne pas de celui de mon cœur, je vous assure que j'en serai contente; mais je crains que ce dernier ne soit pas converti, et que le reste n'en soit une suite. Priez Dieu pour moi, etc.

Au moment où nous terminons ces extraits, une gracieuse obligeance tire pour nous des riches papiers de la maison de Grammont et met à notre disposition une lettre authographe et inédite de M%%me%% de Longueville, mais d'une époque bien différente de sa vie, du temps où retirée à Moulins, auprès de sa tante, M%%me%% de Montmorency, sortie de la guerre civile, mais n'étant pas encore rentrée en grâce avec la cour, le cœur déchiré mais non pas changé, aspirant déjà à la solitude et toujours occupée d'affaires et presque d'intrigues, son âme, dit un auteur cité par Villefore, *s'élançait pour ainsi dire vers le ciel, et le moment d'après retombait en terre.* Elle resta dix mois à Moulins, dans l'année 1654; à la fin de ce séjour elle prit son parti et se tourna décidément vers Dieu. Mais dans les premiers mois c'était le monde qui l'emportait encore, et la lettre que nous allons donner appartient à ces premiers mois: elle est du 28 mars. C'est un échantillon du mélange d'intrigue habituelle et de dévotion naissante qui marque alors toute la conduite de Mme de Longueville. Cette lettre a trois pages, cachet armorié et soie. Nous conservons l'orthographe du temps.

A MADAME MADAME LA COMTESSE DE FIESQUE [1].

(Il y a un billet dans cette letre [2].)

De Moulins, ce 28 mars.

Le panneau est grossier et la pièce est mal inventée. J'en loue Dieu de tout mon cœur; car enffin, outre l'interest de mademoiselle, j'y ay encore le mien, et vous voiez bien que la belle [3] dont est question avoit envie de faire ce qu'on apelle en méchant proverbe d'une pierre deux coups. Car enffin sy mademoiselle eut escrit de cette manière, on eut pris le courrier asurément et on n'eut pas douté que je n'eusse part à son envoy. Enffin nous

[1] Dame d'honneur de mademoiselle de Montpensier, que celle-ci nous peint comme fort intrigante et s'entendant sous main avec le cardinal, pendant que son mari semblait être à M. le prince de Condé.

[2] Ce billet n'est plus.

[3] Une autre main, mais encore du dix-septième siecle, a mis cette note : « La belle, *madame de Chastillon.* »

avons là une bonne amie[1] qui veille pour nous, quand nous dormons, et qui songe à nos intérests, quand nous les nesgligeons. Vrayment voilà la plus digne histoire que cette dame ait encore fabriquée, et je vous trouve bien heureuse de l'avoir en vostre voisinage pour estre récréée de temps en temps de ses comédies. J'en sçay quelques unes, et je voudrois fort que celuy[2] qui en est le principal subject en fut instruit; car enffin avec touttes ces tracasseries, elle lui gaste ses affaires; car je sçay qu'il n'y a sorte de sotises qu'elle ne dise pour monstrer qu'elle en est la maitresse. Se sera une digne action que de la servir auprès de luy. Mais il faudroit qu'il rompit avec elle sans esclaircissement. Je m'en vais me mettre en prière pour soutenir par là ce que vous ferez. Je seray vostre sainte en cette entreprise, et se sera moy qui demanderay la bénédiction de Dieu sur vos discours. Je serois ravie d'escrire, mais je n'oserois; car sy le courrier estoit pris, monsieur de Longueville ne me le pardonneroit jamais; mais faittes mille compliments pour moy, sans me nommer, sy se n'est du nom de son martyr; car enffin je le suis, le prince de Conty ayant dit à M. le cardinal que sy on me laisse retourner en Normandie, je m'y mettray à la teste des désordres que monsieur mon frère y soulevera. Enffin monsieur de Chenaille sçait mes affaires comme moy-mesme; et comme le bon homme n'est pas mon confident, je voy bien qu'il en est instruit par une dame qui a part au secret du ministère par son gallant nouveau, je veux dire par nostre assas-

---

[1] Ce doit être madame la princesse palatine, qui ne manqua à aucun de ses amis, dans quelque parti qu'ils fussent, et se chargea des intérêts de madame de Longueville auprès de la cour.

[2] La même main : « Celuy, *Monsieur le prince.* »

sinateur [1]. Vrayment je suis estonnée de toutes ces friponneries-là; c'est le vray nom qu'on peut donner à un tel procédé. Vous pouvez m'escrire par la voie de la poste, et mettre au-dessus de vos letres : A monsieur Genin, à Moulins, et dedans : A madame de Longueville. Mais il faut un chiffre; j'en demande un... [2] Vous vous en servirez, affin qu'on se parle plus librement, et surtout des pauvres absents; c'est touste ma joie que de sçavoir un peu de leurs nouvelles et de souffrir pour eux au moins, puisque je ne les puis servir. Faites ma cour auprès d'eux, je vous prie, mais ne me nommez point dans toutes les letres que par des noms de chiffres, si vous en avez; mais sy le porteur des letres est tel que vous dites, vous luy pouvez parler de moy et de mes sentiments nouveaux [3]; qu'il n'en parle qu'à celuy qui les cause. J'en ai pour vous de fort tendres, n'en doutez point. Mandez-moi comment on vous peut escrire.

La duchesse de Longueville mourut aux Carmélites âgée de cinquante-neuf ans, le 15 avril 1679. Dans ses derniers moments, lorsqu'on lui annonça qu'elle ne devait plus se relever, elle qui avait toujours eu une si grande crainte de la mort

---

[1] Je ne trouve point le nom de M. de Chenaille dans les mémoires de La Rochefoucauld, ni dans ceux de madame de Motteville, et toute cette phrase demeure obscure.

[2] Mot difficile à lire, peut-être une abréviation convenue.

[3] De qui peut-il être ici question? ce ne peut-être La Rochefoucauld. Serait-ce le prince de Conty, son frère, avec lequel elle était alors brouillée et désirait se réconcilier? ou plutôt ne serait-ce pas son mari, auquel elle s'attacha de nouveau à la fin de son séjour à Moulins?

et des jugements de Dieu, éprouva tout à coup un heureux changement : la confiance rentra dans son cœur et elle mourut avec toute sa raison et avec une sainte allégresse [1].

Ayant passé la fin de sa vie entre les Carmélites et Port-Royal, elle avait voulu qu'on l'enterrât dans celle de ces deux maisons où elle mourrait, et qu'on donnât son cœur à l'autre. Elle fut donc inhumée aux Carmélites où elle était morte, et son cœur fut déposé à Port-Royal. M. Marcel obtint de la famille le don de ses entrailles pour l'église de Saint-Jacques du Haut-Pas. A l'exhumation des corps de Port-Royal, le cœur de Mme de Longueville fut transporté et réinhumé à Saint-Jacques avec celui de son fils le duc de Longueville, mort avant elle et tué dans la campagne de Hollande. On les plaça à droite vis-à-vis l'œuvre, dans la chapelle du Bon-Pasteur, où les entrailles de Mme de Longueville avaient été enterrées. Son oraison funèbre fut prononcée par l'évêque d'Autun, Roquette. Le texte était : *Fallax pulchritudo, mulier timens Deum ipsa laudabitur*. La Rochefoucauld assista à cette cérémonie, et il mourut l'année suivante en 1680.

On trouve dans notre manuscrit les deux discours qui furent prononcés, l'un en remettant le

---

[1] Villefore, p. 169 ; et *Histoire de l'abbaye de Port-Royal*, première partie, *Hist. des religieuses*, t. III, p. 90.

corps de Mme de Longueville à M. l'évêque d'Autun aux Carmélites pour y être enterré, l'autre en remettant son cœur à son aumônier pour le porter à Port-Royal des Champs. Nous donnerons ici ces deux discours qui n'ont jamais été publiés.

I.

Monseigneur,

Nous vous apportons le corps de très-haute et très-puissante princesse madame Anne Geneviève de Bourbon, princesse du sang, duchesse douairière de Longueville. Nous venons vous demander pour elle, dans ce lieu si saint, si vénérable, la sépulture ecclésiastique. Il est de l'usage de l'Église et de la piété même de vous rendre témoignage de sa foi ; mais que pouvons-nous vous en dire, à vous, Monseigneur, qui la connoissez très-parfaitement? il suffit de vous avoir nommé son nom auguste, et après il faudroit demeurer dans un respectueux silence qui en diroit assez et qui conviendroit même mieux à la douleur que nous avons de l'avoir perdue. Mais si nous prenons la résolution de nous taire, écoutons tout ce qui parle en faveur de cette incomparable princesse et qui publie hautement ses rares vertus et son mérite extraordinaire. Les pierres des temples qu'elle a bâtis en l'honneur du Dieu vivant, parlent ; les peuples de cette ville principale et ceux des provinces à qui elle a donné de si grands exemples, parlent ; les pauvres qu'elle a nourris, visités, consolés, parlent aussi ; ce monastère où elle a passé tant de temps dans la pratique des exercices les plus saints et les plus réguliers, parlent ; l'Église dont les intérêts lui ont été si chers, parle pour elle ; enfin sa mort précieuse que vous avez vue, Monseigneur, aussi bien que sa vie et qui en a été la couronne et la perfection, parlent si bien. C'est sur ces témoignages avantageux que tout le monde est prévenu pour madame de Longueville d'une estime et d'une vénération toute particulière, et que nous vous demandons pour cette grande, pieuse et sainte princesse, les honneurs de la sépulture et les prières ecclésiastiques.

II.

Recevez s'il vous plaît, Monsieur, le cœur de très-haute et très-puissante princesse, madame Geneviève de Bourbon, princesse du sang, duchesse douairière de Longuevillle, que nous vous remettons entre les mains. On nous avoit fait l'honneur de nous le confier comme un dépôt très-précieux, et j'avoue que nous aurions peine à nous en défaire si nous n'étions riches d'un autre, qui va faire en cette église une sépulture honorable qui sera pour cette grande princesse la seule sépulture publique exposée à la vue des peuples. Ce sont ses entrailles, entrailles vraiment de charité, qui servent de fondement à cette église qu'elle a bâtie et qui seront un monument à tous les siècles de la bonté qu'elle a eue pour cette paroisse abandonnée, et de son zèle pour le salut des peuples et pour la gloire de Dieu. Rendez compte, Monsieur, des sentiments de ce grand cœur au lieu saint où il a ordonné qu'il fût mis et où vous le portez. Dieu l'avoit donné à madame de Longueville tel qu'il le falloit à une personne de son rang et de son mérite, tel qu'il l'avoit promis par son prophète et qu'il l'a donné à ses saints; un cœur tout de chair, comme parle l'Écriture, où sa loi étoit écrite comme sur des tables vivantes, et qui l'aimoit sincèrement, un cœur droit qui se portoit à Dieu seul, et qui ne lui faisoit prendre que ses règles saintes pour sa conduite; un cœur pur et simple qui ne cherchoit aucune autre chose; un cœur ferme et inflexible que rien ne pouvait ébranler ni détourner des résolutions que la piété, la justice et la raison lui avoient fait prendre; un cœur tendre et compatissant qui étoit touché des misères et des peines d'autrui et qui les lui faisoit secourir autant qu'il lui étoit possible; un cœur docile qui lui faisoit recevoir avec joie et avec douceur la parole de la vérité, et qui la soumettoit aux grâces de Dieu et à ses épreuves avec une égale reconnoissance et avec une humilité profonde. Cette illustre princesse a voulu que ce cœur reposât dans une secrète solitude, et au milieu des chastes épouses de J.-C.; il est vrai de dire, selon la parole de l'Évangile, que là étoit tout son trésor, comme il est aussi très-véritable que par l'assemblage des sentiments les plus vifs de la religion et de la foi avec les vertus les plus solides et les plus éclatantes, elle avoit fait de ce même cœur un bon trésor dont elle tiroit toutes sortes de biens.

Allez, Monsieur, dites les choses que vous savez comme nous, que personne n'ignore, qui font toute notre consolation, et toute la gloire d'une des plus grandes et des plus vertueuses princesses du monde.

Nous terminerons par un portrait de Mme de Longueville, mais de Mme de Longueville convertie, que donne notre manuscrit (p. 301) sans en indiquer l'auteur. Il est étonnant que Villefore n'ait pas connu ou du moins n'ait pas publié cette pièce.

CARACTÈRE DE MADAME DE LONGUEVILLE.

« C'était une chose à étudier que la manière dont madame de Longueville conversoit avec le monde.

On y pouvoit remarquer ces qualités également estimables selon Dieu et selon le monde : elle ne médisoit jamais de personne, et elle témoignoit toujours quelque peine quand on parloit librement des défauts des autres, quoique avec vérité.

Elle ne disoit jamais rien à son avantage, cela étoit sans exception; elle prenoit autant qu'elle pouvoit sans affectation toutes les occasions qu'elle trouvoit de s'humilier.

Elle disoit si bien tout ce qu'elle disoit qu'il auroit été difficille de le mieux dire, quelque étude qu'on y apportât.

Il y avoit plus de choses vives et rares dans ce que disoit M. de Tréville [1]; mais il y avoit plus de délicatese et autant d'esprit et de bon sens dans la manière dont madame de Longueville s'exprimoit.

Elle parloit sérieusement, modestement, charitablement et sans passion; on ne remarquoit jamais dans ses discours de mauvais raisonnements. Elle écoutoit beaucoup, n'interrompoit jamais, et ne témoignoit point d'empressement de parler.

L'air qui lui revenoit le moins étoit l'air décisif et scientifique, et je sais des personnes, très-estimables d'ailleurs, qu'elle n'a jamais goûtées, parce qu'elles avoient quelque chose de cet air.

C'étoit au contraire faire sa cour auprès d'elle que de parler de tout le monde avec équité et sans passion, et d'estimer en eux tout ce qu'ils pouvoient avoir de bon.

Enfin, tout son extérieur, sa voix, son visage, ses gestes, étaient une musique parfaite, et son esprit et son corps la servoient si bien pour exprimer tout ce qu'elle voulait

---

[1] Sur le comte de Tréville ou Troisville, voyez l'article de Moréri et les sources auxquelles il renvoie. A ces sources ajoutez madame de Sévigné (édition Montmerqué), t. I, p. 287; II, 274; VIII, 160, 193; IX, 42; X, 81, 110.

faire entendre, que c'étoit la plus parfaite actrice du monde.

Cependant, quoique je sois persuadé qu'elle étoit un excellent modèle d'une conversation sage, chrétienne et agréable, je ne laisse pas de croire que l'état d'une personne qui n'auroit rien de tout cela, et qui seroit sans esprit et sans agrément, mais qui sauroit bien se passer de la conversation du monde et se tenir en silence devant Dieu en s'occupant de quelque petit travail, est beaucoup plus heureux et plus souhaitable que celui-là, parce qu'il est moins exposé à la vanité, et moins tenté par le spectacle des jugements favorables qu'on attire par les belles qualités. »

KANT

DANS LES DERNIÈRES ANNÉES DE SA VIE.

Kant, l'auteur du grand mouvement philosophique de l'Allemagne contemporaine, a eu tant de biographes, même de son vivant, qu'on ferait une collection nombreuse des ouvrages consacrés à sa mémoire. Il y en a de toutes les sortes. Les uns sont des biographies complètes, d'une étendue considérable; les autres ne renferment que des portions souvent assez courtes de sa vie : ceux-ci s'attachent plus particulièrement au philosophe, ceux-là se bornent à faire connaître l'homme. Quiconque l'avait approché s'est empressé de mettre le public dans la confidence de ses relations avec lui. Tout ce qui rappelait par quelque endroit le père de l'Allemagne nouvelle a été curieusement recherché et avidement accueilli.

Parmi cette multitude d'écrits, il en est deux que le mérite d'une fidélité scrupuleuse a tirés d'abord de la foule et soutenus dans l'estime publique, quoiqu'ils embrassent seulement quelques années de la vie de Kant, et même les dernières années, celles où, parvenu au terme de sa longue carrière et touchant à quatre-vingts ans, l'auteur de la *Critique de la raison spéculative et de la raison pratique* n'était guère plus qu'une ombre de lui-même. Mais les lueurs qui brillaient encore par intervalle dans les ténèbres et les misères de la vieillesse, sont autant de révélations précieuses sur cette grande et forte nature mise à nu par l'âge et réduite à son propre fond. Nous nous proposons de les recueillir. Nous avons pensé qu'avec le goût du temps pour les détails historiques et pour les tableaux de chevalet en tous genres, le lecteur français voudrait bien nous suivre un moment à Kœnigsberg dans l'intérieur d'un grand homme qui finit, dans son cabinet d'étude, à sa table et à son lit de mort. A défaut de grandeur et d'un vif intérêt, nous promettons du moins une vérité parfaite. Les deux écrits sur lesquels nous nous appuierons ont une autorité incontestée. Ils ont été imprimés l'année même de la mort de Kant, et à Kœnigsberg, où la plus légère infidélité, le plus léger charlatanisme eût été à l'instant reconnu et démasqué. Leurs auteurs sont deux hommes honnêtes et consciencieux qui ont vécu dans l'intimité de Kant pendant les dernières années de sa vie, et qui déclarent ne rapporter que ce qu'ils ont vu et entendu eux-mêmes.

L'un est M. Hasse, collègue de Kant à l'Université de Kœnigsberg, où il professait avec distinction les langues orientales. Il est connu par plusieurs ouvrages estimés, surtout par une grammaire comparée des langues sémitiques, où il a fait preuve d'une sagacité rare qui plus d'une fois dégénère en subtilité et le conduit à des chimères dans la route de l'étymologie. On en voit même quelques traces dans son écrit sur Kant. Cet écrit est intitulé : *Letzte Aüsserungen Kant's von einem seiner Tischgenossen,* c'est-à-dire *Derniers propos de Kant, par un de ses commensaux, Joh. Gottf. Hasse.* Kœnigsberg, 1804. L'autre ouvrage a pour titre : *Immanuel Kant in seinen letzten Lebensjahren, ein Beytrag zur Kenntniss seines Character und haüsslichen Lebens, aus dem taglichem Vmgange mit ihm... Immanuel Kant dans les dernières années de sa vie, mémoire pour servir à la connaissance de son caractère et de sa vie domestique, d'après un commerce de tous les jours avec lui, par M. Wasianski, diacre à l'église de Teagheim, à Kœnigsberg.* Kœnigsberg, 1804. Personne ne pouvait mieux que M. Wasianski nous faire connaître l'intérieur de Kant; car c'était le plus intime de ses amis, celui qu'il avait choisi sur la fin de sa vie pour gouverner sa maison et toutes ses affaires, et qu'il institua son exécuteur testamentaire. Les ouvrages de MM. Hasse et Wasianski sont deux journaux qui partout s'accordent, quelquefois se répètent, et se servent l'un à l'autre de commentaire et de développement. Celui de M. Wasianski est le plus étendu et le plus important. M. Hasse, quoiqu'il fût le collègue de Kant depuis 1786, ne se lia intimement avec lui et ne devint un de ses commensaux habituels que dans les trois dernières années de la vie de Kant. Son journal ne contient donc que les souvenirs de ces trois années, à peu près de 1801 à 1804 ; et Kant, né le 22 avril 1724, ne se montre dans M. Hasse qu'à l'âge de 76 à 77 ans. Mais M. Wasianski avait été auditeur zélé de Kant en 1773 et 1774, et même son copiste, *amanuensis*. Après avoir cessé de le voir pendant une quinzaine d'années, depuis sa sortie de l'Université, il avait renoué avec lui en 1790 des relations qui devinrent de plus en plus intimes et qui n'ont fini qu'à la mort de Kant. Le récit de M. Wasianski remonte donc plus haut que celui de M. Hasse. Nous nous servirons de tous les deux; et des traits que nous emprunterons à l'un et à l'autre, sans nous permettre d'en altérer un seul et d'ajouter rien du nôtre, nous composerons une relation qui renfermera à peu près tout ce qu'on peut désirer de savoir sur les dernières années de Kant.

Commençons par faire connaître les lieux, c'est-à-dire la maison où Kant a passé la dernière partie de sa vie. Pour cela, nous prions le lecteur français de vouloir bien se transporter avec nous à Kœnigsberg, petite ville de la Prusse orientale, sur la Baltique, où Kant est né, et où il est mort sans en être sorti une seule fois, comme Socrate, qui dans une vie de 70 ans ne sortit jamais du territoire d'Athènes : premier trait de ressemblance entre deux hommes qui en ont tant d'autres. Dans un coin de cette petite ville, il faut chercher une petite rue paisible, où les voitures ne passent point, et où se trouve une maison assez vieille, attenante à des jardins et aux bâtiments de derrière de l'antique château de Kœnigsberg, avec ses tours, ses prisons et ses hiboux. C'est là la demeure de notre philosophe. Un silence si profond y règne, qu'au premier abord on la croirait inhabitée. En montant, à droite est une salle à manger très-modeste, à gauche une antichambre un peu enfumée qui conduit dans une grande pièce, laquelle représente le salon. Un sopha, quelques chaises avec des housses, une armoire vitrée avec quelques porcelaines, un secrétaire qui contient l'argenterie et l'argent courant : un thermomètre, une console avec un miroir ou un buste dessus, tel est le mobilier de ce salon, dont les murailles ne sont que blanchies. C'est par là qu'une petite porte conduit dans un modeste cabinet. « Comme le cœur me battit, dit M. Hasse, la première fois que je frappai à cette porte, et que j'entendis ce mot : *Entrez!* » Là tout respirait une simplicité philosophique. Deux tables communes, un sopha, quelques chaises, une commode avec un miroir, un baromètre et un thermomètre, et un fauteuil de bois, qui est le fauteuil de travail. La plus grande magnificence de ce cabinet était des rideaux de soie verte attachés à des fenêtres à petits carreaux. A côté de ce cabinet est la chambre à coucher, toujours fermée, et d'où le jour et le feu sont bannis en toute saison. Telle est la maison. Voyons maintenant ce qui s'y fait et quels y sont l'ordre et l'emploi de la journée.

Cinq minutes avant cinq heures du matin, été ou hiver, le domestique de Kant, Martin Lempe, ancien soldat prussien, entrait dans sa chambre à coucher avec la régularité militaire, et lui disait : *Il est temps.* Sous aucun prétexte, quand même il n'avait point dormi, Kant ne différait pas d'un seul instant d'obéir à ce commandement. Souvent à table il demandait avec une sorte d'orgueil à son domestique : Lempe, depuis trente ans, a-t-il fallu m'éveiller deux fois ? — Non, monsieur le professeur, était la réponse du vieux soldat. A cinq heures précises, Kant s'asseyait à sa table à thé, prenait une ou deux tasses, fumait une pipe, à la manière allemande, pour tout le reste du jour, et avec une très-grande rapidité. Pendant ce temps, il repassait la disposition qu'il avait faite la veille de l'emploi de la journée. A sept heures, il sortait pour faire ses leçons, et, à son retour, se remettait de suite au travail jusqu'à une heure. Depuis 1793, onze ans avant sa mort, il avait cessé de donner des leçons, et ne s'occupait plus que de la composition de ses derniers écrits pendant toute la matinée. A une heure moins un quart, la cuisinière, qui, avec Lempe, composait toute sa maison, venait lui dire : « Les trois quarts sont sonnés. » Il se levait de son bureau, se préparait, prenait un demi-verre de vin de Hongrie, ou du Rhin, ou de bischoff pour s'ouvrir l'appétit, et alors attendait la compagnie invitée à dîner, convenablement habillé ; car il n'eût pas voulu se mettre à table, même avec ses plus intimes amis, trop en négligé et en robe de chambre : Il ne faut pas faire le paresseux, disait-il. Le dîner durait d'une heure à trois, et quelquefois davantage. Après dîner, Kant s'était fait une règle de santé de faire du mouvement. Il faisait donc chaque jour une petite promenade ; et il la faisait toujours seul. Il avait pour cela deux raisons : d'abord il désirait penser à son aise et se délasser du commerce des hommes et de la conversation dans la libre et paisible contemplation de la nature ; ensuite il voulait respirer seulement par le nez et sans ouvrir la bouche, pour que l'air eût le temps de s'adoucir avant d'arriver à ses poumons. C'était un conseil d'hygiène qu'il donnait à tous ses amis : il prétendait par là éviter l'enrouement, la toux, le rhume ; et peut-être n'avait-il pas tort, car il avait très-rarement des incommodités. La promenade durait à peu près une heure. Il n'y manquait ni été ni hiver, à la pluie et dans la boue, pendant la neige et sur la glace. Dans ce dernier cas, il se faisait accompagner de son domestique, et marchait avec toutes sortes de précautions, dont il a parlé lui-même dans l'écrit adressé à son ami le célèbre médecin Hufeland. A son retour, il lisait les journaux savants et les feuilles politiques. Il était si curieux de ces dernières, que souvent pour les lire il interrompait son travail du matin, et se jetait avidement dessus. A six heures, il se mettait au travail du soir. C'était alors qu'il réfléchissait aux lectures importantes qu'il avait faites, ou à ses leçons du lendemain ou à ses écrits. Hiver ou été, il s'asseyait toujours auprès du poêle, place d'où il pouvait voir à travers les fenêtres la tour du vieux château. Ses yeux s'y reposaient avec plaisir; et quand, dans les derniers temps de sa vie, les peupliers d'un jardin voisin lui ôtèrent cette perspective, cela troubla les méditations du bon vieillard. Le propriétaire du jardin consentit, pour faire plaisir à Kant, à couper le haut de ses peupliers, de sorte que le philosophe put revoir sa vieille tour, et reprendre en paix le cours de ses réflexions. Il écrivait sur de petits papiers les idées les plus remarquables qui lui venaient. Il terminait sa soirée par des lectures, et, sans jamais souper, se couchait vers dix heures. Un quart-d'heure avant de se mettre au lit, il cessait toute occupation, et secouait toute idée qui aurait pu empêcher ou troubler son sommeil, car la moindre insomnie lui était extrêmement pénible. Dans les plus grands froids, il couchait dans une chambre sans feu, et ce ne fut que vers les derniers temps de sa vie que ses amis obtinrent de lui à grand'peine qu'il laissât échauffer sa chambre. Les fenêtres en étaient toujours fermées été ou hiver, et il ne voulait pas que la lumière y pénétrât jamais. Il se déshabillait seul, avec méthode, de manière à pouvoir se rhabiller le lendemain sans embarras. Il avait acquis une habileté particulière pour se bien couvrir dans son lit. Il s'y glissait légèrement, tirait sous lui un coin de sa couverture d'une épaule à l'autre, en faisait autant avec l'autre coin, qu'il ramenait jusque sur sa poitrine, et, ainsi enveloppé et emballé comme un cocon de soie, il attendait le sommeil. Quand je suis ainsi dans mon lit, disait-il à ses amis, je me demande à moi-même : Y a-t-il un homme qui se porte mieux que moi? Il s'endormait sur le champ : aucune passion n'empêchait, aucun souci n'interrompait son sommeil. Chacun de ses jours ressemblait à l'autre, et sa vie s'écoulait ainsi tranquille et sereine dans un ordre inviolable et dans une uniformité sans ennui. C'était à cet ordre et à ce régime qu'il attribuait son grand âge et sa bonne santé, qui n'était pas seulement l'absence de toute douleur, mais le sentiment positif du plus grand bien-être. Il la regardait comme son ouvrage, et il en jouissait comme d'un triomphe. C'était, disait-il, un tour de force, de s'être ainsi maintenu en équilibre au milieu de tous les accidents de la vie; mais il ajoutait qu'il y avait de l'impertinence à lui de vivre si longtemps, et d'empêcher par là de plus jeunes de faire leur chemin.

Kant n'aimait à recevoir aucune visite ni le soir ni le matin : c'était à dîner qu'il se plaisait à voir du monde et à causer avec ses amis. Dans sa jeunesse, il allait souvent dîner en ville, et il prenait ordinairement ses repas à table d'hôte. Dès 1790, il commença à manger chez lui; peu à peu il refusa toute invitation, et prit l'habitude d'avoir toujours quelque ami à sa table : car il ne pouvait souffrir de dîner seul, jusque-là qu'un jour, aucun de ses amis n'ayant pu venir, il voulait que son domestique allât au hasard inviter le premier passant dans la rue. Chaque jour il invitait quelque ami, ordinairement deux, et quelquefois cinq. Il pratiquait scrupuleusement la maxime que dans un repas bien ordonné, le nombre des convives ne doit pas être au-dessous du nombre des Grâces, ni au dessus de celui des Muses. Ses dîners avaient quelque chose d'original; le ton en était libre et abandonné, sans manquer pourtant de la convenance et des bonnes manières qui se trouvent assez rarement dans les meilleures sociétés où il n'y a point de dames. Quand l'heure du dîner était venue, son domestique Lempe ouvrait la porte avec une certaine gravité, en disant : La soupe est servie. Kant s'empressait de répondre à cet appel, et on se rendait à la salle à manger en causant du temps et des nouvelles du jour; car auparavant, dans le cabinet de Kant, on ne se permettait aucun propos semblable. Son cabinet était comme un sanctuaire réservé à ses études, où l'on ne parlait jamais de nouvelles. Mais aussitôt qu'on était à table, on le voyait charmé de se délasser de ses travaux par des propos de toute espèce.

La salle à manger était fort simple, mais d'une propreté parfaite. Le dîner se composait de trois plats préparés avec goût, avec un petit dessert et et du vin, jamais de bière ni à dîner ni ailleurs. Il était ennemi déclaré de cette boisson : quand quelqu'un était incommodé, sa question ordinaire était : ne boit-il pas de la bière le soir? ou même quand quelqu'un mourait avant l'âge, il disait : c'était probablement un buveur de bière. Enfin la bière lui paraissait un vrai poison, comme le café au médecin de Voltaire. Il ne pouvait souffrir qu'on fit de façons à table : chacun se servait lui-même. Le premier qui mettait la main au plat était à ses yeux le meilleur convive : car, entre autres raisons, son tour à lui arrivait plus tôt. Il ne supportait aucun retard, en homme qui travaillait depuis le matin et qui n'avait encore rien mangé; et même, dans les derniers temps, il avait tellement faim qu'il pouvait à peine attendre le dernier convive. Il mangeait assez bien, surtout du second plat, qui était toujours un de ses mets favoris. Mais il faut songer qu'il ne soupait pas, et ne déjeunait qu'avec du thé. Chaque dîner était une espèce de fête. Les propos les plus instructifs sans aucun ton magistral assaisonnaient le repas, et abrégeaient le temps depuis une heure jusqu'à trois, et souvent plus tard, sans que l'intérêt et le plaisir diminuassent un moment. Il ne voulait pas de calmes plats, comme il appelait les rares et courts moments où la conversation languissait; il avait l'art de créer et de nourrir une conversation générale; il ne parlait à chacun que de ce qui l'intéressait. Il fallait que les bruits de ville fussent bien remarquables pour qu'ils arrivassent jusqu'à sa table. Il n'y était jamais question de la philosophie critique. Il était à cent lieues de l'intolérance des savants qui mettent toujours la conversation sur leurs études favorites. Son langage était tout à fait populaire, et un étranger, qui n'aurait connu de lui que ses écrits, eût eu bien de la peine à deviner, en l'entendant parler, que ce fût là le plus grand métaphysicien du siècle. Quand la conversation se tournait sur des sujets relatifs à la physiologie, à l'anatomie, ou sur les mœurs de certains peuples, on y disait souvent des choses qui ailleurs eussent pu devenir et passer pour lestes, mais qui là étaient graves par le ton dont elles étaient dites et l'esprit général de la conversation. Kant s'appliquait à lui et à ses amis la maxime : *Sunt castis omnia casta.* Dans le choix de ses commensaux, outre le précepte relatif au nombre, il en suivait deux autres encore. Premièrement, il les choisissait de différents états, fonctionnaires publics, professeurs, médecins, ecclésiastiques, négociants instruits, étudiants studieux, afin de varier la conversation ; secondement, il voulait que ses commensaux fussent plus jeunes et même beaucoup plus jeunes que lui, pour que la société fût plus animée, et aussi pour s'épargner le chagrin de se voir enlever par la mort ceux avec lesquels il passait sa vie. Quand l'un d'eux était malade, il en était extrêmement affecté, au point qu'on eût pu croire qu'il aurait de la peine à supporter sa mort. Il envoyait à tous moments savoir de ses nouvelles ; il attendait avec anxiété la crise de la maladie, et ses travaux mêmes en étaient troublés. Le malade avait-il fermé les yeux, Kant se montrait résigné, tranquille, et on eût pu dire presque indifférent. C'est qu'il regardait la vie, et particulièrement la maladie, comme une chose mobile et perpétuellement changeante, qui mérite bien qu'on s'en inquiète, tandis que la mort est un état fixe et immuable dont il n'y a plus de nouvelles à demander. Alors il reprenait ses travaux sans aucun trouble, sa sollicitude n'ayant plus de but. Malgré ses scrupules à observer ce second précepte dans le choix de ses commensaux, il en perdit plusieurs par la mort, et son stoïcisme eut surtout à souffrir de la perte de M. l'inspecteur Ehrenboth, jeune homme d'un esprit supérieur et d'une instruction très-étendue. C'était principalement la politique qui faisait les frais de la conversation. On y traitait à fond des nouvelles du jour que rapportaient les gazettes. Kant n'avait foi à aucun événement dont on ne donnait ni la date ni le lieu, cet événement fût-il d'ailleurs le plus vraisemblable; il ne voulait pas même qu'on s'en occupât. Son coup d'œil politique était si étendu et si perçant, et pénétrait si avant dans le fond des affaires, que souvent on croyait entendre un diplomate versé dans les secrets des cabinets. Pendant les guerres de la révolution française, il avança, surtout par rapport aux opérations militaires, des conjectures et des paradoxes qui se vérifièrent ponctuellement, comme s'était vérifiée sa grande conjecture astronomique[1], qu'entre Mars et Jupiter il n'y avait point de lacune dans le système planétaire, conjecture qu'avaient pleinement justifiée, de son vivant, la découverte de la Cérès par Piazzi à Palerme, et celle de la Pallas par Olbers à Brême. Une de ses opinions singulières était que Bonaparte n'avait pas le dessein d'aller en Égypte; et il admirait extrêmement l'art avec lequel il masquait, par ce feint projet, son dessein véritable d'aller en Portugal. Le Portugal ne lui paraissait plus qu'une province anglaise, dont la conquête pouvait porter un coup mortel à l'Angleterre, en empêchant l'importation des produits des manufactures anglaises en Portugal et l'exportation du vin de Porto, cette boisson favorite des Anglais. Accoutumé aux démonstrations à priori, il persista à combattre l'expédition en Égypte, alors même que les journaux l'annonçaient déjà comme heureusement terminée, et il prétendait que cette entreprise était tout à fait impolitique, et que les Français ne pourraient tenir en Égypte. Les événements firent voir qu'il ne s'était pas trompé sur l'issue de cette expédition [2]. Tous les grands

[1] Dans son *Histoire naturelle du monde et théorie du ciel, d'après les principes de Newton*, 1755. Herschel lui rendait justice, et exprime plus d'une fois son admiration pour lui.

[2] C'est un autre philosophe allemand, Leibnitz, qui conseilla le premier à la France, à Louis XIV, cette expédition dont l'utilité est évidente; mais il n'est pas moins évident qu'une pareille expé-

événements du jour étaient ainsi débattus en tous sens à sa table, au grand profit et agrément de ses convives.

Sans doute la politique était ce qui l'intéressait le plus; mais il suivait aussi avec un extrême intérêt tous les progrès des connaissances humaines, et les découvertes récentes en tout genre, surtout dans la géographie et dans l'histoire. Il parlait si fréquemment des voyages de Hornemann et de Humboldt, que son domestique pouvait venir à son secours lorsqu'un nom lui échappait. Les découvertes de Piazzi, d'Olbers et d'Herschel faisaient sur lui la plus grande impression; il en parlait souvent, mais sans rappeler qu'il les avait prédites longtemps à l'avance. La cranologie de Gall le frappa beaucoup. Sans faire usage des médecins pour lui-même, il recherchait leur société, à cause de leurs connaissances accessoires, et se plaisait à causer avec eux d'histoire naturelle, de météorologie, de la chimie, qu'il aimait beaucoup et dont il présageait des merveilles, et, sur la fin de sa vie, du galvanisme, qui malheureusement le trouva trop avancé en âge pour qu'il ait pu s'en

---

dition exige un vaste déploiement de forces de terre et de mer, soutenu avec une constance inébranlable, et, sinon le concours, du moins le consentement de l'Angleterre, toutes choses que l'on pouvait bien demander à Louis XIV, mais dont le directoire était incapable. Ainsi les deux philosophes avaient raison chacun dans leur point de vue.

bien rendre compte, malgré tous ses efforts. Il ne cessa de lire jusqu'au dernier moment les ouvrages qui paraissaient sur cette matière. Un entre autres a été trouvé sur son bureau, avec des marques au crayon sur les marges. Il invitait à sa table tous les jeunes médecins qui revenaient de voyages scientifiques : par exemple, MM. Motherby, Reusch, Oelsner, Lobmeyer et autres, et il leur faisait raconter ce qu'ils avaient vu ou appris de nouveau. Le système de Brown lui paraissait la découverte capitale de la médecine de l'époque, et il l'étudia avec le plus grand soin aussitôt que Weichardt l'eut fait connaître en Allemagne. Il le regardait comme un progrès de la plus haute importance, non-seulement pour la médecine, mais pour l'humanité, et comme un produit naturel de la marche de l'esprit humain, qui, après beaucoup de détours, finit toujours par revenir du composé au simple. Il s'en promettait le plus grand bien, et aussi sous le rapport de l'économie, la pauvreté empêchant plus d'un malade de se procurer les remèdes chers et composés. Il souhaitait ardemment que ce système s'accréditât et se répandît. Il n'en fut pas ainsi de la découverte du docteur Jenner ; il ne reconnut pas d'abord, ni même plus tard, l'utilité de la vaccine. Il trouvait qu'il n'était pas sans danger pour la nature humaine de se familiariser ainsi avec la nature animale, et qu'il était à craindre que le mélange des miasmes animaux avec le sang, ou du moins avec la lymphe, n'introduisît dans l'organisation humaine le germe des maladies animales. Il doutait même, faute d'expériences assez nombreuses et bien constatées, que ce fût un préservatif réel contre la petite vérole. Les essais de Beddoes sur l'air vital, ainsi que la méthode de Reich pour enlever la fièvre, excitèrent vivement son attention. Il attachait une extrême importance en médecine à la constitution atmosphérique, et au rôle qu'y joue l'électricité. Il rapportait à cette cause, et à son influence cachée, une foule de phénomènes pathologiques, inexplicables d'ailleurs. Alors même qu'il avait tort, ses amis trouvaient encore un vif intérêt dans ces discussions approfondies, qu'il semait de mille traits ingénieux, et qu'animait un amour sincère de l'humanité et de la science.

Les recherches de l'érudition, de la philologie et de la linguistique l'intéressaient aussi par leur rapport à l'histoire et à la philosophie; et M. Hasse nous dit qu'il avait même du goût pour les étymologies. Mais il ne faut pas oublier que M. Hasse était lui-même un étymologiste déterminé; et Kant. ayant le soin, au rapport de ses deux biographes, de mettre ses convives sur les matières qui leur étaient le plus familières et le plus agréables, il est fort possible que M. Hasse ait pris pour un goût particulier de Kant ce qui n'était de sa part qu'une politesse. Il était d'ailleurs fort naturel que celui qui mettait tant de soin à la détermination précise des idées n'en mît pas moins à celle des mots qui les expriment ; et partout nous le voyons dans ses ouvrages, voulant exprimer à tout prix les nuances différentes des idées par des expressions exactement correspondantes, sortir de la langue populaire encore peu développée et dont il ne connaissait pas toutes les ressources, franchir la langue latine, la moins philosophique des langues et la plus dépourvue de nuances, et remonter jusqu'à la langue grecque, si riche, si nuancée, si expressive. De là les mots d'*antinomie*, d'*autonomie*, d'*éteronomie*, et toute cette terminologie dont il bravait la bizarrerie par besoin de précision et par scrupule d'exactitude. Souvent, dit M. Hasse, il s'informait de la manière dont certaines idées étaient exprimées dans des langues qu'il ne connaissait pas, et il donnait la plus grande attention aux mots étrangers qu'il rencontrait dans ses lectures de voyages. M. Hasse entre à ce sujet dans une foule de détails que nous supprimons dans la crainte que le lecteur s'y plût un peu moins que le savant narrateur. Nous dirons seulement que Kant aimait singulièrement son prénom d'Immanuel, et il aimait à s'en faire expliquer le sens hébreu, syllabe par syllabe, *Im* avec, *Immann* avec nous, *El* Dieu : **Im-**

manuel, Dieu est avec nous. Et peut-être même poussons-nous trop loin la fidélité de rapporteur en donnant ici le dialogue suivant qui eut lieu à table, le 15 juin 1802, entre Kant et M. Hasse, dialogue que celui-ci écrivit le jour même, et qu'il cite tout au long avec la complaisance d'un homme qui joue le premier rôle.

Kant avait parlé à ses connaissances de la peine extrême qu'il avait éprouvée le matin à déterminer avec précision l'idée propre de la philosophie dans un des chapitres de l'ouvrage important auquel il travaillait avant sa mort et qu'il n'a pu achever.

HASSE. Les philosophes ne sont donc pas d'accord sur ce qu'est proprement la philosophie?

KANT. Comment le seraient-ils? Ils disputent encore s'il y a une philosophie.

HASSE. Mais, puisque les mots de philosophe et de philosophie existent, ils doivent renfermer quelque idée. Assurément les Grecs devaient attacher une certaine idée à ces mots : *sofos* et *sofia*, et c'est cette idée qu'il faudrait chercher, d'autant plus que les anciens exprimaient, ou du moins pensaient exprimer avec les mots l'essence des choses.

KANT. Mais ici l'étymologie ne sert pas à grand' chose, et tout finit à *sofos*. *Sofos* est le *sapiens* des Latins, *philosophia est studium sapientiæ*, comme dit Cicéron, et voilà tout.

HASSE. Pardon, *sapiens* est la traduction du mot grec *safes*, et non de *sofos*, et il reste à savoir ce que *safes* veut dire. Nous autres Allemands, nous avons appelé philosophe (*weiser*) celui qui sait beaucoup (*der viel weiss*). C'est bien là le savant, mais non pas le philosophe dans le sens grec; et quand Cicéron explique la *sapientia*, il fait une définition de choses, comme il le dit lui-même, définition qui ne rend pas compte du mot *sapientia*.

KANT. Eh bien! avez-vous mieux?

HASSE. Permettez-moi : les Grecs n'étaient pas des génies inventeurs. Ils n'avaient pas inventé la philosophie; ils l'avaient reçue et développée. Il faut donc chercher à quelle nation ils avaient emprunté la chose, et par conséquent le mot, et quel est dans cette nation le sens primitif de ce mot.

KANT. Ce ne pouvaient être que les Égyptiens et les Phéniciens.

HASSE. En cophte et en égyptien, philosophie n'est pas un mot primitif. Sa racine est phénicienne et hébraïque.

KANT. Alors il faut qu'il ait été porté là par les Grecs, car les Phéniciens et les Hébreux n'étaient pas philosophes.

HASSE. Cependant ils ont le mot; et pensez, je vous prie, que ce n'est pas des contrées voisines, que ce n'est pas de l'Égypte qu'est venue la connaissance de l'unité de Dieu, connaissance qui, en supposant qu'elle n'émane pas d'une révélation surnaturelle (je parle à un philosophe), témoigne certainement d'une culture philosophique très-élevée. Ensuite la chronologie s'oppose à ce que le mot *sofos* soit venu de la Grèce dans l'Orient; car les Hébreux appelaient leurs prophètes des philosophes (*sofihm*), à une époque où les Grecs cultivaient à peine les sciences; et Sanchoniaton parle de *sofah semin*, c'est-à-dire de philosophes célestes, dans un temps où les Grecs n'avaient pas encore d'existence nationale, et mangeaient le chêne *autocthone*.

KANT. Et que signifie ce mot hébreu?

HASSE. En hébreu, le verbe *safah* signifie *speculari*, spéculer. L'adjectif *sofeh* le *sofos* des Grecs, un spéculateur, et le substantif *sofiah*, spéculation.

KANT. Cette étymologie rend très-bien compte de l'idée fondamentale de la philosophie : ne voulez-vous pas développer cela et le donner au monde savant?

HASSE. Je craindrais qu'on n'y vît que des subtilités et des minuties verbales.

KANT. Je ne regarde point de pareilles recherches comme inutiles.

Ce même jour, 15 juin 1802, Kant dit à M. Hasse qu'il avait aussi beaucoup pensé à l'idée de Dieu, et que cela l'avait beaucoup fatigué. Il ajoutait que cela ne venait point de l'âge ou de la faiblesse de sa tête, mais de la difficulté même du sujet.

Sa conversation à table était, comme on le voit, forte et instructive. Mais il ne faudrait pas croire qu'elle fût toujours d'un genre aussi sévère ; quand elle avait pris quelque temps un tour sérieux, il s'empressait de l'égayer, et voulait que tout le monde s'amusât. C'était alors l'hôte le plus aimable. Quelquefois pour mettre ses convives en bonne humeur, il récitait des vers singuliers qu'il avait appris dans sa jeunesse, et qu'il disait du ton le plus naïf, à faire pâmer de rire ses amis. Il racontait des anecdotes sur lui-même et sur les autres ; par exemple sur Frédéric le Grand, qu'il admirait beaucoup, ainsi que Bonaparte. Pour s'amuser, il demandait à son domestique qui était roi d'Angleterre. Celui-ci devait répondre : M. Pitt ; et cette idée peu à peu s'empara si bien de son esprit qu'il ne voulait plus entendre parler d'un autre roi en Angleterre. Il avait les réparties les plus heureuses, et il lui échappait une foule de mots pleins de finesse et de grâce, comme on en trouve plus d'un dans ses ouvrages : par exemple, celui sur la philosophie comme servante de la théologie. Oui, disait-il ; mais il s'agit de savoir si c'est son porte-flambeau ou son porte-queue.

Nous venons de faire connaître les dîners de

Kant, c'est-à-dire sa conversation. Voici maintenant quelques détails sur sa manière de vivre, ses habitudes domestiques, ses petites singularités, les excellentes qualités de son cœur et la tournure de son caractère.

Son tempérament était extrêmement sec. Il ne transpirait ni jour ni nuit. Il lui fallait dans son cabinet une chaleur constante de 75 degrés Farenheit; il était malheureux quand il en manquait un seul; et même en juillet et en août, quand la température ne montait pas jusque-là, il faisait du feu dans son cabinet jusqu'à ce que son thermomètre arrivât à ce degré.

Autant il était ennemi déclaré de toutes les petites délicatesses et des soins qu'on prend de soi-même, autant il était observateur scrupuleux des règles d'hygiène qu'il s'était prescrites. Ainsi il portait toujours des bas de soie, qu'il ne liait pas autour de la jambe par des jarretières, mais qu'il soutenait par des cordes à boyaux, attachées à de petits ressorts élastiques qui étaient fixés dans deux petits goussets pratiqués tout exprès à côté de ses goussets de montre. Tout cet arrangement, aussi compliqué que celui d'un de ses traités de métaphysique, avait pour but de maintenir la libre circulation du sang.

Kant, qui se servait si bien de sa plume, ne savait pas la tailler. Il était fort bon mécanicien en théorie, mais nullement en pratique, ce qui donnait lieu à des scènes très-plaisantes entre lui et son domestique Lempe. Le grand théoricien posait à merveille le problème dans toutes les petites circonstances domestiques, et déterminait avec précision la manière de le résoudre, et c'était Lempe, le praticien, qui était chargé de la solution. Mais la pratique et la théorie ne s'accordaient pas, et rien n'allait, ce qui était fort pénible à Kant : il aimait que tout se fît bien et vite. Sa question ordinaire était : « Cela peut-il se faire sur le champ ? » A quoi il fallait répondre : « Oui, sur le champ; » un simple *oui* ne lui eût pas suffi; mais « oui, sur le champ, » vous valait : « Oh! c'est à merveille. »

Veut-on savoir une originalité du bon vieillard? Quand il congédiait un ami, son habitude était de lui serrer la main ; mais il ne fallait pas qu'on le lui rendît trop fort, et un savant célèbre ayant mis sa susceptibilité en ce genre à une trop rude épreuve, il ne voulut plus le revoir jusqu'à ce qu'il se fût bien corrigé; après quoi il le reçut avec plaisir, et ils devinrent très-bons amis.

Il était méthodique, régulier, constant dans toutes ses habitudes jusqu'à la minutie. Nous avons dit que le matin il prenait dans son cabinet un peu de thé, et pendant ce temps revenait sur la disposition qu'il avait faite la veille de l'emploi de sa journée. Un jour que M. Wasianski était venu de très-bonne heure pour quelque affaire, il trouva Kant à la table à thé, et sans façon lui demanda à partager son petit déjeuner. Kant y consentit avec sa politesse accoutumée. « Je m'assis donc auprès de lui, dit M. Wasianski ; mais je vis bien que quelque chose le troublait. A la fin, il me pria de vouloir bien me placer de manière qu'il ne me vît pas, car il y avait plus d'un demi-siècle qu'il n'avait pas eu une âme auprès de lui en prenant son thé le matin. M. Wasianski se prêta bien volontiers à son désir, et Kant reprit sa tranquillité ordinaire. Quoiqu'il ne fît plus de leçons, et qu'il ne composât plus guère, cette habitude d'un demi-siècle de se recueillir un moment seul avant de commencer sa journée était si forte en lui qu'elle avait survécu aux motifs qui l'avaient fait naître.

Il n'était pas accoutumé à la contradiction. La supériorité reconnue de son esprit, sa moralité sans tache, l'étendue de ses connaissance, sa gaieté quelquefois caustique, le rendaient à la fois trop respectable, trop aimable et trop redoutable, pour qu'on s'avisât de le contredire. La faiblesse de l'âge ne pouvait que lui rendre cette habitude plus chère. Cependant il détestait toute flatterie, et faisait un cas infini de la droiture et de la franchise. Une contradiction bienveillante et amicale était assurée de son estime et même de son respect. Il admettait très-bien les conseils ; souvent même il allait au-devant d'eux, et sur la fin de sa vie il s'y abandonnait entièrement, non par faiblesse, mais par l'esprit de conséquence qu'il portait partout. Il voulait où agir par lui-même d'après ses propres vues, sans se laisser ébranler ni détourner, ou, s'il ne le pouvait, s'en remettre absolument aux conseils de celui auquel il aurait, une fois pour toutes, accordé sa confiance. C'est ce qu'il faisait dans les derniers temps avec M. Wasianski. Nulle réserve avec lui, nulle contestation. Il avait promis à M. Wasianski et s'était promis à lui-même de faire ce que celui-ci voudrait pour tous les détails de sa maison ; et il mettait du scrupule à tenir sa parole. « Mon cher ami, lui disait-il quelquefois, quand vous trouvez une chose utile, et que je la trouve inutile ou même mauvaise, si vous me la conseillez, je veux la faire. » Sa facilité était encore une suite de sa fermeté et de son habitude de se conduire en toute chose par principes.

Kant avait adopté le paradoxe d'Aristote : Mes amis, il n'y a pas d'amis. Il se servait de l'expression d'ami dans les relations ordinaires comme de celle de très-humble serviteur au bas d'une lettre, et on ne s'en étonnera pas si on songe à la manière dont il avait passé sa vie. Sa destinée s'était écoulée tout entière dans son cabinet. Son rôle en ce monde était celui d'un penseur et d'un observateur. Il ne connaissait les passions, les souffrances et le malheur que de nom; dévoué tout entier à ses études, il avait recherché et facilement trouvé des relations sûres et agréables, sans éprouver le besoin d'une affection particulière très-intime et très-profonde; mais quand avec l'âge un appui et des soins continuels lui furent devenus nécessaires, et qu'il les eût trouvés dans le dévoûment de quelques-uns de ses amis et surtout de M. Wasianski, il abandonna son triste paradoxe et convint que l'amitié n'est pas une chimère.

Il conservait une reconnaissance profonde du bien qu'on lui avait fait, et jusqu'à ses derniers moments la mémoire de ses bienfaiteurs lui demeura sacrée. Il se souvenait particulièrement du docteur Franz Albert Schulze, directeur du collége de Frédéric, où il avait été élevé, et qui le premier avait reconnu ses dispositions, avait engagé ses parents à le faire étudier, et l'avait sans cesse protégé, lui et les siens, avec cette délicatesse qui permet d'accepter les bienfaits sans en rougir. Kant ne parlait jamais de M. Schulze sans un sentiment profond de respect et de reconnaissance, et il regrettait de ne lui avoir pas rendu un hommage public dans quelqu'un de ses écrits.

Mais c'était surtout le souvenir de sa mère qu'il conservait avec une vénération et une tendresse particulière. C'était, à ce qu'il paraît, une femme d'un grand esprit naturel, d'une âme élevée, d'une piété sincère; et Kant, comme la plupart des grands hommes, tenait surtout de sa mère. Elle avait eu la plus grande influence sur le caractère de son fils, et il lui rapportait en partie ce qu'il était devenu par la suite. Elle n'avait pas négligé ses propres dispositions, et elle possédait une sorte de culture que probablement elle s'était donnée elle-même. Avertie par M. Schulze, elle reconnut bientôt la capacité supérieure du jeune Emmanuel, et prit le plus grand soin de son éducation. Elle était profondément attachée à ses devoirs de femme; son mari était aussi un honnête homme. Tous deux aimaient par-dessus tout la vérité; jamais aucun mensonge ne sortit de leur bouche; jamais aucune querelle ne troubla leur ménage; et jamais leur fils n'assista à ces tristes scènes où les parents, par les reproches réciproques qu'ils s'adressent l'un à l'autre, affaiblissent dans le cœur de leurs enfants le respect qui leur est dû. Ces bons exemples agirent utilement sur le caractère de Kant: son éducation ne mit point en lui le germe de défauts que plus tard la meilleure volonté ne parvient pas toujours à déraciner entièrement. Sa mère allait souvent avec lui dans la campagne, lui faisait remarquer les objets curieux de la nature, lui apprenait à connaître les herbes utiles, lui parlait même de l'ordre et de l'arrangement du ciel selon ses faibles connaissances. Elle remarquait avec joie et cultivait l'intelligence de son fils chéri. Les questions de celui-ci l'embarrassaient souvent. Lorsqu'il alla à l'école, et même quand il était à l'université, les promenades de la mère et du fils continuèrent, mais les rôles étaient changés. C'était la mère qui faisait les questions et qui était l'écolière; c'était le fils qui expliquait et donnait les leçons; et l'heureuse mère acquérait ainsi une instruction dont elle était très-curieuse, et elle la tenait de son fils, et y voyait en même temps la preuve de ses progrès rapides qui la remplissaient d'espérance. Mais quelles que fussent ses illusions maternelles, jamais sans doute elles n'allèrent jusqu'à deviner la grandeur de la destinée de son cher Emmanuel. Sa mort laissa dans l'âme de Kant des regrets profonds. Il se plaisait à raconter plusieurs circonstances de la vie de sa mère, et surtout celle qui l'enleva avant l'âge. Elle avait une amie qu'elle chérissait tendrement. Celle-ci était fiancée à un homme auquel elle avait donné tout son cœur, et qui trahit sa foi et en épousa une autre. La pauvre délaissée prit une fièvre de chagrin qui la conduisit au tombeau. La mère de Kant la soigna dans sa maladie, et son amie faisant difficulté de prendre les remèdes qui lui étaient ordonnés, sous prétexte qu'ils avaient mauvais goût, elle, pour la convaincre du contraire, prit elle-même une cuillerée de la potion que la malade venait de goûter. A l'instant le frisson la saisit, son imagination s'émut, et comme elle avait remarqué des taches sur le corps de son amie, elle les prit pour des signes d'une fièvre putride contagieuse, déclara qu'elle était perdue, se mit au lit le même jour, et mourut bientôt victime de l'amitié.

A la plus vive reconnaissance pour ceux qui lui avaient fait du bien, Kant joignait une indulgence extrême pour tous les hommes. Il ne parlait mal de personne. Il évitait les entretiens où il était question des vices grossiers de l'humanité, comme si en parler seulement eût dû mettre d'honnêtes gens mal à leur aise, et de moindres défauts lui paraissaient au moins un sujet peu digne de conversation. Il rendait justice au mérite et cherchait des hommes distingués pour les avancer à leur insu. Aucune ombre de rivalité, encore moins d'envie, n'était en lui. Il mettait le plus vif empressement à servir ceux qui débutaient. Il parlait de ses collègues avec la plus grande considération, et rendait justice au mérite particulier de chacun d'eux. Il y en avait même un, à ce que dit M. Wasianski, qui malheureusement ne nous apprend pas son nom, que Kant mettait à côté de Képler, c'est-à-dire, selon lui, du penseur le plus profond qui ait encore existé. Avec cette bienveillance générale pour tout le monde, on se doute bien qu'il ne méprisait aucune profession. Il réservait son mépris pour ceux qui se conduisaient mal dans chacune d'elles, et encore l'exprimait-il rarement.

A mesure qu'on le connaissait davantage, on ne pouvait s'empêcher d'admirer les vertus fortes qui le caractérisaient, la fixité dans ses principes, la fermeté dans ses actions, la constance dans ses résolutions, la régularité dans sa manière de vivre, la résignation à la destinée. « Advienne que pourra, » disait-il sans cesse ; et quand les choses n'allaient pas selon ses désirs, mais sans qu'il y eût de sa faute, sa maxime était de faire bonne mine à mauvais jeu. C'était d'ailleurs le plus doux des hommes, et dans toute sa vie il n'avait pas fait de mal à un enfant. Il était d'une bienfaisance qui eût été remarquée dans une plus grande fortune, et la sienne n'était que celle d'un philosophe. Né pauvre, ses leçons et ses écrits, avec de l'ordre et de l'économie, lui avaient fait peu à peu une existence honorable dans une petite ville comme Kœnigsberg. Un testament qu'il fit en 1798 portait sa fortune à 14,310 rixdalles, sans compter sa maison et son mobilier ; à sa mort elle s'élevait à 17,000 rixdalles, (environ 64,000 francs). Son revenu était à peu près de 2,000 rixdalles. Sur ce revenu, il donnait, au témoignage de M. Wasianski, son homme d'affaire, 200 rixdalles à sa famille. Il était fort attaché à ses parents, et l'on a vu combien il chérissait sa mère ; mais en général il n'aimait pas à les voir autour de lui, non pas qu'il en rougît, il était bien au-dessus d'une pareille faiblesse, mais parce qu'il ne pouvait y avoir aucun commerce satisfaisant entre eux et lui. Il s'assurait qu'ils étaient bien, leur faisait remettre chaque mois une certaine somme fixe, puis il n'en voulait plus entendre parler. Il avait fait à sa sœur, un peu moins âgée que lui, une petite pension qu'il augmenta successivement. Il finit par la prendre chez lui, et, quoique attaché à toutes ses habitudes et accoutumé à n'avoir personne autour de lui, il se fit peu à peu à sa société, et prit même son fils dans sa maison. Quand il remplaça son vieux domestique Lempe, qui avait fini par se gâter et par être insupportable, il lui fit une retraite de 40 rixdalles. Il donnait chaque année à la caisse des pauvres une somme presque égale à celle qu'il consacrait à sa famille, sans parler des dons hebdomadaires qu'il faisait à beaucoup d'indigents ; mais il ne donnait jamais à ceux qui lui demandaient dans la rue. Il voulait s'assurer des vrais besoins et de l'usage qu'on ferait de ses aumônes. Sa bienfaisance, jointe à sa vieillesse, lui attirait des visites où l'importunité allait quelquefois jusqu'à la violence : il retrouvait alors toute sa fermeté, et quoiqu'il n'eût qu'un souffle de vie, il savait se faire respecter. Une femme un jour pénétra jusqu'à son cabinet sous quelque prétexte, et allait lui prendre sa montre, quand M. Wasianski arriva. Kant prétendit qu'il l'aurait bravement défendue.

Avec le cœur le plus débonnaire était chez lui une fermeté inébranlable. Quand une fois il avait donné sa parole, il la tenait plus religieusement que d'autres leurs serments ; et M. Wasianski rapporte qu'il se servait de cette fidélité de Kant à sa parole pour l'empêcher de faire des choses nuisibles à sa santé, et de céder à certaines habitudes qui ne convenaient plus à son âge. L'important était d'obtenir sa parole qu'il s'abstiendrait de telle ou telle chose; la parole donnée était inflexiblement tenue, et les désirs les plus ardents mis au néant. Ainsi Kant souffrit longtemps les défauts de son vieux domestique, qui, s'autorisant de ses longs servives, abusant des bontés de son maître, et se fiant à sa répugnance bien connue pour changer ses habitudes, devint inexact, paresseux, insolent avec les amis de Kant et avec Kant lui-même. Lempe comptait que jamais Kant n'en viendrait jusqu'à se séparer de lui, et la patience du philosophe fut, en effet, très-grande. Mais Lempe fut perdu le jour où Kant prit et annonça la résolution de s'en défaire. Dès lors ni promesses ni prières ne l'émurent. Il le traita convenablement, et lui fit une pension ; mais à la condition expresse que ni lui ni les siens ne remettraient les pieds à la maison.

Il détestait en toutes choses l'affectation, le genre solennel et sentimental, qu'on ne lui épargnait pas toujours, et qui était pour lui d'une fadeur insupportable. Tout ce qui était exagéré, soit dans les manières, soit dans le langage, le mettait au supplice. Il n'aimait que ce qui était simple, naturel et tout uni. Aussi les professeurs d'éloquence étaient-ils assez mal venus auprès de lui, comme on le voit dans son *Anthropologie;* il les comparait aux avocats. Il recherchait peu les théologiens et les juristes. C'était le moraliste dans Staudlin[1] dont il faisait cas, et il fallut une circonstance particulière pour lui faire faire attention aux écrits de Schmalz[2]. Ses favoris étaient ceux qui s'occupaient des sciences exactes et des sciences naturelles, surtout, comme nous l'avons déjà dit, les médecins, dont il estimait infiniment les connaissances accessoires.

---

[1] Célèbre théologien de l'Université de Gottingen. Voyez le *Manuel de l'Histoire de la philosophie de Tennmann*, traduction française, 2ᵉ édit. t. II, ch. 389, *partisans de Kant*, p. 249.

[2] Jurisconsulte distingué de l'école de Kant. Voy. Tennemann, *ibid*, p. 251.

Sa bibliothèque était très-peu nombreuse ; elle ne contenait pas plus de 450 volumes, et encore la plupart étaient-ils des cadeaux. Il n'avait pas eu besoin d'avoir des livres à lui, ayant été précédemment bibliothécaire de la bibliothèque royale de Königsberg, où il trouvait tous les bons ouvrages, et en particulier une riche collection de voyages qui lui avaient servi pour sa géographie physique. Depuis, il s'était arrangé avec son libraire pour avoir en communication les ouvrages nouveaux. Il les lisait rapidement et les renvoyait.

Il recevait chaque jour des lettres de toutes les parties de l'Allemagne et des pays étrangers, de Hollande, de France, de Suisse, d'Italie, dans des langues et des dialectes que souvent il ne comprenait pas ; il se les faisait traduire, par exemple les lettres d'Italie, par M. Hasse, et répondait à un très-petit nombre, souvent par la main de M. Wasianski ; sur la fin il ne faisait plus attention à aucune. Il en était devenu à peu près de même des livres qu'on lui envoyait ou qu'on lui dédiait. Dans les derniers temps ces envois n'obtenaient ni réponses ni remercîments, et il y était tout à fait insensible. Quand il reçut les *Fragments pour une biographie de Kant*, il les mit sur sa table sans avoir l'air de prendre en mauvaise part qu'on eût fait son histoire de son vivant, et après les avoir parcourus il n'en dit absolument rien, sinon qu'il y avait une faute d'impression qui était encore augmentée dans l'*erratum*.

Nous allons maintenant suivre le fil du récit de MM. Hasse et Wasianski à travers les trois ou quatre dernières années de la vie de Kant jusqu'à sa mort.

Dès 1793, il avait cessé ses leçons et en 1799 pris congé du public. Ce fut alors que le poids de l'âge commença à se faire sentir, et que ses forces physiques et morales diminuèrent. Lui-même s'en aperçut, et il n'avait pas la faiblesse de chercher à le cacher ni aux autres ni à lui-même ; il dit alors à ses amis : « Messieurs, je suis vieux et faible ; il faut me traiter comme un enfant. »

Il fut obligé de changer successivement ses habitudes. Auparavant il se couchait à dix heures et se levait à cinq. Il resta toujours fidèle à la dernière habitude, mais non pas à la première : et peu à peu il en vint à se mettre au lit à neuf heures, et même avant. Au lieu de ses grandes promenades accoutumées, il se borna à une courte promenade dans le jardin du roi, près de sa maison ; et encore malgré toutes ses précautions, une fois lui arriva-t-il de tomber dans la rue. Deux dames s'empressèrent de l'aider à se lever. Il les remercia vivement, et, fidèle aux principes de la vieille galanterie, il offrit à l'une d'elles la rose qu'il tenait à la main. Elle la prit avec joie, et la conserva comme un souvenir de Kant.

Cet accident lui fit supprimer toute promenade, ce qui l'affaiblit encore davantage; et les choses en vinrent au point que sur la fin de 1801 il remit à M. Wasianski le gouvernement de sa maison et de ses affaires.

Celle de ses facultés qui commença à décliner le plus sensiblement fut sa mémoire, qui avait toujours été très-mauvaise pour les choses de la vie commune. Il oubliait successivement et répétait plusieurs fois par jour les mêmes anecdotes. Pour éviter à ses amis l'ennui de ces répétitions, il avait soin d'écrire ce dont il voulait les entretenir à dîner sur de petits papiers qui s'égaraient, et qu'il remplaça par un petit cahier à cet usage, qui devint ainsi un espèce de journal régulier. Il s'embrouillait dans les comptes d'argent. Il ne mesurait plus le temps exactement, surtout dans ses petites divisions, ce qui le rendait oublieux et aussi très-impatient. Quelquefois on essayait de se servir de ce défaut à son profit, par exemple, pour ne pas lui donner du café, qu'il aimait beaucoup mais qui l'agitait un peu la nuit; mais tôt ou tard il fallait céder à l'impatience et à la vivacité de ses désirs. Il demandait du café *sur-le-champ*, selon sa coutume. On essayait de lui faire prendre le change, de détourner son attention, et on le faisait attendre le plus possible. Il revenait à la charge. On lui disait d'abord, le café va venir. Oui, répondait-il, c'est là le mal, il va venir, il n'est pas venu. Alors on lui disait : Il vient à l'instant, oui, à l'instant, mais il y a une heure que cet instant dure. A la fin, il se résignait stoïquement : Ah, dans l'autre monde, je suis bien décidé à ne plus demander de café. Ou bien, il se levait de table, allait à la porte et criait le plus fort possible : du café, du café ; et quand enfin il voyait monter le domestique, il s'écriait plein de joie comme le matelot du haut de ses hunes : *La terre, la terre, j'aperçois la terre !*

Mais où l'effet de l'âge paraissait davantage, c'était dans la faiblesse qu'il montrait pour sa théorie de l'électricité. On sait l'importance qu'il attachait à la constitution athmosphérique, et le rôle qu'il y faisait jouer à l'électricité. Il finit par attribuer à l'électricité les phénomènes les plus différents : par exemple, l'espèce de mortalité des chats qui eut lieu à cette époque à Breslaw, à Vienne, à Copenhague et ailleurs. Il l'expliquait par le rapport de l'électricité générale qui régnait alors dans l'athmosphère avec l'électricité dont ces animaux sont particulièrement chargés. Il trouvait que l'électricité influait jusque sur la forme des nuages : il voulait même qu'elle fût la cause de ses pesanteurs de tête, et il espérait qu'avec un changement de temps cette indisposition passerait. Il éludait toute objection contre sa théorie favorite ; et comme elle était pour lui un motif de consolation, ses amis ne cherchaient guère à le contredire.

Lui, jusque-là si actif, ne pouvait plus supporter le mouvement. Ses jambes lui refusaient leur service ; il tombait souvent ; mais il n'en faisait que rire, en disant qu'il ne pouvait se faire grand mal et tomber lourdement, à cause de la légèreté de son corps. Souvent, et surtout le matin, il s'endormait sur sa chaise, et en dormant tombait par terre ; et comme il ne pouvait se relever lui-même, il restait là tranquillement jusqu'à ce que quelqu'un arrivât. Plusieurs fois le soir sa tête s'inclina sur la lumière qui mit le feu à son bonnet : loin de s'effrayer il le prenait avec ses mains sans faire attention à la douleur de la brûlure, le portait tout enflammé au milieu de la chambre, et l'éteignait sous ses pieds.

Pendant tout l'hiver de 1802 il ne sortit pas une fois. Au printemps on essaya de lui faire faire quelques promenades en voiture et de le descendre dans son jardin. Mais il le reconnaissait à peine, et disait qu'il ne savait où il était. Il se sentait mal à l'aise comme dans une île déserte, et redemandait les lieux auxquels il était accoutumé. Le printemps ne lui fit presque pas d'impression. Quand le soleil brillait dans le ciel, quand les arbres commençaient à fleurir, et que ses amis lui faisaient remarquer, pour l'égayer, ce réveil de la nature, il disait avec froideur et indifférence : « C'est de même chaque année, et toujours de même. » Le seul plaisir qu'il eût fut le retour d'une fauvette qui le printemps précédent était venu chanter devant sa fenêtre. Encore cet unique plaisir ne lui resta pas ; le froid chassa la fauvette. Kant l'attendit avec une tendre impatience ; et, comme elle tardait : « Il doit faire encore froid sur les Apennins, » dit-il ; et il souhaitait un bon voyage à l'amie qui devait revenir le visiter, soit par elle-même, soit dans ses enfants. Mais ni elle ni les siens ne revinrent. La belle saison s'écoula ainsi sans faire de bien au pauvre vieillard.

Mil huit cent trois le trouva triste et fatigué de la vie. Il disait qu'il n'était plus bon à rien et qu'il ne savait plus que faire de lui-même. Le soir, quand on le conduisait au lit, il montrait son corps décharné, et disait à ses amis d'une voix douce et mélancolique : « Ah ! messieurs, vous êtes jeunes et forts ; mais voyez mes misères : quand vous aurez quatre-vingts ans, vous serez aussi faibles que moi ; » et il montrait en se plaignant, mais sans aucune faiblesse, ses mains et ses pieds d'une maigreur extrême. « Je n'ai plus longtemps à vivre, ajoutait-il, mais je m'en vais avec une conscience pure et avec le sentiment consolant que je n'ai fait sciemment ni d'injustice ni de peine à personne. Et quand M. Hasse lui disait : « A merveille pour vous ; mais quand on n'a pas la conscience nette? — Hé bien! alors il faut tout faire pour réparer la brèche : il faut restituer, dédommager, expier autant que possible. » Plus d'une fois le noble vieillard, dans le sentiment de jour en jour plus douloureux de cette faiblesse de l'âge qui effrayait aussi Socrate, souhaita la mort. « La vie, disait-il, est pour moi un fardeau : je suis las de le porter; et si cette nuit l'ange de la mort m'appelait, je lèverais les mains et dirais de grand cœur : Dieu soit béni ! Je ne suis pas un poltron, et j'ai encore assez de force pour en finir si je voulais ; mais je regarde une pareille action comme immorale. Celui qui se détruit est une charogne qui se jette elle-même à la voirie. » M. Wasianski fait ici parler Kant un peu différemment : « Messieurs, aurait-il dit, je ne crains pas la mort, je saurai mourir; et je vous assure devant Dieu que si cette nuit je sentais que je vais mourir, je lèverais les mains et dirais : Dieu soit béni! Mais si un mauvais démon s'asseyait sur mon cou et me soufflait à l'oreille : tu as rendu malheureux un de tes semblables; alors ce serait tout autre chose. » Paroles qui caractérisent parfaitement l'homme de bien, qui n'eût pas racheté sa vie au prix d'une faiblesse, et qui se disait sans cesse à lui-même et avait pris pour devise :

Summum crede nefas animam præferre pudori,
Et propter vitam vivendi perdere causas.

C'est aujourd'hui, lui dit un jour M. Hasse, jour de jeûne et de pénitence. Il commença par sourire; puis bientôt, devenant sérieux : Cet usage, répondit-il, serait fort utile si chacun employait ce jour à se rappeler ses péchés et à réparer autant que possible tout ce qu'il a fait de mal. Le verset XXIII de saint Mathieu : Accordez-vous au plutôt avec votre adversaire (et il récitait tout le verset sans faire une faute) serait un très-bon texte. Il ajouta qu'autrefois il avait voulu faire, comme candidat de théologie, un sermon sur ce texte; qu'il l'avait même écrit, mais qu'il ne l'avait point prononcé. Ce sermon n'a pas été retrouvé après sa mort dans ses papiers.

Le même jour, il s'exprima aussi sur le péché originel en rigoriste et presque comme un véritable augustinien. Il n'y a pas grand'chose de bon dans l'homme, dit-il : tout homme hait son voisin, cherche à s'élever au-dessus de lui, est plein d'envie, de malice et d'autres vices diaboliques : *Homo homini non Deus, sed diabolus.* Que chacun sonde sa conscience.

Le 3 mars 1803, il dit que si la Bible n'était pas écrite, il est vraisemblable qu'elle ne le serait jamais.

Il rappela et maintint avec force le principe de l'interprétation morale qu'il avait établi dans sa *Critique de la religion dans les limites de la seule rai-*

son, et dans son *Combat des facultés*, comme la base de l'interprétation de la Bible. Comme théologien et prédicateur, disait-il, on doit supposer ce sens moral aux paroles de la Bible, alors même qu'il n'y serait pas. Sa prédilection pour ce genre d'interprétation est bien connue, et quand on lui annonçait que non-seulement des théologiens, mais des philosophes bibliques, par exemple Eichorn, avaient fait de fortes objections contre l'interprétation morale, il montrait le plus grand désir de les lire, ne les lisait pas, et répétait sans cesse son principe favori.

Il regardait le catholicisme comme très-conséquent, et la défense de lire la Bible comme la clef de voûte de tout l'édifice. Il défendait l'*absolutum decretum* de Calvin. Après avoir lu la partie de l'Histoire ecclésiastique de Schröckh, qui traite des hérésies : Il n'y a plus, dit-il, d'opinion nouvelle à inventer sur la divinité de Jésus-Christ : tout est épuisé.

Le 2 juin 1803, M. Hasse lui ayant demandé ce qu'il attendait après cette vie : Rien d'arrêté, répondit-il après quelque hésitation. Un instant auparavant, il avait répondu à une autre personne : Je ne sais rien de l'état à venir. Une autre fois il se prononça pour une sorte de métempsychose.

Éternité, dit-il un jour, entre toi et ici il y a un immense abîme. Avoir un pied dans l'éternité, l'autre ici, c'est ressembler à l'ange du Coran dont un sourcil est éloigné de l'autre de 8000 lieues.

De temps en temps il retrouvait quelque force, et il y avait des occasions où il parlait encore avec une expression profonde. C'avait toujours été là le caractère de son élocution, et l'éloquence qui lui était propre. Il n'y avait en lui ni déclamation pathétique, ni gestes étudiés, mais une chaleur intérieure qui passait dans sa voix et dans ses moindres paroles. Kant se montra encore une fois tout entier à ses amis, en leur parlant de l'instinct merveilleux des animaux et d'une expérience qu'il en avait faite lui-même. Dans un été assez froid où il y avait eu peu d'insectes, il trouva dans un magasin de farine plusieurs nids d'hirondelles, avec un certain nombre de petits étendus à terre sans vie. Les recherches qu'il fit le portèrent à conclure que c'étaient les hirondelles elles-mêmes qui, par un instinct de prévoyance et malgré la tendresse maternelle, ne pouvant nourrir tous leurs petits, en avaient sacrifié quelques-uns pour sauver les autres. A cette découverte, disait Kant, je restai stupéfait; il n'y avait qu'à adorer et à s'incliner, et il disait cela d'une manière qu'il est impossible de décrire. La haute piété qui régnait sur son visage vénérable, le son de sa voix, le tremblement de ses mains jointes, étaient quelque chose d'unique. Une amabilité sérieuse animait aussi son visage lorsqu'il racontait comment un jour, tenant dans ses mains une hirondelle, il était resté longtemps à regarder et à lire dans ses yeux, et qu'il lui avait semblé qu'il voyait le ciel. Il y a un Dieu, s'écriait-il, et il développait avec force l'argument tiré de l'ordre physique et des causes finales. Un débutant en philosophie lui ayant envoyé un écrit qui contenait sur le verso du titre une formule algébrique de Dieu, Kant écrivit au dessous avec un crayon : Ce serait $= 0$.

Il avait fini par ne plus suivre le mouvement qu'il avait lui-même donné, et les systèmes qui étaient venus après le sien n'avaient pour lui aucun intérêt, ou lui donnaient même de l'humeur. Il levait les épaules quand on lui parlait de Reinhold [1]. Il ne fallait pas lui parler de Fichte [2] et de son école; il accusait Herder [3] de vouloir être dictateur. Reimarus [4] était le philosophe qu'il estimait le plus, et il faisait souvent l'éloge du professeur Krause [5] et du prédicateur Schulz [6].

[1] *Manuel de l'Histoire de la philosophie de Tennemann*, traduction française, t. II, p. 258.

[2] Ibid., p. 264. — [3] Ibid., p. 219 et 240. — [4] Ibid., p. 193.

[5] Est-ce M. Ch. Christian-Frédéric Krause, qui avait déjà publié du vivant de Kant : *Dissertatio de philosophiæ et matheseos notione*, 1802, *Esquisse de logique* (allem.), 1803? Voyez le *Manuel*, t. II, p. 345.

[6] Ibid., p. 242.

Quand Wolmer publia sa *Géographie physique*, il en montra beaucoup d'humeur, il dit que tout cela n'était que charlatanisme, qu'il avait envoyé lui-même son manuscrit au professeur Rink à Dantzig. La vérité est que, s'il avait envoyé à Rink son propre cahier, celui dont il se servait pour ses leçons, Wolmer s'était procuré trois cahiers d'étudiants qui avaient suivi, à diverses époques, les cours de Kant sur la géographie physique, et qui avaient reproduit les développements riches et variés qu'il improvisait et qui manquent dans son cahier et dans l'édition de Rink.

Son dernier ouvrage, le seul manuscrit qu'il ait laissé (il avait disposé des autres précédemment), était intitulé, selon M. Hasse : *System der reinen philosophie in ihrem ganzen Inbegriffe, système complet de philosophie spéculative*. M. Hasse déclare qu'il le vit souvent sur le bureau de Kant, et le feuilleta plus d'une fois ; qu'il contenait plus d'une centaine de pages in-folio écrites très-fin, et que les points les plus graves y étaient traités ; par exemple l'idée de la philosophie, à quoi se rapporte la conversation dont nous avons rendu compte entre Hasse et Kant, l'idée de Dieu, l'idée de la liberté et surtout le passage de la physique à la métaphysique. Au contraire M. Wasianski prétend que le sujet de l'ouvrage était le passage de la métaphysique de la nature à la physique proprement dite. Selon

M. Hasse, Kant, dans l'intimité, l'appelait son chef-d'œuvre, l'écrit qui renfermait tout son système, et il disait qu'il n'avait plus que la dernière main à mettre à la rédaction, ce qu'il espéra faire jusqu'au dernier moment. Selon M. Wasianski, Kant parlait très-diversement de ce manuscrit : tantôt il le donnait pour le plus important de ses ouvrages et comme à peu près complet, sauf la dernière rédaction ; tantôt il voulait qu'on le brûlât après sa mort. Mais les deux narrations s'accordent sur le seul point qui nous intéresse, à savoir, que soumis à M. Schulz, juge compétent et que Kant regardait comme le meilleur interprète de ses écrits, celui-ci en porta ce jugement, qu'il n'y avait rien qui répondît au titre, que c'était un simple commencement d'ouvrage, et qu'il ne pouvait conseiller de le publier. Quoi qu'il en soit, il paraît certain que les efforts que fit Kant pour avancer et achever cet écrit ont beaucoup contribué à l'affaiblissement de ses forces.

Cet affaiblissement devint tel vers le milieu de 1803, qu'il fut évident pour tous ses amis que le grand philosophe approchait de sa fin.

Le 22 avril 1803, anniversaire de sa naissance, Kant réunit encore ses amis, et tâcha d'être gai, sans y réussir. Chacun vit bien que c'était la dernière réunion de ce genre. Le 24 avril, il écrivit dans son journal : « La Bible dit : *Notre vie dure*

70 ans, au plus 80, *et la meilleure n'est que fatigue et travail.* »

Sa faiblesse ne lui permit plus de recevoir d'autres visites que celles de ses plus intimes amis, et toute visite d'étranger lui devint insupportable. Il ne s'y prêtait qu'avec des difficultés extrêmes. On s'adressait à M. Wasianski, qui n'obtenait pas toujours sa permission. Au moins faisait-il ses conditions, et il ne fallait pas le tenir longtemps. Il recevait debout, appuyé sur son bureau, n'invitait pas à s'asseoir, ou même, ce que j'ai vu, dit M. Hasse, il laissait ses visiteurs dans l'antichambre, paraissait un moment à la porte, et à tous les compliments qu'on lui faisait il répondait : « Vous voyez en moi un pauvre vieillard à moitié mort. » Mais il reçut avec plaisir la visite du citoyen François Otto, celui qui traita de la paix avec lord Hawkesbury ; et lui-même exprima le regret que son état ne lui eût pas permis de faire la connaissance du duc de Brunswick, à son passage par Kœnigsberg. L'illustration personnelle l'attirait, toute autre lui était indifférente; et quand le matin il avait reçu des visites de grands seigneurs ou de personnages titrés, il se plaignait à dîner de n'avoir vu que des hommes à rubans et à crachats. Il y avait de temps en temps des scènes touchantes, d'autres ridicules. Parmi ces dernières, il faut mettre le trait suivant : Un jeune médecin russe, qui avait passionément désiré d'être présenté à Kant, aussitôt qu'il le vit se jeta sur sa main et la baisa. Le lendemain il se présenta de nouveau, et demanda au domestique de l'écriture de Kant. Celui-ci, ayant trouvé un morceau de la préface de l'*Anthropologie*, depuis longtemps imprimée, le donna au jeune Russe, qui, dans un transport de joie, baisa le papier, et, ne sachant comment témoigner assez sa reconnaissance, ôta l'habit et le gilet qu'il portait, et en fit cadeau au domestique avec un thaler. Toutes les bagatelles qui avaient appartenu à Kant ont été ainsi considérées comme des reliques. On conserve aujourd'hui à Dresde, dans un cabinet de curiosités, une paire de souliers de Kant. Après sa mort on se disputa ses vêtements et ses meubles; et sa vieille casquette, qui avait plus de vingt ans et ne valait pas six liards, fut vendue 8 rixdales 1/3 (environ 33 fr.).

Pour surcroît de misère, il perdit alors en partie le seul œil qui lui restait de bon. Depuis très-longtemps il avait perdu l'usage de l'œil gauche. On ne s'en apercevait que quand on le savait; et il n'aimait pas à en parler, et prétendait même qu'on ne voyait pas mieux avec deux yeux qu'avec un seul, et que la vision, en se retirant de l'un, se fortifiait dans l'autre. Au milieu de 1803, l'œil droit aussi s'affaiblit et ne vit plus distinctement. Kant fut donc obligé de renoncer à toute écriture et à toute lecture, aux journaux politiques et scientifiques, et fut à peine en état de signer son nom, mais toujours sans aucun tremblement. Plus tard même il en devint incapable, et en décembre il se décida à donner à M. Wasianski une procuration générale. La signature qu'il donna à grand' peine dans cette occasion est la dernière écriture qu'il ait faite.

Il ressentait profondément sa situation, poussait souvent des soupirs, et murmurait de temps en temps les mots de tutelle et de dépendance. Il essayait de se passer le plus possible des services de son domestique, tâchait de se tenir debout et de marcher droit. Le corps était abattu, mais l'esprit n'avait pas encore perdu toute sa force.

Quoiqu'il fît grand cas des médecins, il ne voulait pas y avoir recours. Il était fier de n'en avoir jamais eu besoin, et il soutenait qu'il n'était pas malade, mais vieux et faible. Je veux bien mourir, disait-il, mais non pas par la médecine. Et il rappelait cette inscription funéraire d'un homme que la médecine avait tué : Un tel se portait bien ; pour avoir voulu se porter mieux encore, il est ici. » Toute la pharmacopée de Kant consistait en quelques pilules qu'il prenait après son repas, et que lui avait données le docteur Trümmer, son camarade de collége, la seule personne au monde qu'il tutoyât. Il était en médecine d'une complète hétérodoxie; sa maxime était : *Pharmacon venenum*.

Ses amis le soutenaient à la fin de 1803 en lui parlant du printemps prochain, où il aurait ses quatre-vingts ans, et célébrerait l'anniversaire de sa naissance. Cette idée le réjouit. Mais, dit-il, il faut le faire *sur le champ;* et il voulut absolument qu'on le satisfît, et qu'on le laissât boire un verre de champagne à la santé de ses amis.

Quelques éclairs de gaieté se montraient encore de loin en loin. Un jour qu'on avait parlé à table de l'expédition des Français en Angleterre, et qu'on avait beaucoup employé devant lui les expressions de *mer* et de *terre-ferme*, il dit en riant qu'il y avait aussi beaucoup de mer dans son assiette et pas assez de terre-ferme. En effet depuis quelque temps on ne lui permettait plus qu'un peu de soupe.

Il ne pouvait plus trouver les expressions de la vie commune; mais, chose étrange! même dans sa plus grande faiblesse, il parlait encore avec une précision étonnante de tout ce qui se rapportait à la géographie physique, à l'histoire naturelle ou à la chimie. Il s'expliquait encore fort bien sur toutes les espèces de gaz et leurs éléments. Il pouvait encore réciter les tables de logarithmes de Képler, et, dans les derniers mois, quand sa faiblesse effrayait ses amis et mettait obstacle à toute conversation, M. Wasianski leur disait : Parlons de

sciences, et je parie que Kant comprend tout, et entre dans la conversation. Ils n'en voulaient rien croire. « J'en fis l'essai, dit M. Wasianski, et j'a-
« dressai à Kant quelques questions sur les Bar-
« baresques. Il me raconta en peu de mots leur
« manière de vivre; il fit même la remarque que,
« dans le mot *Alger*, *ge* devait se prononcer *gie*,
« Algier. »

La seule distraction qu'il avait était la musique de la garde montante. Quand elle passait devant sa maison, il laissait ouvertes les portes de son cabinet, et l'écoutait avec attention et plaisir. On pourrait croire que l'auteur de la *Critique du jugement* (Théorie du goût et des arts) n'aimait que la belle et noble musique, celle des premiers artistes. Nullement; il distinguait mal la bonne musique de la mauvaise, et il aimait par-dessus tout la musique forte. Ayant une fois entendu de la musique funèbre à l'occasion de la mort de Mosès Mendelsohn, il n'y avait trouvé qu'une lamentation ennuyeuse. Il aurait voulu que l'artiste eût exprimé autre chose encore que de la douleur, par exemple la victoire sur la mort, le jugement dernier; et il avait été sur le point de s'enfuir. Depuis cette cantate, il ne voulut plus assister à aucun concert, de peur d'éprouver le même désappointement. La musique qui lui plaisait était la musique militaire.

Le 17 août il avait écrit dans son journal ces six vers.

> Chaque jour a ses peines,
> Et le mois a trente jours;
> Ainsi le compte est clair,
> Et l'on peut dire sûrement
> Que le mois le plus heureux
> Est toi, beau février.

On ne sait d'où Kant avait tiré ces vers; mais ce mois de février qu'il célébrait ainsi devait être précisément celui de sa mort. Elle approchait visiblement. Ses nuits devinrent mauvaises et se remplirent de songes effrayants. Il ne rêvait que scènes tragiques, meurtres, assassinats. Il se croyait chaque nuit assailli par des brigands, et ces rêves sinistres s'emparèrent tellement de son imagination qu'en s'éveillant il prit une fois pour un assassin son domestique qui accourait à son secours. Le jour, il souriait de ses fantômes nocturnes, et il écrivait sur son journal : Se garder des mauvais rêves. Quelquefois aussi ses rêves, sans être moins fatigants, étaient d'une tout autre nature. Ses oreilles étaient involontairement assiégées d'airs populaires qu'il avait autrefois entendu chanter aux enfants dans la rue, et il ne pouvait parvenir à s'en délivrer. Quelquefois c'étaient des souvenirs d'écoliers qui l'assaillaient, et le Descartes de notre siècle récitait : *Vacca* la pince, *forceps* la vache, *rusticus* la moustache, *nebulo* c'est toi : en un mot, Kant tombait en enfance.

Le 8 octobre, il tomba malade pour la première fois de sa vie. Il n'avait jamais eu qu'une fièvre, quand il était à l'université, et depuis une forte contusion à la tête en se heurtant contre une porte. Ç'avaient été là toutes ses maladies, et il ne pouvait s'en rappeler aucune autre. Ses pesanteurs de tête et ses faiblesses d'estomac n'étaient que l'effet inévitable de l'âge. Mais le 8 octobre il eut une petite indigestion dont les suites pensèrent lui être funestes. Il tomba par terre et on le porta à moitié mort dans son lit. Pour la première fois, un médecin, le docteur Oelsner, fut appelé. On parvint à le ranimer ; il se rétablit un peu, reprit de l'appétit et quelque gaieté, et redemanda ses vieux mets favoris et ses amis. On rappela les uns, on tâcha de lui faire oublier les autres ; mais depuis il n'eut plus que des intervalles d'esprit et de vie.

Pendant ces courts intervalles, son excellent cœur se montra tout entier. Il exprimait à M. Wasianski sa reconnaissance avec une émotion profonde, et prenait des mesures pour récompenser le zèle du nouveau domestique, Jean Kauffmann, qui avait succédé à Lempe, et qui le soignait avec un attachement particulier et une patience infatigable. Kant l'appréciait et lui fit du bien. M. Hasse rapporte même que les derniers jours, touché des soins pénibles que lui prodiguait son fidèle domestique, une fois Kant voulut lui baiser la main.

Dans le mois de décembre sa vue s'éteignit tout à fait.

En janvier 1804, il perdit tout appétit. Il ne faisait plus que bégayer à table; il ne parlait distinctement que dans son lit. Ses nuits étaient sans repos et sans sommeil. Il commença à ne plus reconnaître ceux qui étaient autour de lui, d'abord sa sœur, puis M. Wasianski; son domestique fut celui qu'il reconnut le plus longtemps.

Enfin vint le mois de février, sur lequel il avait écrit le verset que nous avons cité, et qui en effet fut le moins pénible de ses derniers mois, puisqu'il n'eut pour lui que douze jours. Son corps était réduit, comme il le disait lui-même, au *minimum*. Quelques jours avant de mourir, il était à moitié mort. Le 3 février, son médecin, le docteur Oelsner, qui était son collègue à l'université, et alors recteur, étant venu lui faire visite, Kant se leva, lui tendit la main, et prononça successivement et indistinctement ces mots : Beaucoup de fonctions, fonctions importantes; puis : Beaucoup de bontés, puis enfin : Reconnaissance. Tout cela sans liaison, mais avec chaleur. M. Wasianski expliqua tout haut à M. le recteur que Kant voulait dire qu'il avait beaucoup d'emplois importants et que c'était beaucoup de bonté à lui de lui faire visite ; qu'il en avait bien de la reconnaissance. C'est cela, dit Kant, qui essayait de se tenir et tombait presque de faiblesse. Le médecin le pria de s'asseoir. Kant tardait ; M. Wasianski expliqua encore que Kant ne voulait pas s'asseoir devant lui. Le médecin paraissait en douter, et fut touché jusqu'aux larmes lorsque Kant, rassemblant ses forces, dit avec effort : Le sentiment de la politesse ne m'a pas encore abandonné. Le 5 février, M. Wasianski dîna chez lui avec un de ses amis. On fut obligé de le porter à table, et, comme il tombait de côté, de relever et d'assurer ses coussins. Voilà tout en ordre, dit M. Wasianski. Oui, répondit Kant, *testitudine et facie*, comme un jour de bataille. Le 6, ses regards devinrent fixes ; il ne dit plus un mot ; seulement quand on parlait de sciences, il donnait encore quelque signe qu'il était là. Quelques mois auparavant, il s'était fait dans le caractère de Kant cette petite décomposition qui précède et annonce toujours la mort. Le plus doux des hommes était devenu d'humeur difficile et quelquefois assez dure. Ce changement avait touché tous ses amis, au lieu de les rebuter ; ils n'y virent que l'effet de la dernière lutte, dans laquelle la nature physique était la plus forte. Quelques semaines avant sa mort, la lutte avait cessé, et il ne parut plus la moindre trace d'inquiétude et de mauvaise humeur.

« Le 7 février, dit M. Hasse, nous fûmes in-
« vités chez lui pour la dernière fois. A peine l'a-
« vait-on porté à table, et avait-il pris une cuil-
« lerée de soupe, qu'il demanda à être reporté
« dans son lit. Quand on le déshabilla, nous vîmes
« que ce n'était plus qu'un squelette, et son corps
« épuisé s'affaissa dans le lit comme dans un tom-
« beau. Nous restâmes à table, nous entretenant
« de lui avec M. Wasianski. Il le remarqua, et
« prononça très-distinctement le mot état, état
« (*zustand, zustand*)! Ce que nous interprétâmes
« ainsi : Vous voulez dire, M. le professeur, que
« nous parlons de vous. Oui, justement (*ja ganz*
« *recht*), dit-il encore, et ce fut le dernier mot
« que j'entendis de sa bouche; ce fut la dernière
« fois que je le vis. Il ne se releva plus. »

Le 9 il ne répondit plus aux questions qu'on lui fit; le 10 au matin, M. Wasianski, lui ayant demandé s'il le reconnaissait, il répondit oui, lui tendit la main, et le caressa sur la joue. Le 11 au soir, ses yeux étaient éteints et son visage calme.

« Je lui demandai, dit M. Wasianski, s'il me re-
« connaissait. Il ne me répondit point; mais il
« me tendit les lèvres comme pour m'embrasser.
« Une profonde émotion me saisit. Je ne sache
« pas qu'il ait jamais embrassé aucun de ses amis,
« du moins je ne l'ai jamais vu embrasser per-
« sonne. Une fois seulement, quelques semaines

« avant sa mort, il embrassa sa sœur et moi, mais
« sans paraître savoir ce qu'il faisait. Je regardai
« le mouvement de ses lèvres comme l'adieu de
« l'amitié, et ce fut le dernier signe de connais-
« sance qu'il donna. Tous les symptômes d'une
« mort prochaine paraissaient. Je voulus assister
« à sa mort comme j'avais assisté à une grande
« partie de sa vie, et je restai près de son lit la
« dernière nuit. Vers une heure du matin, il re-
« vint un peu à lui, et quand je lui présentai à
« boire, il put approcher sa bouche du verre ; et
« comme elle n'avait pas la force de garder la
« boisson, il la tint fermée avec sa main jusqu'à
« ce que tout fût avalé, et il me dit encore
« intelligiblement : C'est bon. Ce fut son der-
« nier mot. Bientôt les extrémités devinrent
« froides et le pouls intermittent. Le 12 février,
« à quatre heures du matin, le pouls n'était déjà
« plus sensible ni aux mains, ni aux pieds, ni
« au cou. A dix heures son visage changea visi-
« blement ; l'œil était fixe et éteint, et la pâleur
« de la mort décolora son visage et ses lèvres. Vers
« onze heures le moment fatal approcha. Sa sœur
« était debout au pied de son lit, son neveu au
« chevet, moi à genoux près de lui, essayant de
« surprendre encore quelque étincelle de vie
« dans ses yeux. Je fis appeler son domestique
« pour qu'il pût être témoin de la mort de son bon

« maître. Un de ses meilleurs amis, que j'avais
« fait avertir, arriva. La respiration devint de plus
« en plus faible : on apercevait à peine un souffle
« léger sur ses lèvres, et sa mort fut une cessation
« de la vie, et non pas une crise. A onze heures
« Kant avait cessé de vivre. »

La mort bien constatée, on lui rasa la tête, et
M. le professeur Knorr se chargea de prendre son
masque, et même la forme entière de la tête pour
la collection du docteur Gall. Le corps fut exposé
quelques jours dans une chambre de la maison, et
il n'y eut personne dans la ville qui ne s'empressât
de profiter de cette dernière occasion de pouvoir
dire qu'il avait vu Kant. Pendant plusieurs jours à
toute heure, la maison était remplie d'une foule
immense de personnes de toutes conditions. Il y en
avait même qui revenaient deux ou trois fois, et
plusieurs jours d'exposition suffirent à peine à la
curiosité publique. L'état de maigreur auquel le
corps était arrivé excitait l'étonnement général.
Kant avait écrit lui-même quelques années auparavant la manière dont il voulait être enseveli : il
avait voulu que ce fût le matin, dans un profond
silence et accompagné seulement de ses commensaux. Sur quelques remarques de M. Wasianski
qu'il avait chargé d'exécuter ses volontés dernières,
il ne mit plus d'importance à ces dispositions et
n'en reparla point : on fut donc libre à cet égard.

Le 28 février, à deux heures après midi, un cortége immense, composé des premiers personnages de la ville et des curieux, se réunit pour accompagner les restes de Kant à leur dernière demeure. Tous les étudiants suivaient le cortége, décemment habillés et dans un profond recueillement; après eux venait une foule innombrable de gens à pied de toutes les classes. Sur le cercueil était cette inscription : *Cineres mortales immortalis Kantii*. Le corps fut porté ainsi en grande pompe, au son de toutes les cloches, jusqu'à l'église de l'université, qui était richement illuminée. Là était dressé un superbe catafalque. Une cantate funèbre fut exécutée, et deux discours exprimèrent les sentiments qui remplissaient tous les cœurs. Après la cérémonie, les restes de Kant furent déposés dans le caveau de l'université. On ensevelit avec lui et on plaça sous sa tête un coussin sur lequel les étudiants lui avaient autrefois présenté des vers. Le 22 avril suivant, anniversaire de sa naissance, l'université lui fit de nouveau des obsèques solennelles, et son buste fut installé avec pompe dans la grande salle.

SANTA-ROSA.

A M. LE PRINCE DE LA CISTERNA [1].

Mon cher ami.

Le temps a presque emporté le souvenir de la courte révolution piémontaise de 1821, et celui du personnage qui joua dans cette révolution le principal rôle. Cet oubli n'a rien d'injuste. Pour durer dans la mémoire des hommes, il faut avoir fait des choses qui durent. Ce n'est point seulement par faiblesse, comme on le croit, que les hommes adorent le succès; il est à leurs yeux le symbole des plus grandes vertus de l'âme, et de la première de toutes, je veux dire cette forte sagesse qui ne s'engage dans aucune entreprise sans

[1] Cet écrit, comme on le verra, n'avait pas été destiné au public. Il avait été composé pour M. le prince de la Cisterna, au plus fort d'une maladie, à laquelle M. Cousin est heureusement échappé. M. de la Cisterna a cru accomplir un dernier devoir envers la mémoire de M. de Santa-Rosa en permettant de publier cet écrit, auquel l'auteur n'a rien changé.

en avoir pesé toutes les chances, et sans s'être assurée qu'elle ne contient rien qui puisse rendre vaines la constance et l'énergie. Le plus brillant courage contre l'impossible touche peu, et les plus héroïques sacrifices perdent en quelque sorte leur prix au service de l'imprudence. Sans doute, le vrai but de la révolution piémontaise n'avait pas été le brusque établissement d'un gouvernement constitutionnel, comme celui de l'Angleterre et de la France nouvelle, dans un pays qui en est encore au dix-septième siècle. Cette révolution n'était autre chose qu'un mouvement militaire destiné à arrêter l'Autriche au moment où elle allait passer le Pô, étouffer le parlement napolitain, et dominer l'Italie. La grande, l'inexcusable faute des chefs de ce mouvement militaire est d'avoir mis sur leur drapeau, par une condescendance mal entendue, la devise d'un libéralisme excessif et étranger, dont l'inévitable effet devait être de diviser les esprits, de mécontenter la noblesse, en qui résidaient la fortune et la puissance, et d'inquiéter la royauté. Et puis, le succès d'une prise d'armes de la maison de Savoie contre l'Autriche était à deux conditions : 1° que la France, si elle ne soutenait pas ouvertement ce mouvement, ne le contrarierait pas, et même le servirait sous main ; 2° que l'armée napolitaine résisterait au moins quelques mois. Or, ces deux conditions devaient manquer. En 1821, le gouvernement français inclinait déjà vers la réaction fatale qui aboutit promptement au ministère de M. de Villèle, et plus tard aux ordonnances de juillet; et tout ce qu'il y avait en Piémont de militaires expérimentés savait bien qu'il était chimérique de compter sur l'armée napolitaine. La révolution piémontaise était donc condamnée à ne point réussir; elle a fait le plus grand mal à ce petit pays, qui doit tout à la sagesse mêlée à l'audace, et qui ne peut grandir et s'accroître que par les mêmes moyens qui depuis trois siècles l'ont fait ce qu'il est devenu. Placée entre l'Autriche et la France, la maison de Savoie ne s'est élevée qu'en servant tour à tour l'une contre l'autre, et en n'ayant jamais qu'un seul ennemi à la fois. La monarchie piémontaise est l'ouvrage de la politique; la politique seule peut la maintenir. Peu s'en est fallu que la révolution de 1821 ne la détruisît. Un roi respecté abdiquant la couronne, l'héritier du trône compromis et presque prisonnier, la fleur de la noblesse exilée, le premier général de l'Italie, l'orgueil et l'espoir de l'armée, le général Gifflenga, à jamais en disgrâce; vous, mon cher ami, destiné par votre naissance, votre fortune, et surtout par votre caractère et vos lumières, à représenter si utilement le Piémont à Paris ou à Londres, condamné à l'inaction pour toute votre vie peut-être; des officiers tels que

MM. de Saint-Marsan, de Lisio et de Collegno réduits à briser leur épée; enfin celui qui vous surpassait tous, permettez-moi de le dire, celui dont l'âme héroïque mieux dirigée, et le talent supérieur mûri par l'expérience, auraient pu donner à la patrie piémontaise et à la maison de Savoie le ministre le plus capable de conduire ses destinées, M. de Santa-Rosa, proscrit, errant en Europe et allant mourir en Grèce dans un combat peu digne de lui : tels sont les fruits amers de l'entreprise à la fois la plus noble et la plus imprudente. L'Europe se souvient à peine qu'il y a eu en Piémont un mouvement libéral en 1821; ceux qui ont l'instinct du beau distinguèrent dans ce bruit passager quelques paroles qui révélaient une grande âme; le nom de Santa-Rosa retentit un moment; un peu plus tard, ce nom reparut dans les affaires de la Grèce, et on apprit que le même homme qui s'était montré avec une ombre de grandeur dans sa courte dictature de 1821, s'était fait tuer bravement en 1825 en défendant l'île de Sphactérie contre l'armée égyptienne; puis il s'est fait un profond silence, un silence éternel, et le souvenir de Santa-Rosa ne vit plus que dans quelques âmes dispersées à Turin, à Paris et à Londres.

Je suis une de ces âmes; mes relations avec Santa-Rosa ont été bien courtes, mais intimes. Plus d'une fois j'ai été tenté d'écrire sa vie, cette vie à moitié romanesque, à moitié héroïque ; j'y ai renoncé. Je ne viens point disputer à l'oubli le nom d'un homme qui a manqué sa destinée ; mais plusieurs personnes, et vous en particulier, qui portez un intérêt pieux à sa mémoire, vous m'avez souvent demandé de vous raconter par quelle aventure moi, professeur de philosophie, entièrement étranger aux événements du Piémont, j'avais été lié si étroitement avec le chef de la révolution piémontaise, et quels ont été mes rapports véritables avec votre cher et infortuné compatriote. Je viens faire ce que vous désirez. Je m'abstiendrai de toutes considérations générales, politiques et philosophiques. Il ne s'agira que de lui et de moi. Ce n'est point ici une composition historique, c'est un simple tableau d'intérieur tracé pour quelques amis fidèles, pour réveiller quelques sympathies, réchauffer quelques souvenirs, et servir de texte à quelques tristes conversations dans un cercle de jour en jour plus resserré. Le public, je le sais, est indifférent et doit l'être à ces détails tout à fait domestiques entre deux hommes dont l'un est depuis longtemps oublié et l'autre le sera bientôt : mais dans cette longue maladie qui me consume, et dans la sombre inaction à laquelle elle me condamne, j'éprouve un charme mélancolique à revenir sur ces jours à jamais évanouis ; j'aime à rattacher ma vie languissante à cet épisode animé de ma jeunesse. J'évoque un moment devant moi l'ombre de notre ami avant d'aller le rejoindre : tristes pages écrites pour ainsi dire entre deux tombeaux et destinées elles-mêmes à mourir entre vos mains.

Dans le mois d'octobre 1821, suspendu de mes fonctions de professeur suppléant de l'histoire de la philosophie moderne à la Faculté des lettres, et menacé dans mon enseignement de l'école normale, qui elle-même fut bientôt supprimée, confiné dans une humble retraite située à côté du jardin du Luxembourg, j'avais été, pour surcroît de disgrâce, à la suite d'un travail opiniâtre sur les manuscrits inédits de Proclus, atteint d'un violent accès de cette maladie de poitrine qui pendant toute ma jeunesse effrayait ma famille et mes amis. J'étais à peu près dans l'état où vous me voyez aujourd'hui. Je ne sais comment alors il me tomba sous la main une brochure intitulée : *De la révolution piémontaise*, ayant pour épigraphe ce vers d'Alfieri : *Sta la forza per lui, per me sta il vero*. Mon voyage en Italie dans l'été et l'automne de 1820, mon attachement à la cause libérale européenne, le bruit des dernières affaires du Piémont et de Naples; m'intéressaient naturellement à cet écrit; et pourtant malade, fuyant toute émotion vive, surtout toute émotion politique, je ne lus cette brochure que comme on lirait un roman,

sans y chercher autre chose qu'une distraction à
mes ennuis et le spectacle des passions humaines.
J'y trouvai en effet un véritable héros de roman
dans le chef avoué de cette révolution, le comte
de Santa-Rosa. La figure de cet homme domine
tellement les événements de ces trente jours, que
seule elle me frappa. Je le vis d'abord, partisan du
système parlementaire anglais, ne demander pour
son pays que le gouvernement constitutionnel,
deux chambres, même une pairie héréditaire;
puis, quand le fatal exemple des Napolitains et l'adoption de la constitution espagnole eurent entraîné tous les esprits, ne plus s'occuper que d'une
seule chose, la direction militaire de la révolution, et, porté par les circonstances à une véritable dictature, déployer une énergie que ses ennemis eux-mêmes ont admirée, sans s'écarter un
seul moment de cet esprit de modération chevaleresque si rare dans les temps de révolution. Je me
rappelle encore et je veux reproduire ici l'ordre
du jour qu'il publia le 23 mars 1821, au moment
même où la cause constitutionnelle semblait désespérée :

« Charles-Albert de Savoie, prince de Carignan, revêtu
par sa majesté Victor-Emmanuel de l'autorité de régent,
m'a nommé, par son décret du 21 de ce mois, régent du
ministère de la guerre et de la marine.

« Je suis donc une autorité légitimement constituée, et

il est de mon devoir, dans les terribles circonstances où se trouve la patrie, de faire entendre à mes compagnons d'armes la voix d'un sujet affectionné à son roi et d'un loyal Piémontais.

« Le prince régent a abandonné la capitale la nuit du 21 au 22 de ce mois, sans en prévenir la junte nationale ni ses propres ministres.

« Qu'aucun Piémontais n'accuse les intentions d'un prince dont le cœur libéral, dont le dévouement à la cause italienne ont été jusqu'ici l'espoir de tous les gens de bien. Un petit nombre d'hommes, déserteurs de la patrie et serviteurs de l'Autriche, ont sans doute trompé, par un odieux tissu de mensonges, un jeune prince qui n'a point l'expérience des temps orageux.

« Une déclaration, signée par le roi Charles-Félix, a paru en Piémont; mais un roi piémontais au milieu des Autrichiens, nos inévitables ennemis, est un roi captif : rien de ce qu'il dit ne peut ni ne doit être regardé comme venant de lui. Qu'il nous parle sur un sol libre, et nous lui prouverons alors que nous sommes ses enfants.

« Soldats piémontais, gardes nationales, voulez-vous la guerre civile? voulez-vous l'invasion des étrangers, la dévastation de vos campagnes, l'incendie, le pillage de vos villes et de vos villages? Voulez-vous perdre votre gloire, souiller vos enseignes? Continuez. Que des Piémontais armés se lèvent contre des Piémontais armés? que des poitrines de frères heurtent des poitrines de frères?

« Commandants des corps, officiers, sous-officiers et soldats, il n'y a plus qu'un moyen de salut : ralliez-vous à vos drapeaux, entourez-les, saisissez-les, et courez les planter sur les rives du Tésin et du Pô. Le pays des Lombards vous attend, ce territoire qui dévorera ses ennemis à l'aspect de votre avant-garde. Malheur à celui que des opinions différentes sur les institutions de son pays éloigneraient de cette résolution nécessaire! il ne mériterait point de conduire des soldats piémontais, ni l'honneur d'en porter le nom.

« Compagnons d'armes, cette époque est européenne. Nous ne sommes point abandonnés : la France aussi soulève sa tête trop humiliée sous le joug du cabinet autrichien; elle va nous tendre une main puissante.

« Soldats et gardes nationales, des circonstances extraordinaires exigent des résolutions extraordinaires. Si vous hésitez, plus de patrie, plus d'honneur, tout est perdu. Pensez-y, et faites votre devoir, la junte et les ministres feront le leur. Votre énergie rendra son premier courage à Charles-Albert, et le roi Charles-Félix vous remerciera un jour de lui avoir conservé son trône. »

Enfin, quand tout fut perdu, Santa-Rosa négocia avec M. le comte de Mocenigo, ministre de Russie auprès de la cour de Turin, pour obtenir une pacification générale, à la condition d'une amnistie et de quelques améliorations intérieures, offrant, à ce prix, de renoncer à l'amnistie pour lui-même et pour les autres chefs constitutionnels, et de se bannir volontairement, pour mieux assurer la paix et le bonheur de la patrie.

Cette noble conduite me frappa vivement, et pendant quelques jours je répétais à tous mes amis : Messieurs, il y avait un homme à Turin! Mon admiration redoubla quand on m'apprit que le héros de ce livre en était aussi l'auteur. Je ne pus me défendre d'un sentiment de respect en voyant dans le défenseur d'une révolution malheureuse cette absence de tout esprit de parti, cette loyauté magnanime qui rend justice à toutes les intentions, et dans les douleurs les plus poignantes de l'exil ne laisse percer ni récriminations injustes, ni amers ressentiments. L'enthousiasme pour une noble cause porté jusqu'au dernier sacrifice, et en même temps une modération pleine de dignité, sans parler du rare talent marqué à toutes les pages de cet écrit, composaient à mes yeux un de ces beaux caractères cent fois plus intéressants à mes yeux que les deux révolutions de Naples et du Piémont; car si en moi le philosophe cherche dans les événements contemporains le mouvement des principes éternels et leur manifestation visible, l'homme aussi ne cherche pas avec moins d'ardeur l'humanité dans les choses humaines. Et quel trait plus admirable d'un caractère humain que l'union de la modération et de l'énergie! Cet idéal que j'avais tant rêvé semblait se présenter à moi dans M. de Santa-Rosa. On me dit qu'il était à Paris; je voulus le connaître, et un de mes amis d'Italie me l'amena un matin. Je venais de cracher du sang, et les premières paroles que je lui dis furent celles-ci : « Monsieur, vous êtes le seul homme que, dans mon état, je désire connaître encore. » Combien de fois depuis nous sommes-nous rappelé cette première entrevue, moi mourant, lui condamné à mort, caché sous un nom étranger, sans ressources et presque sans pain ! Sans insister sur les détails de notre conversation, il me suffira de vous dire que je trouvai plus encore que je n'avais attendu. A sa mine, à sa démarche, dans toutes ses paroles, je reconnus aisément le feu et l'énergie de l'auteur de la proclamation du 23 mars, et en même temps ma triste santé parut lui inspirer une compassion affectueuse qui se marquait à tout moment par les soins les plus aimables. En me voyant dans cet état critique, il s'oublia lui-même et ne pensa plus qu'à moi. Notre longue conversation, dont il fit tous les frais, m'ayant laissé ému et très-faible, le soir il revint savoir de mes nouvelles, puis il revint le lendemain, puis le lendemain encore, et, au bout de quelques jours, nous étions l'un pour l'autre comme si nous avions passé toute notre vie ensemble. Le nom qu'il avait pris était celui de Conti ; il était logé tout près de moi, rue des Francs-Bourgeois-Saint-Michel, vis-à-vis la rue Racine, dans une chambre garnie bien près des toits, avec un de ses amis de Turin qui, sans avoir pris aucune part à la révolution et sans être compromis, avait quitté volontairement son pays pour le suivre. Quel est donc cet homme avec lequel on préfère l'exil aux douceurs de la patrie et

de la famille? Il est impossible d'exprimer le
charme de son commerce. Ce charme était pour
moi, je le répète, dans l'union de la force et de la
bonté. Je le voyais toujours prêt, à la moindre
lueur d'espérance, à s'engager dans les entreprises
les plus périlleuses, et je le sentais heureux de passer obscurément sa vie à soigner un ami souffrant.
Son cœur était un foyer inépuisable de sentiments
affectueux. Il était bon jusqu'à la tendresse pour
tout le monde. Rencontrait-il dans la rue, en venant chez moi, quelque malheureux? il partageait
avec lui le denier du pauvre. Son hôtesse, une
vieille femme que je vois encore, était-elle un peu
malade? il la soignait comme s'il eût été de sa famille. Quelqu'un avait-il besoin de ses conseils?
il les prodiguait, et tout cela par un instinct irrésistible dont il n'avait pas même la conscience.
Aussi était-il impossible de le connaître sans l'aimer. Je doute que jamais créature humaine,
même une femme, ait été autant aimée. Il avait à
Turin un ami auquel il avait pu confier sa femme
et ses enfants, et un autre l'avait accompagné dans
l'exil. Voici du sentiment qu'il inspirait une
preuve bien frappante. Autrefois, tout enfant, servant à l'armée des Alpes, dans le régiment de son
père, on lui avait donné pour camarade un enfant
de son pays, qui depuis avait quitté l'armée
et le Piémont et avait perdu de vue son jeune

maître; mais il lui en était resté un souvenir profond, et un jour, dans son grenier de la rue des Francs-Bourgeois, le noble comte, tombé dans la misère, avait vu arriver tout à coup le pauvre Bossi, limonadier à Paris, qui ayant appris par les journaux les aventures de son jeune officier, n'avait pas eu de repos qu'il n'eût découvert sa demeure, et il venait lui offrir ses économies. Plus tard, combien de fois, en me rendant le matin à la prison de Santa-Rosa, n'ai-je pas trouvé à la porte de la salle Saint-Martin Bossi ou sa femme avec un panier de fruits, attendant des heures entières qu'on leur ouvrît la porte, se glissant avec moi et remettant leur offrande au prisonnier avec le respect d'un ancien serviteur et la tendresse d'un véritable ami!

Depuis la fin d'octobre 1821 jusqu'au 1ᵉʳ janvier 1822, nous vécûmes ensemble dans la plus douce et la plus profonde intimité. Pendant tout le jour, jusqu'à cinq ou six heures du soir, il restait dans sa petite chambre de la rue des Francs-Bourgeois, occupé à lire et aussi à préparer un ouvrage sur les gouvernements constitutionnels au dix-neuvième siècle. Après son dîner et la nuit venue, il sortait de sa cellule, gagnait la rue d'Enfer, où je demeurais, et passait la soirée avec moi jusqu'à onze heures ou minuit. De mon côté, j'avais arrangé ma vie à peu près comme lui : je passais la journée dans les médicaments et dans Platon ; le soir je fermais mes livres et recevais mes amis. Santa-Rosa avait la passion de la conversation, et il causait à merveille; mais j'étais si languissant et si faible, que je ne pouvais supporter l'énergie de sa parole. Elle me donnait la fièvre et une excitation nerveuse qui se terminait par des abattements et presque des défaillances. Alors l'homme énergique, à la voix ardente, faisait place à la créature la plus affectueuse. Combien de nuits n'a-t-il pas passé au chevet de mon lit avec ma vieille gouvernante! Dès que j'étais mieux, il se jetait tout habillé sur un sofa, et malgré ses chagrins, avec sa bonne conscience et une santé incomparable, il s'endormait en quelques minutes jusqu'à la pointe du jour.

Je dois faire ici son portrait. Santa-Rosa avait à peu près quarante ans ; il était d'une taille moyenne, environ cinq pieds deux pouces. Sa tête était forte, le front chauve, la lèvre et le nez un peu trop gros, et il portait ordinairement des lunettes. Rien d'élégant dans les manières; un ton mâle et viril sous des formes d'ailleurs infiniment polies. Il était loin d'être beau ; mais sa figure, quand il s'animait, et il était toujours animé, avait quelque chose de si passionné, qu'elle en devenait intéressante. Ce qu'il y avait de plus remarquable en lui était une force de corps extraordinaire. Ni grand ni petit, ni gras ni maigre, c'était un véritable lion pour la vigueur et pour l'agilité. Pour peu qu'il cessât de s'observer, il ne marchait pas, il bondissait. Il avait des muscles d'acier, et sa main était un étau où il enchaînait les plus robustes. Je l'ai vu lever, presque sans effort, les tables les plus pesantes. Il était capable de supporter les plus longues fatigues, et il semblait né pour les travaux de la guerre. Il aimait passionnément ce métier. Il avait été capitaine de grenadiers, et personne n'avait plus reçu que lui de la nature, au physique comme au moral, ce qui fait le vrai soldat. Son geste était animé, mais sérieux; toute sa personne et son seul aspect donnaient l'idée de la force.

Je n'ai jamais vu de plus touchant spectacle que celui de cet homme si fort, qui avait tant besoin d'air pour dilater sa poitrine, de mouvement pour exercer ses membres robustes et son inépuisable activité, se métamorphosant en une véritable sœur de charité, tantôt silencieux, tantôt gai, retenant sa parole et presque son souffle pour ne pas ébranler la frêle créature à laquelle il s'intéressait. La bonté de la faiblesse n'est guère séduisante, car on se dit : C'est peut-être de la faiblesse encore; mais la tendresse de la force a un charme presque divin.

Nous avions au fond les mêmes opinions, et il n'a pas peu contribué à m'affermir dans mes bonnes croyances. Comme moi, il était profondément constitutionnel, ni servile ni démocrate, sans envie et sans insolence. Il n'avait aucune ambition ni de fortune ni de rang, et le bien-être matériel lui était indifférent; mais il avait l'ambition de la gloire. De même en morale il chérissait sincèrement la vertu, il avait le culte du devoir, mais aussi le besoin d'aimer et d'être aimé, et l'amour ou une amitié tendre était nécessaire à son cœur. En religion, il passait en Italie pour un homme d'une grande piété, et, en effet, il était plein de respect pour le christianisme, dont il avait fait une étude attentive. Il était même un peu théologien. Il me racontait qu'en Suisse il argumentait contre les théologiens protestants, et défendait le catholicisme; mais sa foi n'était pas celle de Manzoni, et je n'ai guère vu au fond de son cœur plus que la foi du vicaire savoyard. Avide de comprendre et de savoir, d'ailleurs rattachant tout à la politique, il dévorait dans mes livres tout ce qui tenait à la morale et à la pratique. Quoique libéral, ou plutôt parce qu'il l'était véritablement, il redoutait l'influence des déclamations prétendues libérales, et en voyant la foi religieuse s'affaiblir dans la société européenne, il sentait d'autant plus le besoin d'une philosophie morale, noble et élevée. Il possédait naturellement la bonne métaphysique dans une âme généreuse bien cultivée. Personne au monde ne m'a tant encouragé et soutenu dans ma carrière philosophique. Mes desseins étaient devenus les siens, et s'il fût resté en France, il aurait donné à la bonne cause philosophique, dans ses applications morales et politiques, un excellent écrivain de plus, un organe ferme, élevé, persuasif.

Sans doute son esprit n'était pas celui d'un homme de lettres ni d'un philosophe, mais d'un militaire et d'un politique. Il avait l'esprit juste et droit comme le cœur; il détestait les paradoxes, et dans les matières graves, les opinions hasardées, arbitraires, personnelles, lui inspiraient une profonde répugnance. Il me gourmandait souvent sur plusieurs de mes opinions, et me ramenait sans cesse des sentiers étroits et périlleux des théories personnelles à la grande route du sens commun et de la conscience universelle. Il n'avait ni étendue ni originalité dans la pensée, mais il sentait avec profondeur et énergie, et il s'exprimait, parlait, écrivait avec gravité et avec émotion. Son ouvrage sur la révolution piémontaise a des pages véritablement belles. Et c'était là son coup d'essai! que n'eût-il pas fait, s'il eût vécu?

En politique, ce prétendu révolutionnaire était d'une modération telle que, s'il eût été en France à la chambre des députés, à cette époque, à la fin de 1821, il eût siégé entre M. Royer-Collard et

M. Lainé. Mes amis et moi nous étions alors assez mal traités par le ministère de M. de Richelieu, et nous n'étions pas toujours justes envers lui. Santa-Rosa, avec sa gravité accoutumée, réprimait mes vivacités et s'étonnait de celles de mes plus sages amis. Je me souviens qu'un soir, étant chez moi avec M. Humann et M. Royer-Collard, il assista à une discussion sérieuse sur ce qu'il fallait faire dans les circonstances présentes, s'il fallait laisser vivre le ministère Richelieu, que défendaient M. Pasquier, M. Lainé, M. Dessolles, ou s'il fallait le détruire en s'alliant avec le côté droit, conduit par MM. Corbière et Villèle. M. Royer-Collard pensait que si MM. Corbière et de Villèle arrivaient aux affaires, ils n'en auraient pas pour six mois; et le ministère Richelieu renversé, il voyait derrière MM. de Villèle et Corbière le prompt triomphe de la cause libérale. C'était là une perspective bien séduisante pour un proscrit comme Santa-Rosa. Dans six mois, après un pouvoir violent et éphemère, un ministère libéral qui eût au moins adouci l'exil des réfugiés piémontais, et, en me tirant de disgrâce moi et mes amis, ouvert à Santa-Rosa un avenir en France! Avec quel respect n'entendis-je pas le noble proscrit m'inviter à m'opposer de toutes mes forces à une manœuvre de parti qu'il qualifiait sévèrement : — Ne prenez pas garde à moi, me disait-il, je deviendrai ce que je pourrai ; vous, faites votre devoir : votre devoir de bon citoyen est de ne pas combattre un ministère qui est votre dernière ressource contre la faction ennemie de tout progrès et de toute lumière! Il n'est pas permis de faire le mal dans l'espérance du bien; vous n'êtes pas sûr de renverser plus tard MM. de Corbière et Villèle, et vous êtes sûr de faire le mal en leur livrant le pouvoir. Pour moi, si j'étais député, j'essaierais de donner de la force au ministère Richelieu contre la cour et le côté droit. — Mon opinion était celle de Santa-Rosa. Elle ne prévalut pas, et ce jour-là il fut commis une faute qui a pesé sept ans sur la France. Le ministère Richelieu fut renversé, MM. de Corbière et Villèle arrivèrent au pouvoir, et ils y demeurèrent jusqu'en 1827.

Mais les mauvais jours s'avançaient pour la France. Quand le ministère de M. de Villèle eut remplacé celui de M. de Richelieu, la faction qui occupait le pouvoir, en même temps qu'elle attaquait en France, une à une, toutes les libertés et toutes les garanties, resserrait de plus en plus avec l'étranger son ancienne alliance, et les polices de Piémont et de France s'entendirent pour poursuivre et tourmenter les réfugiés. Ils étaient à Paris sous des noms supposés, et en général ils vivaient tranquilles et retirés. La nouvelle police, dirigée par MM. Franchet et de Laveau, se fit une religion de satisfaire les ressentiments et les peurs de la cour de Turin ; au lieu de surveiller, ce qui était son devoir et son droit, elle persécuta. Santa-Rosa reçut l'avis que la police était sur ses traces et qu'on voulait l'arrêter. Une fois arrêté, il pouvait être livré au Piémont, et la sentence de mort rendue contre lui et ses amis pouvait être exécutée. Je pensai qu'il fallait laisser passer le premier orage, et je ménageai à Santa-Rosa une retraite à Auteuil, dans la maison de campagne d'un de mes amis, M. Viguier. Nous nous y établîmes tous les deux, et y vécûmes pendant les premiers mois de 1822, ne recevant presque aucune visite, et ne sortant pas même de l'enceinte du jardin. Je continuais ma traduction de Platon, lui ses recherches sur les gouvernements constitutionnels. C'est-là, dans ces longues causeries des soirées d'hiver, que Santa-Rosa me raconta toute sa vie extérieure et intérieure, et la parfaite vérité, ou, si l'on peut s'exprimer ainsi, le dessous des cartes de la révolution piémontaise.

Il était né le 18 novembre 1783, à Savigliano, ville du Piémont méridional, d'une bonne famille, mais dont la noblesse était récente. Son père, le comte de Santa-Rosa, était un militaire qui fit les premières guerres du Piémont contre la révolution française, et emmena avec lui à l'armée son fils

Sanctorre, dès l'âge de neuf à dix ans. Si le père eût vécu, la carrière du fils était décidée; mais le comte de Santa-Rosa fut tué à la bataille de Mondovi, à la tête du régiment de Sardaigne, dont il était colonel, et plus tard les victoires de Napoléon et la soumission du Piémont mirent fin à la carrière militaire du jeune Sanctorre. Il se retira dans sa famille, à Savigliano, et, moitié dans cette ville, moitié dans Turin, il fit de très-bonnes études classiques avec plusieurs condisciples, depuis fort connus dans les lettres, sous le célèbre abbé Valpersga de Caluso. Le nom de sa famille était si respecté dans sa province, et lui-même le portait si bien, qu'à l'âge de vingt-quatre ans il fut élu par ses concitoyens maire de Savigliano, et il passa plusieurs années de sa jeunesse dans ces fonctions, où il acquit l'habitude des affaires civiles. Mais ce n'était pas là une carrière pour un homme sans fortune. On lui persuada donc, malgré ses répugnances, d'entrer dans l'administration française, qui gouvernait alors le Piémont; il fut fait sous-préfet de la Spezia, état de Gênes, et il exerça ces fonctions pendant les années 1812, 1813 et 1814 jusqu'à la restauration. Santa-Rosa salua avec enthousiasme le retour de la maison de Savoie, et, en 1815, croyant que l'arrivée de Napoléon à Paris, pendant les cent jours, susciterait une longue guerre, il quitta le service civil pour le service militaire, et fit la très-petite campagne de 1815 comme capitaine dans les grenadiers de la garde royale. Puis, tout étant rentré dans le repos après la chute de Napoléon, il quitta encore une fois la carrière des armes pour en prendre une où ses connaissances militaires et civiles se combinaient heureusement, celle de l'administration militaire. Il entra au ministère de la guerre, et y fut chargé de fonctions assez élevées. C'est alors, je crois, qu'il se maria avec une personne qui avait plus de naissance que de fortune. De ce mariage il eut plusieurs enfants. Il était très-considéré, fort bien en cour, et destiné à une carrière brillante, quand éclata la révolution napolitaine, que l'Autriche entreprit d'étouffer violemment, affectant ainsi ouvertement la domination de l'Italie. Je dois m'imposer à moi-même un silence religieux sur les confidences que l'amitié de Santa-Rosa déposa dans mon sein ; mais je puis, mais je dois dire une chose, c'est que dans la profonde solitude où nous vivions, parlant à un ami dont les opinions politiques étaient au moins aussi prononcées que les siennes, vingt fois Santa-Rosa m'assura que ses amis et lui n'avaient eu de rapport avec les sociétés secrètes que fort tard, à la dernière extrémité, lorsqu'il leur fut démontré que le gouvernement piémontais était sans force pour résister lui-même à l'Autriche, qu'un mouvement militaire serait impuissant, s'il ne s'appuyait sur un mouvement civil, et que pour un mouvement civil le concours des sociétés secrètes était indispensable. Il déplorait cette nécessité, et il accusait la noblesse et les propriétaires piémontais (*gli possidenti*) d'avoir perdu le pays et eux-mêmes, en ne faisant pas leur devoir, en n'avertissant pas hautement le Roi des périls du Piémont, et en forçant le patriotisme à recourir à des trames occultes. Sa loyauté répugnait à tout mystère, et, sans qu'il me le dît, je voyais clairement qu'il éprouvait dans sa chevalerie une sorte de honte intérieure d'avoir été peu à peu poussé jusqu'à cette extrémité. Sans cesse il me répétait : Les sociétés secrètes sont la peste de l'Italie; mais comment faire pour se passer d'elles, quand il n'y a aucune publicité, aucun moyen légal d'exprimer impunément son opinion? Il me racontait que longtemps il s'était arrêté à la pensée de ne participer à aucune société, de s'abstenir de toute action, et de se borner à de grandes publications morales et politiques, capables d'influer sur l'opinion et de régénérer l'Italie. C'était ce qu'il appelait une conspiration littéraire. Assurément elle eût été plus utile que la triste prise d'armes de 1821. Son rêve était de recommencer cette conspiration littéraire du sein de la France; sa consolation était de n'avoir rien fait pour lui-même, et de n'avoir pensé qu'à son pays. Sa bonne conscience et son énergie naturelle réunies lui composaient, dans notre solitude d'Auteuil, une vie tranquille et presque heureuse.

Ma mauvaise santé et son imprudente amitié, avec le lâche acharnement de la police française, l'arrachèrent de cette solitude et le perdirent à jamais. S'il fût resté avec moi, il eût refait sa destinée ; il eût passé tout le temps de la restauration dans des travaux honorables qui auraient jeté de l'éclat sur son nom ; il eût atteint la révolution de juillet, et alors il n'avait qu'à choisir, ou à rentrer en Piémont comme MM. de Saint-Marsan et Lisio, ou comme M. de Collegno, à entrer au service de la France ; et, dans ce dernier cas, une immense carrière était devant lui, si toutefois cette âme altière, dédaigneuse de la bonne comme de la mauvaise fortune, eût jamais consenti à avoir une autre patrie que celle qu'il avait voulu servir, et que ses malheurs même lui avaient rendue plus chère et plus sacrée. Hélas ! tout cet avenir a été perdu en un jour. Un jour, l'état de ma poitrine effraya tellement Santa-Rosa, qu'il me conjura de venir chercher quelques secours à Paris. Je cédai, je revins au Luxembourg ; Santa-Rosa inquiet ne put tenir à Auteuil, et le soir je le vis paraître au chevet de mon lit. Au lieu de rester chez moi, il voulut aller passer la nuit dans son ancien logement, et, avant de rentrer, il eut l'imprudence d'entrer dans un café de la place de l'Odéon, pour y lire les journaux. A peine en sortait-il que sur la place même de l'Odéon il fut saisi par sept ou huit agents de police, terrassé, conduit à la préfecture et jeté en prison. Il paraît qu'il avait été reconnu à la barrière, où il était signalé depuis longtemps.

Dans la nuit même de son arrestation, il avait été interrogé par le préfet de police. Dès ce premier interrogatoire, Santa-Rosa avait reconnu son vrai nom et exprimé des sentiments qui avaient fait une vive impression sur le fanatique, mais honnête M. de Laveau. Il avait repoussé avec indignation l'accusation d'être mêlé à des machinations contre le gouvernement français ; il avait déclaré qu'il était absolument étranger à tout ce qui se passait en France, et que son tort unique et involontaire était d'être à Paris sous un autre nom que le sien. Interrogé sur ses relations à Paris, il m'avait nommé comme le seul ami qu'il y eût ; il avait demandé comme une grâce qu'on ne me mêlât point à cette affaire, et qu'on m'épargnât une visite domiciliaire qui pouvait être funeste à ma santé, offrant lui-même tous les renseignements qui lui seraient demandés, et même toutes les réparations les plus sévères plutôt que d'exposer celui qui lui avait donné l'hospitalité. Le mot d'extradition ayant été prononcé, Santa-Rosa avait paru accepter son sort avec cette fierté simple qui ne manque jamais son effet. Il n'avait paru inquiet que d'une seule chose, les suites que toute cette affaire pourrait avoir sur ma santé.

Pendant que ceci se passait à la préfecture de police, j'étais dans mon lit, couvert de sangsues, et dans le plus triste état. Le lendemain, entre quatre et cinq heures du matin, j'entends sonner avec force à ma porte, et tout à coup se précipitent dans ma chambre cinq ou six gendarmes déguisés, ayant à leur tête un commissaire de police qui, montrant son écharpe, me signifia, *au nom du Roi*, qu'il avait l'ordre de faire une perquisition dans mes papiers. Je ne sus pas d'abord ce que cela voulait dire, et ce fut seulement à la fin de la perquisition, dont tout le résultat fut de leur faire découvrir des notes sur Proclus et sur Platon, que le commissaire m'apprit que j'étais recherché à cause de Santa-Rosa, arrêté la veille en sortant de chez moi. Frappé de cette nouvelle comme d'un coup de foudre, je me transportai immédiatement chez M. de Laveau, et je lui demandai pourquoi, s'il accusait de complot contre le gouvernement français un homme qui ne connaissait que moi à Paris, il ne m'avait pas mis moi-même en arrestation, ou, s'il n'osait aussi m'accuser de conspiration, pourquoi il s'en prenait à un homme qui n'avait rien pu que par moi et avec moi. Si, au fond, il ne s'agissait pas de complot contre la France, je lui montrai ce qu'il y avait de peu noble à poursuivre un proscrit, parce qu'il était sous un autre nom que le sien, quand d'ailleurs ce proscrit était un galant homme et vivait inoffensif, et je lui demandai à voir sur-le-champ Santa-Rosa. M. de Laveau était homme de parti, comme M. Franchet; c'était un esprit étroit et soupçonneux, mais c'était un homme honnête; il venait d'interroger une seconde fois Santa-Rosa; il venait de lire le rapport du commissaire de police sur les résultats de la perquisition faite chez moi, et il commençait à reconnaître que l'accusation de complot contre le gouvernement français était dépourvue de tout fondement. Ma visite, en lui prouvant que nous n'avions pas peur et que nous ne craignions pas un procès, acheva de le persuader. Toutefois, il crut devoir affecter encore des doutes, et m'annonça que le procès aurait lieu. Je demandai à y paraître comme témoin, et, quelques jours après, je fus mandé en effet devant le juge d'instruction M. Debelleyme, depuis préfet de police, et aujourd'hui membre de la chambre des députés. L'instruction fut courte et détaillée; M. Debelleyme y montra une impartialité et une modération parfaite. Il prit, dans ses rapports avec le prisonnier, une haute idée de sa moralité, et il me parla toujours de lui avec respect et bienveillance. Ce procès ridicule aboutit à une ordonnance déclarant qu'il n'y avait pas lieu à suivre sur la prévention de complot, la seule qui eût motivé l'arrestation. Quant à l'affaire du passeport, sous un nom étranger, le tort du prisonnier était reconnu, mais dans les termes les plus honorables pour lui. Il était fait mention de la loyauté et de la franchise de ses aveux. Cette ordonnance de non-lieu n'intervint qu'au bout de deux mois, et, pendant tout ce temps, le pauvre Santa-Rosa demeura en prison à la préfecture de police, dans une des chambres de la salle Saint-Martin. Les premiers jours de l'arrestation passés, j'avais obtenu la permission de le visiter tous les jours, et quelques autres personnes obtinrent ensuite la même permission. Ce fut dans cette circonstance que j'appris encore mieux à connaître le caractère et l'âme de Santa-Rosa.

Dans le premier moment, il avait eu deux craintes : la première, d'être livré au Piémont, c'est-à-dire à l'échafaud ; la seconde, que l'émotion de toute cette affaire et de la visite de la police ne portât un coup funeste à ma santé et ne m'achevât. Quand il me vit entrer dans sa prison, peut-être mieux qu'à l'ordinaire, sa sérénité d'âme lui revint, et pendant les deux mois entiers qu'il demeura à la salle Saint-Martin, je ne l'ai entendu se plaindre ni du sort ni de personne. Il se prépara à bien mourir s'il était livré au Piémont, et ne lut plus que la Bible. Puis, quand cette crainte fut passée, son attention se porta sur tous les détails de la procédure suivie contre lui. Il était touché des égards qu'on lui témoignait, et pénétré de respect pour l'excellence de la loi française et pour l'indépendance de la magistrature. Il fallait voir Santa-Rosa dans sa prison. C'était une chambre assez bonne, aérée, salubre; il n'y était pas mal, et s'y trouvait à merveille. Le geôlier, qui faisait ce métier depuis longtemps, et qui avait appris à se connaître en hommes, avait bientôt vu à qui il avait à faire, et il ne le traitait pas comme un prisonnier ordinaire. Il l'appelait toujours monsieur le comte, et cela ne déplaisait pas à Santa-Rosa, qui lui parlait avec bonté, et finit par se l'attacher au point que ce geôlier avait tout à fait l'air d'un ancien serviteur de sa maison. Santa-Rosa s'était enquis de sa position de fortune, de sa famille, de ses enfants; l'autre le consultait; Santa-Rosa donnait son avis avec douceur, mais avec autorité. On aurait dit qu'il était encore à Savigliano, à la mairie, parlant à un de ses employés. Quand il quitta la prison, le geôlier me dit qu'il perdait beaucoup. Il en était de même dans ma maison. Ma gouvernante l'aimait plus que moi-même, et encore aujourd'hui, après vingt années, elle ne parle de lui qu'avec attendrissement. Ce fut dans cette prison que je rencontrai l'ancien domestique de Santa-Rosa à l'armée des Alpes, Bossi, mauvaise tête et bon cœur, qui ne savait pas conduire ses affaires, mais qui aurait volontiers donné tout ce qu'il avait à son ancien maître.

Il n'est pas besoin de dire que ces deux mois, pendant lesquels je passais chaque jour trois ou quatre heures à la salle Saint-Martin, nous lièrent de plus en plus.

Il semble, après l'ordonnance de non-lieu rendue par M. le juge d'instruction Debelleyme, que le résultat de cette tracasserie devait être au moins de laisser Santa-Rosa tranquille à Paris : il n'en fut rien. D'abord il y eut une première opposition de la police. Il fallut que la cour royale intervînt, et prononçât formellement la mise en liberté, si nulle autre cause d'arrestation ne se rencontrait. Les ombrages de la police de M. de Corbière s'opposèrent même à l'exécution de ce second jugement, et, après que Santa-Rosa eut été déclaré enfin par la justice au-dessus de toute prévention, et par conséquent libre, M. de Corbière, par un arrêté ministériel, décida que M. de Santa-Rosa et quelques-uns de ses compatriotes, arrêtés comme lui, seraient relégués en province sous la surveillance de la police. Alençon fut la prison, un peu plus vaste que la salle Saint-Martin, à laquelle Santa-Rosa fut condamné par M. le ministre de l'intérieur et de la police. Cet acte lâche et méchant envers un homme évidemment inoffensif, et qui ne pouvait trouver de consolation qu'à Paris, auprès d'un ami dont on connaissait à la fois les opinions libérales et la vie bien tranquille, puisqu'il la passait presque tout entière dans son lit, cet acte qui perdit Santa-Rosa en le séparant de Paris et de moi, lui causa, par son inutile rigueur, une véritable irritation. Il protesta, demanda la permission de rester à Paris ou des passeports pour l'Angleterre. On ne lui fit aucune réponse, et il fut transféré à Alençon.

Voici des fragments de quelques-unes de ses lettres d'Alençon, qui font connaître la vie qu'il y menait, ses sentiments et ses travaux.

Alençon, 19 mai 1822.

« Nous voilà arrivés depuis hier à Alençon; les ordres du ministre nous soumettent à la surveillance de l'autorité locale, et cette surveillance s'exercera de cette manière-ci : tous les jours, d'une heure à deux, nous devons nous présenter au maire et signer dans son registre; voilà tout. J'ai déclaré bien doucement, bien simplement, mais en termes bien clairs et bien significatifs, ma position au maire. Il n'avait pas de bonnes raisons à me dire, je ne lui en demandais ni de bonnes ni de mauvaises : aussi l'entretien ne fût-il pas vif; mais il fut poli, ce qui ne laissait pas d'être un assez grand point pour votre débonnaire ami. Au reste, j'aime les maires et pour cause. Celui-ci est un bon vieillard, ayant une petite voix fort honnête; son adjoint, dont le nom finit en *ière* et qui marche droit comme un *i*, ne nous a pas reçus aussi bien. Je me suis bien promis que si jamais je redeviens syndic de ma chère ville, je me garderai de donner de mauvais moments aux pauvres diables qu'on m'amènera. Je vais mener une vie d'ermite, cela me consolera de n'être plus dans ma prison de Paris. L'indignation que me cause l'injustice que j'éprouve n'a pas diminué, mais je ne la laisserai pas troubler mon repos. C'est assez parler de moi. J'arrive à un sujet que je ne saurais plus quitter. Songez que vous êtes réellement mieux qu'en novembre dernier; ce mieux doit vous donner un commencement de courage, parce que c'est un commencement d'espérance. Réfléchissez un peu au plaisir, au vif, à l'inconcevable plaisir de redevenir vous-même, et au mien, de vous voir dans la plénitude de votre puissance d'esprit et de travail. »

Alençon, 2 juin.

« Je suis logé, mon cher ami, dans la rue aux Cieux, chez M. Chapelain, tapissier. J'ai deux chambres assez grandes et assez propres; mais une triste vue sur la rue et sur une petite vilaine cour, a remplacé le lac, les Alpes, Vevey et Clarens, que j'avais sous ma fenêtre il y a un an. J'ai voulu hier voir les environs. J'ai rencontré la Sarthe croupissante et des champs peu fertiles. A force de chercher j'ai trouvé un peu d'ombre à l'abri de quelques pommiers. La ville est très-mal bâtie; elle a un jardin public passable, un assez grand nombre de propriétaires aisés. A en juger sur quelques indices fort vagues, les Alençonnais sont de bonnes gens, un peu curieux, mais fort innocemment. Je ne les crois pas plaideurs, tout Normands qu'ils sont, car leur palais de justice n'est qu'à moitié construit. La cathédrale est grande, à vitraux peints; mais l'intérieur est moitié gothique, moitié mauvais grec. J'y ai entendu un prêtre faisant un sermon à des enfants. Il criait assez fort; mais je n'ai pas entendu un seul mot de son beau discours : c'était cependant du français, mais débité selon la coutume de Normandie.

« Je suis *énamouré* de Paris; il y a une bonne partie de moi-même dans cette ville que j'ai toujours voulu haïr et que j'ai fini par *aimer d'amour.*

« Je n'ai pas reçu de réponse du ministre, et je m'y attendais bien. Je ne cesserai pas de me plaindre, quand ce ne serait que pour leur rappeler leur injustice. On aime assez à voir résignés et silencieux ceux qu'on persécute : je ne leur donnerai pas ce plaisir-là.

« Outre les livres dont nous sommes convenus, je vous demande, 1° M. de Bonald, *Législation primitive;* 2° M. de La Mennais, *de l'Indifférence;* 3° Châteaubriand, *de la Monarchie selon la Charte.*

Alençon, 12 juin.

« Hier, vos deux lettres, celle du 3 et celle du 9, me sont arrivées à la fois; j'en avais besoin. L'inquiétude que j'éprouvais en ne recevant aucune nouvelle de votre chère personne, commençait à devenir de l'anxiété; il y aurait eu de la folie à vous mettre en chemin par la chaleur qu'il fait. Ne vous étonnez pas des livres que je vous demande; il faut que vous sachiez que rien ne réveille plus en moi la puissance de raisonner et surtout de *sentir vivement mes idées* que la lecture d'ouvrages qui combattent la vérité avec une certaine force. D'ailleurs, dans ceux que je vous demande, on trouve des choses vraies et fortes à côté des sophismes les plus déplorables. En un mot, Bonald et La Mennais m'obligeront de me lever de ma chaise, le feu au visage et de me promener dans ma chambre, assailli d'une foule d'idées vives et grandes. Je sens plus ce que je suis véritablement en lisant les écrits de nos adversaires qu'en lisant ceux de nos amis ; car, dans nos amis que de choses me troublent, me chagrinent! Il n'y a que l'homme indigné qui soit vrai et fort, lorsque l'indignation n'a rien de personnel. J'ai fini hier l'*Esprit des Lois;* les derniers livres qui m'avaient presque ennuyé à vingt ans et même à trente, m'ont singulièrement plu cette foi-ci. J'y ai trouvé l'explication de bien des choses, et entre autres de mon séjour à Alençon. Qu'il faut de temps pour achever une émancipation! Je cède à la nécessité, mon ami; mais Alençon est une des plus tristes nécessités des quatre-vingt-quatre départements du royaume. Je suis si seul! Mais, me dites-vous, malheureux, n'est-ce pas la solitude qu'il vous faut? Oui, mais pas celle-ci. Celle-ci ne me vaut rien ; je me connais, et je sens que cette relégation à Alençon est un effroyable malheur pour moi. Ce qu'il me fallait, c'était précisément cet Auteuil de douce mémoire, cette solitude à la porte de Paris ; il n'y a que cela pour travailler. Mais voilà ma dernière complainte, vous n'en aurez plus. Que ne puis-je finir par un *capitolo in terza rima* à la louange de notre cher Paris! — Je vous garde votre chambre, vous choisirez de l'appartement du nord ou de celui du midi; j'habite le nord et je couche au midi; je suis grand seigneur, comme vous voyez. Ainsi, féal ami, venez, vous et votre Platon, vous serez bien reçus. Mais vous ne viendrez que lorsque le voyage pourra vous faire du bien, m'entendez-vous, du bien ; *cosi e non altrimenti.* O mon ami, j'ai dans l'esprit que votre philosophie, dans l'état où en sont les choses, ferait un grand bien aux hommes. N'êtes-vous pas effrayé de voir en Europe les grandes vérités religieuses et morales abandonnées presque sans défense aux coups de deux sortes d'hommes également funestes à l'ordre et au bonheur des sociétés ? Ne voyez-vous pas que la victoire, qu'elle se fixe dans un camp ou dans l'autre, ne sera exploitée que contre la liberté véritable, dont l'alliance avec la morale est une loi impérissable de l'ordre éternel! Cher ami, dans cette lutte du mal contre le bien, dans ce combat entre les deux principes (mais non ; le mal n'est point un principe, ce n'est qu'un fait), c'est un devoir de faire entendre sa voix quand on a la conscience de sa force...... Cette édition de Proclus et même cette traduction de Platon sont venues à la traverse de votre véritable carrière.... Moi, mon ami, j'ai de la santé, un cœur tendre qui se passionne, une imagination faite pour ce cœur ; j'ai l'esprit juste, mais nulle profondeur, et j'ai une instruction si incomplète, ou, pour mieux dire, je suis si ignorant sur un grand nombre de points importants, que cela devient un obstacle presque insurmontable à la plupart des travaux que je pourrais entreprendre. J'ai sans doute une certaine pratique et une connaissance du matériel des affaires qui est rarement réunie à une imagination ardente ; voilà ce qui peut faire de moi un citoyen propre à servir mon pays pendant l'orage et après l'orage. Mais c'est d'une manière bien autrement élevée que vous pouvez servir la société humaine. Moi qui ai la conscience d'un prolongement indéfini de mon existence morale, de mon existence de volonté et de liberté, qui l'ai pour vous et pour moi, je désire vivement que votre passage sur la terre soit marqué par votre influence sur le bonheur des autres passagers, nul grand bien n'étant sans grande récompense. Vous voyez, mon ami, que je vous aime tout de bon, et comme un vrai dévot que je suis.

« Le congrès de Florence ne cesse de me trotter par la tête. Il y a quelque chose de bien odieux dans cet abandon des Grecs à la vengeance plus ou moins prompte des ennemis de la foi chrétienne.

« Vous avez commencé la session des chambres par des coups de pistolets ; voilà une touchante imitation des usages anglais. Vous prenez ce qu'il y a de meilleur chez vos voisins ; je vous en fais mes compliments. Pour moi, je vous avoue que j'aimerais mieux qu'Alençon ressemblât un peu plus à Chester, à Nottingham ou à telle autre ville de l'empire Britannique. — M. Royer-Collard aura-t-il l'occasion de foudroyer ses adversaires, comme l'hiver dernier ? Je crains qu'il ne se présente pas de question digne de lui. Rappelez-moi à son souvenir, vous savez mon sentiment de préférence pour lui : il est de vieille date.

« Adieu, mon cher ami, je vous aime parce que vous m'aimez, parce que vous êtes platonicien, et parce que vous êtes Parisien, et plus encore par une raison occulte qui vaut mieux que toutes les autres parce qu'elle ne s'exprime pas. Je l'ai senti en recevant hier vos deux lettres après quelques jours d'attente. »

Alençon, 7 juillet.

« Vous me conseillez un commentaire et une réfutation du Contrat social : c'est une belle idée, je l'avoue ; mais je crains que l'exécution ne soit au-dessus de mes forces. Je préfère suivre mon travail commencé sur les gouvernements. Je suis occupé à lire Daunou sur les *garanties*. Cet ouvrage a deux parties distinctes. Dans la première, l'auteur examine ce que c'est que la liberté ou les garanties ; il les caractérise, les décompose, les circonscrit ; tout cela me paraît en général bien conçu et bien fait. Dans la seconde partie, on recherche comment les divers gouvernements accordent ou délimitent ces garanties. Ici, Daunou n'est ni assez étendu ni assez profond. Dans mon ouvrage, je referai cette seconde partie sous un point de vue plus pratique que théorique, et j'entrerai dans des détails faute desquels l'ouvrage de l'oratorien ressemble à un livre de géométrie plutôt que de politique. Peut-être commencerai-je par publier un morceau de mon travail, par exemple la conciliation des garanties que réclame la liberté avec celles que réclame la force, c'est-à-dire l'organisation militaire, dans un gouvernement libre. Ce n'est qu'un point, il est vrai; mais ne croyez-vous pas, mon ami, que l'exploitation soignée d'une partie du territoire en friche est plus utile à l'avancement de la science qu'une grande entreprise de culture dont les résultats seraient incertains? Il y a sans doute des génies d'une vigueur immense qui peuvent tout saisir, comme Montesquieu; mais je ne suis pas de ces génies-là. D'ailleurs le temps de la culture parcellaire est le nôtre. Nous sommes trop avancés pour qu'une vaste entreprise, si elle est superficielle, puisse être utile, et peut-être ne sommes-nous pas mûrs encore pour une grande entreprise profondément imaginée et parfaitement exécutée. Si je pouvais bien cultiver mon lot, mon cher ami, j'aurais bien mérité de mes semblables, et obtenu assez de réputation pour assurer et embellir mon existence. — J'ai aussi formé le projet d'un ouvrage de circonstance; mais je ne crois pas pouvoir l'exécuter ici. — J'ai eu de mauvais jours à la fin de juin. Savez-vous que ma tête se refuse quelquefois au travail? J'ai aussi un sang qui a une fâcheuse tendance à presser ma pauvre cervelle. Malheur à moi, si je ne fais pas beaucoup d'exercice. J'ai eu une jeunesse si active! et je suis encore un peu jeune. Je crois que je le serai longtemps par la tendresse du cœur et les enchantements de l'imagination. Conçu dans le sein d'une femme de treize ans, il y a quelque chose en moi qui se ressent de cette extrême jeunesse de maternité ; je sens que je suis jeune, et que je ne suis pas fini. Il n'y a que le cœur de bien achevé...

« Vous ai-je dit que Sismondi m'a écrit une lettre remplie d'amitié? J'ai reçu aussi une lettre de Fabvier, dont je vous parlerai une autre fois et pour cause. »

Cette lettre de Fabvier, l'ennui qui gagnait visiblement le pauvre prisonnier, et surtout le besoin de le revoir, me décidèrent à aller le rejoindre, malgré ma détestable santé et les ordres positifs de mon médecin, M. Laenneck. Je ne fis part de ma résolution à personne, je pris la diligence et fis les cinquante lieues jour et nuit, j'arrivai dans le plus pitoyable état, mais enfin j'arrivai. J'occupai une des deux chambres de Santa-Rosa, et nous vécûmes ainsi pendant un mois dans une intimité fraternelle. J'ai été souvent malade; plus d'une fois, de tendres soins m'ont été prodigués : jamais je n'en ai connu de pareils. Il serait impossible de décrire la tendresse qu'il me témoigna, et désormais je n'en parlerai plus. Ce mois passé ensemble dans une absolue solitude acheva de nous unir ; je pus lire dans son âme, et lui dans la mienne, ce qu'il y avait de plus caché. Là s'accomplirent les dernières confidences, et les secrets les plus intimes de notre vie nous échappèrent l'un à l'autre dans ces moments d'abandon où les âmes les plus fermes, comme endormies par la confiance et ne veillant plus sur elles-mêmes, ne contiennent plus leurs peines et livrent à l'amitié jusqu'aux secrets de l'honneur. Dès lors notre intimité ne put plus s'accroître et prit un caractère de douceur à la fois et de virilité qu'elle a toujours conservé, même pendant les longues années de notre séparation.

Ce fut pendant ce mois que je composai l'argument du *Phédon* sur l'immortalité de l'âme. Santa-Rosa aurait désiré que je visse aussi clair que lui-même dans les ténèbres de cette redoutable question. Sa foi, aussi vive que sincère, allait plus loin que celle de Socrate et de Platon; les nuages que j'apercevais encore sur les détails de la destinée de l'âme, après la dissolution du corps, pesaient douloureusement sur son cœur, et il ne reprenait sa sérénité, après nos discussions de la journée, que le soir à la promenade, lorsque ensemble, errant à l'aventure autour d'Alençon, nous assistions au coucher du soleil, et confondions nos espérances pour cette vie et pour l'autre dans un hymne de foi muette et profonde à la divine providence.

Santa-Rosa n'écrivait qu'à un très-petit nombre de personnes, et vivait, comme on le voit, d'une manière qui ne pouvait guère inquiéter l'autorité. Cependant, soit que ses compagnons d'exil fussent moins prudents que lui, soit par tout autre raison, les ombrages du gouvernement redoublèrent. Ma visite à Alençon, dans l'état de ma santé, troubla la police ; ce qui n'était qu'un élan du cœur parut une bravade ou même un complot, et l'impatience d'une pareille existence entra dans l'âme de santa-Rosa. Il me fit part de la lettre que lui avait écrite le colonel Fabvier, un de nos communs amis. Fabvier lui annonçait que sa sûreté était menacée, qu'une extradition ou du moins qu'un nouvel emprisonnement était possible; il l'engageait à fuir en Angleterre, et il s'offrait à lui en fournir les moyens. A tel jour et à telle heure, une chaise de poste devait se trouver à une demi-lieue d'Alençon avec quelques amis dévoués, et transporter Santa-Rosa déguisé vers un port de mer où les moyens de passer immédiatement en Angleterre auraient été ménagés. Nous reconnûmes dans cette proposition le cœur de celui qui la faisait ; mais nous la rejetâmes sur le champ. S'enfuir, pour Santa-Rosa, eût été presque avouer qu'il doutait de son droit ; c'eût été déshonorer le jugement de non lieu rendu par la justice française et méchamment suspendu par la police de M. de Corbière. Là dessus, Santa-Rosa et moi, nous n'eûmes pas même à délibérer. Mais Santa-Rosa voyait arriver avec effroi le moment où je retournerais à Paris et où il demeurerait seul à

Alençon, sans amis, sans livres, sans secours pour son cœur et pour ses études.

Sur ces entrefaites, il y eut à la chambre des députés une vive discussion, où plusieurs membres de l'opposition, s'étant plaints des tracasseries de la police française envers les réfugiés italiens, M. de Corbière, ministre de l'intérieur et de la police, prétendit que les réfugiés n'étaient pas du même avis que leurs défenseurs, et qu'ils étaient reconnaissants de la conduite du gouvernement français à leur égard. Santa-Rosa trouva les paroles du ministre aussi déloyales que sa conduite avait été injuste, et il crut devoir à son honneur et à celui de ses compagnons d'infortune de publier la lettre suivante en réponse au discours de M. de Corbière :

Monseigneur,

« Un membre de la chambre des députés, en s'élevant, dans la séance du 7 de ce mois, contre les abus de l'administration, a jugé convenable de signaler le traitement que les réfugiés piémontais reçoivent en France. Il a plu à votre excellence de dire, dans sa réponse, que *ces étrangers se montraient reconnaissants à la protection du gouvernement français et à la bienveillance du roi*, et elle s'est récriée sur l'injustice de pareilles réclamations. Telles sont les expressions consignées dans le *Moniteur* du 10 août. D'autres journaux, moins exacts sans doute, ont fait parler votre excellence avec une dureté qui ne saurait être dans son caractère.

« Monseigneur, après avoir été conduit ici par vos ordres, et vous avoir adressé inutilement mes réclamations, j'aurais pu recourir aux chambres. Je ne le fis point. Porté par mes principes à demeurer parfaitement étranger aux affaires de tout autre pays que le mien, je préférai attendre en paix que le gouvernement réparât son injustice, plutôt que de devenir l'occasion d'une vive discussion politique au sein de la chambre. Les hommes qui, comme moi, sentent toute l'étendue de leur infortune et de celle de leur patrie, n'aiment pas à faire parler d'eux; mais, monseigneur, les paroles que vous avez fait retentir, et qui se répandent dans toute l'Europe, me forcent à rompre le silence. Méconnaître des bienfaits, désavouer un protecteur, c'est d'un lâche : souffrir qu'on nous attribue, qu'on nous impose de la reconnaissance, lorsque le sentiment de l'injustice qui nous opprime pèse sur notre cœur, c'est encore une lâcheté. Les proscrits italiens, monseigneur, n'y descendront jamais : on pourra les chasser, les emprisonner, les accabler de persécutions; ils n'oublieront pas ce qu'ils doivent à leur propre caractère, et à cette patrie si chère et si malheureuse, dont l'estime est leur premier besoin. Je l'avoue, il m'eût été doux d'éprouver la bienveillance du gouvernement français, de vivre sous la protection de l'auteur de la Charte française par qui la liberté s'est fait jour en Europe après quatorze ans d'un mouvement opposé. D'autres rois de France protégèrent des Italiens proscrits pour la même cause, et les derniers défenseurs de la liberté de Florence et de Sienne trouvèrent en France une seconde patrie, à l'ombre du trône de François I et de Henri II.

« Voici ce qui m'est arrivé en France : je suis venu avec un passeport suisse et avec un nom emprunté, dans la fausse croyance que cette précaution m'assurerait un paisible séjour à Paris. J'habitai cette ville et la campagne pendant quatre mois ; j'étais tranquille, et ne devais-je pas l'être avec une conduite sans reproche? Le 23 mars dernier, je fus saisi par les agents de l'autorité, sur une place publique de Paris, et conduit à la préfecture de police, où je lus, sur le mandat d'amener qui me fut présenté, ces propres mots : *Prévenu d'intentions séditieuses*. Je demandai à être conduit auprès du préfet de police, et je lui déclarai sur-le-champ mon véritable nom. Après un long interrogatoire, je fus écroué à la prison de la salle Saint-Martin, et mon affaire commença tout de suite. Il faut que les magistrats aient trouvé dans ma conduite et dans mes papiers une absence bien complète d'indices de culpabilité en matière politique, puisque la procédure se réduit à l'irrégularité du passeport. Je m'attendais à être jugé et condamné sur ce dernier point : je connaissais mon tort, j'étais résigné à en subir la peine. Je n'avais commis qu'une faute matérielle, il est vrai; rien de plus pur que mes intentions, mais c'était toujours une contravention aux lois, et il n'en est point d'entièrement justifiable à mes yeux. La magistrature française ne crut point devoir s'arrêter à une rigoureuse et littérale application de la loi ; elle dédaigna de faire plier, sous des considérations quelconques, ses hautes maximes d'équité. Le tribunal de première instance de Paris déclara qu'il n'y avait pas lieu à poursuivre. Le ministère public forma opposition à ce premier jugement. La cour royale prononça un second jugement favorable, et ordonna ma mise en liberté dans la forme accoutumée. Je demandai alors à votre excellence de pouvoir jouir de l'hospitalité française, c'est-à-dire de pouvoir vivre en France sous la protection des lois du royaume. Je croyais que le gouvernement devait me dédommager par ce bienfait de tout ce que d'injustes inquiétudes sur ma conduite politique en France m'avaient fait souffrir. Cette illusion, dont je n'ai point à rougir, s'évanouit bientôt ; je me vis d'abord retenu neuf jours en prison, sur une simple lettre du préfet de police au concierge ; véritable violence exercée sur ma personne, qui, après la signification de l'arrêt de la cour royale, ne pouvait être privée de sa liberté qu'en vertu d'un nouveau mandat d'amener décerné par le magistrat. La réponse de votre excellence arriva. C'était un ordre au préfet de police de me faire conduire à Alençon par la gendarmerie, pour y demeurer sous la surveillance de l'autorité locale. Aussitôt arrivé dans le lieu de ma relégation, j'écrivis à votre excellence : Ce n'est plus un asile en France, ce sont des passeports pour l'Angleterre que je demande au gouvernement français. Je ne reçus point de réponse, et vous aviez sans doute, monseigneur, oublié ma lettre et ma réclamation, lorsque vous fîtes entendre à la tribune les paroles que j'ai citées.

« Ces faits, qui ne me concernent pas seul, et qui me sont à peu près communs avec MM. Muschietti et Calvetti, mes compatriotes, arrêtés en même temps que moi, et relégués avec moi, sont connus de votre excellence, et pourraient être au besoin prouvés par des documents authentiques. Je conserve précieusement l'arrêt de la cour royale de Paris, comme un monument de la protection que mon innocence a trouvée auprès de la magistrature française.

« Maintenant, monseigneur, je demande si nous avons été traités en France avec justice ou avec injustice, avec bienveillance ou avec malveillance ; si nous y sommes protégés ou si nous sommes opprimés ? Nous n'avons pas été envoyés à l'échafaud dressé à Turin pour les auteurs de la révolution de mars 1821 ; jamais un ministre n'oserait présenter une pareille mesure à la signature d'un fils de Henri IV. Mais nous sommes retenus en France malgré nous, nous sommes privés de notre liberté, malgré notre innocence solennellement reconnue par les tribunaux du royaume ; en un mot, ce n'est pas l'hospitalité qui nous est accordée, c'est une prison. Il faudrait que nous l'eussions demandée, monseigneur; alors seulement les paroles de votre excellence seraient irréprochables. Pour moi, ce que j'ai demandé, ce que je demande encore, ce sont des passeports ou l'hospitalité sans conditions odieuses, et je le demande publiquement, dans l'intérêt de la vérité et dans celui de ma dignité personnelle. Il faut que l'on sache qu'il n'est pas vrai qu'elle nous inspire de la reconnaissance. Monseigneur, quand l'Europe nous serait fermée, nous irions dans un autre hémisphère plutôt que de nous résigner à un asile aussi peu honorable ; mais nous n'en sommes point réduits à cette extrémité. Plusieurs de nos malheureux compatriotes vivent en paix sous la protection de la vieille Angleterre, et un plus grand nombre a trouvé au delà des Pyrénées une nation généreuse qui, oubliant en quelque sorte ses propres calamités, les a comblés de ses bienfaits.

« D'après tout ce que je viens de dire, monseigneur, l'on pourra juger si la France est un asile pour le malheur; et je n'aurais rien à ajouter si votre excellence ne nous avait appliqué l'expression de *malheur mérité*. Le nom de l'illustre citoyen qui a proclamé le premier la maxime à laquelle votre excellence fait allusion, sera toujours prononcé avec respect par les gens de bien de tous les pays; mais l'application ne saurait nous regarder; elle ne regarde point des hommes qui n'ont pris les armes que dans l'espoir, malheureusement déçu, d'assurer l'indépendance de la couronne et de la patrie, et de légitimer par des institutions politiques le gouvernement d'une famille qui leur était chère; des hommes qui, lorsque le pouvoir s'était concentré momentanément dans leurs mains par la force des circonstances, et au milieu des plus grands dangers, n'ont opprimé personne.

Je n'ai parlé qu'en mon propre nom, monseigneur; mais j'ose croire qu'aucun des Italiens réfugiés en France ne voudra me démentir. Il n'en est pas un qui sache transiger avec la vérité, ni avec l'honneur. — Je suis avec respect, monseigneur,

« Votre très-humble et très-obéissant serviteur.

« Le comte DE SANTA-ROSA. »

Alençon, le 14 août 1822.

On conçoit que ce noble et fier langage dut irriter la police de la congrégation. Bientôt un arrêté du ministre de l'intérieur transféra Santa-Rosa d'Alençon à Bourges, aggravant ainsi sa situation et le poussant à quitter à tout prix la France, où il n'espérait plus une hospitalité supportable.

Mais je reprends ma narration à mon départ d'Alençon et à mon retour à Paris, le 12 du mois d'août. Voici des fragments de notre correspondance pendant le mois d'août et le mois de septembre.

Alençon, 14 août.

« J'attends avec une impatience dont tu peux te faire une idée des nouvelles de ton voyage; je t'ai bien recommandé à Dieu. Depuis longtemps je n'avais si vivement senti sa présence dans mon cœur. J'ai appelé sur toi toutes les bénédictions du ciel ; qu'il te protége, qu'il te donne la force de supporter le bonheur comme le malheur ; tout vient de lui, tu le sais bien. — Écris-moi deux mots de Laenneck et de Platon ; si le premier n'est pas trop mécontent de ton état, tant mieux ; s'il faisait la grimace, souviens-toi qu'il n'est qu'un homme : espère et surtout espère en toi. Homme si aimé par tes amis, tu offenses Dieu si tu contemples ton existence d'un œil sombre ; il est de cruelles, d'amères douleurs que tu ne connais pas et et qui font l'effet d'un poison lent. L'organisation de mon corps ne s'en est pas ressentie : elle est si forte ! mais l'âme...... Mais il vaut mieux parler d'autre chose et revenir au matériel de la vie. Voici la lettre à M. de Corbière ; elle est un peu forte, mais la vérité est la vérité. L'original partira demain par la voie du préfet à qui je le remettrai moi-même.

« Ma pensée est trop occupée des suites de ma démarche pour me permettre de continuer tranquillement mes études. L'orgueilleux La Mennais ne me fait aucun bien ; j'aime mieux ma chère église catholique, quand je la défends au nom de la raison, non pas contre la bonne philosophie, mais contre la mauvaise. Ce superbe sceptique me repousse au lieu de m'attirer. Bonald est un tout autre homme ; c'est une tête très-pensante, mais il pousse ses idées systématiques jusqu'à l'extravagance, et tient très-peu de compte des faits, quoiqu'il les cite beaucoup. »

Alençon, 20 août.

« .... Je suis très-satisfait d'avoir fait mon devoir et j'en attends les résultats avec une tranquillité parfaite. Si quelque journal ministériel ou *ultra* faisait quelque article contre moi ou sur ma lettre, réponds toi-même si tu le juges convenable, et comme tu le jugeras convenable. Au cas que tu voies un nuage sérieux se former sur ma tête, je suis prêt à passer en Angleterre à la minute ; règle-toi en conséquence et dis-le à Fabvier. Mais si, comme je l'espère, on prend le sage parti de recevoir mes démentis en silence, je resterai dans notre chère France, qui, toute coupable qu'elle est, m'attache par je ne sais quel charme.

« Hier j'ai été faire une petite promenade autour d'Alençon ; j'ai salué le soleil couchant pour toi. O cher ami, tu me manques bien ! Quelle divinité nous a réunis ? Je t'ai vu, je t'ai aimé ; et que je l'ai bien senti le jour de ton départ d'ici ! Te souviens-tu avec quelle rapidité s'est formée notre si confiante amitié ? il faut qu'elle nous donne de beaux jours. J'aurais besoin de te savoir heureux, tranquille, serein. J'ai de la foi en toi ; aussi, je te désire heureux, un peu par égoïsme. Heureux, tu t'occuperas avec plus de succès d'adoucir mes profonds chagrins. Ne va pas, par une coupable pitié, diminuer d'un seul degré, du moindre degré, cet abandon si vif et si vrai que tu as avec moi. Je ne m'y tromperais pas, et cela me rendrait réellement malheureux. Tu es mon dernier attachement de cœur...... »

Alençon, 24 août.

« Mon travail avance, tout le plan du livre est arrêté ; le titre sera : *De la Liberté et de ses rapports avec les formes de gouvernement.* Bientôt je mettrai la main à l'œuvre ; mais à présent, je ne pense qu'au congrès de Vérone. Tu vois qu'il n'est plus douteux. C'est un devoir pour moi de signaler à l'Europe ce que va faire ce nouveau congrès particulièrement en ce qui regarde l'Italie. »

Bourges, 6 septembre.

« Eh bien! me voici à Bourges. Combien ce voyage m'a été pénible! mais je veux m'efforcer de n'y plus penser. Le préfet, comte de Juigné, m'a reçu avec politesse, mais m'a avoué qu'il avait des instructions très-sévères sur moi, et il m'a renvoyé au maire, qui m'a témoigné avec beaucoup d'honnêteté son désir d'adoucir ma situation. En venant au fait, j'ai été très-mécontent de sa proposition: « Je compte avoir votre parole d'honneur comme celle de ces messieurs. » Car j'ai trouvé ici quatre autres réfugiés, MM. de Saint-Michel, de Baronis, de Palma et Garda; sans quoi il me dit qu'il serait obligé de me donner la ville pour prison, à la lettre, de me faire surveiller sans cesse, de me gêner, de m'interdire jusqu'aux promenades, parce qu'elles sont *extra muros;* en un mot, il m'arracha en quelque sorte cette parole d'honneur. Je la lui ai donnée pour dix jours, afin de pouvoir m'orienter un peu, après quoi je verrai. Ma situation est donc empirée, comme tu vois, et j'en suis à regretter Alençon vingt fois par jour. — Enfin me voilà installé dans une chambre bien modeste, ayant un petit cabinet où je travaillerai, chez de braves gens bien tranquilles, à peu près dans le genre de mes hôtes d'Alençon. — Que me conseilles-tu pour mon fils? j'ai bien envie de le faire venir. Si tu n'y vois pas d'objection sérieuse, envoie la lettre que je t'adressai d'Alençon pour ma femme. Mettons les choses au pis, et que je sois relégué dans une ville de Hongrie ou de Bohême; si mon fils veut me suivre, il pourra seul m'aider à supporter une horrible existence. Mon ami, envoie la lettre; mon cœur est ici dans une solitude déchirante. Oui, si tu n'as pas de raison grave à m'opposer, envoie ma lettre, et que je ne meure pas sans avoir encore un moment de bonheur. J'écris à ma femme qu'à la réception de la lettre qu'elle recevra par la voie que je t'ai indiquée, elle fasse partir mon fils pour Lyon, où elle l'adressera à quelque négociant; il y en a tant qui correspondent avec Turin! de Lyon à Paris, ce n'est qu'un voyage de deux jours.

« Je ne t'ai rien dit de Bourges; rien n'y est remarquable sauf la cathédrale, qui est une grande et très-belle église gothique. Mais le sanctuaire réservé aux prêtres ne laisse pas approcher de l'autel. Vos prêtres français tiennent les chrétiens trop éloignés de Dieu; ils s'en repentiront un jour.

« Et l'argument du *Phédon*, qu'est il devenu? Te rappelles-tu ce jour qui fut consacré tout entier à lire ces pages écrites au milieu de tant de douleurs de l'âme et du corps? Elles m'appartiennent, ou plutôt je leur appartiens, etc. »

Bourges, 15 septembre.

« ...... O mon ami, que nous sommes malheureux de n'être que de pauvres philosophes! Pour moi le prolongement de l'existence n'est qu'un espoir, un désir ardent, une prière fervente. Je voudrais avoir les vertus et la foi de ma mère. Raisonner, c'est douter; douter, c'est souffrir; la foi est une espèce de miracle; lorsqu'elle est forte, lorsqu'elle est vraie, qu'elle donne de bonheur! Combien de fois, dans mon cabinet, je lève les yeux au ciel, et je demande à Dieu de me révéler, et surtout de me donner l'immortalité!

« J'ai un cabinet, et j'y passe la plus grande partie de ma journée, d'abord de huit à onze heures; ensuite je sors pour déjeuner avec mes camarades. Je fais quelquefois un tour au jardin de l'évêché; je rentre à une heure ou un peu plus tard, et je travaille jusqu'à cinq. Je dîne seul en dix ou douze minutes, et je vais chercher une promenade avec le cœur presque serein ; mais je ne trouve que des eaux dormantes, des champs pierreux, quelquefois un peu de gazon sous une rangée de noyers, et alors je m'assieds et je lis en m'interrompant souvent pour méditer ou pour rêver. Tu as bien embelli ma promenade d'avant-hier. Je l'ai commencée en t'écrivant dans ma tête une lettre charmante. Il ne m'en est rien resté ou presque rien ; mais j'ai eu une heure qui m'a rappelé ma vie de dix-huit ans, et je te l'ai due, mon bon ami. Cela ne te fait-il pas plaisir, et n'aimes-tu pas que je te le dise?

« J'ai toujours le projet d'écrire sur le congrès de Vérone. En attendant, je continue mes lectures, et j'ai commencé à jeter sur le papier les idées fondamentales de l'ouvrage qui est ma pensée habituelle. Plus j'avance, plus je pénètre, et plus je vois les ombres grandir autour de moi. Bonald a des choses profondes et admirables ; il en a d'autres qui font sourire de pitié ou qui excitent l'indignation. Bonald et Tracy sont d'accord pour déprécier les anciens, ces anciens à qui nous devons tant, et dont les reliques vénérables ont renouvelé la civilisation, qui avait péri. Le christianisme a peut-être empêché qu'elle ne s'abîmât tout à fait au milieu des barbares ; mais sa renaissance est due aux anciens. Maintenant nous bafouons nos maîtres, et nous nous proclamons sages, éclairés, grands, lorsqu'il se passe autour de nous tant de choses qui devraient nous humilier...... Il me paraît nécessaire, et d'ailleurs radicalement vrai, d'établir une différence essentielle entre l'utilité générale et l'utilité individuelle. L'utilité générale que j'appelle aussi, pour me l'expliquer à moi-même, égalité de la liberté, doit être le but des lois. Cette utilité générale est aussi le bonheur, et le plus grand bonheur de tous les individus. Le bonheur est de faire ce qu'on veut. Pour que tous l'aient, il faut ne rien faire de nuisible à autrui. Le développement des droits de l'homme est le but du législateur, comme l'enseignement du Décalogue est le but du prêtre. Dieu est le centre de tout cela. La soumission du fort aux lois qui protégent le faible ne peut pas s'expliquer sans Dieu. La liberté de tous ne peut exister que dans l'état social. A quelles conditions? comment? La première chose est de mettre la liberté au-dessus du pouvoir de la majorité. C'est ce que Rousseau n'a nullement fait. Certes on ne peut pas l'y mettre tout entière, car il n'y aurait pas d'existence sociale possible. Mais pour les garanties principales de l'individu, ou, en d'autres termes, quant à la portion la plus précieuse de la liberté, je pense qu'elle ne peut pas être livrée à la discrétion de la majorité. Il reste à celle-ci les lois constitutionnelles et les lois administratives. J'appellerais lois sociales celles qui délimitent l'exercice de la liberté de chaque individu pour l'assurer à tous. Qu'on les appelle droits, devoirs, garanties, n'importe. Les droits peuvent se traduire par les devoirs, *et vice versa*. »

Bourges, 21 septembre.

« Aujourd'hui, le préfet m'a envoyé chercher, et m'a demandé si j'étais toujours dans l'intention de me rendre en Angleterre. « Le ministre m'a chargé de vous faire cette « question, et de vous demander si dans ce cas vous pré- « férez vous embarquer à Calais ou à Boulogne. » Je répondis que je ne pouvais désirer de rester en France qu'autant que je jouirais d'une entière liberté; que si cela ne m'était point accordé, j'acceptais avec empressement des passeports pour l'Angleterre. Je priai ensuite le préfet de demander pour moi la faculté de me rendre à Calais sans l'escorte d'un gendarme, offrant ma parole d'honneur de suivre la route qu'on me prescrirait. Le préfet a répondu ce soir au ministre, et probablement, dans cinq ou six jours, l'ordre ou la permission de partir arrivera.

« Tu sens bien que je ne pouvais faire d'autre réponse honorable que celle que j'ai faite. Je dirai donc adieu à la France, à ton pays, mais je n'y renonce point. La société européenne aura quelques années de calme. Peut-être l'inquiétude qu'inspire si mal à propos ma personne à certains esprits s'évanouira-t-elle. Je reviendrai alors te voir, et probablement m'établir auprès de toi, dans la capitale de l'Europe. J'ai besoin de cette espérance. — Tu le vois, mon ami, c'est la Providence qui me conduit par la main en Angleterre ; il faut céder. J'ai le cœur tranquille, il n'y a plus lieu à doute, à perplexité, et c'est le seul état qui me prive de la moitié de mes forces... »

Bourges, 27 septembre.

« ... J'étais tout préparé pour mon hiver à Bourges ; mais je t'avoue que la pensée de ravoir ma liberté me touche infiniment. Je te prie de me procurer, si cela est en ton pouvoir, quelques lettres pour Londres...

« O mon ami, je vais en Angleterre avec le cœur tranquille, parce que je m'y vois, pour ainsi dire, poussé par les circonstances où je me trouve, et où je me suis placé par une conduite dont tu connais les détails. Mais je n'y vais point avec le cœur gai : je te laisse en France. Ton nom dans la balance l'eût toujours fait pencher de ce côté-ci du détroit ; mais ma position est claire : ou libre en France et à Paris, par conséquent au comble de mes vœux, ou en Angleterre. Il n'y a pas d'intermédiaire possible ni convenable. »

Bourges, 1er octobre.

« Je pars demain à midi. M. Franchet a répondu qu'il ne permettrait pas que je me rendisse à Calais sans escorte. J'aurai donc un gendarme. Je passe par Orléans et Paris. C'est après-demain, entre cinq heures et demie et sept heures du soir que j'arriverai à Paris. J'ai promis de ne rester à Paris que le temps nécessaire pour passer, en quelque sorte, d'une diligence à l'autre. J'aurai à peine le temps de te serrer la main et de t'embrasser.

« Je suis tranquille, parce que ma résolution était commandée par ma situation; mais je sens au fond du cœur une tristesse mêlée d'inquiétude. Je suis sûr de regretter Alençon plus d'une fois; mais c'est la Providence qui me pousse en Angleterre, et j'obéis... Mon ami, tu es une grande partie de mon existence morale. Si tu savais avec quel serrement de cœur je t'écris! Il y a bien peu de personnes, non, je crois qu'il n'y en a qu'une sur la terre à qui j'écrive avec plus d'émotion qu'à toi. »

Santa-Rosa avait raison; nous pûmes à peine nous voir quelques minutes à son passage à Paris. Il lui fut permis de se rendre chez moi avec un gendarme, et ce fut devant ce gendarme que nous nous fîmes des adieux qui devaient être éternels. Sans doute, à cette époque, ni lui ni moi n'avions ce funeste pressentiment; il était soutenu par la pensée d'accomplir un devoir; moi, j'avais peur de céder à une sorte d'égoïsme en le retenant en France, au milieu des ombrages et des tracasseries de la police; et pourtant un instinct secret remplit pour moi d'une amertume inexprimable cette heure fatale où il me sembla que je le perdais pour toujours. Nous échangeâmes à peine quelques paroles, et je le reconduisis silencieusement à la diligence qui l'emporta loin de moi. Bientôt il avait quitté la France pour laquelle il était fait, et il était comme perdu dans cet immense désert de Londres, sans fortune, sans ressource, sans un seul ami véritable, lui qui ne savait vivre que pour aimer ou pour agir. Après les premiers moments d'activité inquiète pour se créer une situation supportable, l'infortuné tomba bientôt dans une mélancolie profonde dont il sortait quelque temps pour y retomber bientôt, jusqu'à ce qu'enfin l'ennui de cette vie, ou solitaire ou dissipée, le conduisit à la résolution magnanime et funeste qui le ramena un moment avec quelque éclat sur la scène du monde avant qu'il en disparût à jamais.

Pendant le séjour de Santa-Rosa en Angleterre notre correspondance ne cessa pas d'être intime, sérieuse et tendre, comme elle l'avait toujours été; mais elle est nécessairement très-monotone, uniquement remplie de sentiments affectueux, de projets avortés, d'espérances déçues, triste tableau que je veux m'épargner à moi-même; aussi ne citerai-je que de rares fragments des lettres de Santa Rosa pour donner une idée de sa situation intérieure.

Londres, 26 novembre 1822.

« ...Il faut cependant que je te dise les raisons de mon silence, ou plutôt que je te prouve que je n'ai pas cessé de penser beaucoup à toi. La meilleure manière de le prouver serait de t'envoyer trois lettres que j'ai commencées et que j'ai ensuite déchirées dans un mouvement, non d'impatience, mais d'amitié. Elles t'auraient réellement affligé. Je t'y parlais d'un ton si sombre de mon abattement et de ma tristesse intérieure, qu'il y aurait eu de la cruauté à te les envoyer, persuadé, comme je le suis, comme je le serai toujours, de la profondeur de ton sentiment pour moi... Ne va pas trop t'alarmer, ou plutôt alarme-toi sérieusement, toi qui sais et qui sens que toute la vie est dans l'existence intérieure. J'ai eu des journées où je me suis cru réellement perdu. Bon Dieu! n'est-ce pas là se sentir mourir? Au fond, je n'ai rien à reprocher à l'Angleterre, mais à mon genre de vie. Faire des visites, en recevoir; des courses insignifiantes d'un bout de la ville à l'autre; la nécessité d'apprendre l'anglais, et une répugnance décidée à m'en donner la peine; un avenir inquiétant, si je ne me sers pas de mes facultés; des dépenses bien au-dessus de mes moyens, etc. Mon écrit sur le congrès de Vérone m'occupe presque continuellement la pensée, lorsque je peux penser. J'en ai déjà écrit bien des pages dans ma tête sur les trottoirs de Londres. J'espère que ce petit ouvrage sera utile. Je l'écrirai en français; je le ferai traduire en anglais sans qu'il m'en coûte rien, et je le publierai ici; alors je t'enverrai une copie de mon manuscrit, en t'autorisant à retrancher et à modifier tout ce qui effraierait un libraire parisien. Malgré la modération qui guidera toujours ma plume, il est impossible que j'oublie en écrivant que je suis en Angleterre. Comme je mettrai mon nom à cet écrit, il pourra, s'il réussit, me donner un commencement de réputation qui suffira pour quadrupler le prix de mes travaux. Je vais mettre la main à l'œuvre aussitôt que le congrès de Vérone aura publié une déclaration. C'est nécessairement le point de départ. Je vais maintenant te parler des connaissances que j'ai faites à Londres.

« Je mets en première ligne M. James Mackintosh, membre whig du parlement, beau-frère de Sismondi et de Jeffrey, principal rédacteur de la *Revue d'Édimbourg*. Une instruction qui m'a paru immense, une philosophie politique très-éclairée, caractérisent M. Mackintosh, si je puis en juger. Au reste, sa réputation en Angleterre est très-avantageusement établie. Il parle le français plutôt bien que facilement; il connaît beaucoup Paris. Tu sais peut-être qu'il a défendu votre révolution contre Burke, et sa voix s'est constamment élevée dans le parlement en faveur de la cause de l'indépendance des nations et des améliorations sociales. M. Austin et sa famille, jeune avocat encore obscur, mais tête très-pensante, disciple de M. Bentham, que lui et sa femme connaissent particulièrement. Celle-ci est une personne d'un excellent caractère, prodigieusement instruite pour une femme, mais n'en étant pas moins aimable. Elle veut bien me donner quelques leçons d'anglais, dont je profite peu, malgré l'attrait que pourraient offrir les leçons d'une femme de vingt-sept à vingt-huit ans, d'une figure très-agréable. C'est une connaissance intéressante que je cultiverai avec soin, et voilà tout. Quant à M. Bentham, la bizarrerie de son caractère et la difficulté de l'approcher sont des choses connues ici. M. Bowring est son favori; mais j'ai encore très-peu vu M. Bowring. J'espère voir sous peu M. Wilberforce et M. Brougham. J'ai reçu quelques invitations de plusieurs radicaux; mais il ne convient pas de me montrer dans un rapport trop intime avec le parti radical exalté...... »

10 décembre 1822.

« J'ai reçu des nouvelles de ma femme; elle et nos enfants se portent à merveille; mais mon aîné Théodore m'inquiète, il a besoin d'instruction, de surveillance; il a besoin de son père en un mot, et cependant il m'est impossible de l'appeler auprès de moi. Mes faibles ressources s'épuisent rapidement... »

25 décembre.

« .... Que je craignais avec raison l'Angleterre! mais je ne l'en estime pas moins... »

12 février 1823.

« ..... Je ne pense pas du tout au Portugal ni à l'Espagne, où Collegno est allé. Mes principes politiques ne m'y appellent nullement.

« Tu me dis des douceurs, et je t'en remercie; je les aime beaucoup. Il y a juste un an que nous étions ensemble à Auteuil. Quelle douce vie j'y menais! Seulement si je ne t'avais pas vu souffrir. Mais peut-être ce que tu m'as coûté de douleurs sous ce rapport augmente-t-il mon sentiment pour toi. Il ne finira qu'avec mon existence, et j'espère avec Socrate qu'elle ne finira pas de bien longtemps. »

14 avril 1823.

« Il faut que je te gronde de ne m'avoir pas encore envoyé le premier volume de Platon. Je l'ai vu chez Bossange. Peu s'en est fallu que je n'aie délié ma bourse, quoique si mince, et que je n'aie payé au libraire 10 à 12 shellings pour emporter le livre dans ma poche et le dévorer à mon aise. Ce me semblait une espèce d'affront que de ne pas avoir en ma possession ce cher volume, dont j'ai vu naître et croître la meilleure part. J'y ai un droit réel.

« J'espère bientôt aller à la campagne. Impossibilité absolue pour moi de travailler à Londres. Des visites à faire, à rendre, à recevoir; plusieurs dîners par semaine; la moitié du jour dans les rues de Londres, qui ne finissent point; beaucoup de soirées à table à voir défiler des bouteilles auxquelles je ne touche pas; bref, je ne fais que lire un peu, prendre des notes, et je ne travaille point. Mais je te jure que je ne continuerai pas cette sorte de vie, et que je m'ensevelirai plutôt dans un coin du pays de Galles.

« J'ai reçu et lu avec infiniment de plaisir la traduction de Manzoni par Fauriel; elle est exquise. L'écrit de Manzoni sur les unités m'a paru parfait et m'a quasi converti. *Adelchi* me plaît moins que *Carmagnola*, dont le mérite croît à mes yeux toutes les fois que je le relis; mais les chœurs d'*Adelchi* sont d'une beauté ravissante.

« On vient d'imprimer à Barcelone une déclaration au nom du corps italien, mais sans signature, où je suis accusé avec une insigne mauvaise foi de n'avoir pas voulu prendre part à cette expédition par des raisons indignes de moi. Je ne crois pas devoir répondre à un écrit anonyme. Conviens que c'est fort triste. Je ne manquerais pas du genre de courage qu'il faut à un homme de bien contre la calomnie. Ce qui m'afflige, c'est le mal que cela fait à un parti que je ne préfère point à la patrie et que je ne confonds pas avec elle, mais auquel pourtant je suis attaché.... »

25 mai 1823.

« .... Non, je ne veux rien accepter de personne. On ne peut avoir que son ami intime pour patron, et j'ai clos la liste pour toujours. Tu y es inscrit le dernier, pour la date; mais quant à l'affection, tu ne peux pas être le second : mon cœur me le dit bien clairement. Il est un très-petit nombre de personnes que j'aime autant que je t'aime, quoique pas de la même manière; il est sûr que je n'aime personne plus que toi. Tout ce que je te dois ne me coûte rien, absolument rien. Je crois que si tu avais un million de bien, je t'en demanderais la moitié sans balancer. — J'ai enfin quitté la vie dissipée de Londres, et je suis établi avec M. le comte Porro, dans une maisonnette, appelée ici *cottage*, à l'extrémité de la ville, comme serait à Paris un logement à Montrouge ou à Chaillot. C'est absolument comme à la campagne : de ma fenêtre, j'ai la vue du Regent-Canal et des cottages bâtis sur la rive opposée. On croirait être à cent lieues d'une grande ville, et cependant, dans vingt minutes on peut être dans Oxford-Street ou dans Hyde-Park, au milieu des promeneurs les plus élégants. Notre cottage appartient à Foscolo; je l'aime beaucoup, mais Auteuil sera toujours mon favori. J'en ai gardé un souvenir, je puis dire tendre; il s'y mêle de la tristesse quand je me rappelle à quel point je t'y voyais souffrir. Il est possible que je passe l'automne prochain et l'hiver même dans mon cottage; il me faut de la retraite et du travail. Si je puis gagner de quoi vivre, j'appellerai ma famille auprès de moi. Avec les ressources de ma femme et ce que je puis gagner ici en travaillant, notre ménage ira bien. Si mes espérances me trompent sur mes moyens de gagner de l'argent, alors il faudra nous établir dans le Wurtemberg, puisque la Suisse nous est fermée. »

4 août 1823.

« Je n'ai pas de bonnes nouvelles à te donner de moi, et je ne puis t'en dire les raisons; ce sera le premier sujet de nos entretiens si tu viens ici. Que de choses j'ai à te dire, que de choses à te demander !...... »

10 septembre 1823.

« Je travaille avec suite, mais sans goût. Bien me fâche qu'il faut que j'écrive des articles de journaux, ils m'empêcheront d'exécuter des ouvrages plus sérieux. Grande objection, je le conçois; mais premièrement le besoin de gagner quelque argent est impérieux pour moi, et les articles de journaux sont le seul moyen d'en gagner qui soit entre mes mains. En second lieu, il me paraît que, lorsque je serai un peu exercé, ce travail ne prendra que la moitié de mon temps, et que je pourrai donner l'autre à mes anciens projets.

« Je t'ai écrit que je ne plaisais guère aux Anglais, et en général c'est assez vrai; mais il y a cependant quelques personnes sur l'amitié desquelles je crois pouvoir compter. Je connais, entre autres, une famille de quakers, la famille Fry, qui est dans le commerce, riche, et dont un des membres, la mère de famille Catherine Fry est connue en Angleterre par les soins qu'elle donne aux prisonniers de New-Gate. J'ai passé quelques jours avec eux à la campagne, et cette famille a fait sur moi une impression profonde.

« J'ai relu trois fois le *Parga* de Berchet; la troisième partie est un chef-d'œuvre. Dans le reste, il y a des longueurs, et cependant il y manque des détails intéressants et nécessaires. Berchet vient de publier deux romances italiennes; la première est écrite avec beaucoup de verve et de grâce, mais la seconde a un caractère plus sérieux : c'est un morceau de poésie d'une beauté achevée.

« As-tu lu Las-Cases? En vérité, il faudrait avoir perdu la mémoire pour prêter quelque foi à tout ce que Napoléon nous va disant de ses beaux projets libéraux. Il a vu que la tendance de notre époque était à la liberté depuis 1814; et s'il a joué gauchement son nouveau rôle en 1815, cela ne l'empêche pas, dans le manifeste qu'il adresse à la postérité par Las-Cases, de nous faire de la poésie sur ce qu'il voulait, sur ce qu'il allait entreprendre pour la liberté. Mais ce qui me raccommode avec Napoléon, ce sont ses successeurs : ils travaillent nuit et jour à la réputation de l'homme qu'ils ont renversé. »

18 septembre.

« Je me porte bien et continue à travailler. Cher ami, il faut que je pense au désir que j'ai de te plaire, en faisant mon devoir, pour surmonter mon dégoût. — J'ai reçu de Turin une lettre qui m'a fait du bien; j'en attends avec impatience de Villa Santa-Rosa. Je les appellerai auprès de moi le printemps prochain, ces pauvres créatures associées à ma malheureuse destinée. Tu les verras à leur passage à Paris. »

30 septembre.

« Je continue à travailler de la même manière, gagnant ma vie aux dépens de tous mes desseins. J'écris maintenant une esquisse de la littérature italienne. Le travail a grossi sous ma main. Le moyen de passer légèrement sur certains hommes et sur certaines époques? En revoyant les vies aventureuses de Jordano Bruno, de Campanella, et de quelques autres de cette trempe, j'ai beaucoup pensé à toi. Et ce platonisme florentin, d'où il est sorti une vaillante et généreuse jeunesse, qui aurait sauvé la patrie si elle eût pu l'être; mais ils sauvèrent du moins l'honneur. Nous, Italiens du XIXe siècle, nous n'avons pas même eu ce triste avantage. Il y a, mon ami, des pensées qui poursuivent un homme toute sa vie ; tu me comprends et tu dois me plaindre. Que de reproche je me fais, et à quel prix je voudrais racheter ces trente jours de carrière politique marqués de tant d'erreurs!... Je vais avoir quarante ans ; j'ai beaucoup désiré le bonheur ; j'avais une immense faculté de le sentir. Mon amère destinée est venue à la traverse. J'ai cependant un avenir : j'ai des enfants, j'aime et j'estime leur mère; mes enfants me rendront heureux ou malheureux. Au reste, si je succombe à mes maux, je ne crains pas le vide, l'horrible néant auquel je ne veux ni ne peux croire, et que je repousse dès à présent et à jamais par volonté, par instinct, à défaut de démonstration positive. — Si j'écris, je mettrai ma conscience dans mes livres, et j'aurai aussi ma patrie devant les yeux; le souvenir de ma mère sera aussi une divinité qui me commandera plus d'un sacrifice. Ce sentiment est un des mobiles de mon existence intérieure. Bien ou mal, cela est. Il m'est impossible d'appartenir tout entier aux nouvelles mœurs et à la nouvelle époque par cette raison toute puissante.

« Laisse-moi espérer sérieusement de te voir dans l'année 1824. On ne te refusera pas obstinément un passeport. D'ici là, ou je me trompe, ou le gouvernement français sera devenu encore plus fort, ce qui ne peut manquer d'arriver, à moins qu'il ne fasse de grandes folies. Si on te surveille, on doit savoir que tu vis tout entier pour la philosophie. Ainsi on ne te refusera pas un passeport, et je t'embrasserai sur la plage anglaise, en dépit des Anglais qui ouvriront de grands yeux.

« Écrire des articles de journaux m'ennuie. Moi aussi je voudrais contribuer un peu à l'honneur de ce pauvre et malheureux pays, à qui j'ai sacrifié toutes les douceurs de l'existence. L'exemple glorieux de Manzoni doit enflammer tout Italien qui a un peu de cœur et de talent. Berchet se porte bien, et paraît assez heureux. Il m'a promis de faire un bon nombre de romances semblables aux dernières; s'il tient sa parole, il aura créé un genre. »

18 octobre.

« Oui, mon ami, il me faut une certaine superstition dans ma vie intérieure et dans mes affections; ce qui vient de m'arriver m'y confirme. Aujourd'hui 18 octobre, jour où j'accomplis quarante ans et où je demeure renfermé, invisible, dans mon petit ermitage, méditant à mes malheurs, à mon avenir, m'entourant de mes plus chers souvenirs, de mes plus douces amitiés; aujourd'hui, dans ce moment même, on m'apporte ta lettre du 12 et ton Platon. Véritablement de race et de sang romain, j'en accepte l'augure, comme au temps de Camille et de Dentatus. J'ai pris la plume sur-le-champ pour te répondre dans ce premier moment de vie délicieuse. O quelle chose mystérieuse et divine que le cœur humain! combien je déplore les doctrines du matérialisme! J'y pensais quand ton Platon est arrivé. Nous croyons tous les deux au bien, à l'ordre. La philosophie n'est pas de savoir beaucoup, mais de se placer haut. Sous ce seul rapport, je crois être philosophe malgré mon ignorance sur tant de choses. Adieu, je te laisse. Aujourd'hui je m'appartiens tout entier, et il faut que je t'aime comme je fais pour t'avoir écrit. Adieu encore. »

Ainsi s'écoula l'année 1823. Celle de 1824 le trouva dans cet état, tantôt de découragement, tantôt d'exaltation que lui donnaient tour à tour et l'énergie de son âme et la misère de sa position. Dans les premiers mois de 1824, ses lettres devinrent successivement plus rares, plus courtes et plus tristes ; il luttait contre une pauvreté toujours croissante, se reprochant de demander des secours à sa famille, qui était elle-même très-gênée, et ne pouvant suffire à ses besoins par un travail de journaliste pour lequel il n'était pas fait. Sa situation devint telle qu'il fallut prendre un parti décisif. Il se détermina à quitter Londres et à se retirer à Notthingham, où sous un autre nom que le sien, il gagna sa vie en donnant des leçons d'italien et de français. Adieu ses projets de grands ouvrages, ses rêves d'honneur et de bonheur ! L'infortuné, à quarante ans, voyait sa vie s'anéantir dans une occupation honorable sans doute, mais sans terme et sans but. Il se découragea jusqu'à douter de l'avenir et de lui-même. Pendant quelque temps il ne m'écrivit plus. Il me fallut savoir par d'autres ce qu'il était devenu. Mais bientôt je fus entraîné moi-même dans les aventures les plus inattendues et les plus bizarres. Dans une grande circonstance, M*me* la duchesse de Montebello, ne pouvant accompagner son fils aîné en Allemagne, me pria de la remplacer. La noble veuve du maréchal Lannes ne pouvait s'adresser en vain à mon amitié, et dans le mois de septembre, je partis avec M. de Montebello pour Carlsbad. On sait ce qui arriva. Arrêté à Dresde, livré par la Saxe à la Prusse, jeté en prison à Berlin, mon refus de répondre à toute question venant d'un gouvernement étranger, avant que le gouvernement français eût intervenu, prolongea ma captivité, et je n'étais de retour à Paris que dans les premiers jours de mai 1825. Voici les deux lettres que j'y trouvai :

Nottingham, 26 août 1824.

« Si je ne t'ai pas écrit jusqu'à ce moment-ci, tu sais pourquoi. Je n'osais pas paraître devant toi. Tu es pour moi une espèce de conscience; peut-être, je tremble en te l'écrivant, mais il faut que je te dise toute la vérité, peut-être ne t'aurais-je plus écrit et aurais-je renoncé à l'amitié de l'homme que j'aime le plus sur la terre, et à qui je pense toutes les heures de ma vie, si je ne m'étais pas relevé du triste état où j'ai vécu depuis mon arrivée en Angleterre. Je ne m'en suis pas relevé par une résolution, mais bien par une action, par une action commencée et dont la suite ne dépend plus de moi. Mais quand cela n'aboutirait à rien, j'aurais le cœur déchargé d'un grand poids, et j'aurais retrouvé l'énergie morale que j'avais perdue. Aussitôt que je saurai le résultat de ma démarche, je te l'écrirai. — Tout me condamne, je le sais; mais si je péris, ô mon ami ! ce n'est pas de légères blessures. Mon cœur, avant l'époque de notre révolution, avait été cruellement déchiré; j'ignore ce que je serais devenu, si la fièvre italienne ne m'avait saisi. Je me rendrai cette justice à moi-même, que je n'ai pas connu un seul moment ni l'intérêt, ni la peur, ni aucune passion dégradante. Mais je restai au-dessous des circonstances. A mesure que les événements s'éloignent de moi, le souvenir de mes fautes se présente à mon imagination avec plus de vivacité. Je pense toujours en frémissant à cette malheureuse affaire de Novarre, où l'armée constitutionnelle fut mise si promptement en déroute; c'est la seconde blessure, ô mon ami! elle saignera toujours; elle me fait languir misérablement. Je sais tout ce que tu peux répondre aux reproches que je fais à ma vie politique. Je me suis dit, je me dis tous les jours, qu'il me reste de beaux et grands devoirs à remplir; mais si la force de les remplir me manque, si la volonté, qui fait tout l'homme, vacille sans cesse, que ferai-je? Si mon âme est malade, doit-on lui demander les actions d'un être rempli de vigueur? J'ai tenté le dernier remède. Si ma démarche a des suites, je redeviens moi-même, j'aurai un retour de jeunesse; si elle n'en a point, réhabilité à mes yeux, je lèverai la tête, je retrouverai la conscience de moi-même.

« Qu'auras-tu pensé en apprenant que j'étais devenu maître de langue à Nottingham? Que veux-tu! je me suis vu près de manquer d'argent. Sentant que ma dépense d'une semaine à Londres imposait des sacrifices à ma famille pour des mois entiers, rougissant de demander de nouvelles sommes, ayant une répugnance insurmontable à écrire pour les journaux, j'ai pensé qu'il fallait avoir du pain qui ne me coûtât ni honte, ni un travail antipathique. Quel triste métier que d'écrire des articles de journaux! J'en ai fait l'expérience. M. Bowring m'a demandé un article pour sa *Revue de Westminster*. Je l'ai fait. « Bon, m'a-t-il dit, très-bon, mais trop long. » Je l'ai mutilé. « Bien, à présent. » Puis, au bout d'un mois : « Le rédacteur le trouve écrit dans un esprit qui ne lui convient pas, il faut le refondre. » Je le redemande. On me refuse avec douceur. Je le laisse, qu'on en fasse ce qu'on voudra. Un beau jour, j'en reçois les épreuves, je trouve des contre-sens, des omissions ridicules; je corrige, j'arrange tout et je renvoie le paquet à Londres. Des mois se passent sans que j'en aie de nouvelles. Que toutes ces vicissitudes sont fatigantes! Non, plus d'articles, je me sens la force de faire autre chose que des articles. Aussitôt que j'aurai la réponse de Londres, je règlerai ma vie, j'irai me renfermer dans un grenier à Londres, auprès d'une bibliothèque publique; j'aurai par devant moi quarante-cinq louis environ ; je travaillerai avec ardeur, j'en ai le pressentiment.

« J'écris peu en Piémont; les nouvelles que j'en ai sont excellentes en ce qui regarde la santé de ma femme et de mes enfants, et l'affection que me conservent tous mes amis. Quant à la fortune, ma femme avait presque obtenu que mes biens lui fussent cédés par le gouvernement ; tout était conclu; il ne fallait que la signature du roi; il l'a refusée. On espère encore, malgré ce premier refus. Je laisse faire, je ne crois devoir ni encourager ni empêcher ces démarches. Je crains cependant que si le roi rend mes biens à ma femme et à mes enfants, il ne veuille prendre soin de l'éducation de ceux-ci. Je frémis à l'idée de mes fils élevés par des jésuites. Vois, mon ami, que de sujets de peine pour mon cœur!

« J'ai lu et relu l'argument du premier Alcibiade; j'y ai profondément réfléchi, et je te déclare que mon esprit ne peut pas se faire une idée nette de la substance. L'existence personnelle est la seule que je conçoive, je n'ai pas la conscience *sourde et confuse*, dont tu parles à la page x,

« .... J'apprends avec effroi que tu as de temps en temps des retours de ton ancien mal de poitrine. O mon ami! je t'en conjure, vis assez pour me donner la plus douce récompense de mes sacrifices, ton estime, ton approbation, un mot d'éloge. Si tu meurs avant que j'aie fait le premier pas dans ma noble carrière, je m'arrêterai, je n'aurai plus la force d'avancer, je me laisserai tomber ; vis, je t'en supplie, tu as à répondre de nous deux, car si je laisse éteindre le feu qui est encore dans mon sein, vivrai-je? — Est-ce vivre que se lever chaque matin pour se fuir soi-même jusqu'au soir? — Adieu, je t'embrasse avec le cœur rempli d'espoir. Je suis sûr que tu me pardonneras mon long silence; Dieu m'est témoin que je m'entretiens avec toi tous les jours. Je t'écris dans ma tête, je te vois, je t'écoute. Que ne donnerais-je pas pour deux semaines passées avec toi! Comme je me retrace avec complaisance nos promenades d'Alençon, et cet adieu de dix minutes à Paris! Adieu encore, aime-moi toujours, car je suis toujours le même. »

Londres, 31 octobre 1824.

« Demain, mon ami, je pars pour la Grèce avec Collegno. Si tu as reçu la lettre que je t'ai écrite il y a environ six semaines, et que le comte Piosasco a dû te remettre à son arrivée à Paris, tu ne seras pas étonné de ma résolution. Il fallait, mon ami, que je sortisse de mon engourdissement par un moyen extraordinaire. Mon inaptitude à travailler venait de ce que mon âme avait la conscience d'un devoir à remplir encore dans la vie active. — J'ignore si je pourrai être utile; je suis préparé à toute sorte de difficultés, résigné à toute espèce de désagréments. Il le faut bien : songe que Bowring m'a déclaré que le comité anglais, ou du moins plusieurs de ses membres, désapprouvaient mon voyage. Je veux croire que leurs motifs sont droits. J'ignore s'ils sont fondés; mais, dans tous les cas, pouvais-je, devais-je retirer ma parole? Les députés grecs seuls avaient le droit de me retenir, eux à qui j'avais offert mes services sans aucune condition. Ils ne l'ont point fait, et je pars.

« Mon ami, je n'avais point de sympathie pour l'Espagne, et je n'y suis point allé, puisque par cela seul je n'y aurais été bon à rien. Je sens au contraire pour la Grèce un amour qui a quelque chose de solennel; la patrie de Socrate, entends-tu bien? — Le peuple grec est brave, il est bon, et bien des siècles d'esclavage n'ont pas pu détruire entièrement son beau caractère; je le regarde d'ailleurs comme un peuple frère. Dans tous les âges, l'Italie et la Grèce ont entremêlé leurs destinées, et ne pouvant rien pour ma patrie, je considère presque comme un devoir de consacrer à la Grèce quelques années de vigueur qui me restent encore. — Je te le répète, il est très-possible que mon espoir de faire quelque bien ne se réalise point. Mais dans cette supposition même, pourquoi ne pourrais-je pas vivre dans un coin de la Grèce, y travailler pour moi? La pensée d'avoir fait un nouveau sacrifice à l'objet de mon culte, de ce culte qui seul est digne de la Divinité, m'aura rendu cette énergie morale sans laquelle la vie n'est qu'un songe insipide.

« Tu n'as pas répondu à la lettre dont je t'ai parlé. Dieu me préserve de penser que tu aies voulu me punir de mon silence en l'imitant! Écris-moi maintenant, je t'en conjure. Fais-moi parvenir ta lettre à Napoli de Romanie, siége du gouvernement grec dans le Péloponèse. Cherches-en les moyens sans perdre de temps.

« J'emporte ton Platon. Je t'écrirai ma première lettre

d'Athènes. Donne-moi tes ordres pour la patrie de tes maîtres et des miens.

« Tu me parleras de ta santé et avec détail, tu me diras que tu m'aimes toujours, que tu reconnais ton ami dans le sentiment qui lui a commandé ce voyage. Adieu, adieu. Personne sous le ciel ne t'aime plus que moi. »

Quand je reçus ces deux lettres à la fois à mon retour de Berlin, et en apprenant en même temps que Santa-Rosa avait accompli sa résolution, que l'armée égyptienne était débarquée en Morée, et que Santa-Rosa était devant elle, je ne dis que ces mots à l'ami qui me remit ces deux lettres : « Il se fera tuer ; Dieu veuille qu'à cette heure il soit encore vivant! » et à l'instant même je fis tout pour le sauver. J'écrivis immédiatement à M. Orlando, envoyé grec à Londres, qui avait été chargé par son gouvernement de négocier l'envoi en Grèce d'officiers européens, pour l'inviter à envoyer sur-le-champ une lettre de moi à Santa-Rosa partout où il se trouverait. Dans cette lettre je parlais à Santa-Rosa avec l'autorité d'un ami éprouvé, et lui donnais l'ordre formel de ne pas s'exposer inutilement, de faire son devoir et rien de plus. J'ai la certitude que, si cette lettre lui était parvenue à temps, elle eût calmé l'exaltation de ses sentiments et de son courage. J'envoyai des doubles de cette lettre par huit ou dix occasions différentes ; j'ai la conscience de n'avoir négligé aucun moyen de le sauver, mais j'étais revenu trop tard.

Bientôt les plus funestes nouvelles nous arrivèrent du Péloponèse. Les avantages de l'armée égyptienne étaient certains, la résistance des Grecs mal concertée. Tous les journaux s'accordaient à applaudir aux efforts de Santa-Rosa; l'un d'eux annonça sa mort. Cette nouvelle, quelque temps démentie, se confirma peu à peu, et à la fin de juillet j'acquis la triste certitude que Santa-Rosa n'était plus. *L'Ami de la Loi,* journal de Napoli de Romanie, après avoir rendu compte de la bataille qui avait eu lieu devant le vieux Navarin, s'exprimait ainsi sur la mort de Santa-Rosa : « L'ami zélé des Grecs, le comte de Santa-Rosa, est tombé vaillamment dans cette bataille. La Grèce perd en lui un ami sincère de son indépendance et un officier expérimenté, dont les connaissances et l'activité lui auraient été d'une grande utilité dans la lutte actuelle. » Je reçus presque en même temps une lettre de M. Orlando, du 21 juillet 1825, qui me confirmait cette triste nouvelle.

Ainsi tout doute était impossible; je ne devais plus revoir Santa-Rosa, et le roman de sa vie et de notre amitié était à jamais fini. Quand les premiers accès de la douleur furent passés, je m'occupai de rechercher avec soin tous les détails de sa conduite et de sa mort. Je ne pouvais mieux m'adresser qu'à M. de Collegno, son compatriote et son ami, qui l'avait accompagné en Grèce. J'obtins de lui la note suivante, dont la scrupuleuse exactitude ne peut être contestée par quiconque a la moindre connaissance du caractère et de l'esprit de M. de Collegno.

« Santa-Rosa quitta Londres le 1er novembre 1824, et les côtes d'Angleterre le 5.

« Le motif principal qui lui faisait quitter Nottingham paraît avoir été l'état de nullité forcée à laquelle il se voyait réduit. Santa-Rosa écrivait à cette époque à un de ses amis : *Quando si ha un animo forte, conviene operare, scrivere, o morire.*

« Il avait offert aux députés du gouvernement grec à Londres d'aller en Grèce comme militaire. Il demandait d'y commander un bataillon. On lui répondit que le gouvernement grec serait très-heureux de l'employer d'une manière bien autrement importante. On parlait de lui confier l'administration de la guerre ou l'administration des finances. Santa-Rosa partit porteur de lettres françaises et italiennes *ouvertes*, remplies d'expressions on ne saurait plus flatteuses pour lui, et d'autres lettres *cachetées* en grec. Des trois députés grecs qui se trouvaient à Londres, deux seulement favorisaient le voyage de Santa-Rosa. Le troisième, beau-frère du président Conduriotti, avait toujours paru s'y opposer.

« Quoi qu'il en soit, Santa-Rosa fut reçu froidement par le corps exécutif à son arrivée à Napoli de Romanie, le 10 décembre. Après quinze jours, il se présenta de nouveau au secrétaire-général du gouvernement, Rhodios, pour savoir si, prenant en considération les lettres des députés grecs à Londres, on voulait l'employer d'une manière quelconque. On lui répondit qu'*on verrait.*

« Le 2 janvier 1825, il quitta Napoli de Romanie, prévenant le gouvernement qu'il attendrait ses ordres à Athènes. Il visita Épidaure, l'île d'Égine, et le temple de Jupiter-Panhellénien, débarqua le 5 au soir au Pyrée, et arriva à Athènes le 6. Il consacra quelques jours à visiter les monuments de cette ville. Ayant trouvé sur une colonne du temple de Thésée le nom du comte de Vidua, il écrivit le sien à côté de celui de son ami, qui avait visité Athènes quelques années auparavant.

« Le 14 janvier, il entreprit une excursion dans l'Attique pour visiter Marathon et le cap Sunium. Sur une colonne du temple de Minerve-Suniade, il écrivit son nom et celui de ses deux amis, Provana et Ornato, de Turin, comme monument de leur triple amitié. A son retour à Athènes, il eut quelques accès de fièvre tierce qui l'affaiblirent beaucoup, et le confirmèrent dans l'idée de se fixer à Athènes plutôt que de retourner à Napoli de Romanie, dont l'air malsain aurait aggravé ou du moins prolongé sa maladie.

« Odysseus, qui paraissait d'intelligence avec les Turcs, ayant menacé de s'emparer d'Athènes, Santa-Rosa contribua à en organiser la défense. Les Éphémérides d'Athènes parlèrent de son enthousiasme et de son activité ; mais son importance cessa avec les menaces d'Odysseus, et Santa-Rosa quitta Athènes pour rejoindre ses amis à Napoli de Romanie.

« A cette époque, on se préparait à entreprendre le siége de Patras. Santa-Rosa, n'ayant jamais eu aucune réponse du corps exécutif à ses premières offres de service, insista de nouveau pour faire partie de cette expédition. On lui répondit « que son nom, trop connu, pouvait compromettre le gouvernement grec auprès de la sainte alliance, et que s'il voulait continuer à rester en Grèce, on le priait de le faire sous un autre nom que le sien », sans qu'on lui offrît pour cela aucun emploi civil ni militaire.

« Ce fut en vain que ses amis voulurent lui représenter qu'il avait plus que rempli toutes les obligations qu'il pouvait avoir contractées envers les députés du gouvernement grec à Londres, envers ses amis, envers lui-même; qu'il ne devait rien et ne pouvait rien devoir à une nation qui n'osait pas ouvertement avouer ses services. Santa-Rosa partit de Napoli le 10 avril, habillé et armé en soldat grec, et sous le nom de De Rossi. Il rejoignit le quartier-général à Tripolitza, et l'armée destinée à assiéger Patras s'étant portée au secours de Navarin, il suivit le président à Leondari. Là, le prince Maurocordato se portant en avant pour reconnaître la position des armées et l'état de Navarin, Santa-Rosa demanda à le suivre. Il prit part à l'affaire du 19 avril contre les troupes d'Ibrahim-Pacha, et entra le 21 dans Navarin.

« Il avait constamment sur lui le portrait de ses enfants. Le 20, s'étant aperçu que quelques gouttes d'eau avaient pénétré entre le verre et la miniature, il l'ouvrit, et voulant l'essuyer, il effaça à moitié la figure de Théodore. Cet accident l'affligea amèrement. Il avoua à Collegno qu'il ne pouvait s'empêcher de considérer cela comme un mauvais présage, et le 21 il écrivait à Londres à un ami : *Tu me riderai, ma sento dopo di cio ch'io non devo piu rivedere i miei figli.*

« Resté dans Navarin, où la faiblesse de la garnison empêchait de prendre l'offensive, il passa quinze jours à lire, à penser et à attendre la décision des événements. Ses dernières lectures furent Shakespeare, Davanzati, et les Chants de Tyrtée, de son ami Provana.

« Cependant l'armée grecque destinée à faire lever le siége s'était débandée; la flotte grecque n'avait pu empêcher la flotte turque d'aborder à Modon. Le siége, qui avait paru se ralentir les derniers jours d'avril, était repris avec plus d'ardeur, la brèche était ouverte et praticable, l'ennemi logé à cent pas des murs. Les deux flottes combattaient tous les jours devant le port, qui était encore occupé par une escadre grecque. Le 7 au soir, le vent ayant poussé les Grecs au nord, on craignit que les Turcs ne cherchassent à s'emparer de l'île de Sphactérie qui couvre le port. Elle était occupée par mille hommes et armée de quinze canons. On y envoya cent hommes de renfort. Santa-Rosa alla avec eux.

« Le 8, à neuf heures du matin, il écrivait à Collegno : *Uno sbarco non mi pare impraticabile sul punto alla difesa del quale io mi trovo.* A onze heures l'île fut attaquée, à midi les Turcs en étaient les paisibles possesseurs.

« De onze à douze cents hommes qui se trouvaient dans l'île, quelques-uns s'étaient sauvés en gagnant l'escadre qui était à l'ancre dans le port, et qui, coupant ses câbles au moment de l'attaque, se fit jour au travers de la flotte turque. Deux vinrent à la nage depuis l'île jusqu'à la forteresse. Ils disaient que le plus grand nombre avait traversé un gué au nord de l'île et s'était jeté dans Paleo Castro. Ce monceau de ruines fut pris par les Turcs le 10. On ignorait dans la place le sort des Grecs qui s'y trouvaient.

« Navarin était au moment de manquer d'eau. On en distribuait depuis longtemps deux verres par jour à chaque homme. Les munitions de guerre étaient épuisées. Ibrahim fit proposer une capitulation, et demanda qu'on envoyât des parlementaires.

« Collegno sortit de la place avec eux le 16 mai, pour tâcher de découvrir le sort de son ami, qu'il ne prévoyait que trop. On lui désigna Soliman-Bey comme ayant commandé l'attaque de l'île. Il le trouva dans la tente du lieutenant d'Ibrahim, sous les murs de Modon. Soliman lui dit avoir examiné tous les prisonniers, qu'il ne s'y était trouvé qu'un seul Européen, un Allemand qui avait été mis immédiatement en liberté, et se trouvait alors à bord d'un bâtiment autrichien. Au reste, Soliman fit appeler son lieutenant-colonel, lui expliqua en arabe le signalement de Santa-Rosa, que Collegno lui dictait en français, et lui ordonna de lui donner le lendemain les informations les plus exactes sur le sort de l'homme qu'on cherchait. Le nom de Santa-Rosa n'était pas ignoré des Turcs. Leur figure prit un air de tristesse lorsqu'ils surent qu'on craignait qu'il ne fût mort. Ils regardaient avec le silence de la compassion son ami qui venait le réclamer.

« Le 18, Soliman-Bey fit demander Collegno aux avant-postes, et lui dit qu'*un soldat de son régiment avait vu parmi les morts l'homme dont il lui avait donné le signalement.*

« Le 24, la garnison de Navarin fut débarquée à Calamata, où elle avait été transportée sur des bâtiments neutres d'après la capitulation. On y sut que la plus grande partie des Grecs qui s'étaient trouvés dans l'île de Sphactérie le 8, s'étaient retirés à Paleo-Castro; qu'ils y avaient capitulé le 10, et en étaient sortis sans armes, mais libres. Santa-Rosa n'était point avec eux. Il ne s'était pas non plus retiré à bord des bâtiments grecs qui se trouvaient dans le port. Collegno a revu à Smyrne l'Allemand qui avait été pris à Sphactérie et dont Soliman-Bey lui avait parlé; il n'avait pas vu Santa-Rosa parmi les prisonniers. »

Plus tard, ayant demandé à M. de Collegno s'il ne trouvait pas dans ses souvenirs quelque détail exact et certain à ajouter à la note précédente, il me remit celle qui suit :

« Le 4 décembre 1824, nous découvrîmes les montagnes du Péloponèse. Des six passagers qui étaient à bord de la *Little Sally*, cinq éprouvaient la joie naturelle à tout homme qui touche au terme d'un long voyage de mer ; trois surtout étaient impatients de toucher le sol sacré. Santa-Rosa seul, appuyé sur un canon, contemplait tristement le pays qui se présentait de plus en plus distinctement à notre vue. Le soir, il disait à Collegno : « Je ne sais pourquoi je regrette que le voyage soit fini déjà ; la Grèce ne répondra pas à l'idée que je m'en fais ; qui sait comment nous y serons reçus, qui sait quel sort nous y attend ? »

« Le 31 décembre, Santa-Rosa se trouvait chez le ministre de la justice (comte Théotoki). On parlait de la froideur avec laquelle des étrangers dont les députés grecs à Londres répondaient, et qui ne demandaient qu'à être employés, étaient accueillis par le gouvernement. Le comte Theotoki dit : « Que voulez-vous ? Ce n'est pas d'hommes, ce n'est pas d'armes, de munitions, que nous avons besoin ; *c'est d'argent.* » Le lendemain, 1ᵉʳ janvier, M. Mason, Écossais qui s'était lié avec Santa-Rosa, lui dit qu'un Grec ami du comte Theotoki avait conseillé à lui, Mason, *de ne pas fréquenter Santa-Rosa ni Collegno, comme étant suspects au gouvernement.* Santa-Rosa quitta Napoli le lendemain.

« En partant d'Épidaure le 3 janvier au soir, un *papas* d'un aspect vénérable, mais couvert de haillons, demanda qu'on lui accordât de passer à Égine dans la barque que nous avions frétée. Interrogé par notre interprète, il nous fit répondre qu'il avait quitté la Thessalie, sa terre natale, pour échapper à la persécution des Turcs. Sa femme et cinq enfants étaient réfugiés dans une des îles de l'Archipel. Ils n'avaient tous d'autres moyens de subsistance que les aumônes que le père recueillait dans ses courses, en montrant des reliques aux fidèles. La similitude de position, la femme et les cinq enfants réduits à la misère, émurent Santa-Rosa. Il donna au *papas* ce qu'il avait d'argent sur lui. Le surlendemain, comme nous partions pour Athènes, le *papas* descendait de la ville, comme autrefois les prêtres de Neptune, et de la place où était jadis le temple de ce dieu, il bénissait notre barque.

« Au commencement de mars, Santa-Rosa paraissait avoir renoncé à toute idée de s'établir en Grèce avec sa famille. Toutefois il ne voulait pas partir sans avoir *du moins vu* les ennemis. Un envoyé du comité philhellénique de Londres (M. Whitcombe) arriva alors à Napoli de Romanie, porteur de plaintes de ce comité contre les députés Luriotti et Orlando, qui compromettaient, disait-on, le sort de la Grèce en y envoyant des hommes connus par leur opposition constante à la sainte-alliance. C'est à l'arrivée de M. Whitcombe que Santa-Rosa dut peut-être d'être réduit à faire la campagne comme *simple soldat*.

« Le 16 mai, lorsque Collegno disait dans la tente du lieutenant d'Ibrahim-Pacha à Modon que Santa-Rosa était dans l'île de Sphactérie lorsque les Égyptiens l'avaient attaquée, au moment où Soliman-Bey lui répondait que Santa-Rosa n'était point parmi les prisonniers, un vieillard turc à longue barbe d'argent s'approcha de Collegno, et lui dit en français : « Comment, Santa-Rosa était dans l'île de Sphactérie, et je ne l'ai pas su pour lui sauver la vie une seconde fois ! » C'était Schultz, Polonais, colonel en France, à Naples, puis en Piémont en mars 1821, puis en Espagne sous les cortès, puis en Égypte. Il était autrefois arrivé à Savone au moment où des carabiniers royaux avaient arrêté Santa-Rosa. A la tête d'une trentaine d'étudiants armés, il l'avait délivré de sa prison, c'est-à-dire de l'échafaud, et, quatre ans plus tard, il dirigeait en partie l'attaque dans laquelle Santa-Rosa succomba ! »

Quelle tragédie, bon Dieu, dans la fin de cette lettre ! Quel contraste que celui de Santa-Rosa mourant fidèle à une seule et même cause, et de cet aventurier errant de contrée en contrée, ici sauvant Santa-Rosa, là le massacrant peut-être, changeant de drapeau comme de religion, et, dans cette absence de toute vraie moralité, conservant encore une sorte de générosité naturelle et le respect du soldat pour le courage malheureux !

Un Français, M. Edouard Grasset, attaché au prince Maurocordato, et qui était venu avec lui pour observer l'état de défense de l'île de Sphactérie, qui venait en ce moment d'être attaquée par les Arabes, rencontra Santa-Rosa dans l'île, le 8 mai, à neuf heures et demie du matin, et eut avec lui une dernière entrevue, dont il m'a communiqué la relation suivante.

<small>Ile de Sphactérie, 8 mai, neuf heures et demie du matin.</small>

SANTA-ROSA : « Tous nos amis du fort se portent bien ; je suis venu ici avec le capitaine Simo, parce qu'il faut défendre cette île, d'où dépend le salut de la place. Je me repens bien d'avoir entrepris la vie de pallicare ; je croyais savoir le grec, et je n'en comprends pas un mot, la langue du peuple étant tout à fait différente de celle des gens instruits. En outre, le désordre qui règne dans l'armée grecque est affreux et ne laisse rien à espérer. » M. Édouard Grasset lui dit : « Venez à la batterie avec nous. » Santa-Rosa répondit : « Non, je resterai ici; je veux voir les Turcs de plus près. » À ces mots, ils se séparèrent.

Je n'ai pas rencontré un Grec ayant pris part à la campagne de 1825 qui ne m'ait parlé avec admiration de la conduite de Santa-Rosa. Je n'hésitai donc pas à écrire au gouvernement grec, dans la personne du prince Maurocordato, pour demander que le nom de Santa-Rosa fût donné à l'endroit de l'île de Sphactérie où il avait été tué; je demandai, en outre, qu'un tombeau modeste lui fût élevé dans le même lieu, et que le gouvernement me permît de faire élever ce tombeau à mes frais, pour qu'au moins j'eusse la consolation d'avoir rendu ce dernier devoir à l'homme de mon temps que j'avais le plus respecté et chéri. Je n'ai jamais reçu de réponse à cette demande; mais, en même temps que je m'adressais au gouvernement grec, j'eus le bon esprit d'écrire au colonel Fabvier, pour lui recommander la mémoire de notre ami. Celui-là était fait pour me comprendre. Aussi, dès que l'armée française, commandée par le maréchal Maison, eut délivré le Péloponèse et l'île de Sphactérie de l'invasion égyptienne, le colonel Fabvier s'empressa d'acquitter notre dette commune en élevant à Santa-Rosa, au lieu même où il passe pour avoir été tué, à l'entrée d'une caverne située dans l'île, un monument avec cette inscription : « AU COMTE SANCTORRE DE SANTA-ROSA, TUÉ LE 9 MAI 1825. » Le gouvernement grec n'y prit aucune part ; mais le peuple et surtout les soldats français mirent l'empressement le plus vif à seconder le digne colonel dans cet hommage rendu à la mémoire d'un homme de cœur.

Et moi aussi, jaloux de payer ma dette à une mémoire vénérée, n'ayant point d'autre monument à lui élever, j'ai voulu du moins attacher son nom à la partie la moins périssable de mes travaux, en lui dédiant un des volumes de ma traduction de Platon. Qu'il me soit permis de reproduire ici cette dédicace

A LA MÉMOIRE

DU COMTE

SANCTORRE DE SANTA-ROSA,

NÉ A SAVILLANO, LE 18 SEPTEMBRE 1783,
SOLDAT A 11 ANS,
TOUR A TOUR OFFICIER SUPÉRIEUR ET ADMINISTRATEUR
CIVIL ET MILITAIRE,
MINISTRE DE LA GUERRE DANS LES ÉVÉNEMENTS DE 1821 ;
AUTEUR DE L'ÉCRIT INTITULÉ : DE LA RÉVOLUTION PIÉMONTAISE ;
MORT AU CHAMP D'HONNEUR
LE 9 MAI 1825,
DANS L'ILE DE SPHACTÉRIE PRÈS NAVARIN,
EN COMBATTANT POUR L'INDÉPENDANCE DE LA GRÈCE.

L'INFORTUNÉ A ÉCHOUÉ DANS SES PLUS NOBLES DESSEINS.
UN CORPS DE FER, UN ESPRIT DROIT, LE COEUR LE PLUS SENSIBLE,
UNE INÉPUISABLE ÉNERGIE,
L'ASCENDANT DE LA FORCE AVEC LE CHARME DE LA BONTÉ,
LE PLUS PUR ENTHOUSIASME DE LA VERTU
QUI LUI INSPIRAIT TOUR A TOUR UNE AUDACE OU UNE MODÉRATION
A TOUTE ÉPREUVE,
LE DÉDAIN DE LA FORTUNE ET DES JOUISSANCES VULGAIRES,
LA LOYAUTÉ DU CHEVALIER, MÊME DANS L'APPARENCE DE LA RÉVOLTE,
LES TALENTS DE L'ADMINISTRATEUR AVEC L'INTRÉPIDITÉ DU SOLDAT,
LES QUALITÉS LES PLUS OPPOSÉES ET LES PLUS RARES
LUI FURENT DONNÉS EN VAIN.
FAUTE D'UN THÉATRE CONVENABLE,
FAUTE AUSSI D'AVOIR BIEN CONNU SON TEMPS
ET LES HOMMES DE CE TEMPS,
IL A PASSÉ COMME UN PERSONNAGE ROMANESQUE,
QUAND IL Y AVAIT EN LUI UN GUERRIER ET UN HOMME D'ÉTAT.

MAIS NON, IL N'A PAS PRODIGUÉ SA VIE POUR DES CHIMÈRES ;
IL A PU SE TROMPER SUR LE TEMPS ET LES MOYENS,
MAIS TOUT CE QU'IL A VOULU S'ACCOMPLIRA.
NON : LA MAISON DE SAVOIE NE SERA POINT INFIDÈLE
A SON HISTOIRE,
ET LA GRÈCE NE RETOMBERA PAS SOUS LE JOUG MUSULMAN.

D'AUTRES ONT EU PLUS D'INFLUENCE
SUR MON ESPRIT ET MES IDÉES.
LUI, M'A MONTRÉ UNE AME HÉROÏQUE ;
C'EST ENCORE A LUI QUE JE DOIS LE PLUS.

JE L'AI VU, ASSAILLI PAR TOUS LES CHAGRINS
QUI PEUVENT ENTRER DANS LE COEUR D'UN HOMME ;
EXILÉ DE SON PAYS,
PROSCRIT, DÉPOUILLÉ, CONDAMNÉ A MORT
PAR CEUX QU'IL AVAIT VOULU SERVIR,
UN INSTANT MÊME MÉCONNU ET CALOMNIÉ PAR LA PLUPART DES SIENS,
SÉPARÉ A JAMAIS DE SA FEMME ET DE SES ENFANTS,
PORTANT LE POIDS DES AFFECTIONS LES PLUS NOBLES
ET LES PLUS TRISTES,

SANS AVENIR, SANS ASILE, ET PRESQUE SANS PAIN,
TROUVANT LA PERSÉCUTION OU IL ÉTAIT VENU CHERCHER UN ABRI,
ARRÊTÉ, JETÉ DANS LES FERS,
INCERTAIN S'IL NE SERAIT PAS LIVRÉ A SON GOUVERNEMENT,
C'EST A DIRE A L'ÉCHAFAUD;

ET JE L'AI VU NON-SEULEMENT INÉBRANLABLE,
MAIS CALME, JUSTE, INDULGENT,
S'EFFORÇANT DE COMPRENDRE SES ENNEMIS
AU LIEU DE LES HAÏR,
EXCUSANT L'ERREUR, PARDONNANT A LA FAIBLESSE,
S'OUBLIANT LUI-MÊME, NE PENSANT QU'AUX AUTRES,
COMMANDANT LE RESPECT A SES JUGES,
INSPIRANT LE DÉVOUEMENT A SES GEOLIERS;

ET QUAND IL SOUFFRAIT LE PLUS,
CONVAINCU QU'UNE AME FORTE FAIT SA DESTINÉE,
ET QU'IL N'Y A DE VRAI MALHEUR QUE DANS LE VICE
ET DANS LA FAIBLESSE,
TOUJOURS PRÊT A LA MORT, MAIS CHÉRISSANT LA VIE
PAR RESPECT POUR DIEU ET POUR LA VERTU;
VOULANT ÊTRE HEUREUX,
ET L'ÉTANT PRESQUE
PAR LA PUISSANCE DE SA VOLONTÉ,
LA VIVACITÉ ET LA SOUPLESSE DE SON IMAGINATION,
ET L'IMMENSE SYMPATHIE DE SON COEUR.
TEL FUT SANTA-ROSA.

Ce 15 août 1827.

Je pose la plume, mon cher ami; je n'ai fait, vous le voyez, que rassembler des fragments de correspondance, recueillir des renseignements dignes de foi, retracer quelques faits, et exprimer des sentiments que quinze années n'ont point affaiblis et qui sont encore dans mon âme aussi vifs, aussi profonds qu'ils l'ont jamais été. Mais je n'ai plus la force de faire passer dans mes paroles l'énergie de mes sentiments. Ce long récit n'a point l'intérêt que j'aurais voulu lui donner. Mon esprit épuisé ne sert plus ni mon cœur ni ma pensée ; ma plume est aussi faible que ma main ; elle a tracé péniblement chacune de ces lignes : il n'y en a pas une qui ne m'ait déchiré le cœur, et je n'aurais pas souffert davantage si j'eusse, de mes mains, creusé la fosse de Santa-Rosa. Et n'est-ce pas, en effet, ce triste devoir que je viens d'accomplir ? Mon cœur n'est-il pas son vrai tombeau ? Encore quelques jours peut-être, la voix, la seule voix qui disait son nom parmi les hommes et le sauvait de l'oubli, sera muette, et Santa-Rosa sera mort une seconde et dernière fois. Mais qu'importe la gloire et ce bruit misérable que l'on fait en ce monde, si quelque chose de lui subsiste dans un monde meilleur, si l'âme que nous avons aimée respire encore avec ses sentiments, ses pensées sublimes, sous l'œil de celui qui la créa? Que m'importe à moi-même ma douleur dans cet instant fugitif, si bientôt je dois le revoir pour ne m'en séparer jamais? O espérance divine, qui me fait battre le cœur au milieu des incertitudes de l'entendement ! ô problème redoutable que nous avons si souvent agité ensemble! ô abîme couvert de tant de nuages mêlés d'un peu de lumière ! Après tout, mon cher ami, il est une vérité plus éclatante à mes yeux que toutes les lumières, plus certaine que les mathématiques : c'est l'existence de la divine providence. Oui, il y a un Dieu, un Dieu qui est une véritable intelligence, qui, par conséquent, a conscience de lui-même, qui a tout fait et tout ordonné avec poids et mesure, et dont les œuvres sont excellentes, dont les fins sont adorables, alors même qu'elles sont voilées à nos faibles yeux. Ce monde a un auteur parfait, parfaitement sage et bon. L'homme n'est point un orphelin : il a un père dans le ciel. Que fera ce père de son enfant quand celui-ci lui reviendra? Rien que de bon. Quoi qu'il arrive, tout sera bien. Tout ce qu'il a fait est bien fait ; tout ce qu'il fera je l'accepte d'avance, je le bénis. Oui, telle est mon inébranlable foi, et cette foi est mon appui, mon asile, ma consolation, ma douceur, dans ce moment formidable.

Adieu, mon cher ami, conservez cet écrit comme un souvenir de moi et de lui. Vous l'avez connu, vous l'avez aimé ; parlez souvent de lui avec le petit nombre d'amis qui ont survécu. Songez que c'est à lui que nous devons de nous être connus l'un et l'autre. Je me souviens encore de ce jour où, vers la fin de 1825, vous et Lisio, qui ne m'aviez jamais vu, vous vîntes chez moi me demander pour vous, ses compagnons d'infortune et d'exil,

quelque chose du sentiment que j'avais pour lui.
Eh bien! c'est moi aujourd'hui qui, en me retirant, viens vous demander de me remplacer auprès de sa mémoire. Gardez-la fidèlement, mes amis, entourez de respect sa femme et ses enfants; guidez ceux-ci dans la route du devoir et de l'honneur: apprenez-leur quel fut leur père; faites-leur lire cet écrit, il est exact et fidèle; il n'y a pas un mot qui ne soit scrupuleusement vrai, pas un mot qui ne soit emprunté aux lettres mêmes de leur père. Ses défauts sont manifestes à côté de ses grandes qualités. L'énergie touche à l'exaltation, et l'exaltation est presque une folie sublime. Il y a du héros de roman dans tout héros véritable, et nos plus grandes qualités ont leur rançon dans leur excès. Sans doute Santa-Rosa fut un homme incomplet, mais Santa-Rosa eut une âme grande et à la fois une âme tendre; c'est par là que vous lui devez une place éminente dans votre admiration et dans vos regrets. Adieu.

1ᵉʳ novembre 1838.

Victor Cousin.

TABLE DES MATIÈRES.

	Pages.
Discours de réception à l'Académie Française, éloge de M. Fourier.	1
Note additionnelle à l'éloge de M. Fourier.	21
Discours au Roi, au nom de l'Institut.	36
Discours d'ouverture de la séance des cinq Académies.	38
Discours d'ouverture de la séance de l'Académie des sciences morales et politiques.	42
Discours prononcé à la distribution des prix.	57
Discours prononcé aux funérailles de M. Loyson.	62
Discours prononcé aux funérailles de M. Larauza.	64
Discours prononcé aux funérailles de M. Farcy.	68
Discours prononcé aux funérailles de M. Laromiguière.	72
Discours prononcé aux funérailles de M. Poisson.	78
Discours prononcé aux funérailles de M. de Cessac.	83
Discours prononcé aux funérailles de M. Jouffroy.	88
Discours prononcé aux funérailles de M. de Gerando.	93
Rapport sur la loi de l'Instruction primaire.	99
Huit mois au ministère de l'Instruction publique.	153
Discours sur la renaissance de la domination ecclésiastique.	203

	Pages.
Documents inédits sur Domat.	220
Lettres inédites de madame la duchesse de Longueville.	281
Kant dans les dernières années de sa vie.	366
Santa-Rosa.	427

FIN.

www.ingramcontent.com/pod-product-compliance
Lightning Source LLC
Chambersburg PA
CBHW051127230426
43670CB00007B/708